"十二五"职业教育国家规划教材

经全国职业教育教材审定委员会审定

国家级精品课程教材

21世纪新概念教材:"多元整合型一体化"系列

高职高专教育旅游与饭店管理专业精品课程教材新系

现代饭店管理基础
——理论、实务、案例、实训

（第三版）

刘红春　陈昊　孙占伟　靳莹　刘婕纾　编著

东北财经大学出版社
Dongbei University of Finance & Economics Press
大连

图书在版编目（CIP）数据

现代饭店管理基础：理论、实务、案例、实训/刘红春等编著. —3版.
—大连：东北财经大学出版社，2018.8（2020.9重印）
（高职高专教育旅游与饭店管理专业精品课程教材新系）
ISBN 978-7-5654-3264-4

Ⅰ．现…　Ⅱ．刘…　Ⅲ．饭店-企业管理-高等职业教育-教材　Ⅳ．F719.2

中国版本图书馆CIP数据核字（2018）第167586号

东北财经大学出版社出版
（大连市黑石礁尖山街217号　邮政编码　116025）
网　　址：http：//www.dufep.cn
读者信箱：dufep@dufe.edu.cn
大连永发彩色广告印刷有限公司印刷　东北财经大学出版社发行
幅面尺寸：185mm×260mm　　字数：439千字　　印张：19.75
2018年8月第3版　　　　　　2020年9月第6次印刷
责任编辑：许景行　王　斌　　　　　　责任校对：合　力
封面设计：冀贵收　　　　　　　　　　版式设计：钟福建
定价：42.00元

总序："多元整合型"课程与教材建设的新探索

　　"多元整合型"课程是反映当代世界职业教育课程观发展的综合化趋势，通过"博采当代多种课程观之长"而"避其所短"产生的一种新型职业教育课程模式。在我国，职教界近年推广的"宽基础、活模块"课程，是将基础课的"学科结构"与专业课的"模块结构"整合起来的一种尝试。专业课程自身领域的"多元整合"及其教材建设，则是继此之后的进一步探索，这种探索有着深刻的历史与逻辑反思背景。

一、职业课程改革历史回眸

　　近半个世纪以来，国外职业课程改革浪潮此起彼伏，"关注职业活动，培养企业急需人才"，是这些浪潮发出的一致呼声。世界劳工组织的MES课程要求"从职业工作需要出发"；加拿大等北美国家的CBE课程要求"从包括知识、技能和态度的职业分析出发"；澳大利亚的TAFE课程要求"以作为'职业资格标准'的'培训包'为依据"；英国的BTEC课程将"职业核心能力"与"专业能力"一并置于"教学目标"中；德国的"学习领域"课程提出"以工作过程为导向"；如此等等。

　　世纪之交的我国，职教界通过借鉴国外职业课程的改革经验，也相继提出了有中国特色的"模块课程"、"项目课程"和"工作过程系统课程"。

　　此等课程改革以曲折的方式展现了职业课程理论与实践的提升。称之为"提升"，是因为这些课程模式的推出，在克服传统"学科导向课程"的片面性上有所建树；称之为"曲折"，是因为它们都以"学科导向课程"的"反题"自居，都认定"学科导向课程"在自己的领域不适用，都想极力摆脱"学科导向课程"的束缚，都以"工作过程导向课程"的"横向串行结构"与"学科导向课程"的"纵向并行结构"相对峙。

　　两种课程改革浪潮之间也存在显著差别，即：发达国家职业课程开发的立足点是"职业培训"；我国职业课程开发的立足点是"职业教育"，包括中等职业教育和高等职业教育。

二、"工作过程导向课程"模式的所长与所短

　　"工作过程导向课程"系借鉴德国"学习领域课程"而来，代表我国职业教育课程改革此前试点的主流。职业教育课程改革的一切再探索，都应以对它的逻辑反思为前提。

1."工作过程导向课程"模式的可取之处

　　进行以"学科导向课程"为"正题"的"反题"探索，深入、系统地发掘那些被"学科导向课程"所忽视的"职业工作要素"，据以建构完全不同于"学科体系"的"基于工作过程"的职教课程体系，是数十年来世界职业课程改革的战略取向。它要求人们关注"职业活动领域"，以实现专业课程设计与企业岗位群工作对接为己任，将"工作过程系统"作为职业教育课程的"参照系"，关注职业教育课程中的"横向组织结构要

素"，提出不同于"知识本位"的"能力本位"教育——这一切作为对"学科导向课程"的"矫枉"都功不可没，是我们在高等职业教育课程与教材建设的新探索中应当借鉴的。

2."工作过程导向课程"模式的局限性

任何课程模式都有它的局限性。从"问题思维"的视角看，"工作过程导向课程"模式的主要局限性何在呢？

1)"工作过程导向课程"对"学科导向课程"矫枉过正

"工作过程导向课程"模式的局限性根源于其对"学科导向课程"的矫枉过正。一方面，"工作过程导向课程"拒斥"知识本位"，独尊"能力本位"，从而将"知识本位"与"能力本位"对立起来；另一方面，它还将"学科导向课程"诉诸的"纵向组织结构"这个"婴儿"当作无用的东西，连同"洗澡水"一同泼了出去。这种做法忽略了两个基本事实：其一，高等应用型职场不仅需要基于"职业能力"的"技能操作"，也需要基于"职业知识"的"职业认知"；其二，一切"发生学"意义上的事物，其主导性的组织结构都是纵向组织结构。

2)"工作过程导向课程"是"非发生学"意义上的课程

"工作过程导向课程"以"职业成体"的"工作过程系统"为参照系，以"横向串行组织结构"为主框架，属于"非发生学"课程体系。然而，高等职业技术教育的对象不是"高等职业成体"，而是"发生中的高等职业个体"；为"发生中的高等职业个体"开设"非发生学"意义上的高等职业教育课程，总体上是一种自相矛盾。

直面"工作的现实具体性"（即工作过程）的课程也许适用于两种学员：一种是作为"继续教育对象"的在职"高等职业成体"，其任务是顺应新的"工作过程"以调整自我的原格局，无需重新经历"发生学"意义上的"高等职业教育课程"铺垫；另一种是面向最基层、从事简单技能操作的未来从业者，他们作为"职业培训"的对象，其未来岗位是企业急需的经验层面的简单操作，没有必要进行"发生学"意义上的"高等职业教育课程"铺垫，授之以直面简单"工作过程"的课程就可以了。

3)"工作过程系统"不宜作为课程的"过程模式"

"工作过程系统"不宜作为高等职业教育课程的"过程模式"。高职院校学生"认知结构"的建构程序与高等职业"工作过程"的展开程序是不同的。要求"将每门课程都设计成一个完整的工作过程"，要求"每门课程的内容序化都以工作过程为参照"，亦即要求将"工作过程系统"作为课程的"过程模式"，其做法不仅违背认知规律和学习过程规律，而且有"预成论"课程观之嫌。

4)"工作过程系统"不宜作为课程的"目标模式"

在"工作过程系统课程"中，学生只扮演"工具理性"的角色，重"功利"而轻"人本"。不仅如此，将"工作过程系统"作为"目标模式"，让学生围绕"工作过程"旋转，还会导致主体的缺失。高等职业技术教育的"课程目标"应当与其"人才培养目标"相一致，亦即应依据专业的"人才培养目标"来确立"课程目标"。相对于"人才培养目标"，"工作过程"只能作为活动中介、桥梁和手段，而建构更为充实、更具稳定性、兼顾"功利"与"人本"的"职业学力"才是根本。

5)"工作过程系统"只有短期时效性

"工作流程"具有较强的个别性、相对性与可变性。在校期间以之为参照的专业"工作过程系统",到了学生毕业走向工作岗位的时候,可能已经面目全非。届时,经历过该"工作过程系统"的"主体自我"中除了"结构相对固定"的"具有普适性的思维过程",即"资讯、决策、计划、实施、检查、评价"六步骤外再没有别的,即便加上"社会能力"和"方法能力",其"职业学力结构"也还是单薄了点。由于没有"纵向结构知识的系统铺垫",学生的"职业认知"缺乏渐进性和系统性,可迁移性差;由于知识面过窄,学生的发展后劲不足;由于作为参照系的"工作过程系统"只有短期时效性,学生无法应对今后的职场变化。

6)关于"工作过程导向课程"的研发团队

"工作过程导向课程"和作为其源头的"学习领域课程",其研发团队仅限于教育界和企业界专家,该模式的"所长和所短"莫不与此相关。今天看来,如果此种研发能同时邀请其他领域的成员,特别是发生认识论、认知心理学和教育心理学等领域的专家介入,或者充分借鉴其优秀代表的相关理论,情况会大不相同。

三、高等职业教育课程改革的未来取向

高等职业学历教育既不同于"高等职业成体"的"继续教育",也不同于培养"简单技能操作者"的"职业培训",影响其课程改革取向的因素要复杂得多。

1. 区别两类"职业个体"

在高等职业教育课程改革的探索中,有必要区分两类"职业个体",即"发生中的职业个体"与"职业成体"。前者指高等职业学历教育的在校学生;后者指企业现实工作岗位的高等从业人员。高等职业学历教育的对象不是"高等职业成体",而是"发生中的高等职业个体"。

2. 不是"预成的",而是"渐成的"

"发生中的高等职业个体"在高等职业教育中不是"预成的",而是"渐成的"。如皮亚杰所说:人的认知结构既不是在客体中预先形成了的,也不是在主体中预先形成了的,每一个结构都是"'文化—心理'发生"的结果[①]。人的"技能结构"和"道德行为结构"也是如此。应当将"渐成论"的课程观,作为高等职业教育课程研发的一个指导性理念。

3. 关注"高等职业个体发生"机制

高等职业教育课程改革应关注"高等职业个体发生"的机制。高等职业教育课程(包括职业公共课程、职业大类核心课程和专业课程)设计为之服务的"高等职业个体发生",是一个以高中阶段的"基础学力结构"为原格局,通过"职业知识"、"职业能力"和"职业道德"等"职业学力"的全面建构,向"职业胜任力"目标发展的完整过程。在这个过程中,"发生中的高等职业个体"通过"高等职业课程"的"教学"、"训练"与"考核",借助于"同化""调节""适应"等发生机制,以循环渐进的方式不断从较低水平的"职业学力"平衡状态过渡到较高水平的"职业学力"平衡状态,直至达到"职业胜任力"水平的平衡状态。

---

① 皮亚杰. 发生认识论原理 [M]. 王宪钿,等,译. 北京:商务印书馆,1981:16.

4. 在"学科体系"与"工作体系"之间作"亦此亦彼"的选择

高等职业教育课程的组织结构既不应等同于单纯"学科导向课程"的"纵向并行结构",因为它的"目标模式"不适合于"应用性职业需求";也不应等同于单纯"工作过程导向课程"的"横向串行结构",因为它的"过程模式"不适用于"发生中的高等职业个体"。另一方面,高等职业教育的课程结构既不能缺少"纵向结构",因为无论是"渐成论"课程观的"发生学原则",还是布鲁纳"学科结构"的"过程模式",都一致地指向它;也不能缺少"横向结构",因为没有它,就无法融入"职业工作要素"。既然如此,高等职业教育课程改革的未来取向就不应当在"学科体系"与"工作体系"之间作"非此即彼"的选择。沿着"'学科—工作'体系"的方向,围绕以"健全职业人格"为整合框架的"'职业胜任力'建构"这个中心,将"多元整合型课程"作为"你中有我、我中有你"的课程来探索,将是更明智的选择。

5. 课程组织应"以纵向为主、横向为辅",收官课程可以例外

在高等职业教育专业课程体系中,前期和中期课程的组织结构应"以纵向为主、横向为辅"。之所以应"以纵向为主",是因为以"发生中的"职业个体为对象的课程组织,其"主导结构"应符合"发生学"原则,而符合"发生学"原则的课程结构即是"纵向结构";之所以应"以横向为辅",是因为需要将上文提及的"职业工作要素"同步穿插到"主导结构"中。至于"收官课程可以例外",是因为要将先前课程建构的诸多"职业学力"整合为"职业成体"的"职业胜任力",需要以"工作过程系统"为"主导结构"的课程中介。

四、高等职业教育专业课程教材建设的新探索

1. 将"健全职业人格导向课程"作为"合题"

自我国迈入"十二五"之际起,一批对上述"历史回眸"、"逻辑反思"和"课程改革未来取向"持有同感的高等职业院校省级以上精品课程负责人,用他们最新奉献的教学用书,在专业课程教材建设上进行了新探索。在这种探索中,传统的"学科导向课程"被当作"正题",目前流行的"工作过程导向课程"被当作"反题"加以扬弃;"健全职业人格导向课程"被当作"合题"推到前台,与之相应的课程设计理念或模式被冠以"多元整合型一体化"。

2. "'合题'探索"依据的基本共识

高等职业教育专业课程教材建设的这种"合题"探索,是基于以下共识:

1)扬弃两种各有侧重的"导向"

"学科导向课程"所指向的"职业知识体系",偏重人类职业行动历史结晶中的"知识结构",而轻其"业务结构";"工作过程导向课程"所指向的"职业行动体系",偏重人类职业行动历史结晶中的"业务结构",而轻其"知识结构"。"健全职业人格导向课程"应以某种方式扬弃并整合两者,借以传递可表达为人类职业行动最佳现实状态的全方位"职业胜任力'结构—建构'"信息。

2)"教育过程"不同于"工作过程"

高等职业"教育过程"是以高中阶段的"基础学力结构"为"原格局"的"发生中的高等职业个体"到"高等职业成体"的一系列有序的变化发展过程。就像生物个体的“发育过程”不同于其成体组织的“活动过程”一样，“发生中的高等职业个体”的“教育过程”也不同于高等职业成体的“工作过程”。将“高等职业成体”的“工作过程”作为高等职业教育课程的“过程模式”，让“发生中的高等职业个体”直接去做“高等职业成体”的事，无异于将生物个体的“发育过程”混同于其成体组织的“活动过程”。

3）“学习迁移”有赖于“纵向组织”

在变动不居的职场中，“高等职业成体”赖以应变的一个有效机制是“学习迁移”。“学习迁移”包括“认知结构的迁移”（陈述性知识的迁移）和“技能结构的迁移”（程序性知识的迁移）。“认知结构的迁移”依赖两方面的基础：一是 E.L. 桑代克和 C.H. 贾德的研究所指向的“共同要素”和“经验类化”；二是 J.S. 布鲁纳和 D.P. 奥苏贝尔的研究所指向的“学科基本结构”和“个体的认知结构”。“技能结构的迁移”也依赖两方面的基础：一是 J. 安德森的行动理论研究所指向的“产生式规则”；二是弗拉威尔的“认知策略迁移”研究所指向的“反省认知”[①]。

鉴于“产生式规则”的获得必须先经历一个“陈述性阶段”，而“反省认知过程”是在新的情境下使用“认知过程”的前提，可以说无论是“共同要素”和“经验类化”、“学科的基本结构”和“个体的认知结构”，还是“产生式规则”和“反省认知”，都指向“过程模式”所诉诸的“纵向组织”。这个“纵向组织”的建构，是“合题探索”中应予借鉴的“学科导向课程”的“强项”。

4）“渐成论”课程观更为可取

高等职业教育课程理论中的“渐成论”课程观要比“预成论”课程观更可取。“渐成论”的课程观将职业教育课程教材视为类似于“生物基因链”（DNA）的人类职业行动的“文化觅母链”——一种用人类职业行动历史结晶中的“知识结构”、“业务结构”和“职业道德与企业伦理结构”等信息（类似于波普尔的“世界3”）编织起来的东西，认为“教育过程”就是在必要的教学环境中，在教师的“诱导”下，借助于种种教育技术与手段，通过教学活动，将设计在教材中的人类职业行动的“知识结构”、“业务结构”和“职业道德与企业伦理结构”等信息（其中包括可引起“突变”或“创新”的“文化觅母”）“转录”到学生的头脑（相当于“文化 RNA”）中，并通过全方位的训练（特别是实训）与考核环节（相当于“中心法则”中的“翻译”机制），促成学生“职业胜任力”结构的发生。在这里，“文化觅母”是借用 R. 道金斯的表述；“基因”、“转录”、“翻译”与“中心法则”等，是借用分子生物学的术语；“职业胜任力”是指在真实的职业工作环境中，按照最新行业准则、规范、标准和要求，承担并胜任专业岗位群各种工作角色，并在跨行业的职业流动中具有可持续发展后劲的职业成体的“职业知识”、“职业能力”和“职业道德”的统一[②]。

5）作为课程模式的“健全职业人格”

“健全职业人格导向”是整合“学科导向”和“工作导向”的课程模式，也是整合“职业学力”三种基本内涵——“职业知识”、“职业能力”和“职业道德”——的更具

---

① Thomdike E L，1903；Judd C H，1908；Bruner J S，1960；Ausubrl D P，1968；Anderson J，1990；lavell，1976.

② McClelland，1973；Richard Boyatzis，1982；Nordhaug & Gronhaug，1994 ；Lewis，2002；Bueno & Tubbs，2004；Ricciardi，2005；Morrison，2007.

包容性的框架。

在高等职业教育的课程体系中,"健全职业人格"既可作为"目标模式",又可作为"过程模式":作为"目标模式",它指向既作为"职业分析"的出发点,又作为系列课程建构目标的"高等职业成体"的广义"职业胜任力";作为"过程模式",它着眼于高等职业教育对象的"职业胜任力结构发生",要求课程内容(既包括R.M.加涅称之为"智慧技能"、"认知策略"和"言语信息"的学习内容,也包括其称之为"态度"和"动作技能"的学习内容)的序化要遵循"从抽象到具体"的发生学原则(马克思称之为"科学上正确的方法",将其运用于《资本论》的建构;皮亚杰称之为"由一个比较初级的结构过渡到不那么初级(或较复杂的)结构"的原则,将其运用于发生认识论的建构),要求在"发生过程"中随时关注"职业工作要素"的"同步渗透"或"横向穿插"。

6)"职业胜任力"的建构

在"多元整合型一体化"的高等职业教育专业课程体系中,学生"职业胜任力"的建构应分三步走:第一,从该专业"高等职业成体"的"职业胜任力"分析入手,将相同的"职业胜任力要素"归类划分为不同的"职业学力领域",以此为基础确定互相区别并呈梯度衔接的各门课程的"职业学力"建构任务;第二,在各门课程内,以各领域"高等职业知识的纵向铺垫"为经线,以"业务要素"的"同步链接"或"横向穿插"为纬线,依照"从抽象到具体的方法",建构各侧面(或各层次)的"职业学力结构";第三,将各门课程建构起来的各侧面(或层次)的"职业学力结构",通过带有"岗位业务"和"综合业务"性质的后期课程,整合为可与企业岗位群现实"工作过程系统"相对接的最具体的"职业胜任力结构"。

为有效应对全球新技术革命导致的行业内乃至跨行业的职业流动性,"职业学力"各基本内涵——无论是"职业知识"、"职业能力"还是"职业道德"——的建构,都要坚持"整合论"原则,即兼顾"特殊的"(或专业的)、"通用的"(或行业大类的)和"核心的"(或跨行业的)三个层面,借以超越先前时代适应职业岗位相对稳定的"还原论"原则。

7)"人才目标"的转型

高等职业教育的人才目标不应局限于"培养能够与'工作过程系统'对接的职业人",而应定位于"培养具有'健全职业人格',既能适应又能扬弃'既定工作过程系统'的富有创造力和人文精神的'职业人'"。后者就业后,能够通过"继续教育"及其与"职业环境"的交互作用,使其现有水平的"职业胜任力结构"不断转化为更高水平的"职业胜任力结构",从而永远不会陷于"主体缺失"的境地。

3.体现"基本共识"的教材特色

依据上述"基本共识",全部由省级以上精品课程负责人主持编写,由东北财经大学出版社出版,从2010年起陆续推出,涵盖高职高专教育财经类各主要专业的"21世纪新概念教材:'多元整合型一体化'系列"具有如下特色:

(1)倡导先进的高等职业教育课程理念,依照"多元整合型一体化"的代型模式设计专业教材。

(2)关注"工学结合型"教育所要求的"双证沟通"与"互补"。在把职业资格融入课程标准的同时，着眼于高等职业学历教育与职业培训的重要区别，强化了对学生"职业学力"特别是"学习迁移能力"和"可持续发展能力"的全方位训练，提出了建构以"职业知识"、"职业能力"和"职业道德"为基本内涵，以多维"整合论"的"健全职业人格"为最高整合框架的教材赋型机制的更高要求。

（3）兼顾专业课程教材的"纵"与"横"两个组织结构维度，依照"原理先行、实务跟进、案例同步、实训到位"和"从抽象到具体"的原则，循序渐进地展开教材内容。

（4）将兼顾特殊的、通用的与核心的"职业知识"、"职业能力"和"职业道德"规范与标准导入学生"职业胜任力"的实践操练，克服了传统实训架构中的"还原论"倾向和非标准化的主观随意性。

（5）教学、训练与考核环环相扣，并围绕"职业学力"三大基本内涵全面展开，超越了"知识本位"和"能力本位"的传统教材设计。

（6）突出贯穿全书的"问题思维"与"创新意识"，探索"创新型"高等职业教育的课程教材建设。

（7）阶段性落实教育部关于"进一步推进职业教育信息化发展"、"推广……移动学习等信息化教学模式"（教职成〔2017〕4号）和"推进教育教学与信息技术深度融合"（《教育部高教司2018年工作要点》等文件要求精神，增加二维码教学资源，解决传统教材所缺少的"互联网+"移动学习，即纸质教材与二维码数字资源融合的问题。

4.内容结构的统一布局

在内容结构上，"'多元整合型一体化'系列"的主教材实施了如下统一设计布局：

各章"学习目标"列示出"单元教学"与"基本训练"的目标体系，包括"理论目标"、"实务目标"、"案例目标"和"实训目标"这四个子目标。

作为每章正文部分的"单元教学"，为章后"基本训练"提供了较为系统的知识铺垫和业务示范。其中：篇首"引例"提供了"学习情境"；"理论"、"实务"与"案例"等教学环节系统展开"专业陈述性知识"、"专业程序性知识"和"专业策略性知识"；"同步案例""职业道德与企业伦理""业务链接"等栏目，提供了"职业工作要素"的同步穿插，并带有示范与引导性质。

"本章概要"包括"内容提要与结构""主要概念和观念""重点实务和操作"。其中："内容提要与结构"是对"单元教学"内容的简短回顾；"主要概念和观念""重点实务和操作"列示了"单元教学"和"基本训练"中要求学生重点把握的专业知识与业务操作内容。

"基本训练"通过各类题型——包括"理论题"、"实务题"、"案例题"和"实训题"——的操练，复习与巩固"单元教学"的各种习得，并促进其"学习迁移"，借以强化学生"职业知识"、"职业能力"和"职业道德"等"学力结构"的阶段性建构。

"单元考核"是对"单元教学"和"基本训练"成果的全面验收，旨在评估学生在"职业知识"、"职业能力"和"职业道德"的建构中达到的阶段性水平，并通过反馈进一步强化其阶段性建构。

"综合训练与考核"带有教材"收官"性质，是各门课程中最接近"职业胜任力"的训练与考核。

结构决定功能。了解教材内容结构设计的所述布局，有助于发挥其相应的功能和作用，为充分理解和使用教材创造条件。

五、结束语

1. 关注课程与教材建设模式转型，服务新时期高等职业教育人才培养

高等职业教育课程和教材建设的全部新探索，都是为新时期迫在眉睫的高等职业教育人才培养目标模式转型服务的。

改革开放三十多年来，我国高等职业教育人才培养目标模式经历了由计划经济时期"培养国家经济各部门需要的，具有通用型高等专业知识人才"，向"培养以制造业为主体的企业生产和经营管理需要的，具有高等专业知识与专业技能的应用型人才"的转型；高等职业教育课程和教学资源建设模式经历了由计划经济时期的"学科导向"向"工作导向"的转型。如今，我国高等职业教育人才培养目标、课程和教学资源建设模式正处于一种新的、更具全球化时代竞争意义的转型过程中。

在"后金融危机时期"，中国在应对世界范围重新抬头的贸易保护主义的同时，又面临"刘易斯转折点"（即人口红利逐渐消失），其经济转型要求比以往任何时候都更加迫切。与此相应，中国高职院校的人才培养目标需要从"培养能够与'世界工厂'既定工作岗位对接的高等应用型人才"，向"培养既能与'世界工厂'既定工作岗位对接，又能适应产业结构升级和工作岗位变换，并具有与'世界实验室'和'世界创新中心'工作岗位对接潜力的高等应用型人才"转型的能力。

高等职业教育课程与教学资源建设的转型应当与其人才培养目标模式的转型同步。

2. 避免两种逆反倾向

在"转型"问题上，要避免两种逆反倾向，即回避"复杂性"和满足"既定模式"。

1）关于回避"复杂性"

说到"复杂性"，人们很容易与相反的选择，即奥卡姆称之为"经济性剃刀原则"的"简单性原则"相对比。"简单性原则"是一种"还原论"思想方法，它有一个众所周知的说教，就是"不要把简单的事情搞复杂了"。说教者往往因为"把本来复杂的事情搞简单了"而事后汗颜。如果相关情境下"简单性原则"确实管用，谁会舍易求难呢?!有个例子很说明问题：2010年足球世界杯比赛期间，一位电视台名嘴在导视西班牙队的头几场比赛时，面对西班牙队高超的整体战术配合，即兴说出了一句符合"简单性原则"的名言，即"他们把本来简单的足球踢得复杂了"。这位名嘴所讲的"复杂"，是指西班牙球队的整体战术配合。后来的事实表明，本次世界杯西班牙队夺了冠，他们赢就赢在了这个"复杂性"上。因为有这个"复杂性"，他们才会有出色的整体控球能力，即便是德国队威力强大的冲锋，也因为抵挡不了这个"复杂性"而败北。这个例子值得对"简单性原则"情有独钟的人们深思。

2）关于满足"既定模式"

至于"既定模式"，如果指的是在"学科导向"和"工作导向"之间作"非此即

彼"的选择,那就是一种片面性。倾心于此等"既定模式"的人通常只看到事情的积极方面,而忽视其消极方面。一位伟人说过:"谁要是把抽象的思想生硬地应用于现实,就是破坏了现实。"在高等职业教育课程和教学资源建设上,现实事物是具有一定"复杂性"的整体。如果你在"理论的态度"中只看到其中某一侧面,发表了某些抽象看法,这也许无关紧要;可是当你在"实践的态度"中将片面的认识"生硬地"应用于现实,致力于改造现实事物的全面性和具体性的时候,问题就严重了,在这种情况下,你在建构现存的同时"生硬地"破坏了现实。

3)历史教训

世界高等职业教育的历史表明:人们先是在"理论的态度"中认识到"人类职业行动"的"知识结晶",在"实践的态度"中"生硬地"实施了"知识本位"教育;随后又在"理论的态度"中认识到"人类职业行动"的"业务结晶",在"实践的态度"中"生硬地"实施了"能力本位"教育。两者都是在建构职业教育现存的同时破坏了职业教育现实:建构的是片面性,破坏的是全面性。这两种片面认识与做法都是在不自觉的情况下出现的,尚属情有可原。如果意识到两种片面性之后仍然执意而为,去重蹈历史覆辙,就说不过去了。

在全球化遍及一切领域的今天,各国都面临愈演愈烈的产品竞争、技术竞争、管理竞争、商业模式竞争、教育竞争和人才竞争,产品创新、技术创新、管理创新、商业模式创新、教育创新和人才培养模式创新势在必行,为之服务的高等职业教育课程和教学资源建设的模式转型大势所趋。在这种情况下,有多少教育工作者还会心甘情愿地把"回避'复杂性'"和"满足'既定模式'"作为选项呢!

3.本项目参与者们的尝试

"前事不忘,后事之师。"参与"多元整合型一体化系列"项目的众多省级以上精品课程团队所尝试的,是面对高等职业教育现实的"复杂性"知难而进:在"理论的态度"中致力于克服片面性认识,在"实践的态度"中尽可能避免破坏现实的"生硬"做法。

列入本系列高职高专精品课程教材的作者们,出于"后精品课程时期"专业课程持续发展的内在需要,纷纷探索课程模式转型之路,将培养中国产业结构升级所需要的"'职业知识、职业能力和职业道德'兼备""'问题思维'和'革新创新'能力突出"的新型高等职业经济管理人才视为己任,其高度责任感和锐意进取精神令我们钦佩!

早在20世纪末,东北财经大学出版社就在国内高校众多知名专业带头人的参与下,率先推出了涵盖财经类各专业的"21世纪新概念教材"。如果说在本世纪的头十年,"21世纪新概念教材"的"'换代型'系列"曾通过"用'反题'弥补'正题'之不足",为培养适应"中国制造"之经济管理人才的高校课程建设服务,那么在本世纪的第二个十年,"21世纪新概念教材"的"'多元整合型'系列"将通过"用'合题'扬弃'正题'与'反题'",为培养适应"中国创造"之经济管理人才的高校课程建设服务。

就未来十年的战略取向而言,一套好的高等职业教育专业教材应当既体现国内外先进的专业技术水平和教育教学理念,又适应中国经济转型所需要的"创新型高等职业人才培养"，从而将《国家中长期教育改革和发展规划纲要（2010—2020年）》提出的相关要求落到实处。本系列教材的作者们是否在此方面开了个好头，应留给专家、学者和广大师生去评判。

在高等职业教育课程教材建设的道路上，向前探索的开端总是不尽完善的，期待专家、学者和使用本系列教材的师生不吝赐教，以便通过修订不断改进，使之与我国的产业需求和课程改革发展始终保持同步。

许景行于东北财经大学烛光园

第三版前言

酒店业对高级人才的需求日益旺盛，特别是在国内酒店投资风起云涌的背景下，这场看不到硝烟的人才战争无时无刻不在进行着。所以，具有良好的教育背景、专业能力突出、综合能力强的高职酒店管理专业毕业生将有着极好的职业发展前景。因为酒店业看中的是人才培养价值和升值的潜力，而这种人才的培养又离不开既体现国内先进的专业技术水平和教育教学理念，又适应中国经济转型所需要的"高等应用型职业人才的培养"的适宜教材，于是我们重新修订了本教材，并使其具有以下特色：

1.注重对酒店高等职场人才的培育。依据更好地适应新时期酒店高等职场既需要"职业认知"，也需要"职业技能"和"行为自律"的人才需求以及新时期伴随新技术革命而愈演愈烈的行业内与行业间跨专业的人才流动现实，修订版教材重构并优化以"职业知识"、"职业能力"和"职业道德"为"三重本位"，认真处理"职业学力"建构中的"专业性"、"通用性"与"核心性"三重内涵，以求对"健全职业人格"的培育。

2.注重教材结构合理务实性。通过多年的课改实践及科研成果，正确处理了教材"纵向组织结构"与"横向组织结构"等辩证关系，依照"原理先行、实务跟进、案例同步、实训到位"的原则，循序渐进地展开修订版教材内容。

3.遵循课程标准。力求培养学生"问题思维"与"创新意识"。

4.多种先进教学方法的设计。依据教学目标，修订版教材设计了"学导式教学法"、"互动式教学法"、"案例教学法"、"问题教学法"、"讨论教学法"、"项目教学法"和"工作导向教学法"等多种先进教学方法。

5.更新并增添功能性栏目及鲜活的素材。优化、更新各章引例、同步案例、善恶研判、职业道德与企业伦理等功能性栏目相关资料。

6.为应对日益加速的"知识流变性"，本次修订将"自主学习"视为与"实训操练"同等重要的能力训练：在第1、3章"学习目标"的"职业能力"中用"自主学习"子目标替换第二版"实训操练"述项，并相应调整了章后"基本训练"中"能力题"的子题型，优化了部分章的"实训操练"题型设计。

7.书后"课业范例"中同步增加了"范例-4"，即"自主学习-范"，旨在为第1、3章"自主学习"训练的课业提供示范。

为方便教学，本书第三版配有网络教学资源包，内含PPT电子教学课件、"参考答案与提示"和《学生考核手册》，使用本教材的教师可登录东北财经大学出版社网站（www.dufep.cn）下载和使用这些网络教学资源。

本书第三版由沈阳职业技术学院刘红春、陈昊、孙占伟、靳莹、刘婕纾编著。具体编写分工如下：刘红春提供"编写提纲"，编写、修订1~3章；陈昊编写、修订第5、7、8章，孙占伟编写、修订4、6章和综合训练与考核；课业范例由刘红春、靳莹共同完成；全书由刘红春总纂定稿，刘婕纾校对。许景行编审审阅全书，提出修改意见，并撰写总序和书后五个"附录"。

在修订过程中，我们借鉴和参考了大量国内外的相关著述和教材，在此表示诚挚的感谢。由于作者水平有限，书中难免存在疏漏与不足，敬请读者朋友批评指正。

编　者

2018 年 5 月

目 录

第1章
现代饭店管理概述

学习目标

通过本章学习，应该达到以下目标：

理论目标：学习和把握饭店的概念、性质、功能、作用、类型、等级、产品特性，饭店业的产生与发展，饭店集团，饭店管理的概念、内容、职能，管理的基础理论及其发展等陈述性知识；能用所学理论知识指导"现代饭店管理概述"的相关认知活动。

实务目标：学习和把握饭店管理的基本方法与相关"业务链接"等程序性知识；能用所学实务知识规范"现代饭店管理概述"的相关技能活动。

案例目标：运用所学理论与实务知识研究相关案例，培养和提高在特定业务情境中分析问题与决策应对的能力；结合本章教学内容，依照"职业道德与企业伦理"的行业规范或标准，分析企业行为的善恶，强化职业道德素质。

自主学习：参加"自主学习–I"训练。在实施《自主学习计划》的基础上，通过阶段性学习和应用"附录一"附表1"自主学习"（初级）"'知识准备'参照范围"所列知识，尽可能搜集、整理与综合"饭店管理基本方法、基础理论与发展趋势"前沿知识，讨论、撰写和交流《"饭店管理基本方法、基础理论与发展趋势"最新文献综述》，撰写《"自主学习–I"训练报告》，体验"现代饭店管理概述"中的"自主学习"（初级）及其迁移。

引例 迪拜的 Burj Al-Arab 酒店

背景与情境：

迪拜是阿拉伯联合酋长国的第二大城市。迪拜的 Burj Al-Arab 酒店建在海滨的一个人工岛上，外观是一个帆船形的塔状建筑，一共有56层，321米高，是全球最高的饭店，由英国设计师 W. S. Atkins 设计。它正对着 Jumeirah Beach 酒店（被认为是世界上最棒的酒店），以202套复式客房、200米高的可以俯瞰迪拜全城的餐厅以及世界上最高的中庭，成为后者最强劲的对手。到过这里之后，你才能真正体会到什么叫作金碧辉煌。它的中庭是金灿灿的，它的最豪华的780平方米的总统套房也是金灿灿的。客房面积从170平方米到780平方米不等，最低房价也要900美元，最高的总统套房则要18 000美元。

最令人吃惊的是一进房间，居然有一个管家等着跟你解释房内各项高科技设施如何使用，因为酒店的服务宗旨就是务必让房客有阿拉伯石油大王的感觉，在狠狠地让人感到吃惊之余，也让人感叹金钱的力量。以最普通的豪华套房为例，办公桌上有东芝笔记本电脑，随时可以上网，墙上挂的画则全是真迹。总统套房在第25层，家具是镀金的，设有一个家庭影院，两间卧室，两间起居室，一个餐厅，出入有专用电梯。

海里有餐厅，空中也有餐厅，客人只需搭乘快速电梯，33秒内便可直达屹立于阿拉伯海湾上200米高空的 AI-Mahara 餐厅；进入设计如太空般的餐厅，以蓝绿色为主的柔和灯光，再加上波浪设计的衬托，就仿佛进入另一世界。餐厅可容纳140名顾客，晚餐之际，夜空璀璨，环视迪拜的天空和海湾，享受地中海风味的高级厨艺，是人生至高的享受了。

（资料来源 腾讯旅游. Burj Al-Arab 迪拜酒店 [EB/OL]. [2015-12-23]. http：//www.mafengwo.cn/travel-news/126260.html.有改动。）

问题：何为现代饭店？

现代饭店应设备完善、功能齐全、种类繁多、环境优美、能满足客人各种需求，同时还应有良好的服务人员，能向客人提供一流的服务。这一切构成了现代饭店的概念。

1.1 现代饭店

1.1.1 饭店与饭店产品

1）饭店的概念与性质

（1）现代饭店概念

所谓**现代饭店**，就是向各类旅游者提供食、宿、行、游、娱、购、通信、商务、健身等综合性服务，具有涉外性质的商业性公共场所。

其"涉外性质"限定了我国饭店为旅游涉外饭店。它在我国是一个特有的概念，不同于国际上通称的旅游饭店，如美国、英国、瑞士、西班牙等发达国家，任何饭店都可以同时接待任何一个外国人和本国人。而我国在1988年9月1日开始执行的《中华人民共和国评定旅游涉外饭店星级的规定和标准》中指出："旅游涉外饭店指经有关部门批准，允许接待外国人、华侨、港澳台同胞的饭店。饭店因设施设备水平和服务水平不具备一星级饭店的最低要求，在接到不予定级通知书后，不得进行涉外营业。"可见，我国旅游涉外饭店是指具有一星级以上设施设备水平和服务水平的、能接待国际旅游者的饭店，是一类在特定的环境下形成的特殊饭店。

（2）饭店性质

饭店既有企业性，又有服务性。作为企业，它是一个独立的经济组织，拥有"法人"地位，对生产资料和劳动工具有自主支配使用权；经营上具有独立性，自主经营、自负盈亏、自我发展、自我约束。服务性表现为其服务产品的无形性、生产和消费的同时性、不可贮存性、差异性和不可转移性。

业务链接1-1

"饭店"的称谓

关于"饭店"有着不同的称谓，最初称为"饭店（Hotel）"。饭店（Hotel）一词来源于法语，原指富商、官宦及其他知名人士在城里款待宾朋的豪宅。法国大革命期间，许多私人住宅都改建成了具有商业性质的食宿设施，"Hotel"便成了饭店的代名词。这一说法在18世纪末19世纪初被英美国家普遍接受并沿用至今。

在中文里，用以表述"Hotel"的词很多，广州、港澳台等地习惯以"饭店"称呼，苏、浙、沪一带常常以"宾馆"表示高级饭店，此外还有"旅馆""旅店"等不同称谓。国家旅游局则将现代的"Hotel"统称为旅游涉外饭店，所以本书也就称为"饭店"。

2）饭店的功能

客人需求的多样化决定了饭店接待和服务功能的多样化。虽然各饭店的类型、等级、规模及投资额不同，但是，作为现代饭店，通常都具有如下功能：

（1）住宿功能

住宿功能是饭店的首要功能。住宿部分可以说是饭店的主体和存在的基础，通常位于饭店建筑物的上部，立体垂直排列，为客人的休息、睡眠、工作和会客等活动提供安全、安静、舒适、温馨的场所。

（2）餐饮功能

饭店餐饮功能是向客人提供各式餐饮，中餐、西餐或异域美食，不论大宴小酌，都能让客人有充分的选择。饭店餐饮部既要接待住店客人，也要接待非住店客人，所以，它一般设在便于客人进出的地方，如建筑物的一、二层。

（3）娱乐健身功能

随着人们生活方式的不断改变，市场对饭店多元化的需求进一步增强，饭店中娱乐健身设施的发展趋势明显从单一化到多样化、从低档到高档，娱乐健身设施在饭店中所处的地位稳步提高，如歌舞厅、健身房、棋牌室、电子游艺厅、影视厅等设施日趋完善。

（4）商务功能

随着旅游者对通信要求的日益增强，以及商务客人所占比例的逐渐增大，饭店的商务功能日趋重要。商务中心需要提供打字、复印、传真、票务、特快专递等服务项目，还要设置大小会议室、洽谈室，同时配备同声传译、翻译、秘书、音响、音像、投影等服务设施，以保证客人商务活动的顺利进行。

（5）购物功能

饭店一般都设有商场，多设在大堂旁边。商场内商品种类繁多，以精品、工艺品、当地特色旅游商品最为多见，也有一般生活用品，以满足住店客人需要。

（6）交通服务功能

为客人提供市内交通工具、提供交通客票的预订服务，也是饭店功能之一。许多高星级饭店拥有自己的专用车队。

客人的需求在变，为客人提供的服务功能也要随之变化。饭店功能与企业规格相适应，饭店档次越高，硬件设施越完善，其功能越多。

3）饭店的作用

（1）饭店业是旅游业的重要经济支柱

旅游业已成为全球主要产业之一，而饭店业作为旅游业和旅游服务业的标志性行业，其经营总量和从业人员均占旅游业的80%以上。几乎世界各国对饭店服务的需求都出现了急剧增长态势，随着饭店企业在世界范围内的扩张，饭店业也发展成为一个全球化的热门产业。

（2）饭店是所在城市和地区对外交往、社会交际活动的中心

饭店已成为一个城市、地区乃至一个国家市政建设、社会公共设施必不可少的组成部分，如饭店餐厅、娱乐等设施可吸引本地居民和境外客人，成为社交活动中心。饭店业对当地的政治、经济、文化等方面的发展有着重要影响，刺激和促进了对外交往，提高了社会的文明程度。

（3）饭店业是创造旅游业收入的重要部门

资料表明，饭店业通过生产和销售产品而获得的收入往往占旅游业总收入的一半以上，它是创造外汇收入的重要部门。饭店提供的服务具有就地劳务出口的性质，其创汇率比一般外贸出口要高，对平衡国际收支有着良好的作用。饭店外汇收入是旅游业三大外汇收入来源的重要组成部分，因此，饭店业的发展水平往往标志着接待地区、接待国家旅游业的发展水平。

（4）饭店业为社会创造直接和间接就业机会

中国拥有13亿多的人口数量，占世界人口的1/5、亚洲人口的1/3，就业问题对社会始终是个压力。按目前我国饭店人员配备状况，平均每间客房配备1.5~2人计算，一家拥有300间客房的饭店就能创造450~600人的直接就业机会。其他相关行业如饭店设备、物品的生产和供应行业，也相应带动了大量人员就业。根据国际统计资料和我国近年的实践经验，高档饭店每增加1间客房，可以直接和间接为5~7人提供就业机会。因此，饭店建设是扩大社会就业的重要途径，世界各地靠兴建饭店设施增加就业机会、减少失业人口的例子屡见不鲜。

业务链接1-2

世界上饭店用工比例比较

据国际饭店餐饮协会提供的材料，目前世界上饭店用工比例是：美国和西欧国家平均每间客房0.7人，日本0.6人，以色列0.5人，中国香港0.8人，拉美地区1.2人，非洲国家2.5人，中国内地1.5~1.8人。西方国家用人比例少的主要原因有两点：一是计算机普及率高，饭店所有部门全部由计算机管理，工作效率高，用人少；二是饭店内部不设客房部和工程部，有些部门虽设置，但不用固定工人，而是用临时工。

（5）饭店业可以带动其他行业的发展，为所在地区带来巨大的经济效益

饭店装修及更新改造与所在地区建筑业、装潢业、轻工业、电气业等紧密相关，客人住店期间在店内消费的物品也大多由社会其他行业提供，饭店收入的乘数效应对所在地区国民经济的影响十分巨大。

4）饭店类型

给饭店进行分类，一是有利于饭店进行市场定位，确定经营方向和经营目标，有效地制订和推行营销计划；二是便于饭店对投资和建设作出决策。

（1）根据饭店客人特点划分

①**商务型饭店**，也称暂住型饭店，是一个国家饭店业的主体，主要为从事商业活动或其他公务活动而外出的人提供服务，多位于城区，靠近商业中心。其特点是：客房设施、办公设施、商务设施、餐饮娱乐设施齐全、方便；客人一般都是公费消费者，消费水平较高、文化素养好，重视服务质量，对价格不敏感。这类饭店比一般饭店档次要高。

业务链接1-3

商务型饭店——行政楼层

行政楼层也称商务楼层，是这类饭店的一大特色，它是饭店划出几个楼层专门用来接待高级商务客人的。行政楼层专门设有服务台，隶属于前厅，称"前厅驻客房办事处"，客人可在楼层处登记，服务员集前台登记、结账、餐饮、商务中心及客房贴身管家等服务于一身。楼层设有专门的客人活动室，免费提供咖啡、茶水、点心、水果等供客人休息、会客、就餐之用。

②假日型饭店，也称休养地饭店，主要接待以度假、休息和娱乐为目的的客人，其最重要的设施是娱乐和康体设施。传统度假饭店多建在海滨、山区、海岛、森林等环境宜人之地，现在越来越靠近市区，有的甚至就在市中心，它们通过开发娱乐项目，如建立高尔夫俱乐部、温泉浴中心等，成为客人的短期休假场所。

③会议型饭店，是指那些能够独立举办会议的酒店，是接待会议最主要的场地。它通常位于大都市、政治经济文化中心或交通便利的旅游胜地，有较大的公共场所。这类饭店常设有会议销售部门，配备专门会议接待人员帮助会议主办者组织和协调会议事务，保证会议服务质量。

④旅游型饭店，又称观光型饭店，以接待观光旅游者为主，多位于旅游胜地或城市中心，其消费主体为团队旅游者。饭店偏中低档，客房为标准间；餐饮以团体餐为主，可使用套菜菜单。由于客人逗留期短，行动统一，因此接待入住、行李服务、叫醒服务、就餐安排等服务就显得尤为重要。饭店在建筑装潢、服务设计、菜点设计方面必须突出民族和地方特色。

⑤长住型饭店。这类饭店与客人之间有着一种特殊法律关系，二者通过签订协议或租约，对居住时间、服务项目等事项做出明确的约定。这类客人多为商业集团、商业公司和外国或地区企业的代办机构人员，其居住时间少则几个月，多则1年以上。饭店要做到让客人"有家庭生活乐趣，无家庭生活累赘"之感。饭店提供住宿、餐饮和娱乐基本服务，其组织、设施和管理较其他类型饭店简单。

⑥汽车饭店，是随着私人汽车的增多与高速公路网的建成而逐渐出现的一种新型住宿设施。20世纪50年代，以美国为代表的国家出现了一定标准的定型汽车饭店，它们建在城市边缘或高速公路沿线上，有免费停车场，出入方便，服务项目有限，价格低廉。20世纪60年代，汽车饭店与一般饭店并驾齐驱，成为饭店业公认的一部分。"美国饭店协会"就在这个时期更名为"美国饭店和汽车饭店协会"。

⑦机场饭店。这类饭店最初主要为乘客暂时停留提供服务。随着航空业的发展，一些航空公司凭借自身优势介入饭店业，不仅在机场附近建饭店，还在各大城市建立了饭店系统，将交通、住宿结合在一起，成为饭店业又一支重要力量。

（2）根据饭店计价方式划分

①欧式计价饭店。客房价包括房租，不包括餐饮和其他费用。世界上大多数饭店属此类型。

②美式计价饭店。客房价包括房租及三餐费用，这种计价方式主要为地处偏僻的度假型饭店采用。

③修正美式计价饭店。客房价包括房租、早餐和一顿正餐费用，其特点能给客人以较大自由安排白天活动。

④大陆式计价饭店。客房价包括房租和一份简单大陆式早餐（咖啡、面包、果汁）费用，此类饭店不设餐厅。

⑤百慕大计价饭店。客房价格包括房租及美式早餐费用。

教学互动1-1

问题：

目前国内很多商务型饭店、度假型饭店在计价方式上采取了房租含早餐计价方式。早餐在客人入住时已经赠送，但餐饮部总会通过一定的方式来统计具体到餐厅用早餐客人的数量，这样做的目的是什么？

要求：

A.请两位同学对上述问题予以分析，其他同学可以补充。

B.教师对学生的回答进行点评，并总结归纳答案。

（3）根据饭店规模大小划分

①小型饭店。客房数量少于300间。

②中型饭店。客房数量在300~600间。

③大型饭店。客房数量在600间以上。

（4）根据饭店资金来源划分

①独资饭店，即一个自然人或法人单独出资建造的饭店，所有权归个人，独立经营，独享利润，独担风险。在我国有外商独资的，也有我国自己投资的。

②合资饭店，常以股份形式或契约形式进行权利和利润分配。

③合作饭店，即通过各种非股权方式合营的饭店，由双方共同提供资金、物资和服务，但不将其作为股本投入饭店，盈利按合同规定分配，风险按合同规定由单方或双方不同程度地分担，合作双方的权利、责任、义务和还本付息方式在协议中明确规定。合

作形式可分为合作建造、合作经营管理和合作技术投资等。

（5）根据饭店所有权划分

①私营饭店。私营饭店是我国改革开放以后发展起来的一种经济实体，因受投资金额限制，饭店规模小、档次低，以所占市场份额小、价格低廉为特征。

②公司制饭店。公司制饭店股权归众多人拥有，他们组成董事会，对饭店进行经营管理，是饭店业今后发展的主要趋势之一。

③国有饭店。在以公有制为主体的国家，国有饭店是饭店业的主导。

5）饭店的等级

（1）饭店等级划分

饭店等级是针对饭店的豪华程度、建筑设备、饭店规模、服务质量、服务范围、管理水平等而言的。对客人来说，可根据饭店等级了解饭店的设施、服务情况，有目的地选择适合自己要求的饭店。一般情况下，对于同规模、同类型的饭店来说，客房平均房价是评价饭店等级高低的客观标准。

业务链接1-4

国际上采用的饭店等级制度与表示方法

①星级制表达法。星级制度以"星"来标志饭店等级，以"星"（★）来反映饭店的硬件、软件水平，是一种国际化的通用标识，比较流行的是五星级制。星越多，饭店等级越高。这种星级制为欧洲国家所广泛采用。

②字母表达法。许多国家将饭店的等级用英文字母表示，即A、B、C、D、E五级，A级为最高级，E级为最低级。

③数字表示法。如意大利用豪华表示最高级，继豪华之后，由高到低依次为1、2、3、4，数字越大，级别越低；瑞士的饭店由饭店协会按价格分为1~5级。

（2）饭店星级评定标准

为适应旅游业的发展需要，提高旅游涉外饭店管理水平和服务质量，维护消费者的利益，1988年8月，国家旅游局参照国际标准并结合中国国情，制定了《中华人民共和国评定旅游涉外饭店星级的规定》（以下简称《评定规定》），于1988年9月1日开始执行。国家技术监督局于1993年9月1日正式批准了《中华人民共和国评定旅游涉外饭店星级标准》（以下简称《评定标准》），并于1993年10月1日开始执行。自此，我国开始实行星级评定制度。《旅游涉外饭店星级的划分与评定》（GB/T 14308—1993）自1993年发布以来，在指导与规范饭店的建设与经营管理，促进我国饭店业与国际接轨等方面，发挥了巨大的作用。

随着我国饭店业的发展，也出现了一些值得注意研究的新情况，如不同饭店已形成了不同的客源对象和消费层次，社会提供的可替代服务项目也在不断增加，这就要求饭店应当根据自身客源需求和功能类别，更加自主地选择服务项目。为避免饭店企业的资源闲置和浪费，促进我国饭店建设和经营的健康发展，需要对《旅游涉外饭店星级的划分与评定》（GB/T 14308—1993）进行修订。所以，1997年10月16日国家旅游局根据10年来星级评定的实践，对《评定规定》和《评定标准》作了重新修订，修订后的《旅游涉外饭店星级的划分与评定》（GB/T 14308—1997），于1998年5月1日开始实施。

2003年6月25日，国家旅游局颁布了第三次修订的《旅游涉外饭店星级的划分与评定》，同年12月1日开始实施。新版《旅游饭店星级划分与评定》（GB/T 14308—2003）增加了一些新的内容，主要有：用"旅游饭店"取代"旅游涉外饭店"；规定旅游饭店使用星级的有效期限为5年，取消了星级终身制；增加了"预备星级"和"白金五星级"等。

2010年10月18日，国家质量监督检验检疫总局、国家标准化管理委员会发布公告，批准《旅游饭店星级的划分与评定》（GB/T 14308—2010）国家标准，自2011年1月1日起实施。

新版标准重点强调了星级饭店的必备项目、核心产品、绿色环保、应急管理、软件可衡量和特色经营六个方面的要求，对于引导和规范我国饭店业的发展产生了重要作用。

业务链接1-5

2017年全国不同星级饭店经营数据统计见表1-1。

表1-1 **2017年全国不同星级饭店经营数据统计**

指标	总体/平均	五星/豪华	四星/高档	三星/中档
Occ(%)	60.40	60.72	62.65	57.83
Adr（元）	359.17	494.86	346.83	235.82
RevPar(元)	218.05	300.48	217.29	136.37
客房收入比（%）	46.81	47.91	47.38	45.15
餐饮收入比（%）	38.35	39.34	37.48	38.23
其他收入比（%）	14.84	12.75	15.15	16.62
客房成本率（%）	25.81	13.23	13.90	50.29
餐饮成本率（%）	47.50	45.65	46.56	50.29
其他成本率（%）	27.22	27.50	30.62	23.55
人工成本率（%）	32.90	31.94	32.69	34.08
能耗成本率（%）	10.89	9.37	10.39	12.90
员工流失率（%）	3.90	4.43	4.14	3.13
员工平均月薪（元）	3 013.88	3 338.21	2 996.06	2 707.37

（资料来源 中商情报网. 2017年全国星级酒店经营数据统计分析：平均入住率同比增长3.50%[EB/OL]．[2018-02-10]．https://item.btime.com/m_95e2aabea1abb7ac3.）

6）饭店产品的特性

（1）饭店产品的概念

所谓**饭店产品**，就是饭店将其生产的实物产品和服务产品出售给客人，以满足客人在饭店居住期间的所有需求。

（2）饭店产品的特性

服务产品的生产决定了饭店产品的独有特性，最常为人们所谈及的特性有四个。

①服务产品的无形性。所谓无形性就是看不见、摸不着。饭店服务产品属于行为，而不是物品，它是无法让客人通过视觉、味觉和触觉感受到的，不像实物产品可接触、可体验、可试用。如客人入住了饭店，他所购买的并非是房间，而是依托房间所提供的一系列客房服务，包括叫醒服务、洗衣服务、订票服务、会客服务、旅游服务等。随着客人离开饭店，为客人提供的服务就结束了，而服务产品也就不存在了。

同步思考1-1

饭店产品无形性的特点意味着什么？

理解要点：意味着饭店生产的产品没有专利，并很快为其他饭店所"笑纳"。所以，饭店经营者必须不断进行特色创新，只有标新立异，独树一帜，饭店在竞争中才能独占鳌头。

②服务产品生产与消费的同步性。饭店服务产品是"边做边卖"，即先被销售，然后生产与消费在同一时间、在服务员与消费者面对面交往中完成。饭店诸多部门（如餐厅、酒吧、客房、商场）就是服务产品销售的场所。

教学互动1-2

问题：

A.饭店服务产品生产与消费的同步性特点为饭店产品质量带来了风险，你如何理解？

B.饭店怎样做才能降低这种风险？

要求：

A.请两位同学对上述两个问题谈谈自己的看法，其他同学予以评论。

B.教师对学生的回答和其他同学的评论作最后点评。

③服务产品的异质性。服务产品的异质性是指同一家饭店为客人提供同一产品会不可避免地出现质量、水平上的差异。因为服务产品的质量与员工的表现密切相关，同一员工不同时间、不同场合为同一客人提供的服务会产生异质性；又因服务产品的质量是由客人进行评价的，所以，它与客人内心感受密切相关，客人在同一家饭店接受不同服务员提供的相同服务，会产生不同心理感受，给予不同的评价，也表现出了服务产品的异质性的特点。

所以，饭店即使对其服务产品提出质量标准，基于上述两方面原因，服务质量也可能会随时出现重大变化。为此，饭店必须加强员工培训工作，提高员工职业素质和专业技能。

教学互动1-3

问题：

A.你对饭店服务产品异质性特点还有其他的理解吗？

B.这种产品异质性特点能给饭店带来什么？

要求：

A.上述两个问题请两位同学谈谈自己的看法，其他同学予以评论。

B.教师对学生的回答和其他同学的评论做最后点评。

④服务产品的不可储存性。不可储存性是所有服务产品的一个显著特征，而饭店产品的不可储存性又最为典型。如果今天的客房、餐位没有及时使用，也就失去了销售的商机，那么，今天的客房或餐位的价值就无法实现。即使明天出现服务供不应求状况，也不能把昨天闲置的资源拿来使用。因为饭店产品只有出现消费者需求的时候才会被生产。

我国旅游呈现明显的淡旺两季，尤其在淡季，饭店若不能制订完善的市场营销计划开辟客源，势必影响企业的营业收入。

1.1.2 饭店业的历史沿革与现代饭店的发展趋势

伴随着人类旅行活动的产生、发展，为旅行者提供食、宿的设施应运而生。相传欧洲最初的食宿设施始于古罗马时期，其发展进程大致经历了古代客栈时期、豪华饭店时期、商业饭店时期、现代新型饭店时期。期间起落、盛衰，几经波折。到了第二次世界大战之后，欧美等国家和地区的经济迅猛发展，跨国、跨洲的旅游骤增，世界各国饭店数量急剧上升。到了20世纪50年代，世界各地出现了一些拥有数十家饭店、跨国连锁经营的大型饭店集团公司，标志着世界饭店业进入了现代新型饭店时期。

1）世界饭店业的产生与发展

（1）古代客栈时期（12世纪至18世纪）

千百年前就出现了客栈，它是社会需要的产物。因为，客栈能满足人们的基本需求——吃、喝、睡。从埃及古墓的图画中，可以看到将游客安顿在现代称之为饭店、宾馆的客栈里的情景。15世纪，客栈开始流行，有些客栈拥有二三十间客房及其他设施，当时有名的英国乔治旅店，除客房外，还有酒窖、食品室、厨房以及供店主和管马人用的房间。18世纪，客栈逐渐盛行，尤以英国客栈为典型代表。商业的发展，旅游和贸易兴起，对客栈需求量大增。当时供四辆马车行走的驿道不多，农村和城市相距又远，森林和田野里盗匪经常出没，因而旅行者为了自身的安全需要成群结队行走。晚间，他们除了需要食物和睡觉场所之外，真正需要的是保护，因此，有些住户就向旅游者敞开了大门，这就导致客栈业的发展。

（2）豪华饭店时期（18世纪末至19世纪中叶）

18世纪后期，随着工业化进程的加快和民众消费水平的提高，尤其是火车、轮船的兴起，方便了人们的旅行，贵族度假者和上层人物以及公务旅行者日益增多，带动饭店业有了较大的发展。例如在纽约，1794年建成的首都饭店，内有73套客房，这在当时无疑是颇具规模的。而堪称第一座现代化饭店的特里蒙特饭店于1829年在波士顿落成，为整个新兴的饭店行业确立了标准。该饭店不仅客房多，而且设施设备较为齐全，服务人员都经过培训，在这里住宿客人有安全感。19世纪末20世纪初，美国出现了一些豪华饭店，这些饭店崇尚豪华和气派，布置高档的家具摆设，供应精美的食物，主要接待王公、贵族、官宦和社会名流。饭店投资者、经营者的最终兴趣是取悦于社会名流，求得社会声誉，往往不太注重经营成本。凯撒·里兹成为这一时期开创豪华饭店的代表人物。

同步思考1-2

古代客栈时期和豪华饭店时期的饭店特点是什么？

理解要点：古代客栈时期的饭店经历时间很长，饭店规模较小，价格低廉，设备简陋，只能给旅行者提供最基本的食宿服务，缺少安全感。但它是饭店的雏形。

豪华饭店时期饭店规模大、设施豪华，管理有所创新，管理与服务职能逐渐分离；服务正规，具有一定的接待仪式，讲究一定规格的礼貌礼仪等。

（3）商业饭店时期（19世纪末至20世纪50年代）

商业饭店时期是世界各国饭店最为活跃的时代，是饭店业发展的重要阶段。经过这一时期的发展，饭店业最终成为以一般平民为服务对象的产业，并从各个方面奠定了现代饭店业的基础。进入20世纪，当时世界上最大的饭店业主埃尔斯沃思·弥尔顿·斯塔特勒为适应旅行者的需要，在斯塔特勒饭店的每套客房都设有浴室，并制定统一的标准来管理他在各地开设的饭店，增加了不少方便客人的服务项目。20世纪20年代，饭店业得到了迅速发展，美国的大中小城市，纷纷通过各种途径集资兴建现代饭店，而且汽车饭店也在美国各地不断涌现。到了20世纪30年代，由于经济大萧条，旅游业面临危机，饭店业也不可避免地陷入困境。在兴旺时期开业的饭店，几乎尽数倒闭，饭店业受到了极大挫折。在商业饭店时期，汽车、火车、飞机等给交通带来很大便利，许多饭店设在城市中心，汽车饭店就设在公路边。这个时期的饭店，为商务旅行者提供完善的设备和优质的服务，饭店的价格也趋向合理。同时，这个时期是世界饭店发展史中最为重要的阶段，它从各个方面奠定了现代饭店业的基础，并在此基础上形成了世界性的国际饭店协会，制定了饭店法规，建立了一些旅游管理、饭店管理高等院校。

（4）现代新型饭店时期（20世纪50年代后）

第二次世界大战结束后，随着经济形势的恢复并日渐繁荣，加之交通工具的发展为人们出行带来了便利，因而引起了人们对饭店需求的剧增，使一度处于困境的饭店业走出低谷，踏上了复苏之路。1950年以后，世界范围开始出现了经济发展和人口增长形势，工业化的进一步发展增加了人们的可支配收入，为其外出旅游和享受饭店、餐馆服务创造了条件。汽车饭店联号集团在这一时期也得到了空前的发展。当时拥有大型豪华饭店的饭店联号公司有希尔顿饭店公司、假日饭店集团、凯悦国际饭店公司、喜来登饭店公司等。这些饭店集团使用统一名称、统一标识，在饭店建设、设备设施、服务程序、管理方式等方面实行统一标准，联网进行宣传促销、客房预订、物资采购和人才培训。

这一时期，饭店的规模不断扩大，类型多样化，开发了各种类型的住宿设施，服务向综合性方向发展；饭店不但提供食、住，而且提供旅游、通信、商务、康乐、购物等多种服务，力求尽善尽美。此时，饭店集团占据着越来越大的市场。

2) 中国饭店业的产生和发展

中国饭店业的起源应从商代中期的驿站开始，至今已有 3 000 多年历史。其发展过程是伴随着中国经济的发展而发展的。我国的饭店业经历了古代饭店时期、近代饭店时期和现代饭店时期。

（1）古代饭店设施

古代饭店设施大体可分为官办住宿设施和民间旅店。

①官办住宿设施。中国官办住宿设施有驿站和迎宾馆两种。

驿站是中国最古老的一种官方住宿设施。在古代，通信工具简陋，统治者政令的下达，各级政府间公文的传递，各地区之间的书信往来等，都要靠专人递送。历代政府为了有效地实施统治，必须保持信息畅通，因此一直沿袭了这种驿站传递制度。而与这种制度相适应的为信使提供的住宿设施——驿站便应运而生。秦汉以后，一些过往官吏也可以在驿站食宿。至唐代，驿站已广泛接待过往官员及文人雅士。元代，一些建筑宏伟、陈设华丽的驿站除接待信使、公差外，还接待过往商旅和达官贵人。从商代中期到清光绪二十二年止，驿站竟存在了 3 000 余年。

迎宾馆是古代官方用来接待外国使者、外民族代表和商客的地方。它成为中外往来的窗口，人们从"迎宾馆"这个小小的窗口，可以看到当时政治、经济和文化交流的盛况。春秋时期的"诸侯馆"和战国时期的"传舍"，可以说是迎宾馆在先秦时期的表现形式。以后几乎历代都分别建有不同规模的迎宾馆，并冠以各种不同的称谓。至清末时期，这类馆舍开始正式定名为"迎宾馆"。

我国早期的迎宾馆在宾客的接待规格上，是以来宾的地位和官阶的高低及贡物数量的多少来区分的。为了便于主宾对话，宾馆里有道事（翻译）；为了料理好宾客的食宿生活，宾馆里配有厨师和服务人员。此外，宾馆还有华丽的卧榻和其他用具与设备。为了尊重宾客的风俗习惯，使他们的食宿生活愉快，迎宾馆在馆舍的建制上还实行一国一馆的制度。

②民间旅店。早在周朝时期就出现了古代民间旅店。到了战国时期，中国古代的商品经济进入了一个突飞猛进的发展时期，工商业越来越发达，从事远程贸易的商人日渐增多。但当时商业交换活动区域并没有进入市区内部，以接待商贩旅客为主的民间旅店也只能在交通运输要道出现。至汉代以后，商业交换活动开始在城市中出现，不少城市逐渐发展成为商业大都会，民间旅店也逐渐进入市区。唐代盛世，经济繁荣，社会安定，市场兴旺，旅店业遍布繁华街道。到了明清两代，民间旅店更加兴旺。加之封建社会科举制度的进一步发展，在各省城和京城便出现了专门接待各地赴试应考的书生会馆，成为当时旅馆业的重要组成部分。

（2）近代饭店设施

19 世纪初，外国资本侵入中国，中国沦为半殖民地半封建社会。这一时期，除了传统旅馆外，还出现西式饭店和中西式饭店。

①西式饭店。西式饭店是 19 世纪初外国资本侵入中国后兴建和经营的饭店的统称。

1840 年第一次鸦片战争以后，随着一系列不平等条约的签订，西方列强纷纷侵入中国，设立租界地，划分势力范围，并在租界地和势力范围内兴办银行、邮政、铁路和各种工矿企业，从而导致了西式饭店的出现。与中国当时传统饭店相比，这些西式饭店规模宏大，装饰华丽，设备齐全，趋向豪华和舒适。客房内有电灯、电话、暖气，卫生间有冷热水等。西式饭店的经理人员皆来自英、美、法、德等国，有不少在本国受过旅馆专业的高等教育。一方面，西式饭店是西方列强侵入中国的产物，是为其政治、经济、文化侵略服务的；另一方面，我们还应看到，西式饭店的出现客观上对中国近代饭店业的发展起到一定的促进作用。

②中西式饭店。西式饭店的大量出现，刺激了中国民族资本向饭店业投资。从民国开始，各地相继出现了一大批具有"半中半西"风格的新式饭店。这些饭店在建筑式样、设备、服务项目和经营方式上都受到西式饭店的影响，尤其在经营体制上，实现了银行、铁路、旅馆等行业联营。这类饭店在20世纪30年代达到鼎盛时期。当时各大城市均可看到这类饭店。中西式饭店将欧美式饭店业的经营理念和中国饭店经营环境的实际相结合，迅速发展成为中国近代饭店业中一个引人注目的组成部分，并为中国饭店业进入现代新型饭店时期奠定了良好的基础。

（3）现代饭店业

中国现代饭店业的发展历史并不长，但发展速度惊人。一般认为，我国现代饭店业始于1978年的中国改革开放之时。当时，中国能接待国际旅游者的饭店仅有203家，共3.2万间客房，而且规模小、数量少、功能单一、设备陈旧，很难适应国际旅游业的发展需要。但其后的发展速度惊人，尤其党的十一届三中全会后，在整个社会经济形势推动下，中国饭店业无论在行业规模、设备质量、经营观念、管理水平等方面都取得了长足的进步，具体表现在以下几个方面：

①饭店实行星级评定制度，行业管理逐步加强。饭店管理由原来的各自为政向国家主管部门的行业管理转化。1988年8月，我国颁布了《中华人民共和国评定旅游涉外饭店星级的规定》，在行业政策、服务标准、监督检查等方面加强了对饭店业的行业管理。要求饭店各部门都要遵守国家主管部门的行业政策，执行行业服务质量标准，并接受主管部门的定期与不定期的核查。

②饭店投资形式及经营机制呈现多样化。自1982年我国出现第一家合资饭店——北京建国饭店之后，中国饭店一改原有单一的国有体制，在投资形式和经营机制方面出现多样化，可概括为国内投资、港澳台商投资、外商投资等三种形式。其中国内投资具体包括：国有企业、集体企业、股份合作企业、国有联营企业、集体联营企业、国有与集体联营企业、其他联营企业、国有独资公司、其他有限责任公司、股份有限公司、私营独资公司、私营合伙公司、私营有限责任公司、私营股份有限公司、其他；港澳台商投资具体包括：与港澳台商合资经营公司、与港澳台商合作经营公司、港澳台商独资公司、港澳台商投资股份有限公司；外商投资具体包括：中外合资经营公司、中外合作经营公司、外资企业、外商投资股份有限公司。

③饭店由经验型管理走向科学化管理。1982年4月，北京建国饭店正式开业，并首次引进境外饭店管理公司——香港半岛管理集团进行经营管理，成为我国现代饭店业崛起的标志。北京建国饭店以符合国际水准的服务蜚声中外，取得了良好的经济效益。国家旅游局在认真总结建国饭店经营管理办法的基础上，在全国选择了50家饭店作为首

批试点单位，推广建国饭店的经营管理方法。方法推行仅1年，50家试点饭店在管理水平、服务质量方面就有了明显提高，饭店利润增长了60%~80%。这一套管理办法的推行，使我国饭店业新旧体制开始转换，也使饭店在管理、经营和服务质量方面都发生了深刻的变化，同时也意味着中国饭店由经验型管理走向科学化管理道路。

业务链接1-6

北京建国饭店的经营管理方法

A.饭店领导体制实行经理负责制及部门经理逐级负责制。

B.推行岗位责任制，抓好职工培训。

C.实行严格奖惩制度，打破"大锅饭"，调动职工积极性，提高服务质量。

D.充分利用经济手段，开展多种经营，提高经济效益。

④饭店实行集团化、系列化多种形式经营。改革开放后，随着饭店业的发展，中国饭店集团开始萌芽，并随着国际饭店集团或公司进入中国市场，拉开向集团化发展的序幕。在第十届中国饭店集团化发展论坛暨第七届酒店品牌建设国际论坛上，中国旅游饭店业协会副会长吴丽萍发布了2012年度最具规模的30家本土饭店管理公司。上海锦江饭店集团、北京凯莱国际饭店集团和北京建国饭店集团已跻身世界饭店集团与饭店管理公司300强之列，其中，锦江饭店集团排名第64位。全球酒店业300强中，已有10%的企业进入中国，其品牌输出模式主要为特许经营和委托管理。目前外资国际饭店管理集团在中国管理的饭店达1 000多家。

此外，饭店与其他饭店、旅行商、供应商、航空公司等企业之间在采购、预订与销售等方面的联合也日趋紧密。为避免经营风险，中国饭店业正走向广泛联合、多种形式经营之路。

3）现代饭店发展趋势

（1）服务质量标准趋于个性化、人性化、极致化

细节决定饭店的经营成败。所以，饭店业已从标准化服务向个性化服务发展，尽管标准化是饭店优质服务不可或缺的基础，但标准化服务不是优质服务的最高境界。真正的优质服务是在标准化服务基础上的个性化服务，即一对一的针对性服务。而且，随着社会的进步、技术的发展，人们对富有人情味的服务的需求越来越高，所以，个性化服务还应体现出人性化，真正体现一种真诚的人文关怀精神。个性化服务的终极目的是要达到极致化，即在服务结果上追求尽善尽美。尽心和精心满足人们受尊重与个人特殊需求的个性化服务，是符合饭店发展趋势的最高境界的服务。在这方面，崇尚以提供专业个性化服务、创造高附加值为宗旨的"金钥匙"服务，有其得天独厚的潜力，这也是21世纪饭店业发展的新趋势。

职业道德与企业伦理1-1

酒店一句"送别"惹官司

背景与情境： 2017年1月30日，旅居海外的高先生回乡过年，住进了福州某国际知名品牌酒店。

次日上午，高先生在酒店餐厅用完早餐走出餐厅，发现一名经理模样的人紧跟身后，直至餐厅门外。高先生感觉奇怪，问其原因，对方答曰："我送别你。"高先生认为，"送别"二字在用词习惯上有告别逝者的意味。高先生心生不满，遂向对方提出质疑和告诫。好在这位经理颔首接受客人"教训"，事态得以平息。

2月1日上午，高先生在酒店大堂遇见餐饮部总监，便将此事向其诉说，并建议酒店要加强管理。这位总监却称"送别在当地即为再见，没有特别意思"，并说"是你自己多想了""我的属下没有错误可改"等。

高先生对其不屑的态度和带有讥讽的语气怒不可遏，以激烈言辞予以回应，最后双方由口角发展到肢体冲突。

当天下午，酒店总经理、财务总监以及保安部经理来到高先生房间，以其"攻击员工"为由，要求他立即退房离店，高先生只好结账离开。

事情到此并未结束，接下来高先生接到当地公安派出所电话，得知该酒店已就双方冲突之事报警，警方要求他配合调查。不仅如此，高先生原本是该酒店集团钻石级会员，当他登录该酒店集团官网想兑换奖励积分时，发现自己的会员账户被注销，此前入住该酒店集团累计获得的7万多奖励积分被酒店单方取消。而且，高先生试着再向该酒店预订房间时，被告知不能接受预订，也就是说，高先生已被列入该酒店的"黑名单"。

高先生不满酒店取消积分的做法，遂向福建省消协投诉，后接到当地派出所通知，要求双方到派出所接受调解。可是，酒店方没有派人参加。高先生至此失去了耐心，于是向地方法院递交一纸诉状，将该酒店告上了法庭。

此事传上网络后，引起了人民网、中国消费者报的关注，也见诸福州的主要媒体，该酒店生意颇受影响。

（资料来源　news007.案例分析：酒店一句"送别"惹官司［EB/OL］.［2017-03-11］. http：//www.022xsw.com/qbhs/181.html.）

问题：本案中，酒店即使赢了官司，也成了"输家"，你怎么看这个问题？作为餐饮总监该不该与客人辩解并且发生冲突？管理人员应具有的正确职业意识是什么？

分析提示：该酒店失去了一位高积分顾客，且给外人的印象是，纠纷是由酒店高管的不适当言语引起的，随后与客人发生肢体冲突、把客人"拉黑"，对酒店产生了严重的负面影响。

"我送别你"即使为当地没有恶意的方言，但如果让客人听着不顺耳，服务人员也应当即向客人道个歉，对客人的告诫表示感谢。当时那位经理这样做了，随即平复了客人的不满，事态本已平息。但没想到，后来餐饮总监的辩解又把客人惹恼了。如果说那位餐厅经理的那句"送别"属于"用词不当"，那么这位总监向客人的辩解甚至与客人发生肢体冲突就是处理不慎了。从根本上说，这位总监缺乏最起码的"宾客至上"意识和应有的职业道德。

一名成熟、合格的职业经理人，必须具有正确的职业意识。"宾客至上""顾客永远是对的"，应该成为我们处理好与宾客关系的最基本且不可或缺的职业意识。

（2）产品购买者——顾客呈多元化趋势

进入21世纪，饭店业面对的顾客呈现更加多元化趋势。凡是能消费得起的客人都是饭店接待服务的对象，不同年龄、性别、职业等情况的顾客，其背景身份构成呈现多元化；到饭店消费的客人，来自世界不同国家、不同地区，顾客地域呈现多元化；每位客人都存在主观性，对饭店服务质量标准要求不尽相同，顾客需求呈现多元化。所以，饭店应面对顾客多元化形势，实行"小市场、大份额"战略，通过开发个性化产品和提供个性化服务来赢得目标顾客。

（3）饭店经营管理集团化

在20世纪，世界各国先后出现了诸多跨国饭店集团，如假日、雅高、马里奥特、希尔顿等。世界200家最大的饭店集团基本上垄断了饭店市场，或者说是主导了饭店市场。在饭店业激烈的竞争环境中，饭店集团为其所属饭店制定统一的经营管理方针和策略，为饭店硬件和服务规定严格的标准，并将这些服务标准、服务规范编写成经营手册，以帮助所属饭店在经营中即刻达到服务标准。饭店集团还定期派遣巡视人员到所属饭店检查，对饭店经营中的问题、不合格的服务提出建议和指导，使饭店产品质量不断提高。

（4）饭店实行先进的计算机网络化管理

随着饭店业的繁荣发展和竞争力的提高，借助科学技术，使饭店经营管理走向一体化。从前台客人入住登记、结账，到后台的财务管理、人事管理、采购管理、仓库管理等构成了一套完整的饭店科学信息化体系。信息技术可及时、准确地为饭店的管理者、决策者提供本店经营中各个环节的情况。它在饭店业的管理、服务、营销等方面发挥着更大的作用。

业务链接1-7

一天上午10：00，某酒店营销部接到一位VIP客人到店信息。10：30营销部在"OA系统"公告栏上发布该信息，总台即开始排房。10：32客房进行VIP布置，餐饮部根据VIP档案设计菜单。10：35酒店各有关部门通过"OA系统"全部知道了客人将抵店的信息，并做好了接待准备。

教学互动1-4

问题：

A.针对业务链接1-7，谈谈你是如何看待"数字化"提高酒店服务效率的问题的。

B.一家客户在酒店召开新产品发布会，你怎样将这个信息传递给刚到店的会务人员？

要求：

A.请两位同学对上述两个问题谈谈自己的看法，其他同学予以评论。

B.教师对学生的回答和其他同学的评论做最后点评。

4）创建绿色旅游饭店，倡导绿色消费与绿色管理

20世纪90年代中期，国外"绿色饭店"的理念传入中国。北京、上海、广州等一些大城市的外资、合资饭店和一些由国外管理集团管理的饭店开始实施"绿色行动"，其他一些饭店也有自发采取行动的。各地区也纷纷制定"绿色饭店"地方标准。2006年3月23日，国家旅游局参照浙江省地方标准《绿色饭店》（DB33/T 326—2001）发布了《绿色旅游饭店》标准（LB/T 007—2006）。其中将"绿色旅游饭店"定义为运用环保、健康、安全理念，倡导绿色消费，保护生态和合理使用资源的饭店。其核心是为顾客提供舒适、安全、有利于人体健康要求的绿色客房和绿色餐饮，并且在生产经营过程中加强对环境的保护和资源的合理利用。

绿色饭店是一种新的理念，它要求饭店将环境管理融入饭店经营管理中，以保护环境为出发点，调整饭店的发展战略、经营理念、管理模式、服务方式；实施清洁生产，提供符合人体安全、健康要求的产品；引导社会公众的节约和环境保护意识，倡导绿色消费。其实质是为饭店宾客提供符合环保要求的、高质量的产品，同时，在经营过程中节约能源、资源，减少排放，预防环境污染，不断提高产品质量。以环境保护和节约资源为核心的绿色管理，必将成为全球饭店业共同关注的大事。

同步案例1-1

某酒店绿色节能改造模式

背景与情境：

上海某国际品牌五星级大酒店位于上海市中心，于2007年开业，酒店楼高52层，拥有645间客房、6间餐厅和酒吧、17间会议室、设施完善的健身中心、室内游泳池和水疗中心等。该酒店主要能源利用系统包括：中央空调系统、锅炉供热系统（冬季采暖、生活热水、洗衣房消毒、除氧）、照明系统、电梯系统、给排水系统等。

凭借项目前期的现场调研及酒店管理人员提供的资料，经分析计算并运用源自欧洲的建筑节能与绿色建筑理念与方法论，项目团队采用被动式设计理念，尽可能减少用能需求、充分利用可再生能源与资源、采用高效节能的技术与产品的方法，提出以合同能源管理的形式进行供热系统节能改造、中央空调系统节能改造、变配电系统优化、电梯系统节能优化及安装能耗监测平台的节能建议。

该项目由服务公司100%投资改造，以合同能源管理模式执行，通过节能效益分享方式回收投资并获得合理利润。该酒店在不额外支出费用的前提下，不仅能够获取收益，并且于合同期满后获得全部节能效益与节能设备。此种改造模式的具体实施，为绿色酒店节能改造提供了一个新的方向。

1. 供热系统改造

项目针对酒店的供热系统分别对采暖、生活热水和泳池加热三部分内容进行节能改造。通过采用风冷热泵提供低区冬季空调采暖（B2F~36F）、采用空气源热泵热水器系统生产和供应酒店低区（B2F~16F）生活热水、采用泳池专用热泵替代原天然气锅炉并提供泳池所需的热水。通过上述改造，该酒店供热系统节约能耗折合标准煤250吨/年，节省能源费用约127万元/年。

2. 中央空调系统改造

针对酒店情况，项目团队选择对空调冷冻、冷却水系统变频改造，通过室外湿球温度传感器计算冷却塔出水水温、运用供回水温差控制冷却水频率，可减少空调系统耗电量372 362kWh，节省能源费用约37万元/年。

3. 照明系统改造

通过技术人员现场调研发现，目前酒店使用的照明产品光源主要是MR16卤素灯、螺旋或 U 形节能灯、白炽灯泡、蜡烛灯、T8/T5 荧光灯，使用的灯具主要是射灯、筒灯、水晶灯、灯盘、壁灯、台灯和豆胆灯等。

卤素灯是白炽灯的一个变种。卤素灯一般光效为 20~30lm/W，其光电利用率仅为 6%~10%，其余电能以热的形式消耗掉。因此，减少卤素灯使用不仅能在照明方面节约电费，同时可以减少照明灯具对外的热辐射能，从而降低空调能耗。

该项目通过采用 LED 灯具替换既有灯具，起到节能效果，预计改造后节省能源费用约 73 万元/年。

4. 变配电系统改造

每回路电源各减去一台 1 000kVA 变压器容量，但此退役变压器原有低压用电系统不变，维持原状，且并接在运行中的 2 台 2 500kVA 变压器低压总线上（二路电源），达到节能效果。

5. 电梯系统改造

针对酒店现有电梯系统，对梯速较大的电梯即大厅中的 10 台客梯安装能量回馈装置。根据电梯能量回馈原理，电梯在使用过程中，分为电动运行和发电运行。当轿厢重量小于对重时电梯上行为发电运行、电梯下行为电动运行，当轿厢重量大于对重时电梯上行为电动运行、电梯下行为发电运行。通过安装能量回馈装置，每年可减少电梯运行能耗 120 000kWh，节省能源费用约 10.2 万元/年。

6. 能耗监测管理系统

大多数楼宇仅有静态的、粗放式的能源费用和设备资产的记账式管理，没有动态的能源监测管理，没有能耗支出的预警管理，节能改造方向不明，盲目改造，故将能耗监测作为实现节能、强化管理的第一步，接下来以此为依据进行有的放矢的节能改造技术工程。

（资料来源 ador16379 星级酒店绿色节能改造模式案例解析 [EB/OL]. [2015-07-24]. http://bbs.co188.com/thread-9137123-1-1.html. 有改动。）

问题：酒店绿色节能有哪些益处？

分析提示：酒店是能耗大户，在大型公共建筑的范畴内，也是能耗水平偏高的建筑类型。一般酒店的能源消耗包含水和电两个方面，其中以电为主。酒店作为能耗大户，节约使用能源、降低基本耗损，意味着降低酒店经营成本，提高营业利润。

1.1.3 饭店集团及其形式

饭店集团发源于美国。1907 年美国里兹（Ritz）公司出售特许经营权给饭店，出现了饭店集团的雏形。

第二次世界大战以后，饭店集团才获得大规模发展。此时，世界经济得到了复苏和繁荣，一些大资本集团凭借雄厚的实力纷纷进入饭店业，使饭店业得到了较大的发展。与此同时，国际旅游业有了迅速的发展，作为旅游业支柱产业的旅游饭店也得到迅速发展。航空业以及其他行业凭借自己的优势不断对饭店业进行介入和渗透，使航空业及其他行业的公司拥有多家饭店，而这些饭店就有可能联合成集团。随着饭店业的迅猛发展，饭店之间的竞争更加激烈，于是出现了互相联合、吞并、资本重组的情况。单体饭店看到了孤军作战的弱点，意识到互相联合组成实力雄厚的经营公司来扩大市场已十分必要，便纷纷加入饭店集团行列。20世纪70年代初，由于美国银根松动，房地产信托投资公司建造了大量的饭店，而饭店的业主公司不善于或无法经营饭店，只好交由饭店管理公司来管理。这也间接地促成了饭店集团的形成。

20世纪50年代是世界饭店集团大发展的开端，特别是西方国家高速公路网络的逐步形成，世界各地航空事业的繁荣，乘飞机、驾汽车旅游越来越普及，一些大的饭店集团应运而生。美国是世界许多大饭店集团的发源地，早期的斯塔特勒饭店集团为世界旅游饭店业的发展开拓了道路，而假日、喜来登与希尔顿饭店集团则成为世界上知名的饭店集团。随着饭店业同行竞争的日益激烈，不少独立的饭店加入到已经确立的饭店集团，一些小的集团又不断通过兼并，规模逐渐扩大。如美国仅1995—1997年间就发生了350起饭店收购事件，最为活跃的是斯塔沃德国际饭店集团，它先后以18亿美元和146亿美元兼并和收购了威斯汀饭店和喜来登，成为拥有5个饭店系列的超级饭店集团。

1）饭店连锁集团

饭店连锁集团，是指<u>一些饭店统一于某个集团公司的领导、监督、管理或指导之下，组成强有力的竞争实体</u>。如假日集团、希尔顿饭店集团、凯悦饭店集团等就属这种类型。这种饭店连锁集团发展速度很快，在饭店业中扮演着日益重要的角色。与单体饭店相比，饭店连锁集团有着明显的竞争优势。

（1）筹集资本优势

在旅游经济中，资金短缺是所有企业经营中面临的最大难题。饭店连锁集团由于其规模庞大，资金实力较为雄厚，为其在社会上筹措资金提供了可信度。

（2）经营管理优势

饭店集团一般具有较为先进和完善的管理系统，能为旗下的连锁饭店制定统一的经营管理方针和策略，为饭店硬件设施和服务规定严格的标准，为服务和管理订立统一的操作规程，保证了饭店产品质量，降低了饭店经营成本。

（3）市场营销优势

由于饭店连锁集团内部成员都使用统一品牌、设施设备、服务标准、管理标准，从而可以借集团形象来宣传自己。特别是在拓展国际市场时，一个为公众所熟悉的国际饭店集团名称，往往更容易使宾客产生对饭店的信赖感，更能吸引宾客。同时由于集团可以统一进行市场宣传、促销，因而可以节省大量宣传、促销成本。此外，集团还可以通过网络共用预订系统（CRS），实现客源共享。

（4）物资采购优势

饭店连锁集团可以为成员饭店进行集中物资采购，通过大批量采购，获得价格上的优惠，从而降低采购成本。

（5）风险分散优势

旅游饭店业是一种跨国经营的国际性产业，因而具有许多经营风险。例如，自然因素造成的物质损害风险，经营活动中产生的风险等。由于集团成员市场分布广泛，其经营体现出分散性特点，即使某一国家或区域或某一饭店发生经营不善或出现各种经营风险，饭店集团也能够承受，并以雄厚的实力和财力，帮助这些饭店摆脱经营困境，转危为安，重新走上良性循环的经营发展道路。

业务链接1-8

饭店连锁集团成员饭店类型

A.饭店连锁公司自己拥有产权，并且自己经营饭店，如自建饭店、控股饭店、参股饭店等。

B.饭店连锁公司租赁经营的饭店，饭店连锁公司对这类饭店只有经营权而无所有权。

C.由饭店连锁公司代管经营的饭店，此类饭店是饭店连锁公司与业主签订管理合同，然后对其进行管理并收取一定的管理费用，其特点是饭店连锁公司直接参与管理。

D.饭店连锁公司特许经营的饭店，其特点是饭店连锁公司不直接进行管理，而由饭店业主进行管理和经营，饭店连锁公司只给予相应的指导。

2）饭店合作集团

饭店合作集团，是指若干饭店为了在物资采购、客房预订、市场营销和人员培训等方面采取联合行动，而自愿组合并建立起来的一种饭店合作组织。这种合作组织通常设有一个中央机构，负责主持整个组织合作领域内的有关工作，其活动经费通过征收会员费及认捐等形式由各成员分担。

饭店合作集团实际上是一种内部不存在统辖关系或产权关系的松散型集团组织，也有学者称其为饭店联合体。目前，饭店合作集团已经发展成为饭店行业一支颇有生气的力量。例如，当今世界上最大的饭店合作集团——最佳西方国际饭店集团属于这种类型。根据合作领域的不同，饭店合作集团可以分为以下几种类型：

（1）市场营销合作集团

合作饭店共同组建一个联合市场营销机构，该机构以集团名义为成员饭店开展促销宣传，招徕客源，并协调各成员饭店在市场营销方面的合作，组成一个较大的市场营销宣传网络。

（2）物资采购合作集团

众多单体饭店联合起来凭借集团名义进行大批量采购，从而可以获得价格上的优惠，降低采购成本。最佳西方国际饭店集团就属于此类合作集团。

（3）预订系统合作集团

预订系统的建立需要饭店具备一定的实力，一般单体饭店无力构建，但可以联合起来建立一个预订中心，各成员饭店可以共同享有其预订服务，但需要缴纳一定的使用费。

（4）人员培训合作集团

该类合作集团的特点是：其合作行为只限于各加盟饭店的人员培训，而不涉及成员饭店的经营业务。

饭店合作集团发展到现在，虽取得了很好的成绩，但与饭店连锁集团相比，差距仍然很大。尽管如此，其在饭店业发展中的力量和作用不容小视，它为众多势单力薄的单体饭店带来了集体的规模经济，也为它们赢得了发展的空间和机会。

3）饭店集团区域扩张的区位进入方式

饭店集团区域扩张的区位进入方式是指饭店集团对拟扩张区域实施扩张战略时所采

取的具体进入方式。它所涉及的是战术问题。根据现有饭店集团的发展现状来看，其方式主要有：

（1）自建

自建是指现有饭店集团在拟扩张区域出资兴建新的饭店，集团对新饭店拥有全部所有权，并对其进行控制与管理。拥有饭店产权是饭店集团输出管理的基础，也能给饭店集团带来投资回报、经营管理、人才管理等诸多方面的优势。但由于兴建饭店投资较大，需要饭店集团拥有足够的财力与物力，因此可能会拖累集团的发展速度。由于饭店集团下属所有饭店的产权属于同一业主，会产生资产连带关系，风险集中。税收上，由于实行累进税制，适用的税率比其他形式的饭店要高。目前，采用此种方式进行扩张的饭店已经越来越少。

（2）并购

并购包括兼并和收购两种。兼并是指两个规模差不多的公司结合在一起，两个公司所有的股东一起变成新公司的股东，合并后的主体一般是一个新的公司。收购是指一个公司通过产权交易取得其他公司一定程度的控制权，以实现一定经济目标的经济行为。最近几年，全球饭店业并购热潮迭起，已经成为国际饭店集团扩张的重要手段，全球十大饭店集团几乎每家都使用过并购手段。其最大优势是能够实现饭店集团的快速扩张，迅速提高市场份额，拓宽营销渠道，并可以获取有价值的饭店品牌，降低竞争程度。但并购同样要求饭店有足够的资金实力，还必须具备较强的管理整合能力，特别是并购双方文化不兼容时，如果整合不力，将面临很大的经营风险。

（3）控股或参股

由两个或两个以上饭店出资合办而形成的合资饭店，它是通过资本联结实现饭店扩张的另一种重要方式。饭店集团通过出资拥有别的饭店的部分股权，达到了以较少成本进行扩张的目的，实现合资方优势互补与资源共享，获得协同效应，而且由于出资方较多，因而能够共同承担风险，从而可以分散经营风险。但合资方会在目标、利益分配、管理人员素质、文化等方面存在差异性，从而可能引起摩擦。

（4）租赁

租赁是指在约定期间内，企业之间由出租人向承租人收取租金并转让其资产使用权的经营行为。经营者只需花费所用物品价值的一部分，甚至极小的一部分便可以取得所租物品一段时间内的使用权。租赁的对象可以是土地、房屋、设备等。租赁作为一种契约形式，通常称为租赁合同。租赁已成为企业取得资产使用权的重要方式。租赁经营在饭店行业也得到了运用，饭店通过租赁经营可以在一定程度上避免资产折旧损失，还可以带来税收优惠，以较低的成本达到经营的目的。

（5）管理合同

管理合同是指饭店投资者或所有者与饭店经营者之间签订的书面合同。有些公司拥有饭店产权但缺乏管理饭店的经验或不愿经营饭店，于是聘请饭店集团的管理公司来进行经营管理，饭店使用集团的名字，并成为集团的一员。管理公司（经营者）和饭店投资者或所有者一般采取利润分成的方式，投资者以自己的资产，管理公司以自己的名誉（对管理公司而言是最重要的资本）共同承担风险。所有者拥有饭店的全部产权，并承担所有法律和财务责任，而经营者行使的是饭店的使用权，经营者与所有者之间不存在产权纽带关系。管理合同是现今国际饭店集团非常流行的扩张方式之一，大多数饭店集团，如洲际、希尔顿、万豪等都向其他饭店提供管理服务。由于饭店经营者对饭店不存在产权关系，因此能够减少经营风险。通过管理合同，管理公司无须投资或投资很少就能获得可观的管理费，达到了以最少的投资实现快速扩张的目的，但因为没有重大决策权，资金投入也依赖所有者，所以，获得的利润较少，有时会制约饭店的发展。在这种情况下，要求管理公司必须具备良好的经营管理能力。

（6）特许经营

饭店集团向企业让渡特许经营权，允许受让者使用该集团的名称、标识，加入该集团的广告推销和预订网络，成为其成员，并给予人员培训、组织结构、经营管理、商品采购等方面的指导与帮助。一般来说，受让者向饭店集团支付特许权让渡费、特许权使用费及广告推销费作为报酬。特许双方不存在产权关系，受让者在产权和财务上保持独立，不受特许方的控制。特许经营方式已成为饭店行业最常用也是最成功的经营模式。在全球知名饭店集团中，圣达特集团和精品国际的特许经营比例都已经达到了100%。饭店集团通过特许经营权的转让，可以用较少的投资甚至不投资就可达到迅速扩张的目的，而且可以获得稳定、可观的特许转让费。但由于失去对成员饭店日常工作的监控，可能导致其对服务质量、卫生等失去控制的情况。另外，特许经营的前提是饭店集团必须拥有良好的饭店品牌。

1.2　饭店管理基础理论

1.2.1　饭店管理概述

饭店管理水平反映了一个国家、一个地区、一个城市的精神面貌和生产力水平，反映了社会经济、文化意识形态水准，在推动商品流通、经济发展，促进对外开放和精神文明建设等方面都有重要作用。

饭店管理实际上既包括经营也包括管理。经营和管理是两个密不可分的概念，但也有着不同的内涵。经营是在国家政策指导下，以市场为导向，充分利用市场规律，通过与市场的双向信息交流，对饭店的经营方向、目标、内容、方式、市场策略等做出决策。经营的重点是"眼睛向外"，针对市场、针对需求。管理是为了实现饭店的经营目标，对饭店的人力、财力、物力进行合理的组织、调配和组合，形成饭店的接待能力，最大限度地满足市场需求。管理的重点是"眼睛朝内"，针对具体业务，针对内部的人力、财力、物力、组织、制度等方面。经营的内容包括：市场状况分析；开发组合饭店产品以求最大可能地占有市场；参与市场竞争；扩大客源市场等。管理包含的主要内容是：根据科学管理原则，组织和调配饭店各种资源；遵循饭店业务运转的客观规律使业务正常运营，在业务运转中保证和控制服务质量，激励并保持员工的工作积极性；通过核算工作量保证实现饭店经营的经济目标等。经营和管理是两个既有区别又有交叉的概念，经营中蕴含着管理，管理中蕴含着经营，二者互相融合、密不可分。饭店管理者必须既懂经营又懂管理，能把两者有机结合起来并贯穿于实际管理工作之中。

业务链接1-9

饭店的经营与管理是密不可分的，相互之间的区别和联系可参见表1-2。

表1-2　　　　　　　　　　　　　　　经营与管理的区别与联系

	经　营	管　理
区别	A.主要由上层管理者承担 B.主要解决饭店外部环境有关问题 C.侧重于饭店全局性、战略性问题 D.既要考虑当前问题，又要考虑长远发展 E.以解决动态问题为主 F.非程序化	A.主要由中下层管理者承担 B.主要解决饭店内部条件利用问题 C.侧重于饭店局部性、战术性问题 D.主要对象是当前饭店产品生产技术活动 E.以解决静态问题为主 F.程序化
联系	A.目标上具有一致性 B.经营是管理发展到一定阶段的必然结果 C.经营中有管理，管理中有经营	

1）饭店管理的概念

所谓管理，就是通过计划、组织，对人力资源与物质资源实施控制来实现一定的组织目标的过程。换言之，管理是通过计划、组织、指挥、协调、控制等基本管理功能，有效地利用人力、物力、财力诸要素，促进它们相互密切配合，发挥它们的最高效率，以实现预期的目标。

饭店管理，是指饭店管理者选择目标市场，确定服务内容、经营方针、营销策略，对饭店所拥有的资源进行有效的计划、组织、指挥、控制和协调，形成高效率的服务生产系统，实现饭店经营目标所进行的一系列活动的总和。

2）饭店管理的内容

饭店是由多种业务、多个部门综合而成的一个整体组织。各部门的业务各不相同，这就形成了饭店庞杂的业务和繁复的事务。在经营管理中，管理者必须抓住饭店管理的基本内容，管理好饭店。

（1）饭店组织管理

饭店组织是以组织结构学和组织行为学为理论依据，根据饭店规模、档次、业务范围、客源主体来确定其组织结构和内容。饭店组织管理就是对饭店组织所进行的系统性管理。有效的组织管理，能够保证饭店业务运转流畅。

（2）人力资源管理

饭店的一切经营活动都是围绕着出售服务产品进行的，而服务产品的有效提供取决于两方面因素：一是物质因素；二是人的因素，即饭店员工的基本素质及其在经营服务中所发挥作用的程度和水平。饭店的一切工作都是通过人进行的，只有加强对人的管理，做好人的工作，才能保证饭店各项工作顺利进行。

（3）服务质量管理

服务质量是饭店生存的基础，是饭店获得竞争能力与效益的关键。饭店服务质量主要表现在有形产品质量和无形产品质量上。

（4）决策与计划管理

决策是饭店为了实现某一目标而制订若干个可供选择的方案，并选择一个满意方案的分析判断过程。计划是饭店在预测未来的基础上，对实现目标的途径进行安排筹划的活动。计划是决策的结果，是以文字形式表现的决策。

同步案例1-2

大堂设计——两种截然不同的态度和方法

背景与情境：

中国的X城市是一座国际性的大型商贸城市，国内外流动人口非常多。该城市要新建两座五星级的饭店。在饭店的设计上，特别是饭店的门面——大堂的装修设计上，这两家饭店采取了截然不同的态度和方法。

A饭店采用意大利现代风格为主调，材料以石材为主，全部进口，营造一种雍容华贵的气氛，这样能使外宾有种亲切感，也能较多吸引内宾。

B饭店采用较浓郁的中国风格，在大堂设置了太湖山石、小桥流水，材料多采用中国花梨木做饰面，来体现"民族的即世界的"主题。

在建设过程中，社会上对两家饭店均有议论。正式营业以后，两家饭店都获得了相当的成功。

（资料来源 s2200011.饭店管理概述要点．[EB/OL]．[2016-03-28]．https://max.book118.com/html/2016/0321/38180636.shtm.）

问题： 你认为这两家饭店设计的成功源自于什么，是否符合当代饭店的经营理念。

分析提示： 两家饭店的成功都是源自于正确的决策，属于决策上的成功。它们在大堂设计上采用了两种截然不同的文化理念，但都表现了自身的文化特色，从而体现了饭店的内涵和它的业务特点。因此，尽管形式不同，但殊途同归，都体现了它特有的社会功能。

（5）业务管理

业务管理是指直接对客人服务并产生营业收入的饭店业务部门的管理。饭店80%以上的营业收入来自客房部、餐饮部两个部门。

（6）营销管理

饭店管理的宗旨是满足目标市场需求，而营销的作用则是沟通饭店和市场的桥梁，因此，营销管理是饭店管理的核心内容。

（7）安全管理

没有安全就没有旅游业。对饭店而言，安全是客人第一需求，只有在安全的环境里，饭店的一切活动才能开展起来，才能保证产品质量。

3）饭店管理的职能

管理的职能就是管理的职责与功能。饭店的管理职能包括计划、组织、指挥、协调、控制五大职能。

（1）计划职能

计划职能是饭店管理的首要职能。所谓计划职能，是指对未来的活动进行规划和安排，在工作或行动之前，预先拟定出具体内容和步骤，包括确立短期和长期目标，以及选定实现目标的手段。

①战略决策。战略决策是对整个饭店战略性的经营管理活动所进行的决策，主要包括确定饭店经营目标、饭店性质、发展方向、经营方针、管理体制以及饭店更新计划等。战略决策是饭店经营成败的关键，它关系到饭店的生存和发展。决策正确可以使饭店沿着正确的方向前进，提高竞争力和适应环境的能力，取得良好的经济效益；反之，决策失误，就会给饭店带来巨大损失，甚至导致企业破产。

②管理决策。管理决策是指为饭店各种管理项目确定内容、方法或模式，确定管理所产生的结果和目的的活动过程。它是执行战略决策过程中的具体战术的决策，一般由企业或组织的中间管理层负责进行。

③业务决策。业务决策是指确定饭店各种经营业务的内容、形式、种类、规格等。业务决策可分为两类：一类是在具体业务进行之前，对具体业务的内容、程序、规格、形式等进行设计，允许有较长的决策时间；另一类是在具体业务进行过程中，对各种业务进行的决策，如宴会的设计、重要宾客的接待仪式、突发事件的处理等，因业务已经在进行中，允许决策的时间比较短，所以要求管理人员反应灵敏、决策果断、业务能力强。

（2）组织职能

组织职能是为了实现目标，对人们的活动进行合理的分工和协作，合理配备和使用资源，正确处理人际关系的管理活动。为了实现管理目标和计划，必须有组织保证，必须对管理活动中的各种要素和人们在管理活动中的相互关系进行合理的组织。

（3）指挥职能

为防止多头管理和多重指挥，饭店组织将命令的发布权只授予一个人，每位员工只能有一位直接领导。但在特殊情况下，上级领导也可以进行越级干预，这是旅游饭店管理的"例外原则"。

（4）协调职能

在饭店经营过程中，通常众多部门和功能同时运行和发挥作用，它们既要保持自身的有效性，还要与饭店总体目标保持一致；各部门、各单位都有自己的分工范围和业务对象，关乎本部门利益，彼此间如果不协作、不配合，将会影响饭店整个产品质量。饭店实行权责统一原则，各部门间容易出现注重局部利益而影响大局等矛盾，这些矛盾都需要用协调职能去平衡，以追求局部与整体和谐一致的效果，为客人生产出高质量产品。

（5）控制职能

控制职能就是根据饭店目标和计划来测定实际执行情况，把饭店各部门的活动始终约束在饭店经营方针、经营目标和计划要求的轨道内。如工作符合标准，就予以肯定和赞赏，并进一步提高和完善工作标准；如发现不符合工作标准的状况，就要及时查找原因，检查工作标准是否脱离实际或员工行为是否违反操作规程，及时修正标准或对员工加强业务培训，保证完成目标任务。

教学互动1-5

问题：

A.你如何理解控制职能？

B.饭店控制内容应包括什么？

要求：

A.请两位同学对上述两个问题予以回答，其他同学进行评论。

B.教师对学生的回答和其他同学的评论做最后点评。

1.2.2 管理的基础理论及其在饭店中的应用

1）古典管理理论

饭店管理是以管理学的一般原理为基础，从饭店本身业务特点和经营管理特点出发而形成的一门独特的学科。饭店管理理论既有管理学的一般理论，又有饭店管理的独特个性。例如，古典科学管理理论、人际关系方法、组织行为理论、线性规划、排队论、系统论等理论方法对饭店管理都有现实意义，企业流程再造、学习型组织理论等新型管理理论也都可以成为饭店管理的理论基础。饭店管理者必须了解各种管理理论和方法，善于从中选择最恰当的理论体系加以灵活运用。任何管理方法都不是解决管理问题的唯一方法，各种方法都有其长处，也有其不足。管理人员必须掌握现有的管理知识，并善于吸收管理理论和方法演进过程中出现的新理论、新办法。

（1）科学管理理论

19世纪末20世纪初，生产力的发展带动科学技术进步，自由竞争资本主义逐步走向垄断资本主义。特别是资本主义公司制的兴起，使企业管理工作日益复杂，对管理的要求越来越高，出现了管理革命，管理工作逐渐成为一种专门职业，企业所有权和管理权也随之逐步分离。于是，西方国家的一些企业管理人员和工程技术人员开始致力于总结经验，进行各种试验、研究，使企业管理更加系统化、科学化、理论化，并能有效地指导管理实践，提高生产率。科学管理理论便由此产生了。

①泰勒的科学管理理论。科学管理的奠基人是被称为"科学管理之父"的美国人泰勒（Frederick W.Taylor，1856—1915），他于1911年出版了《科学管理原理》一书，提出了用科学管理方法解决管理问题。泰勒的科学管理主要有两大贡献：一是管理要走向科学；二是劳资双方的精神革命。泰勒认为，谋求最高劳动生产率是科学管理的根本目的，最高的工作效率则是雇主和雇员实现共同富裕的基础，而只有用科学化的、标准化的管理方法代替经验管理才是最高的工作效率实现的重要手段。泰勒研究的范围主要是针对基层的作业管理，即研究车间生产如何提高劳动生产率的问题。其内容主要有以下几点：

A.对工人操作的每个动作进行科学研究。动作研究的目的在于为工人寻找科学、合理、最有效的操作工具、程序和动作，使工人在不增加劳动强度的情况下，大幅度地提高生产效率。

B.科学地挑选和培训工人。泰勒认为，每个工人都有自身的特点，把其特点与合适的工作结合起来，并按照企业工作标准对工人进行科学的培训和教育，使其成长为"第一流的工人"，在工作中发挥最大的潜能。这种培训方法取代了师傅带徒弟的传统培训法。

C.实行差别计件工资制。实行科学管理之后，由于每个工人的天赋不同，工作效率必然出现差异性。为调动工人工作积极性，提高生产效率，推进计件工资制，泰勒按照作业标准和时间定额，规定出不同的工资率，再依据工作定额完成的情况，以计件形式付给相应的工资。

D.作业人员和管理者的分工协调。泰勒主张工人与管理部门实行分工，把计划职能从工人的工作中分离出来，由专业的计划部门去做，从而提高计划的科学性、可行性，也便于工人去执行。

②法约尔的一般管理理论。1916年，和泰勒同时代的法国人亨利·法约尔（Henri Fail，1841—1925）从1866年开始一直担任高级管理职务，他与泰勒的经历不同，所以，两人研究企业管理问题的侧重点也就不同。与泰勒的基层作业管理研究相比，法约尔则侧重于从中高层管理者的角度去剖析具有一般性的管理问题，即大企业整体的经营管理，并突出行政级别组织体系理论，因此被称为"一般管理理论"。《工业管理和一般管理》是他的代表作，其主要内容有以下几点：

A.从企业经营活动中提炼出"管理活动"。任何企业的经营活动都包括六种基本活动，即技术活动、经营活动、财务活动、安全活动、会计活动、管理活动。法约尔认为，要经营好一个企业，不仅要改进生产现场的管理，而且要注意改善有关企业经营的六个方面的活动。他把经营和管理分为两个不同的概念，意味着企业中的管理是一种特殊的职能，即管理就是执行计划、组织、指挥、协调、控制职能，管理不是独立存在的，它融合在五项职能当中。

B.明确管理的定义。法约尔认为管理就是执行计划、组织、指挥、协调和控制职能。五种职能也被称为管理五大要素。

C.提出了管理的十四项原则。为了使管理者能很好地履行各种管理职能，法约尔提出了管理的十四项一般原则：劳动分工原则、权力与责任原则、纪律原则、统一指挥原则、统一领导原则、个人利益服从集体利益原则、人员报酬原则、集中原则、等级制度原则、秩序原则、公平原则、人员的稳定原则、首创精神、人员的团结原则。

法约尔第一次从一般的角度阐述了管理理论，构建了管理理论的基本框架，对以后管理理论的发展产生了巨大影响，他的理论也是饭店管理的基本理论基础，如管理的职能、管理的十四项原则等。

同步思考1-3

古典管理理论在饭店管理中可以怎样运用？

理解要点：古典管理理论对饭店的劳动组织、服务规范、岗位职责、劳动定额、教育培训等方面都有指导意义，可加以应用。如泰勒的时间与动作研究方法就可适用于操作程序固定的饭店客房整理工作，以提高饭店客房整理的工作效率。中外饭店管理都是从作业研究和标准化、健全规章制度、合理组织饭店各项经济活动等方面走向科学管理轨道的。

（2）行为科学理论

从20世纪20年代美国推行科学管理的实践来看，泰勒制在使生产率大幅度提高的同时，也使工人的劳动变得异常紧张、单调和劳累，因而引起了工人的强烈不满，并导致工人的怠工、罢工以及劳资关系日益紧张等事件的出现。另外，随着经济的发展和科学的进步，有着较高文化水平和技术水平的工人逐渐占据了主导地位，体力劳动也逐渐让位于脑力劳动，也使得西方的资产阶级认识到：单纯用古典管理理论和方法已不能有效控制工人以达到提高生产率和利润的目的。这使得对新的管理思想、管理理论和管理方法的寻求和探索成为必要。行为科学理论则是当时的一个代表。

①梅奥的人际关系学说。美国哈佛大学教授梅奥（G. Elton Mayol，1880—1949）是人际关系学说的创始人。1924—1932年，梅奥应美国西方电气公司的邀请，在该公司设在芝加哥附近霍桑地区的工厂进行了著名的"霍桑试验"。通过这次试验，梅奥等人提出了人际关系学说，其主要论点如下：

A.企业员工是"社会人"而不是"经济人"。"霍桑试验"的研究结果否定了传统管理理论对于人的假设，表明了工人不是被动的、孤立的个体，他们并非只是单纯追求金钱，还有追求人与人之间的友情、安全感、归属感和受人尊重等社会、心理方面的需求。

B.企业中不仅存在正式组织，还存在着非正式组织。正式组织是经过人为设计而建立的权责分配体系，有法定的基础、固定的形式、特定的功能及预期的目标，其人员可以从组织系统中表示出来。除此之外，还存在着非正式组织。其作用在于维护其成员的共同利益，使之免受其内部个别成员的疏忽或外部人员的干涉所造成的损失。为此，非正式组织中有自己的核心人物和领袖，有大家共同遵循的观念、价值标准、行为准则和道德规范等。管理当局必须重视非正式组织的作用，注意在正式组织的效率逻辑与非正式组织的感情逻辑之间保持平衡，非正式组织对于工人的行为影响很大，是影响生产效率、产品质量的重要因素。

C.满足工人的社会欲望，提高工人的士气。士气高涨是提高生产效率的关键。梅奥等人认为，"士气"高低取决于安全感、归属感等社会、心理方面欲望的满足程度，满足程度越高，"士气"就越高，生产效率也就越高。

D.新的领导能力在于提高工人的满意度。在决定劳动生产率的诸因素中，置于首位的因素是工人的满意度，而生产条件、工资报酬只是第二位。职工的满意度越高，其士气就越高，从而生产效率就越高。高满意度来源于工人个人需求的有效满足，既有物质需求，也有精神需求。这就要求管理者转变管理观念，重视"人的因素"，采用以"人"为中心的管理方式。

人际关系理论是行为科学学派的早期思想，它只是强调了要重视人的因素，此后的行为科学学派经过进一步的研究，形成了研究人的行为的一门综合性科学，即研究人的行为产生的原因和影响行为的因素，目的在于激发人的积极性、创造性，以实现组织目标。

②马斯洛的需求层次论。美国威斯康星大学心理学家马斯洛（A. Maslow，1908—1970）在1943年出版的《人类激励理论》一书中首次提出需求层次理论，认为人类有5个层次的需要：生理需要，这是人类最原始的基本需要，包括食物、衣物、住房、异性等生理机能的需要，这些需要如不能得到满足，人类的生存就成为问题。安全需要，这是人类要求保障自身安全、摆脱事业和丧失财产威胁、避免职业病的侵袭、解除严酷的监督等方面的需要。社交需要，包括人与人之间的友谊、忠诚以及归属某一个群体、组织的需要等。尊重需要，可分为内部尊重和外部尊重，内部尊重实际就是人的自尊，即人们希望在各种不同情境中都能表现出有实力、能胜任、充满信心、能独立自主应对一切；外部尊重是指一个人希望有地位、有威信，受到别人的尊重、信赖和高度评价。自我实现的需要，这是人类最高层次的需要，指实现个人理想抱负，完成与自己的能力相

称的一切事情，即人必须干称职的工作，这样才会使他们感到最大的快乐。由于个人抱负的不同，满足自我实现的需要所采取的途径也不同。

同步思考1-4

你认为行为科学理论对饭店管理有什么借鉴意义？

理解要点： 饭店服务人员和工作人员除了具有人的一般行为特征之外，还由于饭店的服务性以及服务人员每天高强度的劳动特征和行业服务人员的地位属性，致使饭店人才流失率居高不下，而这与其心理、行为都有关。饭店日常管理如能更好地考虑并能满足一线服务人员的心理需求，将员工合理的要求与组织目标结合起来，这样既满足员工需要，又能实现组织目标。饭店应多提倡下级参与决策，提高员工士气，鼓励上下级之间的意见沟通，多建立面谈和调解制度，可消除员工的不满和争端等。

（3）管理科学理论

管理科学理论是继科学管理理论、行为科学理论之后，尤其第二次世界大战后，随着社会生产力的发展及社会科学、系统科学、电子计算机技术在管理领域中日益广泛应用而逐渐形成的。这一理论运用旅游科学技术和方法研究生产、作业等方面的管理问题，开始朝着管理科学的方向演进，形成了管理科学学派。

①管理过程理论。管理科学是泰勒科学管理理论的继承和发展。该理论认为管理是一个过程，是在有组织的集体中让别人和自己共同去实现既定目标。管理者在管理活动中执行着计划、组织、领导、控制等若干职能。在管理过程中利用有关科学工具，为管理决策寻找一个有效的数量解，它着重于定量研究。

②社会系统理论。社会系统理论是美国管理学家巴纳德创立的，以协作系统为核心，论述组织内部平衡与外部条件适应的管理理论。该理论认为，人的相互关系就是一个社会系统，它是人们在意见、力量、愿望及思想等方面的一种合作关系。组织的产生是人们协作愿望导致的结果。人们个人办不到的许多事，协作就可以办到。协作的愿望、共同目标和信息联系是这个系统正常运行的基本要素。

③决策理论。决策理论的主要代表人物是美国的赫伯特·西蒙。他认为管理的全过程就是一个完整的决策过程，即决策贯穿于管理的全过程，管理就是决策。在企业管理中必须采用一整套制定决策的新技术，寻求最佳方案。他的决策理论吸收了行为学、系统理论、运筹学和计算机科学的内容。

④系统管理理论。系统管理理论的建立同一般系统论和控制论的出现是分不开的。它强调管理的系统观点，要求管理者树立全局观念、协作观念和动态适应观念，既不能局限于特定领域的专门职能，也不能忽视各自在系统中的地位和作用。系统管理理论的主要代表人物是美国的卡斯特罗和罗森茨威克。

同步思考1-5

管理科学理论如何运用在饭店管理中？

理解要点： 饭店的服务与管理是一个极其复杂的管理系统，饭店企业广泛运用系统理论，将饭店管理中复杂现象条理化，使饭店服务活动成为有秩序的系统，因此理清了饭店管理中的各种关系。系统理论指出了饭店组织内部相互配合、相互协作，对于完成对客服务工作、实现组织目标的重要性。决策理论还可以更好地运用于饭店的投资策划和饭店投资的前期可行性研究中。

2）管理理论的发展

20世纪70年代的美国，石油危机、经济动荡和政治骚动达到空前的程度，对西方社会产生了深远的影响，企业所处的环境瞬息万变。但以往的管理理论，诸如科学管理理论、行为科学理论等，主要侧重于研究如何加强组织内部的管理，对外部环境的变化分析得较少。这些管理理论在解决企业面临瞬息万变的外部环境问题时就显得力不从心。

另外，在理论的发展上，从第二次世界大战以后到20世纪60年代，西方管理理论研究极度繁荣，以至于最终形成了孔茨所称的"管理理论的丛林"。在这种环境下，又有不少学者尝试走出丛林，建立一般的管理理论。权变管理理论体系的建立者弗雷德·卢桑斯（Fred Luthans）在建立这一理论时也有走出"管理理论的丛林"的想法，这反映在他的代表型论文《权变管理理论：走出丛林的道路》（1973）中。

（1）20世纪70年代至90年代的理论发展

①权变管理理论。权变管理理论的核心就是将组织视作"开放系统"。20世纪60—70年代，面对复杂多变的周围环境，不可能找到一个以不变应万变的管理模式，于是出现了强调灵活应变的"权变观点"。权变管理的基本含义是：成功的管理无定式，一定要因地、因时、因人而异。这种观点是针对系统管理学派中的学者们建立万能管理模式的偏向而提出的。它强调了针对不同情况，应当采用不同的管理模式和方法，反对千篇一律的通用管理模式。

如从系统与环境的联系情况来看，饭店系统是一个开放系统，它在从事经营服务时，需要外界提供信息、能源及各种设施、原料、客源。当外部社会的政治、经济形势发生了变化时，饭店应及时调整经营战略，采取新的策略顺应变化了的形势，以保证企业经营目标的实现。

②战略管理理论。第二次世界大战后，美国经济出现了空前的繁荣，随之而来的则是企业间竞争的加剧。到了20世纪70年代，国际政治、经济又出现了动荡，企业生存和发展越来越艰难。面对新的竞争环境，各企业深切地感受到以前那种低价格必胜的原则已经不适应新情况的发展了。要获得持续的生存和发展，企业必须从战略的高度思考问题。要高瞻远瞩，审时度势，对外部环境的可能变化做出预测和判断，并在此基础上制订出战略计划，才能谋求长远的生存和发展。

③企业文化理论。"企业文化"早期被称为公司文化（Corporate Cultures）。这一词最早出现在美国理论界的关于美日比较管理学研究的热潮中。第二次世界大战的战败国日本，在20世纪60年代实现了经济起飞。20世纪70年代，资源贫乏的日本在激烈而错综复杂的国际竞争中不仅安然渡过了触动全球经济的石油危机，并且创造了连续高速增长的经济奇迹。进入20世纪80年代，日本作为一支超级经济力量而出现在国际舞台上。与此相比，第二次世界大战后曾长期在世界经济中居主导地位的美国则停滞不前，经济衰退、通货膨胀、货币贬值、失业激增。日本经济出现奇迹的诀窍在哪里？解脱美国企业界经济困境的"药方"是什么？于是就出现了美日比较管理学研

究热潮。通常认为，"企业文化热"的直接动因是美国企业全球统治地位在受到日本企业威胁的情况下，人们对管理的一种反思。企业文化的研究主要集中在把企业看作一种特殊的社会组织，并承认文化现象普遍存在于不同组织之中，这些文化代表着组织成员所共同拥有的信仰、期待、思想、价值观、态度和行为等，它是企业最稳定的核心部分，体现了企业的行为方式和经营风格。

（2）20世纪90年代后的管理理论的新发展

①学习型组织理论。学习型组织，是指通过培养弥漫于整个组织的学习气氛，充分发挥员工的创造性思维能力而建立起来的一种有机的、高度柔性的、扁平的、符合人性的、能持续发展的组织。这种组织具有持续学习的能力，具有高于个人绩效总和的综合绩效。美国人彼得·圣吉于1990年出版了《第五项修炼——学习型组织的艺术与实务》一书，指出未来组织所应具备的最根本性的品质是学习。通过培育学习型组织的工作氛围和企业文化，引领人们不断学习、不断进步、不断调整新观念，从而使组织具有长盛不衰的生命力。要使组织变成一个学习型组织，必须具有以下五项修炼的扎实基础：

A.系统思考。系统思考是建立学习型组织五项修炼的核心。强调掌握事件的全貌，以避免只见树木不见森林，培养综观全局的思考能力，看清楚问题的本质，有助于清楚了解因果关系。

B.自我超越。自我超越是五项修炼的精神基础。要求不断深入学习并加入个人的愿望，集中精力，培养耐心，并客观地观察现实。自我超越需要不断认识自己，认识外界的变化，不断赋予自己新的目标，并由此超越过去，超越自我，迎接未来。

C.改善心智模式。改善心智模式是创建学习型组织的一项重要修炼，它的根本要求就是不断破除不合时宜的认知模式和思想观念对人们主动性和创造性的束缚。要自觉突破头脑当中的不合时宜的思想观念的束缚，不断改善自己的心智模式，就要深入认识、善于发现思想观念自身所包含的局限性。

D.建立共同愿景。"共同愿景"是组织的凝聚力所在，是指一个组织中各个成员发自内心的共同目标。它包括三个要素：共同的目标、价值观和使命感。组织建立共同的理想、共同的文化、共同的使命，让成员看到组织近期、中期和远期的发展目标和方向。组织成员有了渴望实现的目标，就会努力学习和追求卓越，并且这种追求不是基于外在压力，而是他们的内在愿望，从而使组织欣欣向荣。

E.团队学习。团队学习是发展团队成员整体搭配与实现共同目标能力的过程，是建立在发展"共同愿景"和"个人超越"这两项修炼的基础上的。团体的智慧总是高于个人的智慧，只有在团队互动中实现组织的学习，才能不断提升组织的创造能力和竞争力。团队中的成员互相学习，取长补短，使其成长得更快。

学习型组织突破了原有方法论模式，思考问题从系统、整体、动态几个方面进行，试图通过一套修炼方法提升人类组织整体动作的"群体智力"。它的基本理念，不仅有助于企业的改革与发展，而且它对其他组织的创新与发展也有启示。

②企业再造理论。企业再造理论以一种再生的思想重新审视企业，并对传统的管理学赖以存在的基础——分工理论提出了质疑，是管理学发展史上的一次巨大变革。企业

再造理论是美国管理学家迈克尔·哈默（M. Hammer）和詹姆斯·钱皮（J. Champy）合著的《再造企业——工商业革命宣言》一书（1993）的理论基础，并在美国和西欧掀起了一场工商管理革命。

企业再造是指为了在衡量绩效的关键指标上取得显著改善，从根本上重新思考，彻底改造业务流程。其中，衡量绩效的关键指标包括产品和服务质量、顾客满意度、成本、员工工作效率等。它的具体含义是：打破原有的分工思想、等级制度、规模经营、标准化生产和官僚体制的思维定势，开展创造性思维，形成新的基本信念；从重新设计业务流程开始，对企业进行彻底的改造，使企业获得显著的进步。

"再造工程"在欧美的企业中已经受到高度重视，因而得到迅速推广，带来了显著的经济效益，涌现出了大批成功的范例。企业再造理论顺应了通过变革创造企业新活力的需要，这使越来越多的学者加入到流程再造的研究中来。作为一个新的管理理论和方法，企业再造理论仍在继续发展。

同步思考1-6

学习型组织理论、企业再造理论如何应用在饭店管理中？

理解要点：饭店企业文化建设、业务流程设计、人力资源管理、服务质量管理等方面，离不开学习型组织理论、企业再造理论的学习与运用。饭店奉行"顾客第一、员工至上"的理念，努力营造令员工敬业、乐业的工作环境，关注员工的发展，重视员工的成长，建立完善的员工职业生涯规划体系和培训教育体系，创造优质服务产品。

1.2.3　饭店管理的基本方法

饭店经营管理的目的是最大限度地发挥饭店的效能，使饭店能以最低的消耗产生最大的效益。为了达到这一目的，饭店的管理人员必须采用适当的管理方法来保证饭店经营管理活动的正常开展。目前，我国饭店常用的管理方法主要有：

1）经济方法

经济方法，是指采用经济手段，利用经济组织，按照客观经济规律的要求来管理饭店企业。经济手段是指价格、工资、福利、利息、税收、奖金和罚款等经济杠杆以及经济合同、经济责任等手段。经济组织是指企业内部的各层次组织机构以及外部与企业经济息息相关的机构。经济方法是利用经济杠杆的作用来影响和诱导管理对象的行为，按客观经济规律办事，采取与管理目标相一致的经济措施。实行经济方法管理饭店，说明饭店为真正自负盈亏、自主经营的经济实体，需要建立健全经济核算制度，让经济方法发挥作用。

2）行政方法

管理人员依靠企业各级组织机构以及管理人员的权威，用指令性的计划和命令、指示、规章制度等强制性的手段，按照民主集中制原则管理饭店企业。但企业必须建立健全饭店的各级组织机构，按照行政管理程序发布指令、贯彻执行、检查反馈和协调处理。用行政方法动员饭店所有员工为实现饭店的经营目标而奋斗，贯彻国家有关的方针政策，坚持饭店业的发展方向，组织、指挥和监督部门的经营活动，解决饭店发展中存在的问题等。

3）法律方法

法律方法是指国家有关部门将饭店管理中比较稳定、比较成熟、带有规律性的经验用立法的形式规定下来，并用以调整饭店内外部各种经济关系，以保证饭店经营管理活动的正常进行。较之行政方法它更为稳定、更具有权威性、更具有强制性。法律条文一经确定，就产生法律效力，违者遭制裁。法律方法能解决经济纠纷、保证饭店经营活动顺利进行，是保护饭店正当利益的有效手段。饭店管理中用立法形式规定下来的各项规章制度必须具备三个方面的内容：

①明确规定其针对的调整范围。

②明确规定允许做什么、不允许做什么。

③明确规定在违反制度时应负的责任。

饭店管理者要了解国家的有关法律，并在国家法律允许的范围内开展经济活动。

4）定量分析管理方法

定量分析管理方法主要运用于资金管理、财务管理、投资管理、物资管理、市场管理、市场预测和经营决策等方面。饭店的经营活动，要保证尽可能少的投入，取得尽可能多的有效成果，不仅要有定性的分析，而且必须有定量分析。目前在饭店管理中常用 ABC 质量分析法、物资购置的经济批量公式、ABC 库存管理法、盈亏平衡点分析法、定量预测方法、投资效益分析法、计划管理的网格技术和线性规划等方法。

5）职能管理方法

饭店职能管理方法是通过具体职能体现出来的，是通过计划、组织、指挥、控制、协调和激励等职能来实现饭店管理的目标的。饭店管理职能的执行目的是合理地组织饭店的业务活动，扩大饭店的接待能力和经济效益，维护和改善饭店的运营体系。

6）行为科学方法

行为科学方法就是通过对员工工作动机、情绪、行为等与工作间的关系以及其心理发展规律的研究来激励、控制和改变员工的行为，激发员工积极性和创造性，使员工追求的行为和饭店的目标趋向一致。行为科学方法涉及个体行为、群体行为、领导行为和组织行为四个方面的问题。

以上是对饭店管理方法的概括性介绍，在实际运用中还有许多其他方法，如条文管理法、表格管理法等，它们在管理过程中相互渗透、相互制约、相互联系。不过这些管理方法中还是以经济方法为主。

■ **本章概要** ➡

□ 内容提要与结构

▲ 内容提要

● 饭店是向各类旅游者提供食、宿、行、游、娱、购、通信、商务、健身等综合性服务，具有涉外性质的商业性公共场所。客人需求的多样化决定了饭店接待和服务功能的多样化。为了利于饭店进行市场定位，确定经营方向和经营目标，有效地制订和推行营销计划，也便于饭店对投资和建设做出决策，有必要对饭店进行分类；饭店等级划分，规定了设施和服务标准，有利于饭店的经营发展；掌握饭店产品特点，便于饭店制订完善的市场营销计划，开辟客源，实现组织目标。

● 世界饭店业经历了古代客栈时期、豪华酒店时期、商业饭店时期和现代新型饭店时期四个发展阶段；我国饭店也经历了古代、近代、现代的发展历程。

● 第二次世界大战之后，饭店集团大规模地发展，形式多样，如饭店连锁集团、饭店合作集团等。饭店集团区域扩张的区位进入方式也呈多样化。

● 西方饭店业从19世纪开始成为世界饭店发展的主导力量，并在发展中不断形成与社会经济、历史条件相适应的管理基础理论，这些理论应用在饭店企业管理工作中产生了极好的管理效果，保证了企业组织目标的实现。

▲ 内容结构

本章内容结构如图1-1所示。

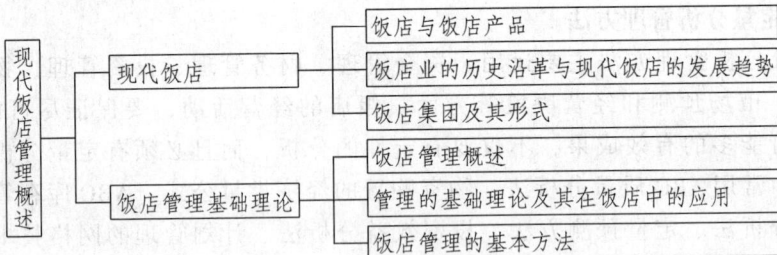

图1-1 本章内容结构

□ 主要概念和观念

▲ 主要概念

现代饭店 商务型饭店 饭店产品 饭店连锁集团 饭店合作集团 饭店管理

▲ 主要观念

饭店功能 饭店作用 饭店产品特性 饭店业的产生与发展 饭店管理的内容与职能 饭店管理基础理论

□ 重点实务和操作

▲ 重点实务

饭店管理的基本方法 相关"业务链接"

▲ 重点操作

饭店发展趋势分析与饭店管理基本方法运用

● 单元训练 ●

□ 理论题

▲ 简答题

1）饭店产品有哪些特点？

2）饭店的作用有哪些？

3）饭店管理有哪些职能？

▲ 讨论题

1）如何理解饭店"服务质量标准趋于个性化、人性化、极致化"这一发展趋势？

2）如何理解饭店集团竞争方面的优势？

□ 实务题

▲ 规则复习

1）简述饭店集团区域扩张区位进入的几种方式。

2）简述经营与管理的区别与联系。

3）简述饭店管理的基本方法。

▲ 业务解析

全球酒店业300强中，已有10%的企业进入中国。这些外资国际饭店管理集团在中国管理的饭店达1 000多家。

1）它们的品牌输出模式主要有哪些？

2）请比较这些输出模式的优缺点。

□ 案例题

▲ 案例分析

难道没有"无油漆味儿"的房间吗？

背景与情境：

客人入住客房后觉得油漆味重，小孩头晕，其中一位是过敏体质，也觉得不舒服，于是，酒店安排客人到其他酒店去了，客人表示要在酒店这里备案，万一身体有问题，要酒店负责。

（资料来源　职业餐饮网．酒店前台案例分析10则．［EB/OL］．［2010-08-05］．http：//www.canyin168.com/glyy/qtgl/qtal/201008/23181_2.html.）

问题：

1）这类客房应不应该出售？

2）"备案"合理吗？

3）你认为酒店应该怎么做？

分析要求：

1）形成性要求

学生分析案例提出的问题，分别拟定《案例分析提纲》；小组讨论，形成小组《案例分析报告》；班级交流并修订小组《案例分析报告》，教师对经过交流和修改的各小组《案例分析报告》进行点评；附有"教师点评"的小组优秀《案例分析报告》在班级展出，并纳入本校该课程的教学资源库。

2）成果性要求

（1）课业要求：以经班级交流和教师点评的《案例分析报告》为最终成果。

（2）课业的结构、格式与体例要求：参照《学生手册》中"课业范例"的范例-1。

▲ 善恶研判

因决策失误、管理层不稳定致使酒店破产

背景与情境：

酒店决策包括对市场、价格、人才、广告、财务等方面的决策，但一些酒店一开业

就遭到经营失败，其原因是由于酒店决策失误。

也有酒店最高管理者由于心态不平衡或受某些因素影响，导致管理上有明显倾斜迹象，酒店中层管理者之间的矛盾和利益冲突就明显和表面化了，最终往往使酒店打内耗战，人员涣散，由此导致酒店实力的削减，甚至使酒店破产。

（资料来源　葉予舜．酒店管理分析［EB/OL］．［2015-11-04］．http：//www.docin.com/p-1344324456.html.有改动。）

问题：

1）导致酒店决策失误的原因是怎样产生的？

2）酒店在做重大决策时该注意什么？如何做？

3）如何解决酒店高层管理者之间不团结或酒店管理层不稳固问题？

4）酒店管理者应具备哪些职业素质？

研判要求：

1）形成性要求

学生分析案例提出的问题，拟出《善恶研判提纲》；小组讨论，形成小组《善恶研判报告》；班级交流、相互点评和修订各组的《善恶研判报告》；在校园网的本课程平台上展出经过修订并附有教师点评的各组《善恶研判报告》，供学生借鉴。

2）成果性要求

（1）课业要求：以经过班级交流和教师点评的《善恶研判报告》为最终成果。

（2）课业结构、格式与体例要求：参照本教材"课业范例"的范例-2。

□ 自主学习

自主学习-I

【训练目的】

见本章"学习目标"中"创新型学习"的"自主学习"目标。

【教学方法】

采用"学导教学法"和"研究教学法"。

【训练要求】

1）以班级小组为单位组建学生训练团队，各团队依照本教材"附录三"附表3"自我学习"（初级）的"基本要求"和各技能点的"参照规范与标准"，制订《团队自主学习计划》。

2）各团队实施《自主学习计划》，自主学习本教材"附录一"附表1"自我学习"（初级）各技能点的"'知识准备'参照规范"所列知识。

3）各团队以自主学习获得的"学习原理"、"学习策略"与"学习方法"知识为指导，通过校图书馆、院资料室和互联网，查阅和整理近两年以"饭店管理基本方法、基础理论与发展趋势"为主题的国内外学术文献资料。

4）各团队以整理后的文献资料为基础，依照相关规范要求，讨论、撰写和交流《"饭店管理基本方法、基础理论与发展趋势"最新文献综述》。

5）撰写作为"成果形式"的训练课业，总结自主学习和应用"学习原理"、"学习策略"与"学习方法"知识（初级），依照相关规范，准备、讨论、撰写和交流《"饭店管理基本方法、基础理论与发展趋势"最新文献综述》的体验过程。

【成果形式】

训练课业:《"自主学习-I"训练报告》

课业要求:

1) 内容包括:训练团队成员与分工;训练过程;训练总结(包括对各项操作的成功与不足的简要分析说明);附件。

2) 将《团队自主学习计划》和《"饭店管理基本方法、基础理论与发展趋势"最新文献综述》作为《"自主学习-I"训练报告》的"附件"。

3)《"饭店管理基本方法、基础理论与发展趋势"最新文献综述》应符合"文献综述"规范要求,做到事实清晰,论据充分,逻辑清晰。

4) 结构与体例参照本教材"课业范例"的"范例-4"。

5) 在校园网的本课程平台上展示班级优秀训练课业,并将其纳入本课程的教学资源库。

⊜ **单元考核** ⊒

考核要求:"考核模式""考核目的""考核种类""考核方式、内容与成绩核定"及考核表等规范、要求,见本教材网络教学资源包中的学生考核手册。

第2章
饭店组织管理

● 学习目标
引例　扁平化的组织结构
2.1　饭店组织管理概述
**2.2　饭店组织管理内容、组织管理制度
　　　与非正式组织**
● 本章概要
● 单元训练
● 单元考核

学习目标

通过本章学习，应该达到以下目标：

理论目标：学习和把握饭店组织管理概述中的相关概念，饭店组织结构形式，饭店组织
　　　　　制度的概念与类型，饭店非正式组织特点等陈述性知识；能用所学理论知识
　　　　　指导"饭店组织管理"的相关认知活动。

实务目标：学习和把握饭店组织管理原则与内容，饭店组织基本制度，饭店对非正式组
　　　　　织的态度，相关"业务链接"等程序性知识；能用所学实务知识规范"饭店
　　　　　组织管理"所涉及的相关技能活动。

案例目标：运用所学理论与实务知识研究相关案例，培养和提高在特定业务情境中分析
　　　　　问题与决策应对能力；结合本章教学内容，依照"职业道德与企业伦理"的
　　　　　行业规范或标准，分析企业行为的善恶，强化职业道德素质。

实训目标：参加"饭店组织管理"业务胜任力的实践训练。在了解和把握本实训所涉及
　　　　　"能力与道德领域"相关"技能点"的"规范和标准"基础上，通过切实体
　　　　　验"饭店组织管理"各实训任务的完成、系列技能操作的实施、相关实训报
　　　　　告的准备与撰写等有质量、有效率的活动，培养"饭店组织管理"的专业能
　　　　　力，强化"解决问题"的职业核心能力（初级），并通过"认同级"践行
　　　　　"职业观念""职业情感""职业态度""职业守则"等行为规范，促进健全职
　　　　　业人格的塑造。

引例 扁平化的组织结构

背景与情境：

位于瑞士的某家酒店从总经理到普通员工的组织等级有别于一般的酒店，一共只有三级，即：总经理—部门总监—员工。该酒店的信息传输渠道非常通畅，管理者和普通员工的工作效率也非常高，收入自然也较高，该酒店组织结构的构建充分体现了当今国际组织结构的一个发展趋势，即组织结构的扁平化。

（资料来源 徐桥猛. 现代酒店管理 [EB/OL]. [2017-04-07]. https://max.book118.com/html/2017/0407/99252134.shtm.）

问题：饭店组织结构设置对其经营管理影响大吗？

饭店组织结构设置科学合理，既能保证饭店正常运转，又会对饭店的经营产生根本性影响。

2.1 饭店组织管理概述

饭店组织管理是实现饭店业主、宾客和员工价值的保证，是调动饭店员工积极性，进而激发其潜能的有效手段，是提高饭店核心竞争力的重要途径。

2.1.1 组织的性质、含义、组织管理、饭店组织和饭店组织管理

1）组织的性质

组织是按照一定的宗旨和系统建立起来的集体。两个以上的人为了实现一个明确的目标而结合在一起，便形成了组织。

每一个组织都有其存在的原因。饭店组织存在的原因，是为了接待客人、提供服务、获得利润。在协调个人努力实现企业目标时，组织起到了极大的作用，如饭店人员组织得当、分工合理、任务明确，他们的工作既不会过度劳累，也不会过分清闲，互相配合，便能实现饭店运营目标。因此，组织又是发挥管理功能、实现管理目标的工具。

2）组织的含义

所谓组织，是指可以把共同工作群体和个人构造成一个系统来实现一定的目标。狭义的组织是指企业管理的一个框架，包括决定企业中管理的分工和协作，管理的层次与幅度，权力的上收与下放，各部门、各单位、各成员在企业中上下左右的关系。

从广义上讲，组织有两层含义：

（1）组织是一个实体

组织是为了实现其目标而结合在一起的具有正式关系的一群人。

（2）组织是一个过程

其对象可以是人或工作，更多的是包括两者在内的系统。

同步思考2-1

有人对组织的概念和本质做这样的理解：不追求经济效益的组织是不存在的。你认为这种理解是否正确？

理解要点：这种理解是不正确的。从广义上讲，组织是指人们为实现一定的目标，互相协作结合而成的集体或团体，如党团组织、工会组织；而狭义的组织概念专门指人

群而言，它只运用于社会管理之中。所以，无论是广义还是狭义上的组织概念，都包含着不追求经济效益的组织的存在。

3）组织管理

所谓组织管理，就是通过建立组织结构，规定职务或职位，明确责权关系，以使组织中的成员互相协作配合、共同劳动，有效实现组织目标的过程。

组织管理是管理活动的一部分，也称组织职能。

4）饭店组织和饭店组织管理

高星级饭店都是由几百人或上千人所组成的，人员众多，业务繁杂，要想保证企业经营业务有序开展，就必须建立健全与业务相适应的组织机构。

所谓**饭店组织**，是指饭店业为了实现经营的目标，把必须做的各项业务活动进行分层，形成职位（或职务）结构，赋予各个职位（或职务）恰当而明确的责任和权限，规定相互之间的协调关系，形成正式的人际结构。

饭店组织管理是指根据饭店的经营目标，建立组织机构，合理分配人员，明确责任和权利，协调各种关系，促进饭店经营目标实现的过程。

饭店通过组织管理发挥其管理职能：合理组织和调配饭店的各种资源，组合成最大接待能力；形成饭店的管理体制和组织结构，以保证饭店的正常运行，实现组织目标。

2.1.2 饭店组织管理原则、管理层与组织结构

1）饭店组织管理原则

每个饭店因拥有的规模、所处的环境不同，使用的技术、制定的战略和发展目标的差异，形成了各自不同的组织结构形式，但饭店在其组织设计时都要依据一些相同的原则。

（1）责权对等原则

责是指职位的责任、义务；权是为完成责任所应具有的权力。只有责任没有权力，管理者不可能发挥工作效能和承担应有的责任；反之，只有权力没有责任，就会出现权力滥用、瞎指挥现象。所以，权力与责任应是对等的，并应将其体现在相应的制度中。

同步案例2-1

总经理该如何决定

背景与情境：

A饭店是中外合资的一家四星级大饭店，有1 200个床位、800个餐位，某国财团控股51%，机构设置与国内的星级饭店有很大差别。开业后不久，中方代表、员工对饭店的组织机构意见很大，主要有三点：一是饭店应该设立工会组织；二是饭店营销部的人员太多（多达65人）；三是质量监督部权力太大，许多职能与饭店其他部门重叠。外方总经理在了解了这些意见之后，作出了决定……

（资料来源　徐桥猛. 现代酒店管理［EB/OL］.［2017-04-07］. https://max.book118.com/html/2017/0407/99252134.shtm.）

问题：上述案例中，质量监督部责权设置是否符合责权相当的组织原则？

分析提示："质量监督部权力太大，许多职能与饭店其他部门重叠"，会使饭店出现

"重叠管理""无人管理""真空地带"的状况，质量监督部工作失误造成的损失有可能转嫁到其他有关部门的头上，不利于部门间的合作，也使质量监督部出现了权责不对等现象，违背了责权相当的组织原则。

（2）服从命令原则

饭店业务和个人行为的机动性及随机性都比较大，所以，饭店要求各级人员对上级的命令不管正确与否都应该执行，不允许以任何借口拒绝执行命令。

教学互动2-1

问题：

A.因执行错误的命令而引发的产品质量问题其后果该由谁来承担？

B.你接到错误命令应如何行事？

要求：

A.请两位同学对上述两个问题予以回答，其他同学进行评论。

B.教师对学生的回答和其他同学的评论做最后点评。

（3）管理幅度原则

管理幅度是指一个管理者能够直接有效地指挥控制下属的数目。一个管理人员的下属越多，引起的相互关系越多，就越难领导。对饭店来说，管理层次与管理幅度之间是反比关系，减少管理层次就必然要加大管理幅度。管理幅度如果超过一个人的有效管理范围就会影响管理职能的正常发挥。相对来说，越到管理高层，管理幅度越小；越到基层，管理幅度就越大。

同步思考2-2

管理幅度的具体确定需要考虑哪些因素？

理解要点：①工作相似性。下属员工的工作越相似，管理幅度越宽。②培训和专业化。下属员工越是受过专门培训，专业化程度就越高，服务技能就越强，无须受到监督，其管理幅度越宽。③任务的确定性。工作任务越是程序化、规范化，具有可预见性，其管理幅度也越宽。④互动频繁性。部门间、员工间如果要求频繁地相互作用，管理者的管理幅度必须窄。⑤工作结合性。管理人员越是要结合与协调下属的工作，其管理幅度越窄。⑥员工分布。下属员工分布越散，管理者的管理幅度就越窄。管理者本身的指挥才能及外部环境因素也是影响管理幅度确定的因素。

（4）适当授权原则

饭店组织日益庞大，业务活动日益复杂和专业化，原来的组织分工职责权力已经不能适应需要或对一些突发事件需要应急处置时，领导要将部分事情的决定权由高层移至低层，这就是所谓的"授权"。授权的内容包括：一是将上级的某些职能转交给下级；二是针对某事把某项特殊任务的处理权交给下级，下级完成任务后，上级将权力收回。但领导授权不授责，可以让下属干工作，若工作中出现问题，领导者则要对自己的上级负责。同时，得到权力的下级也要对授予自己权力的领导者负责。因此授权时，要求上级和下级在伴随授权而来的责任承担、行为自由度和权责范围等方面必须进行全面了解并达成共识，达到授权目的。

教学互动2-2

　　问题：

　　A.你认为适当的授权有没有必要？

　　B.你认为饭店管理者哪些事情可以授权？

　　要求：

　　A.请两位同学对上述两个问题予以回答，其他同学予以补充。

　　B.教师对学生的回答做最后归纳。

　　（5）分工与协作原则

　　饭店业务的多样性决定其工作种类的繁杂性，其中大量的是简单而重复的工作。将各项复杂的工作分解成多个较细的环节使之简单化，会使每个具体操作的员工容易掌握操作技能并达到规范化、专业化，大大提高工作效率；同时有利于对具体工作进行考核和指导，还有利于使用专门的设备和减少培训费用。但分工要适度，过细或过粗都会影响工作效率。

同步思考2-3

　　你能举例说明饭店部门间的分工与协作的工作关系吗？

　　理解要点：预订部负责客房预订工作，它要把每天客人预订客房的数量通知给前厅部，让前厅部随时掌握待租客房的数量，做到客房最大接待量；同样，前厅部随时要通知预订部散客登记入住情况，避免预订部无房出租的现象发生，给饭店带来负面影响。洗衣部负责干净的毛巾与床单提供工作，如果提供不及时或不符合标准，客房部就不能为客人提供房间，进而影响组织经营目标的实现和饭店声誉。

　　（6）管理层次原则

　　饭店组织内部的管理层次，从总经理到员工，共分为五个层次：决策层、管理层、督导层、执行层和操作层；饭店组织内部都有一个明确的权力层次，其相应的职位是总经理、部门经理、部门主管、领班和一般员工。组织中每位成员都必须清楚自己对谁负责，又有谁对自己负责。层次领导是必要的，组织分成若干层次和若干纵向系列，决策、指示按纵向系列由上层向下层传达，执行情况和反馈信息逐级向上汇报。这种关系越明确，组织的决策和信息传达越有效。有效的饭店管理应尽可能采取管理层次较少的扁平式组织结构，缩短指挥链的距离，一项指令下达到基层所要通过的管理层次越少，指挥则越有效。

业务链接2-1

倒金字塔组织结构

　　"倒金字塔"管理法最早诞生于瑞典的SAS公司，也就是北欧航空公司。当时，这个航空公司负债累累，一个叫杨·卡尔松的瑞典人受命于危难之际。在3个月以后，卡尔松脑子里形成了一个计划，他宣布：为了使SAS公司扭转目前的亏损局面，公司必须实行一种新的管理方法。他给它起名字叫"Pyramid Upside Down"，我们称之为"倒金字塔"管理法，也有人称之为"倒三角"管理法。

一般的公司采取"正金字塔"管理模式，最上面是总经理（或者叫决策者），中间层叫中层管理者，最下层叫"First Line Staff"（就是一线人员，或者称为政策的执行者）。上面是决定政策的人，下面是执行政策的人，概念很清楚，现在很多单位采用的是这种管理方法。那么，当时卡尔松为什么决定把这个模式颠倒过来呢？因为他发现，要使公司兴盛关键在于员工，而一个公司能不能管理好，管理者是最重要的。卡尔松在这个"倒金字塔"管理法的最下面，他给自己命名为政策的监督者，他认为公司的总目标一旦制定下来之后，总经理的任务是监督、执行政策，进而实现这个目标。中层管理人员不变，最上面这一层是一线工作人员，卡尔松称他们为现场决策者。

"倒金字塔"管理法的核心内容是："给予一些人以承担责任的自由，可以释放出隐藏在他们体内的能量。"那么，这种管理方法出现了什么效果呢？SAS公司采用这种方法3个月之后，公司的风气就开始转变，他开始让员工感觉到：我是现场决策者，我可以对我分内负责的事情做出决定，有些决定可以不必报告上司。把权力、责任同时下放到员工身上，而卡尔松作为政策的监督者，他负责对整体进行观察、监督、推进。

（7）命令与指挥统一原则

一个良好的饭店组织将命令的发布权只授予一个人，不允许一个员工有一个以上的直接领导。指挥统一性原则要求，饭店任何一个指挥命令都应是发令者向自己直属的下级逐级发布，不能越级。从最高管理层次到最低管理层次的指令都保持一致，各种指令之间不发生矛盾冲突。若出现交叉领导，则会令出多门，组织就会发生混乱，让下属员工无所适从。

为了切实实行这一原则，必须明确饭店内各级各部门的职责，同时应分清命令与监督的界限。管理人员虽不可越级指挥，但可以对各级人员进行监督。所以，员工也经常会接到一些非直接上级的指令性信息：一类是业务联系的指令，如总台向各部门发出接待的通知；另一类是监督性指令，如总经理、部门经理在巡查时，对出现问题的情况发出立即纠正的指令。这两类指令虽非来自直接上级，但相关人员应该执行。同样，下级虽然不能越级请示，但可以越级反映情况，这对直接上级也起到了监督的作用。

同步案例2-2

小张的困惑

背景与情境：

小张是某五星级商务饭店的餐饮服务生。某日，该饭店接待了一个非常重要的大型国际会议。小张的领班孙某在晚餐之前进行了详细的接待计划安排，考虑到在用餐高峰时，客流量较大，领班孙某特别安排2名领座员进行引导，原本从事餐饮服务的小张被领班安排和小王合作在餐厅入口处做领座员。餐饮总监也在现场作指导。可是就在用餐高峰期之前，餐饮总监发现某包厢准备还不到位，于是临时让小张去该包厢做好卫生及相关准备的扫尾工作。小张见是餐饮总监的命令，不敢怠慢。可当小张做完包厢工作回到餐厅入口处时，客流量已经很大了，小王一人无法应付，导致有少许客人不满。领班对小张擅自离开岗位给予了严厉批评，并称事后将追究相应责任。而小张认为自己太冤枉，明明自己是被餐饮总监调用的，并不是擅自离岗，为何领班还要批评并追究我的责任呢？真是委屈。

（资料来源　徐桥猛. 现代酒店管理［EB/OL］.［2017-04-07］. https://max.book118.com/html/2017/0407/99252134.shtm.）

问题：餐饮总监对小张能否行使命令权？为什么？餐饮总监对小张所发命令，小张是否执行？为什么？"领班对小张擅自离开岗位给予了严厉批评，并称事后将追究相应责任"，这种处理是否正确？为什么？

分析提示：餐饮总监对小张的命令是暂时性行政监督指令，他没有对小张行使命令的权力，领班孙某的命令才是这个组织中顶头上司的命令。员工工作中应清楚：当行政监督指令与顶头上司的命令发生冲突时，作为受命方的员工应该选择执行顶头上司的命令，这样就可避免产生多头领导。所以，领班孙某对小张做出惩罚决定没有错。无论饭店的管理者还是普通员工，都不能破坏饭店的组织规定。

上述各种组织原则应是相互联系、相互制约、统一于同一个有机体内的，运用时不能将彼此进行隔离，要全面考虑，综合运用。

2）饭店组织管理层

饭店组织管理的目的就是发挥组织中所有员工的积极作用，有效利用各种资源（人、财、物、信息等），使饭店形成最大接待能力，实现组织目标。为此，饭店组织管理层要依据各自岗位责任，履行义务。

（1）饭店组织管理体制

饭店实行总经理负责制，设置总经理、部门经理（或增设主管、领班）、服务员级次，垂直领导，逐级负责。部门经理受聘于总经理，负责部门的经营管理工作。每位员工都要严格遵守岗位责任制，各尽其职，各负其责。全体员工要按照管理体系，明确上下级关系，认真执行领导指令，必须完成上级下达的任务。

饭店根据规模大小、员工人数多少采用不同的管理体制。目前饭店管理体制大体上呈现三种级别，见表2-1。

表2-1　　　　　　　　　　　　**饭店管理体制**

管理体制	具体级别	适合的饭店规模
三级管理体制	总经理—部门经理—服务员	小型饭店
四级管理体制	总经理—部门经理—领班—服务员	中型饭店
五级管理体制	总经理—部门经理—主管—领班—服务员	大、中型饭店

一般饭店采取的是五级管理制，即总经理、部门经理、主管、领班、服务员。而中外合资、合作以及外方管理的饭店中在总经理与部门经理之间还会设置总监层，采取的是六级管理制。

（2）饭店组织管理层划分

饭店三种级别管理体制形成的管理层基本相同，即决策管理层、职能管理层和基础管理层。

①决策管理层。高星级饭店是一种多样化、多方面和快节奏管理的企业，从事着各种经营活动。随着经营规模的扩大，其组织和经营更加复杂化，虽然有效地管理饭店需要更多人的参与，但归根结底对整个饭店经营业务负全面责任的则是饭店总经理。

总经理是饭店企业的法人代表，是饭店最高领导和决策人，负责制订饭店的战略计划和发展目标，确定经营方针和管理手段。他对饭店的经营战略、管理手段和服务质量标准等重大问题做出决策，选择一流的管理人员和服务人员，保证饭店管理人员和服务人员的素质，负责对外联系和开展饭店业务活动，使饭店不断扩大再经营。饭店总经理应该有计划、组织、领导和决策等方面的知识和能力。

同步案例 2-3

总经理的走动式管理

背景与情境：

某饭店是一家有 280 间客房、功能齐全的三星级饭店。饭店的组织机构为 10 部 1 室，各部室设部门经理。高层领导设一名总经理统管全饭店并分管人事、财务两部门；设两名副总经理，一名分管前台部门，一名分管后台部门。

总经理提倡饭店要实行走动式管理，并身体力行，经常深入到各部门去，对各部门的问题和决策常常拍板定论。比如客房部要更换清洁剂的品牌、餐饮部要调换水产品的供应商、销售部推行 VIP 贵宾卡等均是由总经理在深入部门时拍板敲定的。这样的结果是效率提高了，但也带来了组织上的一系列问题，如高层的岗位职责问题、组织体系的实施问题等。

（资料来源　张广增.《酒店管理概论》模拟试题［EB/OL］.［2015-12-15］. http：//www2.open. ha.cn/MyForum/showpost.aspx? ThreadId=f107a433-d722-477e-8c65-aa3b2a9fbea4.)

问题：这位总经理该管些什么？他事无巨细都喜欢揽权于己手的工作方法的后果是什么？

分析提示：总经理该管饭店的重大决策，管市场和公关、管财务、管中层管理人员的工作，管总经理岗位职责中该管的事。总经理越级指挥，事无巨细都喜欢揽权于己手，就会带来违背饭店的组织原则、损害权力分配体系、违反饭店制度、损坏信息系统等导致饭店各级管理无序运行的诸多问题。

②职能管理层。它处于决策管理层与基础管理层中间，是帮助决策管理层参谋决策的层次。部门经理是饭店职能管理层的组成者，负责把战略目标具体化，即决定部门的经营方针、管理、经济效益及具体的服务标准、服务流程和服务质量等，负责本部门管理人员、工作人员的分工、领导、指挥和监督，计划、汇报本部门的工作。部门经理不仅要熟悉、掌握本部门的服务标准、服务程序，还要具有实际工作经验和一定的服务技能，具有组织、计划和人事安排、人事管理等方面的能力。

③基础管理层。基础管理层包括执行管理层和作业管理层，位于饭店经营管理的基层，是饭店经营目标、方针和各项重大决策的直接执行者，其组成者为主管和领班。

A.主管。

主管是饭店基层服务员的领导者和组织者，他们直接面对宾客，直接负责安排服务员的日常工作，监督本班服务员的服务程序和服务标准，考核服务员的工作态度和工作表现。

B.领班。

领班要随时随地协助本班服务员进行工作或代班服务。因此，领班必须具有更高的服务技能和服务技巧，同时还应该具备人事管理能力、沟通协调能力、处理投诉的技巧和做好员工培训、考核、激励等工作。

业务链接 2-2

操作层

服务员是饭店最基层工作人员，应根据岗位责任制的要求，明确自己的职责范围、工作和服务程序、服务质量标准，做好自己的本职工作。饭店服务员的个人形象、待客礼仪、语言交际能力、应变能力、服务技能和服务技巧等，是保证饭店提高服务质量、提高经济效益的重要条件。

职业道德与企业伦理 2-1

吴总的悲哀下场

吴某是某大型四星级国营饭店的老总，在其任职的6年期间，饭店由原来的年创利近500万元"发展"至年亏损近100万元，后因群众举报，当地检察机关对吴某立案侦查，发现吴某竟将该饭店当作自己私有财产，并设有自己的小金库。其权力在饭店中至高无上，什么事情都是由他说了算，员工更是敢怒不敢言。

据了解，吴总当初走马上任时还是为饭店的发展尽心尽力的，其能力也得到饭店各级管理人员及普通员工的认可。在其上任之初的第一年，饭店即有了较大的发展，生意红火，并通过了国家星级饭店评定，挂牌四星级，年创利近500万元。据吴某交代，他发现由于该饭店是国营体制，实行的体制不健全，组织管理的监督和民主机制更是无从谈起。他越来越觉得在该饭店中权力可以凌驾于任何人之上且不会被发觉。私欲的膨胀逐渐把吴某推向了罪恶的深渊。他在饭店建立自己的小金库，肆意挥霍公款用于赌博和物质生活享受，先后去中国澳门和美国，以考察为由豪赌，导致国家财产大量流失。吴某疏于对饭店日常管理，这使得饭店人心涣散，经营也每况愈下，从最初年创利近500万元到负债经营，实在令人痛心!吴某也因贪污挪用公款被判刑，锒铛入狱。

（资料来源　徐桥猛. 现代酒店管理［EB/OL］.［2017-04-07］. https://max.book118.com/html/2017/0407/99252134.shtm.）

问题：导致吴总悲哀结局的原因是什么？

分析提示：从案例中可以看出，该饭店在组织管理上缺乏职工民主机制，既说明该饭店组织机构不健全，组织设计违背责权相当原则，又说明吴总个人对自己缺乏自律性，私欲膨胀，丧失了应有的职业道德和责任感，进而导致其悲哀结局。

在饭店组织中，总经理责任制和职工民主大会的监管机制是分不开的，如果总经理在饭店中拥有至高无上的权力，无法对其行为进行必要的监管，就无法体现民主决策和参与管理的积极意义，进而会使最高管理者丧失自我，也可能给集体带来巨大损失。

所谓结构即为构造，是指各个组成部分在某一整体组织中的排列、组合，以及形成相互关联、相对稳定的状态。

3）饭店组织结构

所谓**饭店组织结构**，是指饭店所有业务部门和职能部门之间呈现从属与并列关系的组织状态。现代饭店组织结构常表现为直线制组织结构、职能制组织结构、直线-职能制组织结构、事业部制组织结构、矩阵式组织结构五种形式。

（1）直线制组织结构

直线制组织结构是一种较为简单和原始的形式，实行自上而下、层层节制、垂直领导的管理体制。一个下属部门只听令于一个上级领导的指挥，不存在管理的职能分工。其优点是：机构简单、权力集中、信息渠道通畅、办事效率高。缺点是：缺乏合理的分工，不利于同级协调与联系，领导者负担过重，事无巨细，工作处在忙乱状态。小型饭店常采用直线制组织结构形式，如图2-1所示。

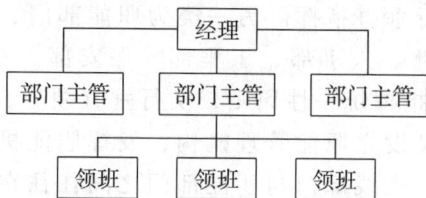

图2-1 直线制组织结构图

同步思考2-4

俗话说"一山难容二虎""一条船不能有两个船长"。从管理学角度看，对这些话的如下解释，你认为哪一种最恰当？

A.在领导班子中，如果有多个固执己见的人物，最终会降低管理效率

B.一个组织不能允许有多个直接领导核心

C.一个组织中的能人太多必然会造成内耗增加，从而导致效率下降

D.组织中不能允许存在两种以上的观点，否则易造成管理混乱

理解要点：B。一个组织不能允许有多个直接领导核心。此题主要强调直线制组织结构实行的是自上而下、层层节制、垂直领导的管理体制。

（2）职能制组织结构

职能制组织结构是在直线制的基础上进一步发展起来的。它是按职能来组织部门分工，即从企业高层到基层，均把承担相同职能的管理业务及其人员组合在一起，设置相应的管理部门和管理职务。职能制组织结构的饭店，总经理下设职能机构，通过职能机构来实行对一线业务部门的领导，各职能部门在自己权限范围内有权直接指挥一线经营部门。其优点是：加强了各部门的业务监督和专业性指导，实现了

管理专业化。缺点是：常常出现多头指挥，让执行部门无所适从。职能制组织结构如图2-2所示。

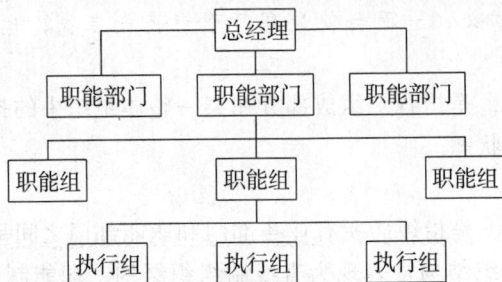

图2-2　职能制组织结构图

（3）直线-职能制组织结构

直线-职能制是兼取两者之长、克服其短处而发展起来的一种组织形式，也是中国饭店普遍采用的一种形式。这一组织结构形式是把相同功能的饭店工作合并到一个部门，再根据客人活动的类型和饭店经营管理活动的内容，将所有部门划分为两大类：一类为业务部门，有特定的接待和业务内容，通常直接为饭店创造利润，包括公关销售部、前厅部、客房部、餐饮部、商品部、康乐部。业务部门按直线的原则运行，实行垂直指挥。另一类为职能部门，按分工和专业化原则执行某一类职能，如财务部、人事部、工程部、保安部、总经理办公室、采购部。直线-职能制一方面坚持指挥统一性原则，实行垂直领导，层层负责，总经理作为饭店的核心；另一方面又设立职能管理机构，发挥职能机构对一线部门的业务指导作用。其不足之处是：直线部门与职能部门之间往往在各自的目标不一致时会产生摩擦，影响工作的顺利开展，不利于整个组织系统的运作。直线-职能制组织结构如图2-3所示。

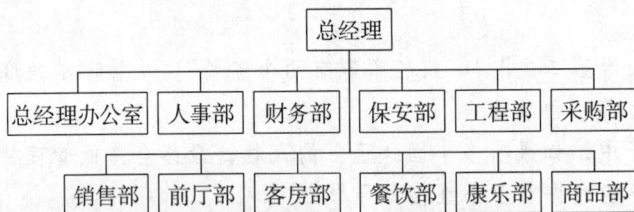

图2-3　直线-职能制组织结构图

饭店的直线-职能制组织结构有多种形式，较常见的一种形式是总监制。总监制是指饭店的组织机构在总经理和部门经理之间加一个管理层次——总监。总监可以分管某一方面的业务工作，如客房总监、餐饮总监等，也可以分管几个部门的工作。总监通常是根据组织的幅度原则、因总经理的管理幅度过宽而设立的，如在一些规模较大、客房数超过500间的饭店设立总监。但总监的设置要慎重，设置不当会造成机构重叠，不利于管理，一般规模不大的饭店不宜采用总监制。

（4）事业部制组织结构

事业部制组织结构是在总公司领导下设立几个事业部，各事业部是为特定的产品而设立的。事业部内部在经营管理上拥有自主权和独立性，它的组织特点是：公司集中决策、事业部分散经营、事业部实行独立核算。公司总部只保留人事决策、预算控制和监督大权，并通过利润等指标对事业部进行控制。饭店不生产实物产品，也就不存在像工业企业那样以产品为中心的事业部，但饭店生产无形产品，也有产品中心问题。饭店实行旅游企业制度后，就会出现多个下属的独立子系统，于是一些饭店公司就采用了类似事业部制的组织结构。如有的饭店公司附属有旅行社、餐馆、饭店设施用品工厂、独立的写字楼、公寓楼等。因而，饭店主体是一个核算单位，饭店下属各单位分别又是独立的核算单位，饭店主体及各下属单位均在饭店组织系统之中。饭店公司可设立公司职能部门，管理整个系统的相关事务，而下属部门或下属公司也可设立相关的职能部门或职能岗位，处理子系统的相关业务。这种结构形式比较适合于大型企业。事业部制组织结构如图2-4所示。

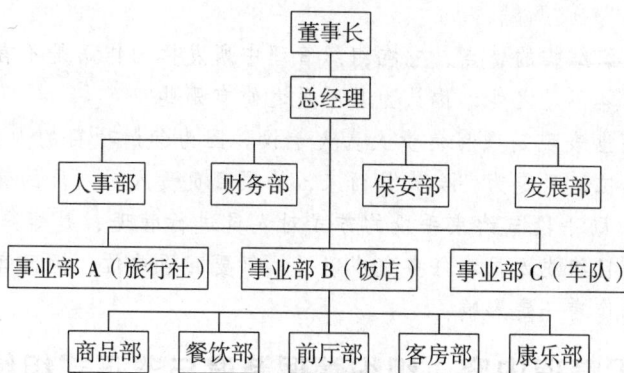

图2-4 事业部制组织结构图

教学互动2-3

问题：

A. 事业部制组织结构的优点有哪些？

B. 事业部制组织结构的缺点有哪些？

要求：

A. 请两位同学对上述两个问题予以回答，其他同学予以补充。

B. 教师对学生的回答做最后归纳。

（5）矩阵式组织结构

矩阵式组织结构是工业企业中常用的一种组织形式。它是为完成某项专门任务把职能部门按纵向排列，把产品项目按横向排列，互相交叉而形成一个矩阵，并指派组长负责领导的任务小组。任务小组在总经理的直接领导下进行工作，职能部门成员可参与各产品项目部的工作，任务完成后，小组成员各自回到原来的单位。这样一来，若干职能部门形成的垂直领导系统和为完成专门任务而形成的若干任务小组的临时系统，就组成了一个矩阵式的组织系统结构。其优点是：灵活性和适应性强，有利于加强各职能部门之间的协作，实行专业分工，统一领导，能集思广益，推动项目方案的实现，能较好地解决组织结构相对稳定和管理任务多变之间的矛盾。矩阵式组织结构如图2-5所示。

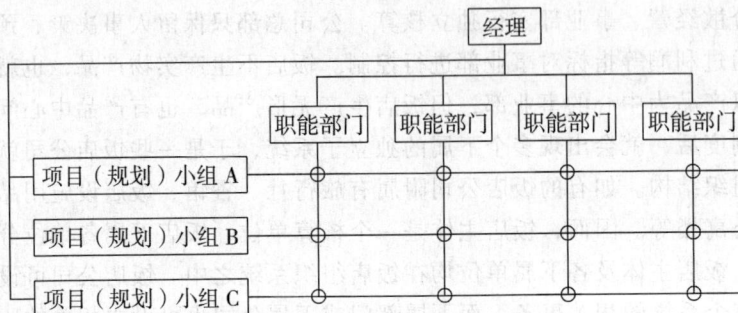

图2-5 矩阵式组织结构图

同步思考2-5

鉴于矩阵式组织结构的特点，它在组织管理中所发挥的作用是不言而喻的，但这种组织结构形式也有其不足之处，你认为其不足之处有哪些？

理解要点：突出表现是项目负责人责大于权。因为参加项目的人员来自不同部门，隶属关系仍在原单位，只是为"会战"而来，给项目负责人对人员的管理带来困难。用这种没有足够的激励手段与约束手段的方式对人员进行管理，是矩阵式结构的先天缺陷。另外，由于项目组成人员在任务完成以后，仍要回原单位，因而容易产生临时观念与短期行为，对工作有一定影响。

2.2 饭店组织管理内容、组织管理制度与非正式组织

饭店组织管理是饭店为了完成本组织所承担的任务，对全体员工分工合作进行的管理。

2.2.1 饭店组织管理内容

1）饭店组织结构设计

饭店组织设计的目的是对饭店员工的分工协作关系做出正式、规范的安排，建立一种有效的组织机构，实现饭店经营目标。饭店组织结构设计具体包括：饭店各职能部门和业务部门的设立、各层次的划分和相互关系的衔接。我国饭店一般采取直线职能制的组织结构形式，即根据饭店自身情况，将饭店业务按其内容、性质相同或相近的划分为同一类，当业务活动达到一定量的时候，就形成了部门。如餐饮部、客房部、前厅部、康乐部、商场部等有接待业务的业务部门；还有财务部、销售部、工程部、人力资源部、保安部等职能部门。这些部门的设置形成了饭店组织横向结构；而饭店又根据其规模确定各部门的层次划分，确定各层次组织跨度，便形成了饭店组织纵向结构。两者的相互结合就形成了饭店的组织结构。

饭店组织管理首先要进行各部门业务范围的划分，以确定各部门、各层次的业务内容；建立岗位责任制，明确各项业务应达到的标准；同时还需要加强组织联系，使各部门相互协作、相互配合，形成一个业务协作运行的整体，保证饭店经营目标的实现。

2）管理人员的配备与使用

饭店通过组织结构的设计，确定了各部门的设置，建立了岗位责任制，然而员工

的岗位工作能否顺利完成，还需要管理人员的监督与指导。管理人员配备得当，就会打造一支良好的员工队伍，可为企业创造更好的效益。饭店管理人员的配备，通常是由直属上司提名，由人力资源部和饭店有关管理层对候选人员进行考察考核，再根据管辖层次，由相应的管理层通过集体决议的形式确定该岗位管理人员。具体做法如下：

（1）确定用人标准和人数

管理人员的配备，首先要满足饭店生产经营的需要，根据饭店组织原则和组织结构，确定各管理岗位设置和各管理岗位的人数。对管理人员的选择，通过其基本素质、管理能力、业务知识和能力等方面加以考核。

（2）合理使用

各层次管理人员配备到位，上级组织需要考虑对所配备的管理人员合理使用的问题。使用即为授权，根据岗位工作任务，给予管理人员相应的权力，使之更好地完成任务。授权要合理，一般要以制度明文规定的形式授予管理人员相应的权力；授权时要给予被授权人员充分的信任，为其创造一个有序、适宜的工作环境。但是，授权不是放权，有授权还要有制约，授权要明确其权限，不得超越，否则就违背了组织设计的责权对等原则。

（3）严格考核

管理人员在各自岗位上开展工作的情况该如何考核呢？能否管理好本团队；能否与其他部门有效沟通、相互配合；能否完成本部门经营指标；工作是否具有创新能力；领导是否具有亲和力等都是对其考核的要点，要做到既大胆使用，积极培养，又严格要求，认真考核。对其考核应该是全面的，即应包含工作业绩、管理能力、管理水平、业务能力、业务水平和个人素质等方面。

（4）人才培养

饭店业人才流动率较高，员工忠诚度较低。为保证饭店业务运作质量和效率，实现组织目标，饭店应选择一些能服务于企业、忠诚于企业、有工作潜力的人员，作为培养对象，为其制订培养计划，有步骤地将这些人员培养成出色的管理人才，效忠企业。

3）劳动组织形式

饭店组织结构形成后，便有了各业务部门和各级管理人员，各项岗位工作因有各级管理人员的有效管理，使得饭店业务运转形成一个整体。将各部门和各岗位的劳动连接成一个流程，保证饭店经营管理的顺利进行，这就是劳动组织形式发挥的作用。因此，劳动组织形式的含义体现在：将各岗位的单个劳动组合成集体劳动，使之成为一个组织活动；各业务部门按照业务流程完成其对客接待任务；横向组织各业务部门和各职能部门，使之相互配合，形成饭店经营运作体系，为客人提供全方位服务，满足其旅居饭店期间之所需。

如上所述，饭店的劳动组织形式就是将饭店各个工作岗位进行有效整合，整合期间需要做大量的工作，如制定各岗位的作业内容、岗位服务规程、岗位排班、业务的作业程序设计、信息传递等。

业务链接2-3

排班

排班就是排定班次，是根据各岗位及由岗位组成班组的业务规律，规定它们的工作时间和时间段，规定它们的作业内容。排班有两种形式：一是按作业时间区分，排成早、中、晚等时间班；二是按业务内容排成业务班，如客房的卫生班和值台班，前厅的总台班和总机班等。时间班和业务班不是截然分开的，它们是交错在一起的。

饭店业务内容较多，各业务内容又不尽相同，因此饭店各部门的排班也多种多样。排班只能从实际出发，因事因时而定。排班主要是基层管理者的职责，小区域部门由部门经理排班。排班最后的核定和认可由部门经理负责。

4）编制定员

（1）编制定员的概念

所谓编制定员，是指饭店根据其经营方向、规模、档次、业务情况、组织结构、员工政治思想和业务素质等，本着节约用人、提高效率的原则，确定饭店的岗位设置，规定必须配备的各类人员的数量。

编制定员工作对饭店改善劳动组织、挖掘劳动潜力、合理使用劳动力、提高劳动效率具有十分重要的作用。

（2）劳动定员的方法

①按劳动效率定员。凡是实行劳动定额管理并以手工操作为主的工种，都可以用这种方法计算定员。饭店餐饮部、客房部是典型的以手工操作进行作业的部门，因此，这两个部门的一些岗位是根据工作量、劳动定额、出勤率来计算定员。其计算公式为：

定员人数＝工作量÷劳动定额×出勤率

同步思考2-6

某五星级饭店拥有客房500间，年平均出租率为80%。客房服务员分早、中两个班次，早班每个客房清扫员每天的劳动定额为12间，中班为48间，员工出勤率一般为95%。该饭店实行每周5天工作制，除固定休息日外，还享受每年7天的有薪假期（法定休假日正常排班，根据《中华人民共和国劳动法》（以下简称《劳动力法》）进行加班补偿）。请问客房部应该如何确定客房服务员的定员人数？

理解要点： *定员人数＝客房总数×年平均出租率÷客房服务员劳动定额×客房服务员平均年出勤天数÷365*

其中：

客房服务员平均年出勤天数=［365-（52×2）-7］×95%=241（天）

早班客房服务员定员人数=（500×80%）÷（12×241÷365）=51（人）

中班客房服务员定员人数=（500×80%）÷（48×241÷365）=13（人）

②按岗位定员。这是一种按饭店内部组织机构和各种服务设施，确定需要饭店员工看管的岗位数量，再考虑各个岗位的工作量、劳动效率、工作班次和出勤率等因素来确定人员的方法。如一个餐厅服务员需同时看管4张餐桌。岗位数量确定一定要坚持因需设岗、因岗设人的原则。

③按比例定员。按比例定员是指确定某一类人员的数量时，采用的是员工总数或某

一类人员总数的一定比例的方法。

现在有的饭店员工总数量是根据饭店所拥有的客房数量确定的，即如果拥有 500 间客房，则饭店员工编制为 500 人。

④按职责定员。这是一种按既定的组织机构和它的职责范围，以及机构内部的业务分工和岗位职责来确定人员的方法。如饭店管理人员的数量确定可采用此种方法。

⑤按设备定员。饭店锅炉房、总机房等岗位按设备开动的台数、开动的班次和员工的看管定额来计算定员人数。

5）组织变革

当饭店组织的环境、结构、技术与人员发生了改变，原有的组织结构形式有碍于饭店经营发展时，饭店组织需要调整、改革和再设计，以提高组织的效能，增强组织的适应性，使饭店在竞争中立于不败之地。

同步思考 2-7

某企业是一家大型国有企业，其组织结构为直线职能型，即主要按照职能来划分各个部门，如设计科、采购科、销售科、检验科、工艺科和各个生产车间。你认为在发生哪一种情况时，该企业的组织结构最需要调整。

A. 重大人事变动，如更换了总经理

B. 应上级政府的要求，要"减员增效"

C. 外部竞争环境恶化

D. 企业规模大幅扩大

理解要点： C. 外部竞争环境恶化。随着组织的环境、结构、技术与人员等情况发生改变，企业经营发展受到制约，原来组织结构形式已不适应变化了的外部环境，这时组织结构需要马上调整。本案例中列举的四种情况都有可能是导致组织结构调整的原因，但"外部竞争环境恶化"会使原有的组织结构无法应对，只有调整才能使组织适应变化了的环境，才能继续生存、发展。

2.2.2　饭店组织管理制度

1）饭店组织管理制度的基本含义

饭店产品的综合性特点要求各部门既要保证工作的高效率，又要保证产品的高质量。因此，在为客人提供服务时，必须要求所有员工做到行为的协调一致性，工作方式方法的规范有序性。而这又必须基于组织制定的各种规章制度，对组织成员的行为规范和行为准则加以约束才能实现，进而实现组织目标。

（1）组织管理制度的概念

组织管理制度，就是企业的行为规范。它说明什么可以做，什么不可以做，以及如何去做，做什么可以获得奖励，做什么将要受到惩罚等问题。

（2）饭店组织管理制度的概念

饭店组织管理制度，是以文字条例形式规定的员工在饭店中的行为规范和行为准则，是饭店各方面共同达成的有关行为规范的协议。饭店组织管理制度是饭店指挥协调的基础，是饭店工作管理的保证，是检查、考核员工工作情况的依据。

2）饭店组织管理制度的类型

饭店业务繁杂，业务部门和职能部门众多，相应的组织管理制度类型也比较多。饭店组织管理制度常见的类型有：

（1）有关所有制和产权关系的制度

此类组织制度主要针对饭店的性质、投资形式、产权关系以及由此而派生出来的问题所做出的专项规定。

（2）有关体制和组织结构的制度

这是饭店针对自身的体制、组织结构形式、饭店上层的权责关系等问题做出的明确规定。

（3）饭店基本制度

该类制度包括总经理负责制、饭店经济责任制、员工手册等内容，是饭店制定其他制度的基础。

（4）部门制度

它是针对饭店各业务部门自身的业务特点和实际需要而制定的有关制度。这类制度的专业性较强。

（5）专业制度

这是针对饭店职能部门按专业管理的需要而制定的制度。

（6）饭店行政工作制度

这类制度主要针对行政管理，包括会议制度、总结制度、决策和制订计划制度、质量监督制度等所作的规定。

目前，国内饭店业对组织制度管理通行的做法是基于岗位责任制的制度化管理，一些著名的饭店集团已总结和推出了自己成熟的饭店管理制度与规范，其岗位职责规范设计内容明确，具体周全，实用性强。

3）饭店基本制度

饭店基本制度是其他制度的基础，它规定了饭店运行的大纲、方针的基本规范。

（1）总经理负责制

总经理负责制明确总经理既是饭店经营负责人，又是饭店法人代表。饭店要建立以总经理为首的经营管理系统，总经理在饭店中处于中心地位。总经理对饭店具有经营决策权，负责饭店重大问题的决策；具有人事权，有任免中层管理人员及确定人数的权力；具有指挥权和对各种资源的调配权；具有财务权，决定饭店资金分配、投资等重大事项，监督资金的使用情况；行使奖惩权等。

总经理在行使权力的同时，必须承担相应的责任。总经理的责任主要有：建立饭店组织结构；贯彻执行党和国家的方针、政策；全面负责饭店的经营与管理；保证饭店服务质量符合等级标准和有关规定；遵守国家一切法律和有关税收、财务管理等法规；对饭店的经济效益负责；对饭店承担的社会责任负责；对饭店全体员工的合法权益和民主权利负责；对饭店的资金和财产负责。

业务链接2-4

饭店总经理岗位职责

①全权负责处理饭店的一切事务,带领全体员工努力工作,实现饭店所确定的各项目标。

②制定饭店经营方向和管理目标,包括制定一系列规章制度和服务操作规程,规定各级管理人员和员工的职责,并监督贯彻执行。制定饭店一系列价目,如房价、餐饮价格等。对本行业各种动向有高度的敏感性,制订市场拓展计划,带领销售部进行全面的推广销售。详细阅读和分析每月报表,检查营业进度与营业计划完成情况,并采取对策,保证饭店经营业务顺利进行。

③建立健全饭店的组织系统,使之合理化、精简化、效率化。主持每周的总经理办公会,检查情况汇报,并针对有关问题进行重点讲评和指示。传达政府或董事会的有关指示、文件、通知,处理好人际关系,协调各部门之间的关系,使饭店有一个高效率的工作系统。

④健全各项财务制度。阅读分析每日、每月、每季财务报表,督促监督财务部门做好成本控制、财务预算等工作;检查应收账款和应付账款等收支情况。

⑤有重点地定期巡视检查公众场所及各部门工作情况和服务质量问题,并将巡视结果及意见传达至有关部门。

⑥指导饭店重要设备设施维修保养工作。

⑦与社会各界人士保持良好的公共关系,树立饭店形象,代表饭店出面接待重要贵宾。

⑧指导工作,培养人才,提高整个饭店的服务质量和员工素质。

⑨关心员工,奖罚分明,使饭店有高度凝聚力,激发员工以高度热情和责任感去完成好本职工作。

⑩任免饭店副总经理、总经理助理,录用和考核饭店其他管理人员。

(资料来源 佚名.酒店总经理工作职责[EB/OL].[2012-05-30].http://www.canyin168.com/glyy/yg/gwzz/201205/42584.html.)

(2)职工代表大会制

职工代表大会制是饭店职工民主管理的基本形式。职工代表大会具有管理、监督和审议三方面的权力。具体权力如下:

①听取和审议总经理工作报告。

②审议饭店的发展规划、经营计划与财务预算。

③审议有关经营管理的重大决策。

④审议饭店各项资金的使用、福利等有关全体员工切身利益的问题。

⑤监督饭店各级管理人员,对不称职或严重违纪的管理人员提出撤换意见。

职工代表大会必须定期召开,才能真正发挥其作用,不能流于形式。真正行使职工代表大会赋予的监督权力,可以增强饭店员工的主人翁责任感,有助于解决管理者与员工之间的矛盾,增强集体凝聚力,不断提高服务品质。所以,在实行职工代表大会制时,要正确处理好民主和集中、自由和纪律以及权利与责任之间的关系。

（3）员工手册

员工手册，是饭店为明确员工权利与义务及其应遵循的行为规范而制定的广泛适用的制度性条文，被称为饭店的"基本法"。

通过员工手册，新入职员工可以更好地掌握和接受企业概况、企业历史沿革、企业文化等内容，便于新入职员工尽快融入这个集体中；通过对企业用工制度、员工福利、管理体制、礼貌服务、安全卫生、劳动纪律、奖励、惩处等内容的学习，可以使员工明确自己的权利与义务；通过对仪表仪容规范、形体动作规范、礼节礼貌规范、职业道德规范、服务规范、工作场所行为规范等内容的掌握，可以方便员工明确自己在服务过程中该做什么、不该做什么以及如何做的问题。科学的员工手册有助于饭店的管理工作，减轻管理者的负担。

一般来说，员工手册的制定有三个依据：一是人事法规。如《劳动法》规定，职工每周工作时间为5天，每天8小时，每周40小时，在员工手册中规定的劳动时间不能超过这个时间限制。二是行业工作特点。如饭店每天24小时，每周7天，每年365天都营业，这要求员工必须接受不规则的工作时间，由主管安排早、中、晚班。三是国际饭店业的惯例。如饭店向员工提供制服、员工享受免费工作餐等。

同步案例2-4

"小错重罚"与"小好重奖"

背景与情境：

三天前，珍珠大饭店餐饮部服务员小洪从中午一直忙到下午一点半左右，她负责的营业区域已无用餐客人，看样子也不会有客人前来用餐了。她舒了一口气，走到厨房通道附近休息一会，伸了个懒腰后忽然想起，上午来饭店前读的一本最新出版的《读者》还在外衣口袋里。"现在正好有空，去更衣室取出杂志偷偷读几篇文摘吧。"没想到小洪刚翻开杂志，就被餐厅主管看见，主管当场做出罚款80元的决定。

尽管她十分心痛，但毫无怨言，因为她明白，这是饭店的纪律，该责怪的是她自己。一个多月前，两位台湾客人进餐厅用餐，由于她殷勤接待，还帮助他们安排第二天市内一日游活动，受到客人的称赞。主管得知后，当即奖励小洪100元。因此这次受罚她也心甘情愿。

（资料来源　tang80779366.酒店管理180个案例品析［EB/OL］.［2016-07-12］. https://wenku.baidu.com/view/3e7b1c2d8bd63186bdebbca3.html%20l.）

问题："小错重罚，小好重奖"制度是否行之有效？

分析提示：每家饭店都有自己的《员工守则》，上面明确规定了奖惩的条款，但在具体做法上差异很大。世界各国饭店对于员工的奖惩办法也是大相径庭。一般来说，东方人比较注重感情，通常采取比较温和的手段。

珍珠大饭店的餐厅主管既有严格的一面，又有真诚关心的一面。据饭店领导介绍，2005年度全店总罚款额为9 000元，而发放的临时性奖励（不包括制度规定的奖金）却有15 000元之多，而且老员工在被罚的员工中比例极低，多半是进店才不久、尚未形成良好纪律意识的新员工。"小错重罚"与"小好重奖"的制度在珍珠大饭店确实行之有效。

（4）经济责任制

饭店的经济责任制是在确定了组织目标后，把组织目标以指标的形式进行分解，层层落实到部门、班组、个人，并按照责、权、利相一致的原则实行与效益挂钩的一种管理制度。经济责任制的核心是责、权、利的一致，这种一致是以制度或内部合同的形式予以确定的。经济责任制的出台要十分谨慎、反复研究，而且每年都要根据变化了的情况予以重新修订。经济责任制按管理层次分为饭店、部门、班组的责任制。饭店经济责任制分为两类：一类是集体经济责任制，从整个饭店到部门、班组以规模不同的组织形式承担经济责任；另一类是岗位责任制。

①集体经济责任制。

集体经济责任制按管理层次分为饭店、部门、班组的责任制。集体经济责任制应具体落实到责任者——饭店总经理、部门经理和主管。

A.饭店经济责任制。饭店经济责任制包括饭店必须完成的各项经营管理指标，以及饭店总经理和副总经理岗位责任、工作权限和奖惩条例。

B.部门经济责任制。部门经济责任制包括该部门必须完成由饭店整体经营管理指标分解到该部门的具体指标，以及部门经理的岗位责任、工作权限和奖惩办法。

C.班组经济责任制。班组长（或主管）是饭店基层管理人员，其基本职责就是执行部门下达的计划，组织安排班组内具体操作人员的工作，做好经营情况的原始记录和职工岗位责任制的考核。

D.职能部门经济责任制。职能部门的工作绩效往往难以考核，但可以按照工作质量划分等级的方法予以考核。例如，该部门指导一线部门或班组进行经营业务活动应负的经济责任；与其他职能部门协作完成工作的情况和为一线部门、班组服务的情况；完成饭店基础工作的情况；完成饭店总经理交办的其他工作情况。同一线部门经济责任制一样，也必须包括岗位责任、工作权限和奖惩方法。

同步案例2-5

老总的改革

背景与情境：

某饭店是集体所有制企业，新上任的老总觉得员工的工作积极性普遍不高。经调查发现，该饭店原有的员工报酬发放机制不够完善和科学。绝大多数员工的收入只是固定工资，无论工作做多做少，任务完成优劣，都不会产生多大的收入差异。另外，职能部门和一线部门员工的收入差异较大，职能部门员工的收入平均要高于一线员工。

后来，该老总对员工薪金制度进行了较大的改革，特别是将一线员工的收入与其所在的部门创收情况挂钩，在基本工资制度基础上增加了奖金制度。完成了经营指标的部门，会从超额完成的创收中提取一定的比例奖励给员工；没有完成经营指标的部门，则扣除一定比例的奖金。该改革方案受到了员工的广泛支持，并规范了实施细则，提出了应对突发事件的影响、实施动态管理的建议。改革实施之后，员工的工作积极性大为提高，饭店经营管理水平得到了进一步提升，服务水平也大幅提高，生意火爆。饭店步入了良性发展轨道。

（资料来源　徐桥猛．现代酒店管理［EB/OL］．［2017-04-07］．https://max.book118.com/html/2017/0407/99252134.shtm.）

问题： 饭店经济责任制的核心是什么？包括哪些内容？

分析提示： 饭店的经济责任制是饭店组织管理中的一项重要的基本制度。它要求饭店各个部门以饭店经济效益和社会效益为目标，对自身的经营业务活动负责，实行责、权、利相结合原则，把饭店的经济责任以合同的形式固定下来。

饭店的经济责任包括对国家的经济责任和饭店内部的经济责任两个方面。饭店对国家的经济责任包括：饭店以正常的经营手段，合法经营，依法纳税。饭店内部的经济责任主要是按照责、权、利相结合的原则，把饭店的经营目标加以分解，层层落实到基层的部门、班组和个人，以责为中心，责权结合，确定指标，保证上缴，超收多留，少收自补。经济责任制的良好运行和规范管理既是对员工工作绩效的肯定，同时对员工积极性的提高也具有重要意义。

②岗位责任制。

饭店所有的指标和任务最终要落实到各岗位的每一位员工身上。因而，饭店在组织上要建立和健全岗位责任制。岗位责任制是以岗位为单位，具体规定了每个岗位（该岗位人员）的职责、工作内容、工作范围、作业标准、权限和工作量的责任制度。岗位责任制使每个员工都明确了自己所在的岗位要完成哪些工作、如何做好本职工作。

那么，如何建立岗位责任制呢？首先，要在饭店组织机构和作业研究的基础上设置岗位，每一个岗位要有一个确定名称，如客房值台、清洁卫生等；其次，规定各岗位责任和任务的范围；再次，核定各岗位的工作量，工作量可以用包干数量来表示，如客房数、餐桌（位）数等，也可以用工作时间来表示；最后，要规定各岗位的服务质量或工作质量标准，确定交接班制，具体交接什么内容，如何交接，接班后该做些什么等，都要详细规定。岗位责任制的落实体现了饭店各层次的职责权限、分工协作等管理内容，有利于饭店各业务部门、各工作岗位的正常运转。

业务链接2-5

餐饮部主管岗位责任制

A.执行上级的指令，认真贯彻落实下属的岗位责任，积极落实各个时期的工作任务。督导下属员工严格执行操作规程及员工守则。

B.不断提高管理艺术，业务上精益求精。

C.重视下属员工的培训工作，为酒店培养新生力量，掌握员工的思想动向，重视员工思想教育。

D.抓好员工队伍建设，熟悉和掌握员工的思想状况、工作表现和业务水平，开展经常性的礼貌教育和职业道德教育，注意培训、考核和选拔人才，激发员工的工作积极性。

E.根据下属的业务状况和思想状况，编制培训计划，经常对下属员工进行职业道德、酒店意识教育和专业技术知识培训。

F.热情待客，态度谦和，妥善处理客人投诉，不断改善服务质量。加强现场督导，营业时间坚持在一线指挥，及时发现和纠正服务中产生的问题。

G.加强餐厅财产管理，掌握和控制好物品使用情况。

H.抓好餐厅、用具的清洁卫生，保持餐厅的环境卫生。

I.及时检查餐厅设备的状况，做好维护保养工作，做好餐厅安全和防火工作。

J.做好工作计划和工作总结。

K.审核下属员工考勤，做好管理工作。

L.掌握市场动态。

（资料来源　佚名. 酒店总经理必备——酒店各部门主管岗位责任制［EB/OL］.［2014-09-01］. http：//www.doc88.com/p-4837022603837.html.）

2.2.3　饭店非正式组织

饭店正式组织是指饭店所有者和管理者为实现饭店经营目标而建立起来的组织。它是经过精心设计而成立的，其目的是组织所有员工为实现企业的目标同心协力地工作。正式组织结构严密，管理层次分明，上下形成直线式的责任制，岗位责任明确。

由于饭店员工自身需求呈现多样性，而精心构筑的饭店组织无法满足员工的各种需要，因此，员工基于某些相同志趣爱好，会形成一种并无特定目标、特定计划、正式规章制度的小群体，这就是非正式组织。饭店非正式组织是为满足员工自身的需要而不是为了满足饭店的需要而产生的团体。非正式组织虽然是自发产生的，但是它对正式组织的影响非常大，必须重视对其正确引导和管理。

1）饭店非正式组织的特点

饭店非正式组织是以员工共同的兴趣爱好为基础建立起来的，会受到诸如地位、能力、工作特点、嗜好、志向等其他因素的影响，表现出以下几个方面的特点：

①组织成员具有共同的背景、兴趣、爱好或者观点、看法相似。

②组织内部沟通顺畅。组织内部具有特定的信息传播渠道，即我们常说的"小道消息"，个别成员会将通过非正式渠道获得的信息在成员之间议论和传播。因为非正式组织成员接触频繁、交流广泛，这对于饭店管理者了解员工心态、需求等具有很大帮助。

③组织领袖自然产生。非正式组织的领袖自然产生，他们在饭店组织中不一定有较高的职位，但由于工龄较长或具有某些特长等原因，使其享有很高的威望。

④组织的存在对环境的依赖性大。因为非正式组织需要稳定的环境才能生存，一旦环境发生变化，会影响到非正式组织内的人员关系，原来的非正式组织便难以存在，有可能会解散。在新的环境下，又会形成新的非正式组织，原非正式组织成员之间的关系随之发生变化。

同步案例2-6

客房服务班组的怪现象

背景与情境：

近一段时间以来，某酒店客房总监发现个别客房服务班组的怪现象，如经常发现一些员工在工作间聚在一起说三道四、切切私语，甚至在工作期间个别关系密切的员工经常在一起拉家常、说笑，严重影响了正常工作和酒店的形象。

（资料来源　徐桥猛. 现代酒店管理［EB/OL］.［2017-04-07］. https://max.book118.com/html/2017/0407/99252134.shtm.）

问题：非正式组织对正式组织会产生哪些消极影响？非正式组织的主要特点有哪些？非正式组织是如何形成的？

分析提示：非正式组织中"小团体"的消极影响是常见的，例如，小道消息散布，上班期间窃窃私语，不同"小团体"之间的明争暗斗等，这都会对正式组织产生一定的冲击。

非正式组织的主要特点是：它是以心理相容为基础，以个人感情为纽带自发形成的。非正式组织的形成是由于在一定时期内一些人有某种共同的利益、共同的信念和观点，或者有相同的社会背景、类似的生活经历，或相同的志趣爱好而自发地结合在一起。非正式组织既无法定地位，也无固定的形式，使人们结合在一起的重要因素是感情。因此，进入或退出非正式组织无须履行像正式组织那样的手续，但它往往比正式组织具有更强的凝聚力。

2）饭店对待非正式组织的态度

非正式组织是饭店组织管理的组成部分，它对饭店经营目标的实现有可能起建设性作用，也有可能起破坏性作用。因此，对于管理者来说，必须了解它们，并利用它们的正面效应，防止和消除其负面影响。

（1）正面效应的利用

每个人都有强烈的社会归属需要和其他的需要，有的需要是正式组织所不能满足的，而非正式组织则可弥补这一缺陷，提供正式组织所不能提供的需要，从而使正式组织更稳定、更团结。

正式组织若能得到非正式组织的支持，可以大大提高工作效率。在正式组织中，领导的权威来自上级授予的职位，如部门经理或主管的职位。在非正式组织中，权威则来自于个人的魅力，通过领导人可有效地减少内部分歧和保持凝聚力。因此，在正式组织难以领导的活动中或组织缺乏有力领导的情况下，可以通过非正式组织领导人使其发挥有效作用，自觉为企业目标开展工作。如饭店管理人员将饭店改革的方案、内容事先通知非正式组织的领导人，把对非正式组织领导人的工作包括在计划之内，这样工作效果会更好。如果某些非正式组织的领导人确实有才干，可以任命为正式组织中相应工作领导人则更好，可以发挥其长处，变不利因素为有利因素。

（2）负面效应的消除

非正式组织也有其消极作用。如非正式组织内的某些活动，像背后说别人的闲话、工作时间偷懒等，这些都会降低工作效率；而拉帮结派，抗拒主管或领班的指令等，会对饭店正常工作具有破坏性作用。但非正式组织是可以控制的，饭店管理者可以通过控制产生非正式组织关系的环境来消除非正式组织的消极作用。饭店管理者可以通过对有关人员调离岗位、更换班次、更换部门等方法，破坏消极的非正式组织关系；饭店还可以通过鼓励员工合理竞争、奖励员工个人业绩等方式削弱非正式组织成员间的关系。

同步案例2-7

背景与情境：

在CCTV2"劳动与就业"栏目的某期招聘节目上，小段、小周和小王三个女孩来应聘同一个职位。节目分三个阶段进行。

第一阶段：三个女孩都没有经过培训，分别为客人做茶道表演。

本阶段观众评分：小周8分、小段5分、小王3分。

本阶段三人互评：小周给小段和小王每人评5分；小段给小周评0分、给小王评10分；小王给小周评0分、给小段评10分。

这期间，小段跟小王表现得很亲密，两人都疏远小周。小周在主持人问及互评情况时，说出了小段跟小王对她有排斥心理，但被小段和小王否定。

第二阶段：三人经过培训后，再次为客人表演茶道。

本阶段观众评分和三人互评基本上与上个阶段一样，但是观众给小周的评分虽然还是高于小段，但差距减小了些，而且小王跟小段明显地结成了一个小集团（也就相当于非正式组织），并排斥小周于她们小集团之外。小周虽然希望减少这种排斥，但明显没什么好办法。

第三阶段：三个人组成促销小组，分别轮流做小组长，按照自己的计划进行一次茶叶的促销活动。

①先是小段做组长，小段和小王一起做促销，招揽顾客，小段吩咐小周在一旁弹古筝，小周曾问小段她还需要做什么，小段未予理睬。期间，小段跟小王不断耳语，有时冲小周努努嘴，并继续耳语。

②接着小周做组长，她给小段和小王分别布置了任务，让小王在附近发传单，小段在自己旁边给大家介绍茶叶，小周自己一边弹古筝招揽顾客，一边过来帮小段介绍茶叶（小周显然弹古筝时无法静下心来），后来她发现发传单的小王走出了自己的视线，就吩咐小段把她找回来。

③最后是小王做组长，大致重复小段做组长那一幕，而且小段和小王更亲密地咬耳朵。

本阶段结束后，主持人让三个人互相指出其他两个人的缺点。小段和小王还是首先指出小周不信任她们以及其他缺点，而对另一个人的缺点都轻描淡写地说了一下。小周则指出小段跟小王给她布置的任务不合理，她自己主动要任务也没有什么结果。

在专家点评阶段，专家并没有同情小周，有一个评委还指出小周官不大，布置任务时还有官架子，然后给小段比较好的评价，小王得到的专家评价最差。招聘结果是小段胜出。

（资料来源 何芸. 饭店组织管理［EB/OL］.［2015-12-26］. http://www.docin.com/p-1405287143.html.）

本章概要

□ 内容提要与结构

▲ 内容提要

● 饭店组织管理就是根据饭店的经营目标，建立组织机构，合理分配人员，明确责任和权利，协调各种关系，促进饭店经营目标实现的过程。饭店组织结构设置应坚持六项原则；其组织结构常表现为直线制、职能制、直线-职能制、事业部制和矩阵式五种形式。

● 饭店组织目标的实现，必须基于组织制定的各种规章制度，对组织成员的行为规范和行为准则加以约束才能实现，进而实现组织目标。饭店组织管理制度是饭店工作指挥、协调的基础，是饭店管理工作、服务质量的保证，是检查、考核员工工作情况的依据；饭店非正式组织是为满足员工自身的需要而不是为了满足饭店的需要而产生的团体。非正式组织虽然是自发产生的，但是它对正式组织的影响非常大，必须重视对其正确引导和管理。

▲ 内容结构

本章内容结构如图2-6所示。

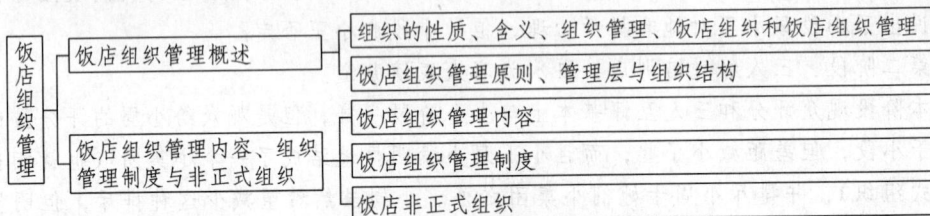

图2-6　本章内容结构

□ 主要概念和观念

▲ 主要概念

饭店组织　饭店组织管理　饭店组织结构　饭店组织管理制度　员工手册

▲ 主要观念

饭店组织设计原则　饭店五种组织结构形式优缺点比较　饭店基本制度学习与运用饭店对非正式组织的管理

□ 重点实务和操作

▲ 重点实务

饭店组织设计原则　饭店组织结构五种形式的设计　相关"业务链接"

▲ 重点操作

饭店组织结构设计　编制定员设计　撰写实训报告

━━ 单元训练 ━━▶

□ 理论题

▲ 简答题

1）饭店直线-职能制组织结构形式的优缺点有哪些？

2）饭店组织管理制度的类型有哪些？

3）饭店如何发挥其管理职能？

▲ 讨论题

1）如何理解饭店组织管理制度？

2）如何理解饭店非正式组织的特点？

3）如何理解劳动组织形式的含义？

□ 实务题

▲ 规则复习

1）饭店组织设计中的管理幅度原则有哪些？

2）饭店经济责任制中的集体经济责任制的形式有哪几种？

3）简述饭店组织对非正式组织的态度。

▲ 业务解析

赵某的两难境地

赵某是某酒店负责员工考勤的行政工作人员，某日，他正在员工考勤打卡处进行员工的考勤时，收到了该酒店某员工蔡某的短信，大意是今天起晚了，来不及考勤，可能要迟到，请他帮忙考勤，赵某陷入了两难境地。原因是这样的，该酒店为了丰富员工的业余生活，组织了篮球俱乐部，而蔡某正是该篮球俱乐部的负责人，有一身较好的球技，赵某也是篮球的狂热爱好者，尤其是对蔡某的球技和组织能力非常佩服。如果不帮蔡某考勤，势必在日后篮球俱乐部组织的各种活动中难以面对负责人蔡某。但是他的职责告诉他不应该玩忽职守，擅自帮他人开后门，从而影响正常的管理和考勤的威信。赵某简直是一筹莫展。

（资料来源 徐桥猛. 现代酒店管理［EB/OL］.［2017-04-07］. https://max.book118.com/html/2017/0407/99252134.shtm.）

问题： 在酒店正式组织和非正式组织中，赵某与蔡某是一种什么样的关系？案例中是什么原因导致赵某处于两难境地？

□ 案例题

▲ 案例分析

组织管理如此混乱

背景与情境：

某酒店组织机构臃肿，管理层级太多导致成本太高。据统计：一个原本只有60间客房、300个餐位的小型酒店，而参与该酒店管理的上级部门便有：国有单位（某某院）—院单位下属（某集团公司）—集团公司下属（某服务公司）—某市某餐饮管理公司，参与该酒店管理的中高层管理人员如下：酒店总经理1人、酒店高级顾问1人、酒店常务副总1人、餐饮部副总1人、餐饮部经理1人、餐饮部厨师长1人、餐饮部主管2人、客房部副总1人、客房部经理1人、客房部主管3人、人力资源部经理1人、人力资源部主管1人、营销经理1人、采购经理1人、工程经理1人、保安经理1人，近20人的中高层管理团队，再加上几家大公司参与管理。从该酒店的人员配置来看，完全是按星级酒店的管理框架设置的。这对于一家小型酒店的承受能力是可想而知的。

（资料来源 dustinnew6.酒店是怎样被搞垮的［EB/OL］.［2016-01-12］. http://www.doc88.com/p-9909708768424.html.）

问题：

1）该酒店组织机构设置是否合理？违反了哪些组织设计原则？

2）该组织设计出现的具体问题有哪些？

3）对这个组织机构的设计你有什么建议？

分析要求：

1）形成性要求

学生分析案例提出的问题，分别拟定案例分析提纲；小组讨论，形成小组案例分析报告；班级交流并修订小组案例分析报告，教师对经过交流和修改的各小组案例分析报告进行点评；将附有"教师点评"的小组优秀案例分析报告在班级展出，并纳入本校该课程的教学资源库。

2）成果性要求

（1）课业要求：以经过班级交流和教师点评的案例分析报告为最终成果。

（2）课业结构、格式与体例要求：参照本教材"课业范例"的范例综–1。

▲ 善恶研判

对主管的处分

背景与情境：

这是一家正式开业已近10年的"老牌"三星级酒店。酒店盛总经理多次到境外考察国外一流酒店，搬回了许多"洋"经验。他结合本店的市场环境、客源结构和员工特点等具体情况，把"洋"经验融合到本店的经营管理中去，使酒店在全市同行业中一直居于龙头地位。盛总从国外带来的诸多经验中，最显成效的当推各种管理表格。开业初酒店人员不熟悉涉外酒店的管理模式，随着一批批外国宾客的到来，许多原先料想不到的问题一个接一个地出现。酒店最高领导逐渐意识到酒店管理与国际水平接轨的紧迫性。

大量表格的运用，使原先无序的管理慢慢走上了科学管理的规范化轨道。酒店刚开业不久，客房部有个素质不错的服务员，由于批评领班小李检查工作随心所欲，没有质量标准，凭情绪或个人好恶妄加评语而遭到报复，一气之下离开酒店。这个小伙子走时给盛总留了一封信。在信的末尾，他写道："我爱我们的酒店，我衷心希望它能迅速赶上北京、上海等大城市同星级酒店的管理水平，但我只是一名普通员工，我无力做到这一点。我想酒店的领导一定能做到。"

这封信对盛总触动很大，正是受到这样的鞭策，他才带领酒店几名主要骨干走南闯北，虚心请教国内同行，并走出国门学习国际酒店先进的管理方法。

自从大量标准化、制度化管理的表格被引进酒店用于日常管理工作之后，酒店的面貌改观较快，特别是无序管理、无度考核的现象很快被程序化、制度化、科学化的规范管理所取代。年后，小李已经升为主管，但他的管理技能没有及时提升，因此，在日常工作中仍不时暴露出违背科学管理的作风和习惯。

某天下午，客房部华经理按制度抽查房间，先来到3楼的一间套房，进门便看到电话线呈卷曲状。他抽出那张该由主管在中午抽查后填写的表格，上有"一切正常"的结论，还有小李的亲笔签字。在同一间套房里，华经理还发现窗帘掉了一个帘扣。华经理神色严肃地走到5楼朝南的一个标准房，那也是主管小李今天抽查的8个房间中的一个。这儿的问题更大：茶几上的火柴盒正面朝下；桌上的《服务指南》没有合上；一张床没有摆正，一边歪了2厘米；最严重的是少放了一条浴巾。而抽查表上赫然写着"一切正常"，也有主管小李的签名。

华经理一气之下，把那8个房间都检查了一遍，结果每个房间都发现了质量问题。

班后，华经理召集紧急部门会议，通报了客房检查情况，并做出决定：对该主管扣罚当月奖金，口头严重警告，责令其认真做书面检查，并在店内通报，一个月内如再犯同类错误，将撤销其主管职务。

（资料来源　张志强. 酒店组织管理案例. ［EB/OL］. ［2017-03-07］. https://wenku.baidu.com/view/66b924430a1c59eef8c75fbfc77da26925c596e4.html.）

问题：

1）上述案例主管存在怎样的职业道德问题？

2）该酒店的管理工作至少存在哪两方面较为严重的问题？

3）通过网上或图书馆调研等途径搜集你作善恶研判所依据的行业道德规范。

研判要求：

1）形成性要求

学生分析案例提出的问题，拟出善恶研判提纲；小组讨论，形成小组善恶研判报告；班级交流、相互点评和修订各组的善恶研判报告；在校园网的本课程平台上展出经过修订并附有教师点评的各组善恶研判报告，供学生借鉴。

2）成果性要求

（1）课业要求：以经过班级交流和教师点评的善恶研判报告为最终成果。

（2）课业结构、格式与体例要求：参照本教材"课业范例"的范例综-2。

□ 实训题

"饭店组织设计与组织管理"业务胜任力训练

【实训目的】

见本章"学习目标"中的"实训目标"。

【实训内容】

专业能力训练：其"领域"、"技能点"、"名称"和操作"规范与标准"见表2-2。

表2-2　**专业能力训练领域、技能点、名称及其参照规范与标准**

训练领域	技能点	名称	参照规范与标准
市场调查与饭店组织设计	技能1	市场调研方案设计技能	（1）能围绕"饭店组织管理"主题确定调研内容，设计调查问卷，制订调研计划 （2）能根据调研计划，合理有序地进行项目调研 （3）能对调研结果进行正确的分析研究 （4）结合实际，制定合理的工作程序，设计一个周密的市场调研方案，规范地撰写《饭店组织管理市场调研计划书》
	技能2	饭店组织结构设计技能	（1）能掌握饭店组织结构设计五种形式的有关知识 （2）能根据企业调研实际情况，掌握该企业组织结构设计的形式 （3）能寻找、分析其组织结构设计的弊端 （4）能针对其弊端制订科学的《企业组织结构设计方案》
	技能3	编制定员设计技能	（1）能科学地制订劳动效率定员计划 （2）能根据劳动效率定员计划用劳动效率定员法为一家四星级酒店的客房部进行合理定员 （3）能将所制订的方案提供给企业 （4）能听取和采纳企业意见对所制订的方案进行修改
	技能4	撰写实训报告技能	（1）能合理设计实训报告的结构，层次清晰 （2）饭店组织结构设计形式准确 （3）客房定员具有合理性 （4）本教材网络教学资源包中《学生考核手册》考核表2-2所列各项"考核指标"和"考核标准"

职业核心能力和职业道德训练：其内容、种类、等级与选项见表2-3；各选项的操作"规范与标准"见本教材附录三的附表3和附录四的附表4。

表2-3　　　　　　　**职业核心能力与职业道德训练内容、种类、等级与选项表**

内容	职业核心能力							职业道德						
种类	自我学习	信息处理	数字应用	与人交流	与人合作	解决问题	革新创新	职业观念	职业情感	职业理想	职业态度	职业良心	职业作风	职业守则
等级	初级	初级	初级	初级	初级	初级	初级	顺从级	顺从级	顺从级	顺从级	顺从级	顺从级	顺从级
选项	√	√	√	√	√	√	√	√	√	√	√	√	√	√

【实训任务】

1）对"饭店组织设计与组织管理"专业能力的各技能点，依照其"参照规范与标准"，实施应用相关知识的基本训练。

2）对职业核心能力选项，依照其相关"参照规范与标准"实施应用相关知识的"低级"强化训练。

3）对职业道德选项，依照其"参照规范与标准"，实施"顺从级"相关训练。

【组织形式】

1）以小组为单位组成设计团队。

2）结合实训任务对各设计团队进行任务分配，确保组织合理和每位成员的积极参与。

【情境设计】

将学生组成若干设计团队，分别选择2家本土酒店和2家涉外酒店，并结合课业题目，运用现代饭店组织设计与组织管理知识，去研究上述饭店组织结构和编制定员知识的具体应用情况，并加以分析，总结其成功与不足之处，提出具体改进意见，并在系统体验专业技能操作过程中融入"职业核心能力"和"职业道德"选项的训练，在此基础上撰写、讨论和交流《饭店组织设计与组织管理在饭店实际管理中的应用实训报告》。

【指导准备】

知识准备：

（1）饭店组织管理知识。

（2）"企业调研"的理论与实务知识。

（3）"饭店组织结构设计原则"的理论与实务知识。

（4）"饭店组织结构形式"的理论与实务知识。

（5）"饭店组织管理"的理论与实务知识。

（6）本教材"附录一"的附表1中，与本章"职业核心能力'强化训练项'"各技能点相关的"'知识准备'参照范围"。

（7）本教材"附录二"的附表2-2和附表2-3中，涉及本章"职业核心能力领域'强化训练项'"各技能点和"职业道德领域'相关训练项'"各素质点的"规范与标准"知识。

操作指导：

（1）教师向学生阐明"实训目的"、"能力与道德领域"和"知识准备"。

（2）教师就"知识准备"中的第（6）、（7）项，对学生进行培训。

（3）教师指导学生就操练项目进行市场调研、资料搜集与整理活动。

（4）教师指导学生就操练项目进行饭店组织结构设计活动。

（5）教师指导学生撰写《饭店组织结构设计方案》《客房部编制定员方案》。

（6）教师指导学生撰写《××饭店组织设计实训报告》《××饭店客房部编制定员实训报告》。

【实训时间】

本章课堂教学内容结束后的双休日和课余时间，为期一周。

【操作步骤】

1）将学生组成若干设计团队，每个团队确定1人为队长，结合本实训任务进行适当的任务分工。

2）各团队分别选择一家校企合作饭店，结合课业题目，制订饭店组织设计与组织管理在饭店实际管理中的应用实训方案。

3）各团队通过互联网、图书馆以及走访企业的途径，研究该饭店组织设计与组织管理在饭店实际管理中的应用情况。在此基础上实施实训方案，系统体验如下技能操作：

（1）依照"技能点1"的"参照规范与标准"，运用现代饭店有关知识、"企业调研"的理论与实务知识，诊断该饭店"组织设计"具体情况，分析其成功与不足之处。

（2）依照"技能点2"的"参照规范与标准"，运用饭店组织结构设计在饭店中的运用的理论与实务知识，针对该饭店在组织设计中的不足之处提出改进意见等项操作。

（3）依照"技能点3"的"参照规范与标准"，运用饭店组织结构管理中的"编制定员"的理论与实务知识，结合该饭店客房管理工作情况，提出改进意见等项操作。

（4）依照"技能点4"的"参照规范与标准"，能依照应用文的程式，设计和撰写相应实训报告的操作。

4）在"饭店组织设计与组织管理"的"专业能力"上述基本训练中，融入"职业核心能力"各选项的"初级"强化训练，突出现代饭店组织管理有关知识、企业调研的理论与实务知识、组织管理内容及其在饭店中的运用的理论与实务知识的学习和应用，以及"职业道德"各选项的"顺从级"相关训练。

5）综合以上操作与阶段性成果，撰写《××饭店组织结构设计应用实训报告》《××饭店客房部编制定员在饭店中的应用实训报告》。

6）在班级讨论和交流各团队的实训报告。

7）各团队根据讨论和交流结果，修订其实训报告，使其各具特色。

【成果形式】

实训课业：《××饭店组织结构设计应用实训报告》《××饭店客房部编制定员在饭店中的应用实训报告》。

要求：

1）"实训课业"的结构与体例参照本教材"课业范例"中的范例-3。

2）将实训方案以"附件"形式附于实训报告之后。

3）在校园网的本课程平台上展示经过教师点评的班级优秀实训报告，供相互借鉴。

单元考核

同第1章"单元考核"的"考核要求"。

第**3**章
饭店人力资源管理

● 学习目标
引例 海景花园酒店塑造高效团队
3.1 饭店人力资源管理概述
3.2 饭店人力资源开发与管理
3.3 饭店员工激励
● 本章概要
● 单元训练
● 单元考核

学习目标

通过本章学习，应该达到以下目标：

理论目标：学习和把握饭店人力资源管理的概念与理论，员工招聘的概念，员工培训的概念、对象及内容，员工绩效管理工作的概念，员工薪酬的组成和薪酬管理概念，激励的概念、过程描述、作用、理论与主要形式等陈述性知识；能用其指导"饭店人力资源管理"的相关认知活动。

实务目标：学习和把握饭店人力资源管理的原则、内容与目标，员工招聘的基本目标与过程、渠道与方法，员工培训的步骤与方法，饭店绩效考评流程与考核内容，饭店薪酬体系设计的基本原则，相关"业务链接"等程序性知识；能用所学实务知识规范"饭店人力资源管理"的相关技能活动。

案例目标：运用所学理论与实务知识研究相关案例，培养和提高在特定业务情境中分析问题与决策应对的能力；能结合本章教学内容，依照"职业道德与企业伦理"的行业规范或标准，分析企业行为的善恶，强化职业道德素质。

自主学习：参加"自主学习-Ⅱ"训练。在实施《自主学习计划》的基础上，通过阶段性学习和应用"附录一"附表1"自主学习"（中级）"'知识准备'参照范围"所列知识，尽可能搜集、整理与综合"饭店人力资源开发管理与基本理论"前沿知识，讨论、撰写和交流《"饭店人力资源开发管理与基本理论"最新文献综述》，撰写《"自主学习-Ⅱ"训练报告》等活动，体验"饭店人力资源管理"中的"自主学习"（中级）及其迁移。

引例 海景花园酒店塑造高效团队

背景与情境：

海景花园酒店要求员工首先要会做人，其次才是会做事，并按照"品德高尚、意识超前、作风顽强、业务过硬"的品格模式塑造人、锤炼人。每一个管理人员既要接受塑造和锤炼，又有责任塑造和锤炼好自己的下属。

海景花园酒店对员工实行学校式素质化培训，员工的企业文化学习和技能培训都是高强度的，几年下来一直坚持不懈，不打折扣。近两年，海景花园酒店以其成功的魅力吸引了一大批大学生加盟。酒店的领导对他们倾注了大量心血，用高强度的企业文化学习和严格的实践锻炼，使他们当中的绝大多数都成为能独当一面的管理骨干。

1997年，一个部门经理离开海景花园酒店去了另一家饭店，并且得到了"升迁"。一年多以后，他又回到海景花园酒店。几年来，先后有好几名高级管理人员走了又再回来，海景花园酒店以博大的胸怀接纳了他们，并予以重用。

他们为什么要"燕子归巢"？有人说出了心中的秘密：海景是一个团队，一个有凝聚力的集体，环境氛围好。个人本事再大，离开了团队，做事也很难。

海景花园酒店非常重视团队塑造，每一个员工对海景都是至关重要的。饭店为员工施展才华搭建舞台，并花费心血把他们培养成具有出色团队精神的演员，共同唱好一台戏。

海景花园酒店有一个多层次沟通网络。总经理与部门经理、总经理与员工、部门经理与下属、班组长与员工、职能部门之间都有定期沟通会制度，以增进了解，达成更多的共识。与众不同的是，他们特别擅长"理念沟通"，不是就事论事，而是从价值观、理念和行为准则上追寻共同语言。可以说，海景人统一于也凝结于共同的价值准则。

（资料来源 rhfuybx22m.酒店人力资源管理MBA案例式教材［EB/OL］.［2014-01-09］. http：//www.doc88.com/p-9853779398770.html.）

问题：人力资源管理在饭店经营与管理中有着怎样的地位？

饭店最重要的是人才，人才最重要的是品质。饭店人力资源部就要为企业培养"品德高尚、意识超前、作风顽强、业务过硬"的员工队伍，并实行有效的管理，以保证组织目标的实现。

3.1 饭店人力资源管理概述

3.1.1 饭店人力资源管理的概念

所谓**人力资源管理**，就是为吸引、激励、开发、奖励和保留最好的员工，以满足组织目标和经营目标所需要的战略、计划和方案的实施。

饭店产品质量首先取决于员工队伍的素质，具有良好素质的员工队伍绝不是自然形成的，而是通过管理人员周密地计划、组织、管理和培养才产生、维持和发展起来的。

目前，大多数饭店企业人力资源管理仅限于人事档案管理等事务性工作，人们常常把人力资源管理部门当成成本中心，管理费用高而回报率低。大多数企业为了满足岗位工作需求，将人力资源部的职能定位于招聘新员工。但是，简单的入职培训过后，毫无专业基础、毫无职业素质的新员工便匆忙上岗，上岗不久便发现工作压力大、工作环境和薪金待遇与现实有差别、人际关系复杂、活动空间狭小、工作方式单调、等级制度森严等现实，刚入职不久就选择离去，于是企业再忙于招聘，这样就陷入了恶性循环。

所以，**饭店人力资源管理**就是恰当地运用现代管理的计划、组织、指挥、协调和监督的功能，完成饭店人员的录用、开发、管理和使用等工作。

3.1.2 饭店人力资源管理的原则、内容及目标

1）饭店人力资源管理的原则

（1）"以人为本，员工第一"原则

人力资源是饭店中最基本、最重要、最宝贵的资源，因为只有人才能使用和控制饭店其他资源——物力、财力、信息、时间等，从而形成饭店接待能力，实现饭店预期目标。饭店的优质服务和经济效益都是由员工创造的。因此，饭店人力资源开发管理必须始终坚持"以人为本，员工第一"的原则。

教学互动3-1

问题：

A. 饭店人力资源开发，仅坚持"以人为本，员工第一"的管理原则，就可以激发员工工作热情，提高服务质量吗？

B. 除了以上工作还应做好哪些工作？

要求：

A. 请两位同学对上述两个问题予以回答，其他同学进行补充。

B. 教师对学生的回答做最后归纳。

（2）"坚持标准，严格录用"原则

饭店每个岗位都有其岗位工作职责、岗位能力要求。岗位技能高超，但自身素质差的人，很难为客人提供高质量的服务产品，所以，对人员录用，要坚持岗位用人标准，以免事后给饭店带来负面影响。

（3）"合理用人，有序流动"原则

为提高员工工作积极性，发挥其最大潜能，饭店经常要从内部员工中挑选一些管理人员和专业技术人员，充实到饭店中高层管理岗位中。挑选时，饭店一定要坚持用人标准，将这些人的专业知识、工作能力、职业品质和资历、学历、阅历结合起来，合理用人，有序流动。根据饭店业务发展情况，饭店将留住一些优秀人才，对一些不适合做饭店工作的人员，劝其离职，以形成一个良好的用人机制。

（4）"注重素质，不断培训"原则

饭店间的竞争实际上是人才的竞争。饭店没有一支优秀的员工队伍，很难为客人提供高品质的服务，即使饭店设施设备再豪华，也会给客人带来冰冷的感觉。所以，提高员工队伍素质，是饭店人力资源管理一项长期而艰巨的工作。管理部门要做好培训计划，分岗位、分层次对管理人员、技术人员和服务人员分阶段培训，不断提高员工素质，造就一支一流的员工队伍，提高企业形象，实现企业经营目标。

（5）"奖惩分明，注重激励"原则

员工因自身素质不同，表现出的责任心也就不同，为客人提供服务产品的质量就有区别。所以，有的员工因工作质量问题，经常遭到客人的投诉；相反，有的员工工作积极主动，注重个性化服务，常常得到客人的表扬。所以，企业应制定便于执行、便于考核的奖惩管理制度，奖励先进，鞭策后进，坚持制度面前人人平等。为培养员工团队意识和协同作战精神，对表现突出者，要及时予以奖励，为其他员工树立典型。

同步案例3-1

奖优罚劣

背景与情境：

饭店的甲、乙两位销售人员都超额完成了全年预定的销售额，业绩相差无几，但两人的工作风格和方式明显不同。甲注意讲究销售技巧，办事效率高，因此不但从不加班加点，而且平时显得非常悠闲，甚至无所事事。而乙由于销售能力并不十分出色，办事又难以做到及时、高效，所以平时总是显得非常忙碌，甚至经常利用休息时间开展工作。在这种情况下，受到饭店更多奖励和表彰的往往是乙，而不是甲，因为管理人员往往看到的是乙对工作的投入程度，而对于甲，还可能做出"工作不够认真"的批评。

（资料来源　业界良心. 企业管理：员工奖励中的四大误区［EB/OL］.［2016-06-07］. http://news.12reads.cn/53868.html.）

问题： 案例中的奖励是否得当，能否达到奖励目的？能否调动员工的工作积极性？实施这样的奖励会产生哪些结果？

分析提示： 像这种只重视工作态度而忽视工作效率的奖励，在很多饭店都存在。其结果只是鼓励了并非出色的员工，而挫伤了具有创造性员工的积极性，这无疑不利于饭店开展创造性工作，奖励当然也就谈不上有什么太大效果。

奖励是对饭店员工激励的重要手段，有效的奖励能够调动广大员工的工作积极性，提高饭店服务质量和服务效率。但饭店由于奖励不当，反而容易激起矛盾，引起人际关系紧张，甚至挫伤员工的积极性。

2）饭店人力资源管理的内容

饭店人力资源管理的内容包括：根据岗位对员工的数量要求，选择和招收适宜的员工；对招聘的员工进行素质教育、岗位技能培训；进行团队建设；正确评估员工能力，合理、有效地使用人才；员工薪酬管理、人事档案管理、福利事业管理及饭店人力资源激励；建立合理的人才流动机制等。

3）饭店人力资源管理的目标

饭店人力资源管理的目标是使组织在激烈的市场竞争中更具核心竞争力，获取成功。所以，饭店人力资源管理的目标应和组织目标相一致，是为组织目标服务的。一般来说，饭店人力资源管理的目标分为三个层次：直接目标、具体目标、最终目标。

直接目标：保证企业拥有充足的人力资源。通过人力资源管理活动来吸引人才、留住人才，并予以有效的激励和培训。

具体目标：在直接目标实现的基础上，调动员工积极性，使其发挥最大潜能，提高劳动生产率，使之成为"有竞争力的未来人"，实现人力资本增值，提高服务质量。

最终目标：通过有效的人力资源管理来维持组织生存、促进组织发展和利润的增长、提高组织竞争力以及对外部环境不断变化的适应性。

3.1.3　饭店人力资源管理理论

1）人力资源管理手段和方法的概念

所谓人力资源管理手段与方法，是以人力资源的开发与利用为指导，以合理利用人力、调动员工工作积极性为目标，实行动态的、全面的人事管理。

企业关于人力资源的管理方法，主要受三种理论的影响：X 理论、Y 理论和 Z 理论。不过，世界上没有一种最好的人力资源管理方法，适合企业自身情况的才是"最好"的方法。基于上述三种理论，各饭店企业有所继承、有所创造，形成了不同的人力资源管理模式。

2）影响饭店人力资源管理的三种理论

（1）以任务为中心的 X 理论

X 理论是一种以任务为中心的管理理论，强调强势管理。X 理论认为，人性懒惰，缺乏抱负，总是逃避责任。大多数人必须用"胡萝卜＋大棒"进行威逼利诱，使他们为完成既定的工作任务而努力。管理者之所以使用物质报酬这根"胡萝卜"，是为了激发员工的欲望，这些人与管理者是一种交易关系，他们会设法让自己的劳动更值钱。如果管理者给出的物质报酬令他们满意，他们会装出一副很喜欢这份工作的样子。但如果他们不满意，就会用各种不同形式的怠工、逃避表示抗议，所以对他们必须进行强势管理。

强势管理可以对员工产生约束力，提高企业生产效率。这种管理方式多出现在我国的中外合资、外方管理的饭店。

（2）以人为中心的 Y 理论

Y 理论是以人为中心的管理理论，是一种参与管理，其理论基础是行为科学。Y 理论认为，人是"需要"工作的，因为人"需要"成就自我，所以只要有效地引导和激发员工的这种"需要"，他们就会积极进取，不仅能够承担责任，甚至还能勇于接受具有挑战性的新任务。如果企业有这样的员工，他们愿意接受任务，也喜欢发挥自己的潜力，喜欢有挑战性的工作，作为企业管理者就应该给这样的员工一些机会，让他们参与管理，使员工能够获得自我价值实现的机会。

我国是社会主义国家，实行以人为本的管理原则，企业员工当家做主，所以我国大部分饭店常借鉴这一管理模式。

（3）以强烈的企业精神和特殊的协作文化为核心的 Z 理论

Z 理论是日本管理学者在总结 Y 理论的基础上，结合日本民族特点而提出来的管理模式，是一种综合运用的管理模式。

其核心在于强烈的企业精神和特殊的协作文化。这一理论的基本点和 Y 理论无本质区别，实际上可以说是以人为中心的管理方式的分支。在日本，Z 理论在企业组织中最重要的特征表现在终身就业、所有员工的"价值"平等且互相尊重、对公司效忠等方面。

Z 理论管理模式就是要使员工相信，他们也是企业的主人，与雇主利益与共。它与我国过去采用的员工当家做主的管理模式相近。

教学互动3-2

问题：

A.X理论、Y理论、Z理论的核心各是什么？三者的不同之处又是什么？

B.你认为现代饭店企业对人的管理采用哪种模式比较适用？

要求：

A.请两位同学对上述两个问题予以回答，其他同学进行补充。

B.教师对学生的回答做最后归纳。

3.2 饭店人力资源开发与管理

3.2.1 饭店员工招聘

1）员工招聘的概念

所谓**招聘**，是指企业为了经营运转和满足岗位工作的需要，根据自身的人力资源规划和职位空缺填补计划，运用适当的方法和手段寻找并获取合适人员的过程。

2）招聘过程

招聘可以分为招募、甄选、录用、评估四个阶段。

所谓招募阶段，是指通过各种途径从社会上以及本饭店中寻找可供选用的人员的过程。招募的目的是吸引潜在的工作候选人对企业相关职位产生兴趣并前来应聘这些职位。

所谓甄选阶段，是指通过运用一定的工具和手段对已经招募到的求职者进行鉴别、考察和评估，并对照企业用人标准和职位要求，从而挑选出饭店所需要的、适合的人吸纳为企业成员的过程。

（1）招募

①确定职位空缺。当饭店某个具体部门出现职位空缺时，需向人力资源部发出一份招聘申请表，指出这些职位需要填补。

业务链接3-1

招聘申请表的填写

圣诞节来临之际，某高星级饭店西餐厅服务人员还缺编9人，缺编人数需尽快补充，于是西餐厅经理填写了本部门人员招聘申请表，见表3-1。

表3-1　　　　　　　　　　　　　　　**人员招聘申请表**

申请部门				申请日期	需要日期	拟选择日期	拟选择方式	所需条件			工作内容	增补理由	批示情形
名称	编制人数	现有人数	拟增补人数					性别	年龄	学历经历			

②制订招聘计划。递交的申请表得到批准后，人力资源部在饭店人力资源规划的基础上，制订招聘计划，以确保招聘质量，具体内容包括：

A.招聘岗位、人员的数量和种类。

B.招聘岗位的具体要求及任职条件。

C.招聘信息发布的时间、方式、渠道和范围。

D.招聘对象的来源和范围。

E.招聘的具体方式。

F.招聘测试的实施部门。

G.招聘预算。

H.招聘结束时间和新员工到位时间。

饭店人力资源部要对用人部门上报的空缺职位工作描述和说明书情况进行复核，制订年度或某一阶段的统一招聘计划，由上级领导审批、签署意见后，招募工作就可以开始了。

③发布招聘信息。人力资源部要依据各岗位工作说明书内容，确定应聘人员条件与要求，并对招聘信息予以发布。

招聘信息发布的时间、方式、渠道和范围是根据招聘计划来确定的。

（2）甄选

甄选，就是要在遵守政府的法律规定与要求的同时，允许企业从众多工作申请者中做出最佳选择的方法。

饭店通过对应聘者的申请进行资格审查，再经过人力资源部和用人部门的全面考核测试，在了解应聘者的实际能力和真正潜力的基础上进行筛选，决定录用。

（3）录用

①发放录用通知书。饭店对决定录用的员工发放录用通知书。为显得正式，录用通知书多采取书面形式。当然，使用现代通信技术更为快捷，为了方便以及提高工作效率，企业也常使用电话通知的形式通知被录用员工。

②试用期聘用。饭店对刚录用的新员工实行试用期考察，这是组织和个人在最初阶段建立相互认知和适应的过程，双方可通过试用期来确认彼此的选择是否合适。饭店的试用期考察一般为 3~6 个月。因个人工作成绩突出或组织的特殊需要免除或缩短试用期的，须经相关部门和饭店领导根据员工录用审批权限给予批准。

同步案例 3-2

谁之过

背景与情境：

万盛大饭店是一家拥有 300 多间客房的四星级饭店，老板原先主要经营房地产，由于近两年房地产不景气，老板开始将投资目光转向饭店。由于管理人才的缺乏，饭店成立之初业绩一直不理想。后经饭店内部员工推荐，老板未经过人力资源部履行必要的人事手续，引进了一位高层管理人员作为主管销售和市场工作的副总。

副总来饭店两周后，饭店委派其带领饭店一部门几名员工去参加外地一个旅游企业产品推介会。员工 A 和该副总分别向财务部借了部分费用。在参展期间，员工 A 预支的费用不够支出买回程的车票，请求副总支援。但副总怀疑员工 A 与展会主办单位有黑幕交易，拒绝支援并于展会结束后自己直接乘飞机回总部，并说服老板不安排汇款。参展的另外几名员工滞留当地一日，自行凑钱买了火车票回饭店。员工 A 由于尚未结清参展费用，又无钱购火车票，滞留当地三日后才辗转回到总部。

此事情发生后，在一段时期内对饭店造成了消极影响。老板征求饭店人力资源部的意见，希望能采取合适的措施消除该事件的消极影响。

（资料来源　Nv5miyl.酒店人力资源管理试卷 a〔EB/OL〕.〔2015-09-29〕. http：//www.docin.com/p-1304293767.html.）

问题：该副总不称职谁之过？酒店应对该副总进行哪些培训？该副总来饭店后，酒店应采取哪些方法对其考核？

分析提示：

第一，该饭店引进该副总之前没有做必要的测试、甄选，所以不能确定该人选是否合格。实践证明，该副总不称职。

第二，该副总来饭店以后没有经过系统的培训，就独立承担重要的工作。任何新到饭店的员工都应该接受系统的培训，包括企业文化培训，饭店政策、制度培训以及相应的业务培训等。

第三，该副总来饭店后，应该让他有一个见习期过渡，这样做让他本人对工作有个熟悉的过程，同时让他和他的下属、上司之间有一个相互了解、相互认可的机会。

另外，对他的能力、工作态度等方面也需要进行考察，可以及时发现存在的问题，找到解决问题的方法。

③正式聘用。试用期满，通过考察、考核和转正评估后，饭店与员工签订劳动合同，以法律形式确立相互之间的劳务关系。员工转正后，享有正式员工的权利，同时负有正式员工的责任。劳动合同书的主要内容如下：

A.基本情况，指合同双方称呼、员工所在部门、工种及职务等。

B.合同期限，即规定合同有效期。

C.员工守则条例，即规定员工工作时间、岗位职责及应遵守的有关准则等。

D.员工福利待遇，即规定员工可享受的各项待遇，如薪酬、假期、医疗福利、劳动保险、工伤劳保等。

E.纪律处分条例，即规定员工违背合同要求应该受到处罚的措施及其程序，包括解约、辞退、开除等。

F.签署与公证，员工亲笔签署或盖章，饭店代表签署并加盖印章及注明签约日期。

（4）评估

招聘评估是对招聘工作的回顾、分析与总结。完整的招聘过程应重视招聘的评估环节。其工作主要包括成本评估和录用人员评估。通过这两项评估，可以从数量、质量、效率方面对招聘工作进行评价。研究表明，不同的招聘渠道和招聘方法获得的招聘效果是不同的，用不同方法招聘的员工，可能表现出不同的工作绩效、流失率和缺勤率。因此，通过招聘评估工作，可以发现招聘工作中存在的问题，以便在将来的招聘工作中进行修正，并找出更有效的方法，提高下一轮招聘工作的效率和质量。

①招聘成本的评估。招聘成本的评估是指对招聘中的费用进行调查核实，并对照预算进行评价的过程。其工作主要包括招聘预算和招聘核算。招聘预算是全年人力资源开发与管理总预算的一部分。饭店人力资源部要根据年度或专项招聘计划，对照以往实际费用支出情况，拟定合理的招聘费用预算，经饭店上级领导及有关部门批准执行。招聘预算费用主要包括广告费用、中介机构费用、招聘测试费用、体检费用等。世界上一些著名的饭店集团都已开办饭店管理学院，为自己企业培养人才，如洲际饭店集团2006年7月12日携手上海大学和澳大利亚William Angliss学院联合建立洲际饭店集团英才培养学院。学院毕业生将来可到集团企业工作，这样企业既可按照企业用人标准培养人才，同时可节约一笔招聘费用，从而降低饭店招聘成本。目前，一些饭店与旅游酒店类学校建立校企合作关系，双方互利互惠，学校每年都要为合作企业输送一批优秀毕业生，为企业增添新的血液。这种招聘渠道，也为饭店节省了大量的广告费用、中介机构费用等。

②录用人员的评估。录用人员的评估是根据招聘计划对录用人员的质量和数量进行评估的过程。录用人员数量评估主要从以下几个指标进行分析，其计算公式为：

$$录用率=\frac{录用人数}{应聘人数}\times100\%$$

$$招聘完成率=\frac{录用人数}{计划招聘人数}\times100\%$$

$$应聘率=\frac{应聘人数}{计划招聘人数}\times100\%$$

录用率越低，说明录用者的素质可能越高；招聘完成率反映了招聘工作的效率；应聘率则说明招聘的效果，应聘率越高，说明发布招聘信息的效果越好，同时说明录用人员的素质较高。

录用人员的质量评估，实际上是在录用人员选拔过程中对他们的能力、潜力、素质等进行的各种测试与考核的延续，通过对录用人员在职工作后的工作绩效、工作能力和素质表现来反映招聘工作的质量和成效。

在招聘过程中，用人部门与人力资源部可分工负责，共同参与，从而完成招聘工作。

同步案例3-3

员工看不到未来发展

背景与情境：

赵某是集团新委派的下属一家酒店的总经理，刚上任就遇到酒店西餐厅经理带着几名熟手跳槽的事情，他急忙叫来人事部经理商谈此事，人事部经理满口答应，立即处理此事。第二天，赵某去西餐厅视察，发现有的西餐厅服务员摆台时经常把刀叉摆错，有的不知道如何开启酒瓶，领班除了长得顺眼和会一味傻笑外，根本不知道如何处理顾客的投诉。紧接着仓库管理员跑来告诉赵某说发现丢失了银质的餐具，怀疑是服务员小张偷的，但现在已经找不到小张了。赵某一查仓库的账本，发现很多东西都写着丢失。赵某很生气，要求人事部经理解释此事，人事部经理辩解说因为员工流动率太大，多数员工都是才来不到10天的新手，餐厅经理、领班、保安也是如此，所以做事不熟练，丢东西比较多。赵某忍不住问："难道顾客不投诉吗？"人事部经理回答说："投诉，当然投诉，但没关系，因为现在是旅游旺季，不会影响生意的。"赵某对于人事部经理的回答非常不满意，又询问了一些员工后，发现人事部经理经常随意指使员工做各种事情，例如，接送人事部经理的儿子上下学、给他的妻子送饭等。如果员工不服从，立即开除。

（资料来源 我成长的阵痛. 鼎文酒店集团的扩张 [EB/OL]. [2012-06-30]. https://wenku.baidu.com/view/640f1f06bed5b9f3f90f1c1e.html.）

问题： 这个酒店的西餐厅在人力资源管理方面出现了什么问题？是什么原因导致的？

分析提示： 西餐厅服务员摆台时经常把刀叉摆错，有的不知道如何开启酒瓶，领班除了长得顺眼和会一味傻笑外，根本不知道如何处理顾客的投诉。这说明酒店员工平时缺乏专业技能培训，业务不熟练，不能应对突发事件；领班人员选择标准错误，偏离业务能力要求。员工流动率大，酒店留不住人，对员工缺乏职业规划，员工看不到未来发展；员工对人事部经理工作作风看不惯，又无能为力；酒店管理制度不健全，随意性大，使员工对酒店失去信心。

3）招聘渠道与方法

人力资源部应根据需要招聘的职位的具体情况去选择和确定招聘的渠道和方法。在内部招聘和外部招聘的选择上，各个饭店都有自己不同的做法。

（1）内部招聘

所谓内部招聘，是根据一定的标准和程序，从组织内部的众多候选人中选拔符合空缺职位工作要求的员工。

饭店内部招聘也是一种很有效、很经济的方法，它具有很多外部招聘不具有的优势。对饭店内部员工进行晋升和岗位轮换既可以补充职位的空缺，又可以增强饭店提供长期工作保障的形象，有助于饭店人员的稳定。同时，它也给员工传达了这样一个信息：忠诚和出色的员工可以得到晋升奖励，员工会因此而受到激励，更加努力地工作。饭店员工熟悉自己企业的文化，能更好地理解职位的要求，有利于饭店政策实施的一贯性，免去了外部应聘人员"水土不服"的风险。内部招聘可使企业节约广告费、中介费等费用。当然，内部招聘也有不足之处，如容易造成近亲繁殖，容易引起没有被聘用员工的不满。饭店内部招聘可以采用的实施方法如下：

①内部晋升或岗位轮换。这种方法是建立在系统有序基础上的职位空缺补充办法，需要饭店建立相应的管理程序和制度，如规定晋升、岗位轮换的条件、范围、时间要求、流程等内容，明确哪些职位可以晋升到哪些职位、哪些职位之间可以轮换，这一切工作都要以岗位任职资格为依据。为了使内部晋升有序进行，可以对重要的职位确定一些可能的候选人，并对他们进行持续的绩效跟踪和提升力的评价以备不时之需。

②内部公开招聘。饭店内部有职位空缺时，可以通过在企业内部网络上公布信息，

也可以用张贴布告的方式通告全体员工。内部应聘的人员也应该接受选拔评价程序，经评价合格后才可以录用。

（2）外部招聘

所谓外部招聘，是指根据一定的标准和程序，从组织外部的众多候选人中选拔符合空缺职位工作要求的员工。

外部招聘能够为组织带来新鲜血液，而且被聘员工没有"历史包袱"，既有利于开展工作，也有利于平息和缓和内部竞争者之间的紧张关系。但是，外聘员工不熟悉饭店内部情况，缺乏一定的人事基础，因此需要一段时间才能有效地进行工作；同时，如果过多招聘外部员工，尤其在较高职位方面，会对内部员工造成打击，从而挫伤他们的工作积极性。

当饭店决定外部招聘管理人员时，管理者与企业有关员工保持密切的沟通是至关重要的，否则管理者就完全有可能将一个外聘者带入一个敌对的工作环境中，会降低他成功的可能性。

饭店应根据自身情况分别采取不同的招聘形式。在饭店平稳发展的阶段，以内部培养和内部招聘为主；在企业快速发展的阶段，以外部招聘为主，但应将被聘者安排在职位较低的岗位上，视其工作能力和业绩给予相应的升迁。饭店外部招聘可以采用的实施方法如下：

①通过教育机构招聘。随着我国教育水平的提高和教育规模的扩大，尤其旅游业的迅猛发展，国内近千所院校开设了旅游管理和饭店管理专业，每年都有大批毕业生走向社会。因为学生大多都有一年的企业顶岗实习经历，饭店对学生的敬业精神、素质、能力有一定的认识和评价，因此，第一次就招聘到合适人选的机会也很大。尤其是"校企合作"成为当今职业院校办学的一种模式，为企业培养高技能人才提供了有力的保证。同时，学校聘请企业专家授课、讲座，作为专业指导委员会成员参与学校人才培养方案的制订等活动，这一切都提高了饭店在学生中的影响力，从而可以吸引到更多的优秀毕业生。

②招聘社会上的其他人员。社会上的其他人员一部分为专业人员，即有过饭店工作经历，由于种种原因离开了原来饭店的人员。这部分人既有丰富的工作经验，又有一定的专业技能，是饭店理想的招聘对象。另一部分为非专业人员，他们没有从事过饭店业工作，有较高的工作热情，但由于缺少饭店业的专业知识，因而对这部分人的招聘，饭店应该较为谨慎。

业务链接3-2

饭店人力资源部经理的工作职责与工作内容

A.工作职责

在总经理领导下，全面负责人力资源工作，做好人力资源开发，负责人事、劳资、培训、考评工作，检查并督促人力资源部其他人员的工作。

B.工作内容

a.依照国家有关法规、方针政策，组织制定饭店人力资源规划和有关规章制度。

　　b.组织编制定员方案，合理调配饭店内部人员，监督并参与员工的提升与任免工作。

　　c.合理安排本部门的日常工作，主持召开部门会议，发现问题并及时解决。

　　d.熟练掌握劳动人事政策和本岗位各项工作；协调饭店与劳动部门、社会保障部门及上级主管部门的关系。

　　e.抓好员工培训质量和管理工作，督导培训质量计划的制订和实施，指导各部门不断改进员工的技能水平和服务质量。

　　f.草拟和修订"员工手册""劳动合同""人员编制""工资档案""工资年度预算"，负责饭店的工资审核、调整工作，参与制定并完善员工奖惩办法等。

　　g.建立并完善人才储备库，负责人员招聘、解聘，办理入职、离职、退休手续。

　　h.负责饭店劳动工资统计、预算，提出工资调整方案。

　　i.制定有关各项津贴及福利的发放标准，负责审核所有员工工资的发放并统计上报。

　　j.负责各项保险的统计、报表及管理工作，审核有关劳动人事的各类表格及上报材料。

　　k.办理员工病事假、探亲假、产假等的审核、登记并建立假期档案。

3.2.2　饭店员工培训

1) 员工培训的概念、对象及内容

　　饭店通过内部招聘与外部招聘可以得到基本适应饭店服务工作与管理工作的员工。然而，这些员工是否能胜任工作，需要看其是否具备相应的工作能力，这除了自身的天赋和勤奋以外，还依赖于饭店良好的培训。培训是对人的潜能的进一步拓展，既对企业有利，也对员工本人有利，因为社会财富的增长和经济的发展在很大程度上依赖于该社会成员的能力与素质。

　　(1) 饭店员工培训的概念

　　所谓**饭店员工培训**，就是按照饭店组织目标，有计划、有组织、有步骤地对员工开展企业文化、职业道德、管理知识、专业技能等的教育与训练活动，达到全体员工素质整体提高的目的。

　　(2) 培训对象

　　一般而言，饭店内有三种人需要培训：第一种是可以改进目前工作的人，目的是使他们更加熟悉自己的工作，如对西餐厅的员工进行的大陆式早餐服务的培训、对厨师进行的烹饪培训、对客房服务员进行的房间服务培训等；第二种是那些有能力而且有必要掌握另一门技术的人，培训后可以安排到更重要、更复杂的岗位上，如要求员工掌握一门或两门外语的培训；第三种是那些有潜力的人，企业期望他们掌握更多、更深层次的管理技能或更复杂的技术，以便日后进入更高层次的岗位工作。例如，南京的金陵饭店每年都选派中、高层管理人员到瑞士、中国香港等地的大学或饭店学习，以进一步充实饭店的高层管理队伍。

同步案例3-4

酒店整体概念培训

背景与情境：

两位客人走进一家三星级酒店大堂，正好碰上刚送完行李的行李员。行李员以为客人要住店，就指引他们去总台登记。未料客人并不是住店，而是来就餐的。

客人问："你们旋转餐厅很有名，在几楼？"

行李员答："28楼。请乘左边的快速电梯上去。"

问："是广帮菜吧？"

答："有粤菜，也有淮扬菜。实际上，像上海这样开放城市的酒店，菜肴已是集各帮之长，这里有北京烤鸭，也有四川火锅，很难绝对说只是哪一帮。你们不妨上去试一试。"

客人又提出第三个问题："价钱贵不贵？"

答："旋转餐厅和二楼的潮州餐厅一样很豪华，档次高，价格比较贵。平均每位消费100多元，如果点海鲜或高档菜的话恐怕要200多元。底楼东侧的百花厅也可以吃，价格适中。你们两人去吃，100元出头就差不多了。"

两位客人得到了准确的信息，相互商量了一下，决定还是直奔28楼旋转餐厅。拔腿之前，又问了行李员一句："旋转餐厅开到几点？""晚上11点。"行李员不假思索地回答。别以为这位行李员是位先进员工，在这家酒店，每位员工，不管是哪个部门、哪个岗位，也不管是前台还是后台，进店之后都必须进行酒店整体概念培训。

酒店将所有的服务设施和项目写入培训手册。员工对全店这些设施的服务作用、服务对象、所在位置、性能、特点、开放时间、专门要求等都必须记住，并会对他们进行考核，过关后方能上岗。这就是酒店的整体概念培训。当客人在酒店里向任何一位员工打听任何一项服务项目时，都能得到及时满意的回答。如果刚才那两位客人碰上的不是行李员，他们同样也能如愿以偿。

在客房，楼层服务员也会把酒店的餐饮、康乐、购物、商务等服务向客人介绍得一清二楚。有几位北京客人住店，晚上想唱卡拉OK，楼层服务员把卡拉OK娱乐厅的位置、表演内容、开放时间、散座和包厢收费方法和价格都详细告诉客人。客人再三致谢，玩得十分尽兴。

（资料来源　佚名. 酒店整体概念培训［EB/OL］.［2016-07-26］. http：//www.fdcew.com/Article/shkf/157598.html.）

问题：酒店应怎样对员工进行整体概念培训？举例说明酒店对员工进行整体概念培训有哪些益处。

分析提示：酒店将所有的服务设施和项目写成培训手册。员工对全店这些设施的服务作用、服务对象、所在位置、性能、特点、开放时间、专门要求等都必须记住，并会对他们进行考核。

如销售人员在与有意筹办会议（宴会）人员洽谈时，客人若能得到周到、妥帖、细致和熟练的情况介绍，以及费用核算和活动安排信息，就会感到十分满意和信任，便会当场拍板，签订协议，这样销售人员就能为酒店赢得好效益。

（3）培训内容

①职业道德培训。现代服务业中，职业道德的核心是"顾客至上"，具体到饭店业则是"全心全意为宾客服务"。尤其饭店业是劳动密集型的高接触服务行业，其产品的生产、销售、消费同时进行，生产者与消费者直接见面，对员工的职业道德的要求更加严格，并成为饭店产品服务质量的重要组成部分。

②技术技能的培训。通过培训员工技术技能，员工能更加胜任所从事的工作。如饭店中的管理人员和员工都要接受计算机操作培训，以适应管理信息化、自动化、国际化的要求。

③人际关系技能培训。人际关系技能培训的目的在于提高员工合作交往的能力，如学会倾听意见，善于交流思想。饭店是一个人力资源密集型的组织，只有懂得合作的人才能做好饭店的各项工作，尤其是作为管理人员，必须具备处理人际关系的能力。

④观念技能的培训。该培训主要针对管理人员，要求管理人员了解饭店内部与外部经营环境以及自己在饭店中所处的地位和所起的作用，使他们提高洞察能力，认清饭店发展的方向，适应饭店经营环境的变化，处理好饭店与部门以及部门与部门之间的关系。

职业道德与企业伦理 3-1

文件泄密引发的员工招聘思考

背景与情景：

12月23日，某省房地产开发公司钱先生因业务需要，前往深圳市进行商务活动，并选择入住一家设备齐全的五星级酒店。

钱先生此次是参加深圳市的一个重大房地产商业竞标活动，经过几轮筛选，该公司成为最受瞩目和最有希望获胜的公司。

2月24日，钱先生与另外两家公司代表一同在主办竞标活动的深圳市某公司参加会议，会议要求三家公司会后尽快将竞标书传真过去。

回到酒店，钱先生让助手用酒店的传真机将竞标书传给主办单位。之后，由于助手的疏忽，把原稿留在了客房，不久，服务员到客房打扫房间，无意间发现竞标书，于是该服务员偷偷地将这份竞标书高价卖给了其中一家竞标对手。钱先生的标价就这样被泄露了，此次竞标失败了。该公司人员一致认为造成今天的结局，酒店方必须承担一定的责任，于是，钱先生回到酒店，去讨公道……

（资料来源 佚名. 酒店员工培训案例：客房泄密事件 [EB/OL]. [2015-07-10]. http://arts.9first.com/171/9134_1.shtml.）

问题： 本案例中那位客房服务员存在哪些道德伦理问题？试对上述问题做出你的善恶研判，你通过这个案例将怎么看待酒店"聘什么样的员工"这个问题？你认为该酒店应如何加强员工培训工作？

分析提示：

1）不诚实可靠、见利忘义、自私自利、缺乏顾客第一思想意识、侵犯他人（集体）隐私权的员工一概不聘。

2）这个服务员职业道德修养极差，构成偷窃罪。

酒店在人员招聘过程中，首先应采取适当的方式方法注重对招聘人员的职业道德、职业修养的测验与考察。尤其是客房服务员，由于能直接接触客人物品，所以在人员招聘时，要聘诚实可靠、职业道德和个人修养较高的人员，具有顾客第一思想意识的人员。

3）酒店平时对员工也应注意加强对"做诚实可靠的员工、顾客第一、客人的人身与财产安全以及酒店人员全心全意为客人服务的职业道德"方面内容的培训与教育。对触犯店规的员工进行严肃处理，以教育、警示现在的员工，增强员工法律意识。

4）制定酒店安全管理规定、酒店员工手册、酒店岗位工作说明书。

2）饭店员工培训实施的步骤与方法

（1）制订培训计划

计划是企业管理的首要职能，无论是计划经济时代还是市场经济时代，都需做出科学合理的计划，饭店员工培训也是如此，首先要进行培训计划的制订。

员工培训计划制订的依据主要来自三个方面：一是各主管部门的要求。各主管部门制订了相应的一系列工作标准，目的是提升员工素质，提高服务质量，这就需要对员工进行培训。二是饭店都是以经营发展为目的，要求每位员工必须理解并掌握饭店的经营思想，执行规章制度，接受饭店的思想教育，这些内容的掌握需要以培训的形式来完成。三是培训计划的制订必须依据企业发展的目标与规划，通过充分调研，使制订的培训计划与组织目标相吻合并服从于组织目标。

一般来说，培训计划制订需要经过决定培训决策、确定培训需要、制订培训计划、拟订培训方案四个过程。在培训计划实施阶段要做好落实培训条件、实施培训、记录培训情况等工作。在进入培训评估阶段，有关人员要拟订评估方案，对培训实际结果进行评估，以评估培训总体计划并提出改进措施。

（2）确定培训材料

培训材料应准备齐全，要求印刷整齐、清晰。在材料的编写上，尽可能考虑到趣味性、深入浅出、易懂易记。应充分利用多媒体手段，采用视听材料，以增加感性认识，使员工产生培训的欲望，特别是准备好"工作分析表"，详细、系统地说明某一岗位的工作具体做什么及如何做，操作时要注意的问题等，可以运用"工作分析表"来对员工进行实战培训。

（3）培训计划的实施

饭店培训的方法一般可以简单地概括为"T、S、F、C"四步。第一步是传授（Tell you），告诉你如何去做；第二步是示范（Show you），演示给你看；第三步是练习（Follow me），让你跟着练；第四步是纠正（Check you），对你所做的进行检查与纠正。

对知识和技术的熟练掌握与运用是以记忆为基础的。研究显示，实现记忆的效率由于感官的不同而不同：通过阅读可记住10%，通过听课可记住20%，又看又听可记住50%，自己复述一遍可记住80%，一边复述一边动手操作可记住90%。因此，应该尽量采取视听、研讨和角色扮演等身临其境的培训方法来增强培训效果。

同步案例3-5

年度培训计划的实施

背景与情境：

某饭店是一家五星级饭店，经营业绩在当地一直名列前茅，可是对于培训计划的制订与实施，培训经理小王却并不感觉轻松。

上次，小王花了几个通宵时间拟订了年度培训计划，内容很周详，受到了老总的表扬。但一年下来，计划中的内容最多只实现了60%，主要原因是饭店经营业务繁忙，经常与培训计划冲突，时间上无法保证，相关部门也不配合。可是近日来，前台部门的服务中经常出现因差错而导致客人的投诉，问题恰恰出现在员工缺乏有效的培训上。如此一来，小王、相关部门经理，甚至连老总都成了"救火队员"，整天忙于处理这些突发事件，小王也不知道到底怎样才能扭转这种被动的局面。

（资料来源　peain.酒店员工培训［EB/OL］．［2017-06-06］．https://max.book118.com/html/2016/1017/59654726.shtm.）

问题：该饭店应如何处理好经营与培训的关系？

分析提示：饭店应特别注意处理好经营与培训之间的关系，平衡培训与突击培训的关系。当经营与培训冲突时，饭店通常会以经营为重，但如果长期让培训为经营让道，就会严重影响饭店的服务质量，这是一种得不偿失的做法。处理好培训与经营的关系，饭店总经理的认识和支持是关键。当然饭店在制订培训计划时，也要从实际出发，尽量利用经营压力较小的时段，可以将培训内容分散，穿插在经营间隙中进行。

（4）评估培训成效

培训的目的是改善培训对象的知识、技能和态度，以提高其在组织中的工作绩效。培训过程只是手段，实施和完成培训并不是培训工作的结束，培训评估和反馈才是培训系统的最后一个环节。它不仅可以监控培训是否实现了预期目标，有多少学习成果被应用到实际工作中，还有助于对以后的培训进行改进和优化。

培训成效评估包含两层意义：一是对培训工作本身的评价；二是对受训者通过培训后所表现的行为是否反映出培训效果的评价。培训成效评估能使培训工作不断改善。

3.2.3　饭店员工绩效管理

饭店在完成对员工的招募、录用、培训和评估培训效果等工作之后，还应该开展员工工作绩效评价工作。饭店员工绩效评价工作如果能恰当地开展起来，就能更好地协助员工在工作上取得成功，进而保证组织目标的实现。

1）绩效与绩效管理的概念

（1）绩效的概念

所谓**绩效**，是指个体或群体的能力在一定环境中表现出来的程度和效果，即个体或群体在实现预定的目标过程中所采取的行为及其做出的成绩和贡献。

在饭店人力资源管理中，绩效又分为员工绩效和组织绩效两种。

①员工绩效。它是指饭店员工在某一时期内的工作结果、工作行为和工作态度的总和。

②组织绩效。它是指组织在某一时期内组织任务完成的数量、质量、效率和盈利状况。

（2）绩效考核的概念

所谓**绩效考核**，也称成绩或成果测评，是企业为了实现生产经营目标，运用特定的标准和指标，采取科学的方法，对承担生产经营过程及结果的各级管理人员完成指定任务的工作实绩和由此带来的诸多效果做出价值判断的过程。

（3）绩效管理的概念

所谓**绩效管理**，是指各级管理者和员工为了实现组织目标，共同参与绩效计划制订、绩效辅导沟通、绩效考核评价、绩效结果应用、绩效目标提升的持续循环过程。

事实上，绩效管理是一种帮助员工完成他们工作的管理手段，通过绩效管理，员工可以知道上级希望他们做什么，自己可以做什么，以及必须把工作做到何种程度。绩效管理的目的是持续提升个人、部门和组织的绩效。绩效考核与绩效管理的概念不同，表明两者之间有着本质区别，它们之间的比较见表3-2。

表 3-2　　　　　　　　　　　**绩效管理和绩效考核的比较**

区别点 比较对象	过程完整性	侧重点	出现阶段
绩效管理	一个完整的管理过程	侧重于信息沟通和绩效提高，强调事先沟通与承诺	人力资源管理的核心内容，贯穿工作始终
绩效考核	绩效管理工作中的局部环节和手段	侧重于判断和评价，强调事后的评价	绩效管理核心环节，只在特定时期内出现

绩效管理考评的流程见表3-3。绩效管理不仅仅是对员工进行绩效考核，还要制订合理的绩效管理计划，进行充分的绩效沟通并辅以相应的改进辅导，以达到持续提升个人、部门和组织绩效的目的。

表 3-3　　　　　　　　　　　**绩效管理考评流程**

第一步	根据企业特点制定相应的考评体系	
第二步	整体规划，明确考核目的与内容	
第三步	考评前期准备	选定绩效考评标准；选定考评的方法；对考评人员进行培训
第四步	追踪	追踪绩效实现过程，记录考评所需的资料依据
第五步	对考核结果进行分析评价，与员工进行沟通	考核完毕，要对考核结果予以分析评价，对员工业绩完成情况、员工个人发展潜力、员工的个性及其他方面的综合因素加以分析，得出一个具体而又客观的评价，将考核结果与考评结果共同作为员工奖惩或晋升的依据。但其间要保证与员工进行有效的沟通，解答员工疑惑，让员工能正确客观地评价自己，避免产生不良的思想情绪而影响工作
第六步	结合考评结果，辅以相应的改进计划	制订相应的改进计划。如是员工沟通方面的问题，就进行沟通技巧培训；如是操作技能方面的问题，就进行技能培训；如是岗位工作不适应方面的问题，就进行岗位调整或予以辞退等。总之，要人尽其才，使人力资源得到有效规划

同步案例3-6

绩效评估面谈

背景与情境：

经理：小A，有时间吗？

小A：经理，什么事情？

经理：想和你谈谈，关于你年终绩效的事情。

小A：现在？要多长时间？

经理：嗯……就一小会儿，我9点还有个重要的会议。哎，你也知道，年终大家都很忙，我也不想浪费你的时间。可是人力资源部总给我们添麻烦，总要求我们这样那样的。

小A：……

经理：那我们就开始吧，我一贯强调效率。

于是小A就在经理放满文件的办公桌的对面，不知所措地坐下来。

经理：小A，今年你的业绩总体来说还过得去，但和其他同事比起来还差了许多，但你是我的老部下了，我还是很了解你的，所以我给你的综合评价是3分，怎么样？

小A：经理，今年的很多事情你都知道的，我认为我自己做得还是不错的，年初安排到我手里的任务我都完成了呀，另外我还帮助了其他的同事很多……

经理：年初是年初，你也知道公司现在的发展速度，在半年前部门就接到新的市场任务，我也向大家宣布过，结果到了年底，我们的新任务还差一大截没完成，我的压力也很重啊！

小A：可是你也并没有因此调整我们的目标啊！

这时候，秘书直接走进来，说："经理，大家都在会议室里等你呢！"

经理：好了好了，小A，写目标计划什么的都是人力资源部要求的，他们哪里懂公司的业务！现在我们都是计划赶不上变化，他们只是要求你的表格填得完整、好看。而且，他们还对每个部门分派了指标。其实大家都不容易，再说了，你的工资也不低，你看小王，他的基本工资比你低，工作却比你做得好，所以，我想你该心理平衡了吧。明年你要是做得好，我相信我会让你满意的。好了，我现在很忙，下次我们再聊。

小A：可是，去年年底评估的时候……

经理没有理会小A，匆匆地和秘书离开了自己的办公室。

（资料来源　卡哇伊卡拉. 绩效面谈的案例［EB/OL］.［2018-01-19］. http://ishare.iask.sina.com.cn/f/31URopfPqKP.html.）

问题： 这次绩效评估面谈是否成功？面谈中存在哪几个方面的问题？

分析提示： 这是一次失败的绩效评估面谈，由于经理缺乏准备和根据，绩效考核仅仅流于形式，最后都未能达成一致意见，必然使员工产生不满情绪。不难看出，这个谈话之所以不成功，主要存在这样几个问题：①考核的着眼点是关注过去，不注重将来。②不能一视同仁。③气氛严肃。④缺乏准备，时间仓促。⑤缺乏资料、数据的支持。⑥主观臆断。⑦单向沟通。

2）绩效考核的内容

我国传统的绩效考核都是用人事考核来达到企业价值分配、调动员工积极性的目的，考核主要针对人，也有一部分针对事。

针对人的考核内容，主要包括员工的工作态度、能力及学历知识三个方面；针对事的考核是对员工一年来的工作成果进行考核，主要集中在人的"德、勤、能、绩"等方面。仅仅用考核"人"的方法，无法使企业应对市场残酷的竞争，对企业来说，发展才是硬道理，没有业绩，企业也就没有生存之本。所以，当今的绩效考核应突出考核"事"，兼顾人与事的考核，即以业绩为导向的绩效考核内容，即工作业绩、工作能力、工作态度。

（1）工作业绩

所谓工作业绩，是指在考核期内被考核人的工作完成情况，也称业绩指标。饭店有的岗位无法设定业绩指标，如前厅接待，对这一岗位的员工也就不能进行业绩指标考核，但其日常工作和工作态度可作为考核重点。多数情况下，日常工作考核是以岗位工作内容为标准，如果有的岗位工作内容繁杂，对其进行业绩考核难度较大，则管理部门可以选几个关键项目作为其考核指标。

（2）工作能力

所谓工作能力，是指一个人是否有适合的能力担任一个职位。人的能力包括本能、潜能、才能、技能，它直接影响着一个人做事的质量和效率。工作能力是一个人做出业绩的基础，没有工作能力，是很难做出工作业绩的。考核员工在工作过程中显示出来的能力，根据标准或要求，确定他能力发挥得如何，对应于所担任的工作、职务，能力是大还是小，是强还是弱等，从而做出评定。

（3）工作态度

所谓工作态度，是指在工作中员工表现出来的责任心、团队合作精神与合作能力、工作效率、时间观念等。一个人有了工作能力但没有积极的工作态度也是无法做出好的业绩的。

3）绩效考核的应用

企业花费大量资源进行绩效考核，无非是用于管理工作，即将绩效考核结果作为员工薪资调整、奖金发放、岗位分配、职位晋升、培训开发等的依据。所以，企业将绩效考核的结果主要应用于：

①对员工的激励方面。绩效考核结果可以作为工资调整、奖金发放、晋升调配、未来教育和个人发展的依据。

②对改进员工工作绩效方面。绩效考核结果有助于改进待发展项目，分清目前的工作水平和组织、个人期望达到的工作水平，确定发展这些项目的方式，为员工设定实现目标的期限。

3.2.4　饭店员工薪酬管理

1）薪酬的组成

（1）报酬的概念

所谓**报酬**，是指员工为组织工作而获得的各种他认为有价值的东西。报酬可分为两类：一类是将其分为经济性报酬与非经济性报酬；另一类是将报酬划分为内在报酬与外在报酬（见表3-4）。经济性报酬和非经济性报酬的分类，是基于报酬是否以金钱的形式表现出来，或者是否能够以金钱来衡量。外在报酬和内在报酬的划分依据，则是强调报酬本身对工作者所产生的激励是一种外部强化，还是一种来自内部的心理强化。

表3-4　　　　　　　　　　　　　　报酬的分类

	外在报酬	内在报酬
经济性报酬	A.直接报酬：基本工资、加班工资、津贴、奖金、利润分享、股票认购 B.间接报酬：保险/保健计划、住房补贴、员工服务及特权、带薪休假及其他福利	无
非经济性报酬	A.私人秘书 B.宽大的办公室 C.诱人的头衔	A.参与决策 B.挑战性工作 C.感兴趣的工作或工作任务 D.上级、同事的认可与内部地位 E.学习与进步的机会 F.多元化的活动 G.就业的保障性

需要说明的是，报酬体系中的经济性报酬就是我们所说的薪酬。

（2）薪酬的概念

所谓薪酬，是指饭店组织中的员工由于参与组织劳动而得到的各种酬劳的总和。

一般情况下，薪酬划分为基本薪酬、可变薪酬和间接薪酬（福利与服务）三大部分。

①基本薪酬：是指一个组织根据员工所承担或完成的工作本身或者员工所具备的完成工作的技能或能力，面向员工支付的稳定性报酬。这一薪酬组成部分对员工来说是至关重要的，它不仅为员工提供了基本的生活保障和稳定的收入来源，而且还往往是可变薪酬确定的一个主要依据。

②可变薪酬：可变薪酬是薪酬系统中与绩效直接挂钩的部分，有时也称为浮动薪酬或奖金。它对员工具有很强的激励性，对于企业绩效目标的实现起着非常积极的作用。

可变薪酬有助于饭店企业强化员工个人、员工群体的优秀绩效，从而达到节约成本、提高产量、改善质量以及增加收益等多种目的。

③间接薪酬：是指员工福利与服务。它与前面所说的基本薪酬和可变薪酬表现出一个明显的不同点，即福利与服务不是以员工向企业供给的工作时间为单位来计算的薪酬组成部分。首先由于它减少了以现金的形式支付给员工的薪酬，因此，企业通过这种方式能达到适当避税的目的；其次它可为员工将来的退休生活和一些可能发生的不测事件提供保障；最后它也是调整员工购买力的一种手段，使得员工能以较低的成本购买自己所需的产品。

2）薪酬管理和薪酬分配

（1）薪酬管理的概念

所谓**薪酬管理**，是指饭店在经营战略和发展规划的指导下，综合考虑饭店内外各种因素的影响，确定自身的薪酬水平、薪酬结构和薪酬形式，并进行薪酬调整和薪酬控制的整个过程。其目的在于吸引和留住符合饭店需要的员工，并激发他们的工作热情和各种潜能，最终实现饭店经营目标。

（2）薪酬分配

饭店薪酬分配主要是以经济形式来表现，经济形式主要有工资、奖金、津贴、股权、福利。工资的作用是对一个人在组织中承担的责任和能力表现的回报；奖金的作用是对员工目前业绩的直接回报；股权的作用是对员工未来贡献的预期回报；福利的作用是对员工历史贡献的回报。

同步思考3-1

饭店决定将100万元分配给员工。如果饭店目前强调的是让员工共同开创未来的事业，那么哪一种分配形式所占的比重应大一些？如果饭店当前经营业绩不好，要求员工立即出业绩，哪一种分配形式比重可以大一些？如果饭店希望建立一支优秀的员工队伍，则哪一种分配形式的比重可以大一些？

理解要点： 三种情况下应分别加大股权、奖金、工资的比重。

3）饭店薪酬分配的目的

饭店薪酬分配的目的包括：促进饭店的可持续发展；强化饭店的核心价值观；支持饭店战略的实施；培育和增强饭店的核心能力；营造响应变革和实施变革的文化。

4）饭店薪酬体系设计的基本原则

（1）内部公平性

按照承担责任的大小、需要知识能力的高低以及工作性质要求的不同，在薪酬上合理体现不同职级、不同职系、不同岗位在企业中的价值差异。

（2）外部竞争性

保持企业在行业中薪酬福利的竞争性，能够吸引优秀的人才加盟。

（3）与绩效的相关性

薪酬必须与企业、团队和个人的绩效完成状况密切相关，不同的绩效考评结果应当在薪酬中准确地体现，实现员工的自我公平，从而最终保证企业整体绩效目标的实现。

（4）激励性

薪酬要以增强工资的激励性为导向，通过动态工资和奖金等激励性工资单元的设计激发员工的工作积极性；另外，应设计和开放不同薪酬通道，使不同岗位的员工有同等的晋级机会。

（5）可承受性

确定薪酬的水平必须考虑企业的实际支付能力，薪酬水平必须与企业的经济效益和承受能力保持一致。人力成本的增长幅度应低于总利润的增长幅度，同时应低于劳动生产率的增长速度。用适当工资成本的增加激发员工创造更多的经济增加值，才能保障出资者的利益，实现可持续发展。

（6）合法性

薪酬体系的设计应当在国家和地区相关劳动法律法规允许的范围内进行。

（7）可操作性

薪酬管理制度和薪酬结构应当尽量浅显易懂，使员工能够理解设计的初衷，从而按照企业的引导规范自己的行为，达成更好的工作效果。只有简洁明了的制度，其流程操作性才会更强，有利于迅速推广，同时也便于管理。

（8）灵活性

企业在不同的发展阶段和外界环境发生变化的情况下，应当及时对薪酬管理体系进行调整，以适应环境的变化和企业发展的要求，这就要求薪酬管理体系具有一定的灵活性。

（9）适应性

薪酬管理体系应当能够体现企业自身的业务特点，以及体现企业性质、所处区域与行业的特点，并能够满足这些因素的要求。

同步案例3-7

如何建立有效的薪酬管理体系

背景与情境：

一家著名企业，随着业务的迅速发展，企业的经济实力近几年有了大幅度提高。为了更好地留住关键岗位人员、调动员工的工作积极性，同时吸引更多高素质的人才进入企业，企业决定在原有基础上大幅度提高员工薪酬水平。企业修改了原有的薪酬制度，并对所有岗位的薪资按比例进行了提高，工资总额大大提高了，但是效果并不理想：人才流失的情况并没有减少，员工的工作积极性并没有得到预期的提高，人才引进也缺乏进展。

（资料来源　Ch80504.如何建立有效的薪酬管理体系［EB/OL］.［2016-05-12］. http：//www.docin.com/p-1572495858.html.）

问题：该企业薪酬管理如何才能更有效？

分析提示：该企业应建立有效的薪酬管理体系目标：

①吸引、保留和激励有才干的员工，以更好地实现企业的各项目标。

②为企业能够合理支付薪酬提供一个长期和可靠的基础。

③针对企业的内部价值链和行业特点，使不同岗位的重要性和价值能够在薪酬体系中得到体现。

④体现企业的人力资源策略，关注价值实现，建立高绩效的薪酬文化。

⑤建立相关的薪酬制度和流程，既可以帮助企业高层以及管理部门沟通薪酬政策，又有利于企业建立科学有效的人力资源管理体系。

3.3　饭店员工激励

称职的员工必须具备两个基本条件：一是具有做好工作的能力，二是具有做好工作的愿望，即人们常说的能干和肯干。招聘和培训工作仅仅解决了饭店选择合适人选，使其掌握工作技能、具备工作能力的问题，使员工符合了第一个基本条件。员工是否肯干则取决于饭店管理人员能否把员工的工作积极性调动起来。

调动员工工作积极性是饭店管理人员的重要任务，为此，必须增强饭店凝聚力，并运用各种切实可行的激励方式来最大限度地调动员工的工作热情。

3.3.1 激励概述

1）激励的概念

所谓**激励**，是指影响人们的内在需要或动机，从而加强、引导和维持行为的一个反复过程。激励行为的反复过程如图3-1所示。

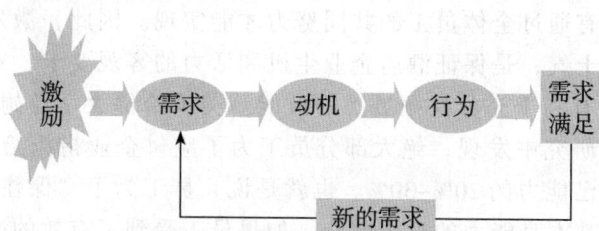

图3-1　激励行为的反复过程图

影响激励效果的因素有很多。在酒店业中，员工和管理者对激励员工的因素有着不同的认识（见表3-5）。

表3-5　　　　　　　　　　　酒店业中对激励员工因素的不同认识

员工对激励他们的因素进行排序	管理者对激励员工的因素进行排序
A.所做工作得到完全认同	A.工资待遇好
B.工作有趣	B.工作安全
C.工资待遇好	C.工作条件好
D.工作安全	D.在企业内得到晋升和发展
E.在企业内得到晋升和发展	E.对所做工作得到完全认同

2）激励过程的描述

员工激励过程如图3-2所示：从需要或动机出发，由此产生了要求；当这种要求一时不能得到满足时，心理上会产生一种不安和紧张状态；这种不安和紧张状态成为一种内在的驱动力，导致某种行为或行动，进而去实现目标；一旦实现目标就会带来满足，这种满足又会为新的需要提供强化。

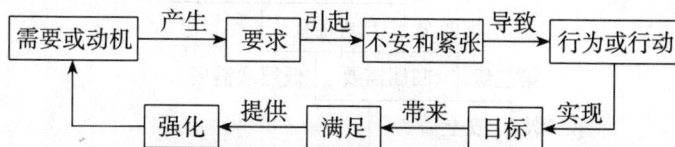

图3-2　员工激励过程图

上述激励过程是一个复杂的连锁反应的过程。

首先，需要并不是单纯的，会受到环境的影响，即使是看似单纯的生理需要，其中也有许多反应是因受环境因素的刺激而出现的。

其次，环境对人的较高层次的需要有很大影响。例如：同事的晋升会激起员工对更高地位的向往；一个有挑战性的问题会增强员工解决它以取得成就的愿望；一个志趣相同的群体可能会引发员工加入该群体的需要；当一个人过分孤独时，会产生一种想与他人交往的强烈动机。

最后，需要不仅会导致一定的行为，还可能成为行为的结果。一个需要满足了，可能会引起满足更多需要的愿望。当然，有的人需要没有得到满足，会出现因受挫折而消沉。有时，人们的需要或动机不仅复杂，还相互矛盾。此外，一个人还有自尊、地位、成就感或休闲娱乐等要求。

3）激励的作用

酒店是劳动密集型的企业，现代酒店管理通常把人放在管理的中心位置，酒店的生存和发展目标只有通过全体员工的共同努力才能实现。因此，激发广大员工的工作积极性，提高员工士气，是保证酒店企业生机和活力的客观要求，对酒店企业管理具有重要意义。激励有利于充分挖掘员工的潜能。美国哈佛大学詹姆斯（W.James）教授在对员工激励的研究中发现，绝大部分员工为了应付企业指派给他们的全部工作，一般只需要付出自己能力的20%~30%。也就是说，员工为了"保住饭碗"，在工作中所发挥的效能只是其本身能力的很小部分。如果员工受到了有效的激励，则会付出他们全部能力的80%~90%。由此可知，激励对员工潜在的工作表现和工作能力有相当大的推动力。

3.3.2 激励理论及其在饭店中的应用

有关激励的理论有很多，一些管理学家和心理学家通过大量的研究，从不同的角度提出了动机理论。

1）需要层次理论

人的需要是多种多样的，不同的人其需求结构也不尽相同。美国著名心理学家马斯洛在1943年出版的《人类动机理论》一书中提出了需要层次理论。这种理论的构成根据三个基本假设。第一，人要生存，他们的需要能够影响行为，满足了的需要就不能再充当激励工具。第二，人的需要按重要性和层次性排成一定顺序，从基本的（如食物和住房）到复杂的（自我实现）。第三，当人的第一级的需要得到最低限度满足后，才会出现追求高一级的需要，如此逐级上升，成为推动继续努力的内在动力。马斯洛提出的需要的五个层次如图3-3所示。

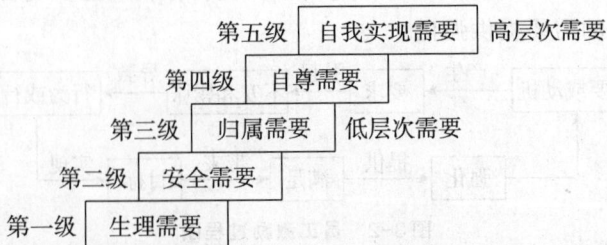

第五级　自我实现需要　高层次需要

第四级　自尊需要

第三级　归属需要　低层次需要

第二级　安全需要

第一级　生理需要

图3-3　马斯洛需要层次图

马斯洛认为，任何人对各需要层次都无法完全满足，需要的满足是相对的。依次递进的需要只有在前一层次需要基本满足后，才能变为激励的动力。

饭店产品的销售需要员工与顾客面对面完成，客人的满意是企业的生命线，它依赖于员工的勤奋与热情。因此，必须充分了解和针对员工的需要，并采取相应措施使员工的需要得到满足，以达到激励的目的。饭店员工需要层次及应用见表3-6。

表 3-6　　　　　　　　　　　　饭店员工需要层次及应用表

需要	表现形式	应用
生理需要	衣、食、住、行	工资、福利、工作环境
安全需要	免受伤害，生命、财产、工作和生活得到保障	安全教育和设施，用工合同，职业保障，各类保险
归属需要	交友、亲情、爱情、归属感	关心员工情感生活，企业文化
自尊需要	自尊和受人尊重、地位、名誉	相对工资，职位，自尊教育，尊重员工（必要时提醒顾客）
自我实现需要	有挑战性的工作，能表现和开发自身个性的环境，参与管理	人与工作的匹配，鼓励员工参与管理、提合理化建议

同步思考 3-2

各业务部门经理经常对自己部下说："不好好干回家去，干好了月底多拿奖金。"这些业务经理是把他们的手下都当成具有哪种需要类型的人呢？

理解要点："回家和拿奖金"是人的最基本需要，即这些业务经理是把他们的手下都当成具有生理需要与安全需要的人。

2）双因素理论

双因素理论是美国行为科学家赫茨伯格提出来的。他与助手在美国匹兹堡对 200 名工程师、会计师进行调查访问，要求受访者详细描述哪些因素使他们在工作中感到特别满意，即受到高度激励，又有哪些因素使他们感到不满和消沉。调查发现，使职工感到不满的，都是属于工作环境或工作关系方面的，赫茨伯格把前者叫作激励因素，把后者叫作保健因素。

保健因素的满足对职工产生的效果类似于卫生保健对身体健康所起的作用。保健因素包括公司政策、管理措施、监督、人际关系、物质工作条件、工资、福利等。当这些因素恶化到员工认为可以接受的水平以下时，人们就会产生对工作的不满意，但是，当人们认为这些因素很好时，也只是消除了不满意，并不会导致积极的态度。这就形成了某种既不是满意又不是不满意的中性状态。

那些能带来积极态度、满意和激励作用的因素就叫"激励因素"，包括成就、赏识、挑战性的工作、增加的工作责任，以及成长和发展的机会。这些因素能对员工产生更大的激励。按照赫茨伯格的意见，管理当局应当认识到保健因素是必需的，不过它一旦使不满意得到中和以后，就不能产生更积极的效果，只有"激励因素"才能使人们有更好的工作业绩。

同步思考 3-3

双因素理论在饭店管理中怎样进行有效的应用？

理解要点：按照双因素理论，成就、职责、晋升等都是激励因素，重视这些因素可以更好地激励员工；而物质、经济、安全、人际关系和管理等因素属于保健因素，重视这些因素可以起到维持、保健作用。单纯依靠增加薪金、改善工作条件等外在诱因起到激励的作用是有限的。为使员工积极性得到充分发挥，必须重视激励因素的作用，丰富其工作内容、增加其工作趣味，并赋予其责任，给员工做出贡献和取得成就的机会，使员工从工作中获得酒店及他人的承认。

同步案例3-8

李经理的难处

背景与情境：

李经理每年发奖金时都犯愁，尤其是对餐饮部几个主管的奖金分配最为头疼。这几个主管的工作积极性和工作成绩参差不齐，其中小张表现最好，他研究生毕业，聪明能干，工作积极，虽然提升的时间是最晚的，但成绩是最突出的。去年给小张发了最高奖金，引起其他几位主管的不满，这使李经理很犯愁。恰巧李经理外出参加集团组织的一个培训班，课上讲到了有关激励的多种理论，这些内容对李经理的启发很大，他逐渐有了主意。

今年，他先与小张进行了谈话，首先肯定了小张一年中的贡献，并细致地讨论了明年如何使他工作更有趣，也更富有挑战性。最后谈到奖金的事，李经理告诉小张这次的奖金数额同其他几名主管是一样的。

小张一听到这话立刻就发火了。他说："什么？干好干赖一个样？别跟我说这些好听的话，表扬又不能当饭吃。"

听到这话，李经理真不知如何是好了。

（资料来源 dds0004woif.现代管理学研究［EB/OL］.［2016-11-14］. http://www.docin.com/p-1784312831.html.）

问题： 如何理解保健因素与激励因素在本案例中的作用？李经理将小张的奖金降到与同事同一个水平的做法对吗？为什么？

分析提示： 从双因素理论中可以看到，保健因素并没有激励效果，而只能消除不满意，真正起激励效果的是高层次的激励因素。激励因素要发生作用就必须以保健因素作为基础。小张之所以发火是因为李经理将他的奖金降为与其他人一样，无视了他的绩效，给他造成了不公平的感觉，而不公平感的产生是由于保健因素遭到了破坏。

如果李经理将所有人的奖金一起同比例地下调，只要有比较合适的理由，小张应该没有异议的。其中最关键的就是李经理破坏了保健因素。

3）期望理论

期望理论是另一种解释激励的重要观点，由耶鲁大学的弗鲁姆教授提出。期望理论的基本观点是：人们只有预期其行动有助于实现某个目标，才会被激励起来去做某事，来实现此目标。弗鲁姆认为，人们能够决定自己所喜爱的成果，并能现实地估计取得成果的机会。期望理论的用意是要解释人们的激励力量和个人的目标选择、实现目标的期望之间的关系。其理论可用下述公式表示：

动力（激励力量）=效价×期望值

动力指的是一个人受到激励的程度。效价是个人对某一成果的价值估计，或指一个人对某一成果的偏好程度及获得的效用。期望值指的是通过某种行为会导致一个预期成果的概率和可能性，或指一定行为能满足需要的概率，它是一种感性认识。在上述公式中，当个人对目标的实现毫无兴趣时，其效价为零；当他不希望此目标实现时，则效价为负数，这样不仅没有动力，还有反作用。当期望值很小或为零时，人们对目标的实现同样不会有什么积极性。高度的激励取决于高的效价和高的期望值两个因素。

弗鲁姆的期望理论告诉我们，当员工认为努力会带来良好的绩效评价，并且良好的绩效评价会带来组织奖励，如奖金、加薪或晋升，能够实现员工的个人目标时，就会受到激励，进而付出更大努力。期望理论的目的在于研究人们的努力与其所获得的最终奖励之间的关系。

同步思考3-4

商鞅在秦国推行改革，"乃立三丈之木于国都之市南门，募民有能徙置北门者，予十金。民怪之，莫敢徙"。根据期望理论，这是由于：

A.十金的效价太低

B.居民对得到薪酬的期望太低

C.居民对完成要求的期望太低

D.大家都不敢尝试

理解要点： 期望理论的目的在于研究人们的努力与其所获得的最终奖励之间的关系。而"徙置北门"与"予十金"的奖励不成比例，也就是说居民对完成要求的期望太低了，故没人去尝试，激励目的也就无法实现。

4）公平理论

公平理论作为工作激励理论与期望理论同时流行，是美国行为科学家亚当斯在1963年正式提出来的。该理论侧重于研究工资报酬分配的合理性、公平性及其对职工生产积极性的影响。公平理论的基本观点是：当一个人做出了成绩并取得报酬以后，他不仅关心自己所得报酬的绝对量，而且关心自己所得报酬的相对量。因此，他要进行种种比较来确定自己获得的报酬是否合理。比较的结果将直接影响其今后的工作积极性。

同步思考3-5

老鹰是所有鸟类中最强壮的种族，根据动物学家所做的研究，这可能与老鹰的喂食习惯有关。老鹰一次生下四五只小鹰，由于它们的巢穴很高，所以猎捕回来的食物一次只能喂食一只小鹰，而老鹰的喂食方式并不是依平等的原则，而是哪一只小鹰抢得凶就给谁吃，在此情况下，瘦弱的小鹰吃不到食物都死了，最凶狠的存活下来，代代相传，老鹰一族愈来愈强壮。

理解要点： 这个故事告诉我们，"公平"不能成为组织中的公认原则，组织若无适当的淘汰制度，常会因小仁小义而耽误了进化，在竞争的环境中将会遭到自然淘汰。

5）强化理论

强化理论是基于一个很简单的假设：一个行为的结果如得到奖励，该行为就会趋向于重复；反之，一个行为招致惩罚的后果，该行为就会减少重复或是终止。此方法原先是在训练动物时采用的，但是，以斯金纳为代表的一些学者发现，它同样适用于人类行为。强化理论认为，人类的行为可用过去的经验来解释，人们过去的行为结果对其行为有反作用。当行为的结果有利于个体时，行为就可能重复出现，反之则会消退并终止。这种情形在心理学上被称为"强化"。因此，该理论被称为强化理论。如果一个员工想增加工资，他就会努力工作，工资如果确实得到增加，他的行为就得到强化；反之，如果他的努力没有导致工资的增加，也许他就会尝试其他行为，如提出离职或以其他方式讨好上司等，但这种努力工作的行为将不会再进行了。

6）目标管理法

美国著名管理学家德鲁克在《管理实践》一书中提出了"目标管理法"，其核心思想是：建立客观目标，通过对达标的考核替代管理者的主观评价和过于严格的过程管理、控制的方法，而目标管理的重点在于要科学、理性、人性化地制定目标。

他要求充分尊重职工，实行自我控制，减少行政控制和干预，充分发挥"人"的主观能动性，给"人"一个尽可能大的发挥空间，提倡人们创造性地完成工作，提倡一个和谐、民主的工作环境、空间；不实行达标过程的直接控制、监督，注重结果，简化过程、简化主观管理，提倡"八仙过海，各显神通"。

同步思考 3-6

某饭店今年超额完成利润指标，饭店决定按员工个人工资的50%一次性发放年终奖金，结果花钱买来的却是怨声载道。此现象可用哪一种理论来解释？

A.期望理论

B.公平理论

C.双因素理论

D.需要层次理论

理解要点：公平理论。该理论侧重于研究工资报酬分配的合理性、公平性及其对职工生产积极性的影响。公平理论的基本观点是：当一个人做出了成绩并取得报酬以后，他不仅关心自己所得报酬的绝对量，而且关心自己所得报酬的相对量。当员工们得知饭店奖金分配采取"大锅饭"形式，不按成绩进行分配时，那些工作业绩突出的员工就会认为自己获得的报酬不合理，所以会"怨声载道"，进而会直接影响其今后的工作积极性。

3.3.3　员工激励的主要形式

1）物质激励的主要形式

（1）工资

①计时工资。其优点一是考核计算简便，二是适用范围比较广泛。其具体形式包括小时工资制、日工资制和月工资制。一般来说，以月工资制为主，在计算加班、小时工资时可采用小时工资制或日工资制。计时工资的缺点是不能将员工的工作表现准确地与激励结合起来，因此一些饭店在计时工资的基础上注入了新的形式，如将月工资分为结构工资、岗位工资、提成工资和全浮动工资等。

② 计件工资。计件工资是根据员工所完成的工作量，以劳动定额为依据，按预先规定的计件单价来计算劳动报酬的工资形式，具有较强的激励作用。其具体形式有直接无限计件、超额计件和包工计件等。但无论何种形式，都要首先确定计件单价。计件工资有以下优点：A.能把员工的劳动报酬同他们的实际劳动贡献紧密联系起来，提高其工作积极性；B.有利于员工全面发展；C.有利于完成企业劳动定额等基础管理工作。其局限性主要是：适用于能实行准确劳动定额的工作场所，如饭店客房打扫等。

（2）奖金

工资是对员工定额劳动的报酬，奖金是对员工超额劳动的报酬。这两部分对于员工工作行为的激励作用都不可忽视。从能力角度看，取得工资说明员工具备担任目前工作或职务的能力，取得奖金意味着员工具有超过担任目前工作或者职务的能力。由于它们都影响到员工对自己能力的评价，因此，它们又在一定程度上可以满足员工的精神需要。一般情况下，奖金比工资更具灵活性和适应性，便于直接激励员工的工作积极性。

（3）福利

除了工资和奖金，福利也是饭店一项比较重要的物质激励形式。福利问题解决不好，往往直接加重员工的家庭负担和后顾之忧，导致员工不能安心工作。员工福利搞得好，就会对饭店的经营发展起到重要的激励作用。

2）精神激励的主要形式

（1）目标激励

心理学家的研究表明：激发人的动机要有一个激励目标。饭店管理者要把饭店企业的目标与员工个人的目标结合起来，形成目标锁链，从而对员工产生激励的作用。实施目标激励，饭店的目标首先应是能鼓舞和振奋人心的、引导员工奋发向上的，但又必须是切实可行的。然后要把饭店总目标分解为每个部门和个人的具体目标，从而形成一个目标锁链，使每位员工都清楚自己在目标锁链中所处的位置，意识到自己的责任，鼓励员工发挥各自的积极性去实现目标。

（2）情感激励

情感激励是针对人的行为最直接的激励方式。管理者要用自己真诚的感情去打动和征服员工的感情，真正地去尊重、信任和关心员工，从情感上赢得员工的信赖。管理者与被管理者之间若感情融洽，激励能产生一种积极的力量，使员工保持高昂的工作热情。管理者对员工进行情感激励要注意两点：一是应真诚对待每一个被管理者，切忌因人而亲疏有别。二是管理者对下属员工的关心与帮助应表现为同志和朋友之间的友好情感，绝不是一种居高临下式的恩赐与怜悯。

（3）"参与"激励

"参与"激励就是创造和提供各种机会与途径，使员工主动关心饭店的发展，参与饭店各个层次上的经营管理活动，激发员工当家做主的热情。

饭店应通过职工大会的形式，实行民主管理，广泛听取、搜集员工对饭店经营发展的建议与方案。饭店各部门和班组的管理者在日常管理中，遇事多和员工商量，多采纳员工的意见和建议。这样，既增强了上下级之间的沟通，又调动了员工"参与"的积极性，承认了员工的"价值"，进一步激发了员工的工作热情。

（4）榜样力量

榜样的力量是巨大的。在饭店中应树立起实在的、生动的、让人信服的个人或集体榜样，给人以鼓舞和鞭策，激发他人学习和追赶。榜样激励也是一种竞争激励。作为榜样者本身，得到他人的承认，满足了荣誉感、成就感等自尊的需要，为了维护这个荣誉，他必须做出更大的努力。对其他员工，尤其对荣誉追求有较强欲望的年轻员工来说，在不甘落后于人的心理支配下，必须为赶超榜样而努力，这就是榜样所产生的激励作用。

同步案例3-9

花旗的激励手段

背景与情境：

在对员工科学考核的基础上，花旗集团通过各种手段与方式对员工进行激励，肯定员工成绩，鞭策员工改善工作中的不足。作为全球最大的金融机构，花旗集团建立了完善、科学的激励体系，并随市场与公司的发展情况进行及时调整。

①红包。

每年年底，根据员工的不同业绩表现，每一名员工都会得到花旗颁发的红包，奖励的金额不等，奖励员工一年的辛勤贡献。

②海外旅行。

花旗银行中国区表现突出的员工，还将被奖励赴澳大利亚等海外国家旅游，并可以携带一名家属。这种激励方式不但对员工起到了有效的激励作用，提高了员工的忠诚度，更赢得了员工家属的理解和支持，让他们感到自己的亲人在一个人性化的氛围中工作，也增强了家属对员工的自豪感。

③期权。

花旗银行除了对工作业绩出色的员工给予奖励外，还给予他们花旗银行的期权，使银行利益与员工个人利益紧密联系在一起。

④职位晋升。

激励还包括对员工职位的晋升。在花旗，鼓励员工承担更大的责任，让他们稳步成长为优秀的金融专业人才。每一次职位的晋升、每一次给员工设定更大的目标、每一次对员工的挑战，都激励着花旗员工奋勇向前，为给花旗创造更优秀的业绩、为实现自己的职业梦想而努力。

⑤培训。

形形色色的培训机会当然也是花旗集团重要的激励手段。在花旗集团，表现突出的员工将得到更多的培训机会，将被派往马尼拉的花旗亚太区金融管理学院甚至美国总部进行培训，全面提高各种技能，锻炼领导力，开拓国际化视野，为担当更大责任做准备。

⑥精神与物质激励并重。

在花旗集团对员工的激励手段中，物质与精神的奖励许多时候是并重并结合在一起进行的。例如，"花旗品质服务卓越奖"（Citigroup Quality Service Excellent），奖励那些在公司内部服务与外部服务方面都表现出高品质的员工；花旗每年都设有"最佳团队奖"，奖励那些完成重大项目的团队，如完成某个项目，提高了工作效率等。一般只有表现最突出的5%的员工才会得到这种奖励。在花旗中国，每年10月份进行评比，由人力资源部组织并参与，对候选人与团队进行评估与讨论，11月份公布评比结果。评选结束，花旗集团会为员工颁发由花旗全球总裁签名的奖状和奖杯，以及相应的物质奖励。

（资料来源 向月葵小悠悠. 花旗的激励机制［EB/OL］.［2017-09-21］. http：//ishare.iask.sina.com.cn/f/iNdQ04pUmv.html.）

问题：请用激励的相关理论对该案例进行分析。

分析提示：企业对员工的激励不能仅仅局限于物质奖励，还必须同员工的具体情况相结合，针对不同类型的员工实行不同的激励措施，这样才能起到有效的激励作用。

本章概要

□ 内容提要与结构

▲ 内容提要

● 人力资源管理就是为吸引、激励、开发、奖励和保留最好的雇员，以满足饭店组织目标和经营目标所需要的战略、计划和方案的实施。

● 员工的开发与利用就是根据岗位对员工的数量要求，选择和招收适宜的员工；对招聘的员工进行素质教育、岗位技能培训；进行团队建设；正确评估员工，合理、有效地使用人才；进行员工薪酬管理、福利事业管理等。

● 员工激励管理就是以激励理论为指导，采用有效的物质与精神等符合员工愿望的激励方式，激发员工工作热情，发挥其潜力，实现组织目标。

▲ 内容结构

本章内容结构如图3-4所示。

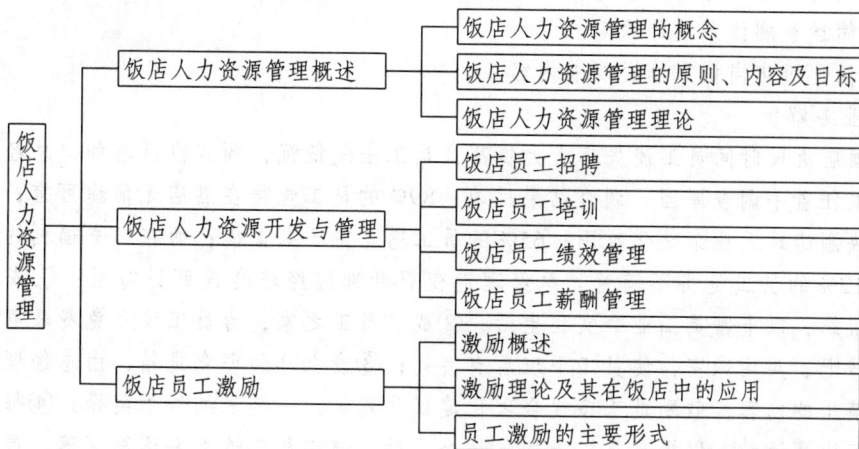

图3-4 本章内容结构

□ 主要概念和观念

▲ 主要概念

人力资源管理　饭店人力资源管理　招聘　饭店员工培训　绩效　绩效考核　绩效管理　报酬　薪酬管理　激励

▲ 主要观念

人力资源管理理论　绩效考核与绩效管理比较　激励理论在饭店中的应用

□ 重点实务和操作

▲ 重点实务

饭店人力资源管理的原则　员工招聘过程、渠道与方法　员工培训的步骤与方法
饭店薪酬体系设计的基本原则　相关"业务链接"

▲ 重点操作

饭店（客房、餐饮、前厅）员工招聘、培训

➡ 单元训练 ➡

□ 理论题

▲ 简答题

1）人力资源部关于以业绩为导向的绩效考核内容包括哪些？

2）饭店员工培训主要包括哪些内容？

3）各饭店企业关于人力资源的管理，主要受三种理论的影响，请问这三种各是什么理论？简述其核心内容。

▲ 讨论题

1）如何理解激励理论中的"公平理论"？

2）如何理解饭店内部招聘的优势与不足？

3）饭店员工招聘工作的最后一项任务是招聘评估，有必要吗？评估的目的是什么？

□ 实务题

▲ 规则复习

1）简述饭店人力资源招聘过程。

2）简述薪酬体系设计原则。

3）简述饭店岗位工作说明书内容。

▲ 业务解析

某酒店近段时间员工流失率大大提高，员工士气低沉，顾客投诉增加，总经理要求办公室主任着手调查原因。调查结果反映：89%的员工觉得在酒店无前途可言；75%的员工反映酒店缺乏业余文化氛围；65%的员工感觉得不到重视；而在工资福利的调查上却只有12%的员工觉得不满意。总经理连夜召开部门经理会议商讨对策：①成立员工艺术团组织，以丰富员工业余文化生活；②成立员工之家，为员工设立免费歌舞厅、放映室、书吧、乒乓球室，使员工下班后有去处；③设立总经理意见箱，由总经理亲自处理意见箱里的内容，鼓励员工多提合理化建议和意见，一经采纳给予奖励；④每月进行两次员工比赛活动，以提高员工士气。一个月后，该店员工流失率逐渐回落，员工士气明显提升，顾客投诉率大大减少。三个月后，一次意见征询，奇迹发生了：95%的员工觉得受到了重视；86%的员工反映业余生活丰富，并提出了更多的意见和建议；97%的员工表示愿意留在酒店工作。

（资料来源　xia1960909.饭店人力管理［EB/OL］.［2017-03-22］. https://max.book118.com/html/2016/0911/54134057.shtm.）

　　你认为造成员工流失率提高的原因是什么？该酒店的做法对酒店文化的传播、拓展及应对员工流失有哪些好的经验可以借鉴？在营造饭店企业形象方面你有哪些自己的见解？

　　□ 案例题

　　▲ 案例分析

一份辞职报告

背景与情境：

　　某宾馆总经理李斌是一位待人和气、关心下属的管理者，喜欢用许诺的方式鼓励员工好好工作，只是不少许诺没有实现，显得有些随意。

　　将近年底，宾馆要向上级主管部门交一份年终总结报告，汇报宾馆全年的经营管理情况和下一年度的工作计划。踏实、敬业、有才华的总经理办公室秘书小刘花了近一周的时间和大量的心血写出了这份总结报告。李总看后感到非常满意，觉得报告内容全面、分析透彻、条理清晰、文字流畅，便对小刘说：写得很好，你真是个人才，很有发展前途，以后有机会一定送你出国学习。小刘听后非常激动，从此工作更加努力。

　　半年后，宾馆要派几名业务骨干去新加坡一酒店进行交流和实习，以学习该酒店的先进管理经验。小刘认为这回终于有机会出国学习了，因为李总曾经亲口答应过自己。但是，当出国名单公布后，小刘非常震惊和失望，因为上面根本没有自己的名字。不久以后，小刘向宾馆递交了一份辞职报告，跳槽到当地另一家饭店工作去了。

　　（资料来源　徐桥猛．现代酒店管理［EB/OL］．［2017-04-07］．https://max.book118.com/html/2017/0407/99252134.shtm.）

　　问题： 用期望理论分析李总对小刘的许诺。你对小刘的跳槽如何评价？

　　分析要求： 同第1章本题型的"分析要求"。

　　▲ 善恶研判

这是谁的责任

背景与情境：

　　佳节刚过，南方某宾馆的迎宾楼失去了往日的喧哗、喧闹，寂静的大厅里半天也看不到一位来宾的身影。

　　客房管理员A紧锁着眉头，考虑着节后的工作安排。突然她喜上眉梢，拿起电话与管理员B通话：目前客源较少，何不趁此机会安排员工休息。管理员B说："刚休了7天，再连着休，会不会太接近，而以后的20多天没休息日，员工会不会太辛苦？"管理员A说："没关系，反正现在客源少，闲着也是闲着。"俩人商定后，就着手安排各楼层员工轮休。

　　不到中旬，轮休的员工陆续到岗，紧接着客源渐好，会议一个接着一个，整个迎宾楼又恢复了昔日的热闹，员工们为南来北往的宾客提供着优质的服务。

　　客房部就这样节奏紧张地度过了十几天，管理员A正为自己的"英明决策"感到沾沾自喜时，突然发生了意想不到的情况：下午四点左右服务员小陈突然胃痛；晚上交接班时，小李的母亲心绞痛住院；小黄的腿在装开水时不慎烫伤。面对接二连三的突发事件，管理员A似乎有点乱了方寸，怎么办？最后，管理员A以这个月的休息日已全部休息完毕为由，做出如下决定：家中有事及生病的员工，要休息就得请病事假，会扣发一定量的工资、奖金。面对这样的决定，小黄请了病假，小陈、小李只好克服各自的困难，仍然坚持上班。

第二天中午，管理员B接到客人的口头投诉：被投诉的是三楼的小李及四楼的小陈，原因均是：面无笑容，对客不热情。管理员B在与管理员A交接班时，转达了客人对小李、小陈的投诉，管理员A听后，陷入沉思……

（资料来源　ranfand.酒店餐厅案例分析：这是谁的责任［EB/OL］．［2018-03-30］．https：//www.taodocs.com/p-119052133.html.）

问题：

1）客人对小李、小陈的投诉原因是怎么造成的？

2）该酒店在"员工第一、顾客至上"的服务理念中表现出哪些不足？

3）管理者在遇到客人投诉时，应怎样做？

4）酒店经营中的确会遇到淡旺季情况，如果你是管理者的话，如何安排员工的工作？

5）通过网上或图书馆调研等途径搜集你作善恶研判所依据的行业道德规范。

研判要求：同第1章本题型的"研判要求"。

□ 自主学习

自主学习-Ⅱ

【训练目的】

见本章"学习目标"中"创新型学习"的"自主学习"目标。

【教学方法】

采用"学导教学法"和"研究教学法"。

【训练要求】

1）以班级小组为单位组建学生训练团队，各团队依照本教材"附录三"附表3"自我学习"（中级）的"基本要求"和各技能点的"参照规范与标准"，制订《团队自主学习计划》。

2）各团队实施《自主学习计划》，自主学习本教材"附录一"附表1"自我学习"（中级）各技能点的"'知识准备'参照规范"所列知识。

3）各团队以自主学习获得的"学习原理"、"学习策略"与"学习方法"知识为指导，通过校图书馆、院资料室和互联网，查阅和整理近两年以"饭店人力资源开发管理与基本理论"为主题的国内外学术文献资料。

4）各团队以整理后的文献资料为基础，依照相关规范要求，讨论、撰写和交流《"饭店人力资源开发管理与基本理论"最新文献综述》。

5）撰写作为"成果形式"的训练课业，总结自主学习和应用"学习原理"、"学习策略"与"学习方法"知识（初级），依照相关规范，准备、讨论、撰写和交流《"饭店人力资源开发管理与基本理论"最新文献综述》的体验过程。

【成果形式】

训练课业：《"自主学习-Ⅱ"训练报告》

课业要求：

1）内容包括：训练团队成员与分工；训练过程；训练总结（包括对各项操作的成功与不足的简要分析说明）；附件。

2）将《团队自主学习计划》和《"饭店人力资源开发管理与基本理论"最新文献综述》作为《"自主学习-Ⅱ"训练报告》的"附件"。

3）《"饭店人力资源开发管理与基本理论"最新文献综述》应符合"文献综述"规范要求，做到事实清晰，论据充分，逻辑清晰。

4）结构与体例参照本教材"课业范例"的"范例-4"。

5）在校园网的本课程平台上展示班级优秀训练课业，并将其纳入本课程的教学资源库。

◀━━ 单元考核 ━━▶

考核要求：同第1章"单元考核"的"考核要求"。

第4章
饭店服务质量管理

● 学习目标
引例　为客人摘"月亮"
4.1　饭店服务质量概述
4.2　饭店服务质量控制
● 本章概要
● 单元训练
● 单元考核

学习目标

通过本章学习，应该达到以下目标：

理论目标：学习和把握饭店服务质量的概念、构成与特点，饭店服务质量管理存在的主
要问题，饭店服务质量管理体系的相关概念等陈述性知识；能用其指导"现
代饭店服务质量管理"的相关认知活动。

实务目标：学习和把握饭店服务质量管理体系的核心内容，饭店质量分析方法，饭店质
量管理方法，相关"业务链接"等程序性知识；能用所学实务知识规范"饭
店服务质量管理"的相关技能活动。

案例目标：运用所学理论与实务知识研究相关案例，培养和提高在特定业务情境中分析
问题与决策应对的能力；能结合本章教学内容，依照"职业道德与企业伦
理"的行业规范或标准，分析企业行为的善恶，强化职业道德素质。

实训目标：参加"饭店服务质量管理"业务胜任力的实践训练。在了解和把握本实训所
涉及"能力与道德领域"相关技能点的"规范和标准"基础上，通过切实体
验"饭店服务质量分析方法、管理方法"各实训任务的完成、系列技能操作
的实施、相关实训报告的准备与撰写等有质量、有效率的活动，培养"饭店
服务质量分析与管理"的专业能力，强化其"信息处理"、"解决问题"和
"革新创新"等职业核心能力（中级），并通过"认同级"践行"职业观
念"、"职业理想"、"职业态度"和"职业守则"等规范，促进健全职业人格
的塑造。

引例 为客人摘"月亮"

背景与情境：

里兹信奉"客人永远不会错"这一信条，为实现这一信条，里兹会奇迹般地满足客人的需求。有时，即便客人提出了荒唐可笑的要求，里兹也会想方设法，尽力予以满足，绝不会否定客人的需求，更不会讥讽嘲弄客人。里兹的服务，真可谓完美无缺，令人赞叹。甚至可以说，客人想要星星，里兹就为客人摘颗星星；客人想要月亮，里兹就会为客人摘个月亮。

一天，里兹迎来了一位尊贵的伯爵夫人。这位伯爵夫人早已是里兹饭店的老住户了，她每次入住饭店都会受到里兹和饭店员工们的隆重欢迎和悉心照顾，总是让她感到惬意和满足。这次，她特意呼朋唤友，共请了八九位朋友光顾饭店，庆贺她的生日。她知道，里兹饭店会让她和她的朋友尽兴而归的。

伯爵夫人一到饭店，就受到里兹和员工们的隆重欢迎。里兹亲自主持，为她们举行了规格最高的欢迎仪式，这让伯爵夫人很是满意，因为这正是她所期望的。伯爵夫人在朋友面前长足了脸面，心里不由暗暗欢喜，脸上露出赞许的微笑。

宴会开始，阔太太、阔小姐们步入宴会厅，她们看到，整个宴会厅布置得井井有条，侍者着装整洁，精神十足地站在一边，准备为她们服务。不一会儿，各种精美的美食就摆在了她们面前。由烹饪名师奥古斯特·埃斯特费耶亲手调制的各类食品色香俱全，看一眼，爽心悦目；闻一下，沁人心脾；品一口，赞叹不已。伯爵夫人看着处在激动和新奇中的朋友，心中大悦。她轻声地问站立在一旁的侍者："晚上你们会有什么精彩的安排呢？"侍者轻声应道："舞厅跳舞、戏院看戏，随你喜欢。当然你如果有兴致，还可以河上泛舟，月下欣赏音乐。"伯爵夫人眼前一亮，说："赏月倒是一个好主意，高雅别致，只是不知我的朋友认为怎样呢？"在伯爵夫人品尝菜肴之时，侍者立在一边，等了一会儿，找个机会离开，把刚才的谈话告诉了里兹。

伯爵夫人早就知道，入住里兹饭店，总会有意想不到的惊喜，凡事并不需要自己费心张罗，里兹总会做出最完美的安排的。

里兹饭店提供的个性化服务，让伯爵夫人等人有一种自豪感、满足感，从而留下深刻的印象，使她们成为忠诚顾客。

（资料来源 佚名. 为客人摘"月亮"［EB/OL］.［2016-07-20］. http：//www.taodocs.com/p-56060297.html.）

问题：要想使客人对酒店具有忠诚度，酒店应该怎样做？

服务质量是饭店的生命线。如何加强饭店服务质量管理，树立饭店良好的服务形象，为顾客提供满意超越期望的服务，从而以优质的服务赢得顾客的忠诚，获取竞争优势，是众多饭店经营管理者所关注的重要问题。

4.1 饭店服务质量概述

4.1.1 饭店服务质量及其构成

1）饭店服务质量的概念

饭店业作为服务性行业，决定了其产品的服务性特点，而顾客看中的也恰是这种服务，并为服务这个结果付费。所以，饭店要通过产品的类型、提供产品的方式来为顾客打造最佳的消费体验，这个"体验"若令顾客满意，他会再次光临或成为该饭店的忠诚顾客。随着饭店市场竞争的加剧和顾客的日趋成熟，顾客对饭店服务质量的要求也越来越高，因此，服务质量成为饭店在新的市场竞争中的重要因素和有力武器。

所谓**饭店服务质量**，就是饭店企业通过其拥有的设施设备作为物质基础，为客人提供的服务在使用价值上能达到规定效果、满足客人物质与精神需要的程度。它是服务的客观现实与客人的主观感受融为一体的产物。

评价饭店服务质量是以饭店提供有形的设施设备产品和无形的服务产品能否满足客人需要及其满足的程度为原则的。它充分体现了当今饭店业"以宾客为中心"的经营理念。饭店产品综合性的特点，要求饭店各部门的工作都要围绕对客接待和服务进行，因此，饭店必须制定统一的质量标准，建立服务质量管理体系，保证对客服务质量。

同步思考4-1

某饭店住店客人在离店时给总经理写了一封投诉信："……在短短的中午时间内，我遇见几位服务员竟千篇一律地简单重复一句'您好，先生'，难道不会使用些其他的语句吗？"总经理纳闷，为什么敬语会招致客人的不悦呢？

理解要点：饭店服务人员的个人形象和素质对顾客的情绪有直接的影响，投诉信中说明服务员不会灵活地使用敬语，也不会流露出不同的表情，结果使客人听了不但没有感觉到亲切感，反而产生厌恶感。服务员为客人提供的服务，在使用价值上没能达到满足客人精神需要而遭到了客人的投诉。

2）饭店服务质量的构成

饭店产品具有有形性和无形性特点，决定了其服务质量也是由有形产品质量和无形产品质量构成的。

（1）有形产品质量

有形产品质量主要满足宾客物质上的需求，包括饭店提供的设施设备、实物产品、服务用品以及服务环境的质量等。

①设施设备质量。它包括客用设施设备质量和供应用设施质量。客用设施设备要求做到设置科学、结构合理、配套齐全、舒适美观、操作简单、使用安全、完好无损、性能良好；供应用设施设备是指饭店经营管理所需的不直接和宾客见面的生产性设施设备，如锅炉设备、制冷供暖设备、厨房设备等。供应用设施设备也称后台设施设备，要求做到安全运行，保证供应。

教学互动4-1

问题：

A.你怎样看待有形产品和无形产品的关系？

B.有人说"硬件不行软件补"，你怎样理解这句话？

要求：

A.请两位同学对上述两个问题予以回答，其他同学进行评论。

B.教师对学生的回答和其他同学的评论做最后点评。

②实物产品质量。它包括菜食质量、客用品质量、商品质量等。人们常说："食比住重要。"随着时间的转移，旅游者住的变化不会太大，但食的变化很大。饭店唯一生产的实物产品则是菜食产品，所以菜食产品是饭店质量的一个重要标志。菜食产品质量包括菜食产品生产质量、菜食特色、菜食花色品种。生产质量取决于烹饪制作水平、食品及材料质量和管理水平等多种因素，而最终转化成菜食产品的色、香、味、形、器，整个制作过程执行标准化。因此，各大饭店不断进行菜食创新，追求菜食特色，吸引客人。特色有原料特色、制作特色、口味特色、形式特色、食物特色等。饭店客人来自不同地域，其消费层次、文化层次各不相同，因此，要求菜食丰富多样，表现在菜食层次多样，同一层次菜食花式品种多样，为客人创造挑选空间，以满足各层次客人的需要。客用品是指饭店直接提供给客人的消费用品和生活用品，如餐厅中的餐具，客房中的牙膏牙刷、拖鞋、香皂、浴巾等一次性和多次性消耗用品，其质量好坏影响消费者主观感受，决定着饭店能否为客人打造最佳消费体验，所以，客用品的质量成为客人评价饭店服务质量的又一重要标准。最后，饭店就是一个小社会，麻雀虽小，五脏俱全。饭店不仅要向客人提供和销售商品，满足其物质需求，而且所提供的产品性能、花色品种、外观颜色、内在质量与价格之间的合理性都是饭店服务质量的体现。

③服务用品质量。服务用品质量，是指饭店服务人员在为客人提供服务的过程中，服务人员使用的各种用品质量，如客房部的洗洁剂，餐厅服务员为客人上菜、上饭使用的托盘等质量问题，这些服务用品质量高低，将会影响劳动效率，进而影响饭店服务质量。

④服务环境质量。服务环境质量，是指饭店的服务气氛给宾客带来感觉上的美感和心理上的满足感。如大堂和总服务台的环境要营造一种"宽敞、明亮、悦目、豪华"之氛围；客房环境要给人以方便、舒适、整洁、幽雅、清净、安全之感，并保证客人隐私权；餐厅环境要营造一种轻松、愉快氛围，给人洁净、安全感，装饰富有特色和艺术性；整体布局合理，方便客人到达饭店服务设施和服务场所；饭店员工仪表仪容端庄大方、微笑服务，给客人带来"家"的温暖。

（2）无形产品质量

无形产品质量是指饭店提供服务的使用价值的质量，即服务质量。服务的使用价值经使用以后，其服务形态便消失了，仅给宾客留下了不同的感受和满足感。服务质量包括服务员的服务态度、服务技能、服务效率、礼貌礼节、职业道德、安全卫生等。

①服务态度。服务态度是对客服务的外在感受和体现，是饭店提供服务质量的基础。以客为尊、热情接待、礼节周到，是客人永远的需要。饭店鼓励服务人员与客人建立朋友、亲人般关系，满足客人受尊重、受关爱心理需要。只有真情服务，才能留住老顾客，进而吸引新顾客。这一切要求饭店员工具备良好的心理素质，服务中使用规范语言和标准动作，掌握公共关系和人际关系技巧等。

同步案例4-1

两双皮鞋解客人之尴尬

背景与情境：

一家公司在某饭店餐厅接待一批外宾。餐厅服务员小林站在餐厅门口热情地迎接宾客。她突然发现，负责接待的杨女士走路时深一脚浅一脚，同时眼神中透露着不安。细心的小林不露声色地在杨女士身边转了两圈，发现原来是她的左脚鞋跟脱落了一半。

小林灵机一动，决定借双皮鞋给杨女士穿。于是小林向主管请假，以最快的速度跑到五楼宿舍，从自己所有鞋子中挑出一双自己最喜欢的。同时，她怕自己的鞋大小不合适，又急急忙忙从同事那里借了另一双合意的皮鞋，然后赶紧往回跑。

来到餐厅，小林礼貌地把杨女士请到一旁，说："您的鞋子坏了，我特地给您拿来了两双皮鞋，您试试看哪双合适。"杨女士惊喜地抬头看了看小林，感激地接过皮鞋，说："真是太感谢了，你今天帮了我的大忙。"

（资料来源 佚名. 什么叫"一对一"个性化餐饮服务［EB/OL］.［2016-05-04］. http://mp. weixin.qq.com/s?__biz=MjM5NjcyNDQxNA%3D%3D&idx=1&mid=2650014604&scene=6&sn=cf804a9bd1dba 031d26d255c47fa9c4f.）

问题：从上述案例可以看出，饭店服务员怎样才能做到优质服务？

分析提示：A.具有一种时刻准备为客人服务的心态。没有这种主动服务的心态，就不会有客人的满意，也就不会有优质服务。B.要具有察言观色的能力。案例中的小林因为善于观察，才发现了杨女士的尴尬，从而解决了客人所需问题。C.具有换位思考的意识。服务中会遇到很多突发事件，对其处理是没有规范和标准的，这就需要服务员仔细琢磨和认真体会，从而做出正确的决定，满足客人需求。案例中的小林拿了两双鞋供杨女士选择，就是从客人需求角度来考虑问题的。

对整个事件的处理，表现出服务员小林的以客为尊、热情接待、礼节周到、真情服务的态度，优质的服务为饭店赢得了忠诚客户。

②服务技能。服务技能是对客服务的手段，是饭店提供服务质量的技术保证。它体现在对客标准化、规范化、程式化服务基础上，要因人、因事、因时为客人提供具有创新精神的个性化服务，以取得最佳服务效果。服务技能的高低取决于服务人员的专业知识和操作技术。熟悉业务，掌握服务规程和操作程序，提高接待服务技能，将灵活的应变能力运用到对客服务中，将会提高饭店服务质量。

③服务效率。服务效率是服务工作的时间概念，是提供各种服务的时限要求。为了提高服务效率，饭店对一些岗位工作任务的完成予以时间量化规定，如打扫一个房间用30分钟，前台办理散客入住要在3分钟之内完成，客房维修要求维修人员在5分钟之内赶到现场工作等，这类服务效率是以时间和时限做出规定的。但有的服务效率是无法用时间和时限做出明确规定的，它是靠客人的感觉来衡量的，如设备损坏报修后多长时间来维修以及多长时间应维修好等，这一类的服务效率在饭店是大量存在的。因服务效率是饭店服务质量的一个重要组成部分，要提高服务质量，饭店从业人员就要始终坚持"顾客至上"的经营理念，发扬团结协作精神，与企业共命运，真情投入，真情回报。

④礼貌礼节。礼貌礼节是饭店提高服务质量的重要条件。它反映一家饭店的企业文

化、员工个人素质以及员工对客人的基本态度。饭店员工对客人的礼貌礼节是通过对客接待、服务态度和语言行为表现出来的,即尊重、谦虚、欢迎、友好与否。同时,饭店员工还要做到衣冠整洁,举止端庄;行为规范,动作优美;语言文雅,语音悦耳;礼仪得当,微笑服务。

⑤职业道德。现代服务业职业道德的核心就是"顾客至上",具体到饭店业的职业道德,就是"全心全意为宾客服务"。其职业道德标准是:热爱本职工作,具有奉献精神;坚持宾客至上,服务第一;爱护企业和客人财物,珍惜职业荣誉;克己奉公,不谋私利;不卑不亢,一视同仁;钻研业务,提高技能。良好的职业道德,会帮助从业人员热爱自己所从事的饭店行业,增强对客服务意识,并激励自己刻苦钻研业务,增强服务技能,为宾客提供高质量的服务。饭店员工职业道德水平高低将直接影响饭店社会效益和经济效益,从而影响企业竞争力。

同步案例4-2

背景与情境:

酒店客人李小姐要求咖啡厅服务员结账,结果花费了15分钟的时间,当时并没有其他客人在结账,只是咖啡厅服务员在与她的同事聊天;尤其是当李小姐经过咖啡厅时,服务员大声叫她的名字,大庭广众之下令李小姐很难堪。

(资料来源 佚名. 酒店前厅客人投诉案例分析 [EB/OL]. [2016-01-09]. http://www.docin.com/p-1420985513.html.)

问题: 咖啡厅服务员工作期间与同事聊天以及直呼客人大名说明了什么问题?

分析提示: 说明咖啡厅服务员不尊重客人、怠慢客人。由此可见,酒店服务人员缺乏应有的礼节礼貌和职业道德。酒店平时要对服务员加强培训与管理,满足客人求尊重的心理,以保证服务质量;同时,经营清淡时段,管理人员要合理安排人力。

⑥安全卫生。安全卫生是饭店服务质量的关键性问题。人们对安全的需要,是除生理需要以外的最基本需要,因此,客人进入饭店,首先保证给客人一种心理安全感,即对饭店环境、设施和服务的信任感,如保安人员认真负责的态度、秩序井然的大厅、齐全的防火设施设备、安全的财物保障等;卫生工作既关系到企业的信誉和经营,又关系到社会精神文明建设,更关系到广大消费者的身体健康乃至生命安全。饭店卫生主要包括食品卫生、用品卫生、环境卫生、个人卫生、操作卫生等,为此,饭店要制定各项卫生标准和操作规程,实施各项卫生检查制度,确保饭店服务质量。

4.1.2 饭店服务质量的特点

饭店产品生产、销售与消费同步性的特点,决定着饭店为客人提供的服务具有面对面、随时随地的直接性和灵活性,使饭店服务过程随时都会出现服务质量问题的可能,加之饭店服务质量特殊的构成内容,使其质量内涵与其他企业产品质量内涵有着极大的差异,这些都给饭店做好服务质量工作带来困扰。为了更好地实施对饭店服务质量的管理,管理者必须正确认识和掌握服务质量的特点。

1) 饭店服务质量构成具有综合性

人们常用"一个独立的小社会"来说明饭店服务质量的构成所具有的极强的综合

性。饭店产品是组合产品，决定了服务质量的综合性特点。客人得到的每一次具体的服务活动，提供部门都不是孤立的，而是各部门共同协作的结果。因为在链锁式的服务过程中，只要其中一个环节的服务质量出现问题，就会破坏客人对饭店的整体印象，进而影响其对整个饭店服务质量的评价。

饭店服务质量构成中的设施设备、实物产品是客人的主要消费对象，是满足客人需求的物质基础，是饭店服务质量的重要组成部分；而服务环境、劳务服务则是饭店产品的表现形式，是饭店服务质量的主要组成部分。饭店服务质量的优劣都是通过宾客满意程度体现出来的。饭店服务质量管理中，"100-1=0"定律以及"木桶理论"都很形象地反映了这一特点。

教学互动 4-2

问题：

A. 你如何理解"100-1=0"定律？

B. "木桶理论"又该如何解释？

要求：

A. 请两位同学对上述两个问题予以回答，其他同学进行评论。

B. 教师对学生的回答和其他同学的评论做最后点评。

2）饭店服务质量评价具有主观性

客人住店希望能物有所值，即他们对饭店所提供的有形产品和无形产品的质量有个期待，不同的客人有不同的期待，当服务工作为客人带来身心愉悦与享受，让客人感到自己的愿望和期盼都得到了实现的时候，客人会很满意，对饭店服务质量的评价就会很高，反之亦然。所以，饭店服务质量评价的这种主观性，要求饭店工作人员必须具有灵活性，在提供服务时要因人而异，见机行事，不可墨守成规。

业务链接 4-1

顾客感知质量与产品实际质量

顾客感知质量和实际质量的关系，一般有两种情况，即顾客购买产品前和顾客购买产品后。在购买行为发生前，顾客通过各种渠道获得与产品有关的各种信息资料，对所要选择的产品有了初步的了解，这时在顾客心里所感知的质量占主导地位，并且在一定程度上它决定了顾客的购买行为；在购买行为发生后，这时实际的产品质量占主导地位，顾客通过实际使用产品，把实际的质量与感知的质量进行比较，通过比较决定以后对这个品牌购买行为的再发生性。所以，两者的差异可能会导致不同的后果。

如果从静态看，可能存在下列3种状态：

顾客感知的质量>实际的质量，结果顾客感到失望，购买此品牌的重复性降低。

顾客感知的质量=实际的质量，此时顾客反映一般，可能会持续购买。

顾客感知的质量<实际的质量，结果大大刺激了顾客的购买欲望，购买重复性增加。

从动态看，可能有下列5种状态：

实际的质量上升，而顾客感知的质量不变。顾客感到喜出望外，购买重复性增加。

实际的质量上升，顾客感知的质量上升。顾客还会有购买重复性行为。

实际的质量下降，顾客感知的质量不变。顾客表现失望，购买重复性大大降低。

实际的质量下降，顾客感知的质量下降。顾客反应一般，但可能还会选择此品牌。

实际的质量不变，顾客感知的质量不变。顾客还会像往常一样发生购买行为。

以上分析表明，顾客感知质量与实际质量可能会存在差异。因此，饭店企业在经营活动中把握顾客感知质量十分重要。

（资料来源　佚名. 顾客感知质量 [EB/OL]. [2018-01-08]. http://baike.baidu.com/view/1848190.htm.）

3）饭店服务项目具有时间性

时间性是指对客服务时在时间上满足客人需要的程度。客人进入饭店，总希望能得到准确、快捷的服务，如希望在餐厅用餐时上菜的速度能适时、入（离）店时登记（结账）省时、住宿叫醒服务能准时等。所以，饭店在制定不同项目的服务标准时，都有严格的时间规定，超时的服务往往会引起客人的不满乃至投诉。

业务链接 4-2

某饭店客房部对客服务标准见表4-1。

表4-1　　　　　　　　　　　　**某饭店客房部对客服务标准**

序号	名称	标准
1	散客入住	1分钟内
2	团队入住	10分钟内
3	处理投诉	20分钟，否则另给客人答复
4	中英文打字	每分钟90字以上
5	订票服务	1小时内
6	租车服务	30分钟内
7	行李服务	5分钟内
8	接听服务	3声内
9	清理VD房	30分钟内
10	查OK房	3分钟内
11	检查VD房卫生	5分钟/间
12	开夜床服务	5~8分钟/间
13	租借物品	3分钟内送到房间
14	住客房维修	5分钟内赶到现场维修，20分钟内维修未完成通知前台换房
15	中式铺床	3分钟
16	会议服务	提前30分钟开启空调、灯光，茶水、香巾准备到位，每15分钟续一次茶
17	大堂地面推尘	每20~30分钟一次
18	大堂洗手间	每小时全面清理一次
19	客用电梯	每30分钟清理一次

4) 饭店服务质量对员工素质具有依赖性

饭店的服务质量在很大程度上取决于员工的素质水平，因为饭店产品的生产、销售、消费三者是同时进行的，生产者与消费者直接见面，所以员工的素质水平也成了饭店产品质量的一个组成部分。

服务员在提供服务时的行为、举止都将影响到所提供的产品质量，影响客人对产品的满意度，所以，饭店管理者应对员工进行合理配备，做好培训和激励工作，努力提高员工素质，发挥其服务主动性、积极性和创造性，培养出令客人满意的员工，不断地提高饭店服务质量。

同步案例4-3

和尚创制的"佛跳墙"

背景与情境：

某饭店餐厅，几位外地客人点了一道特色菜"佛跳墙"。菜上来之后，香气扑鼻，客人举筷一尝，果然味美无限。客人高兴之余，把服务员叫过来问道："这菜果然名不虚传，只是为什么给起了一个奇怪的名字'佛跳墙'？'佛跳墙'这三个字没有一个与吃有关，服务员你能否解释一下？"客人满怀期待地看着服务员。

服务员满脸通红，想了一会儿才说："对不起，我也不是很清楚，我去问一下其他人。"

她离开了一阵后回来。客人满以为有了答案，不料得到的回答是："具体情况不是很清楚，可能创制这道菜的厨师是个和尚。"

客人们大失所望，顿时没了兴致。

（资料来源　童霞．中餐服务技能实训［EB/OL］．［2012-08-31］．http://www.doc88.com/p-506140121698.html.）

问题： 客人为何大失所望，顿时没了兴致？

分析提示： 有的客人用餐时会有好奇心、求知欲，客人不仅要"吃"到菜，还要"学"到菜，有物超所值的感受。所以，服务员在服务中不仅要提供服务规范所规定的基本服务，而与基本服务相关的知识也应有所了解，并在顾客需要时予以提供，满足其所需。而案例中服务员对客人提出的问题不能予以回答，令客人失望，这是服务员的基本素质欠缺而造成的服务质量问题。

5) 饭店服务质量体现情感性

用"心"为客人服务，即情感服务，可称为中国饭店之魂。情感服务常以"超常服务"来体现，也就是说，为客人提供规范外的额外服务。这一点最容易打动客人的心，最容易给客人留下美好的印象，也最容易招徕回头客。在对客的感情服务中还要特别讲究温馨的语言，见到客人，一句热情的招呼，一声诚挚的问候，会使客人有宾至如归之感；若能尊称其名更会使客人感到受到了"第一关注"的重视。如果客人走在饭店的各个角落都能受到如此礼遇，就会感到饭店的氛围似春风和煦，对饭店服务质量的评价一定非常满意，这就是饭店服务质量的情感性特点。

职业道德与企业伦理 4-1

"It will do" 与 "It won't do" 的错位

背景与情境：

一天，内地某宾馆一位美国客人到总台登记住宿，顺便用英语询问接待服务员小杨："贵店的房费是否包括早餐（指欧式计价方式)?"小杨英语才达到 C 级水平，没有听明白客人的意思便随口回答了个 "It will do"（行得通）。次日早晨，客人去西式餐厅用自助餐，出于细心，又向服务员小贾提出了同样的问题。不料小贾的英语亦欠佳，只得穷于应付，慌忙中又回答了 "It will do"（行得通）。

几天以后，美国客人离店前到账台结账。服务员把账单递给客人，客人一看吃一惊，账单上对他每顿早餐一笔不漏!客人越想越糊涂：明明总台和餐厅服务员两次答 "It will do"，怎么结果变成了 "It won't do"（行不通）了呢？他百思不得其解。经再三追问，总台才告诉他："我们早餐历来不包括在房费内。"客人将初来时两次获得 "It will do" 答复的原委告诉总台服务员，希望早餐能得到兑现，但遭到拒绝。客人于无奈中只得付了早餐费，然后怒气冲冲地向饭店投诉。

最后，饭店重申了总台的意见，加上早餐收款已登入电脑账户，不便更改，仍没有同意退款。美国客人心里不服，怀着一肚怒气离开宾馆。

（资料来源　佚名. 16 则酒店服务经典案例 [EB/OL]. [2017-05-15]. http://www.canyin168.com/glyy/yg/ygpx/fwal/201705/69285.html.）

问题：案例中是什么原因导致客人怀着一肚怒气离开宾馆？

分析与提示：服务员外语不过关，将 "It won't do" 答成 "It will do"，给客人带来意外的困惑和麻烦，直接影响了饭店的服务质量。这说明酒店平时并不注重对员工培训，致使员工职业素质差。

同时，饭店对客人申诉和投诉的处理也是不妥当的，没有诚信。诚然，该饭店确实 "餐费历来不包括在房费内" 的，但是，既然饭店总台、餐厅的服务员已两次答复客人房费包括早餐费为 "It will do"，就是代表饭店对客人作了承诺。在这以错为对，满足客人的要求，这才是弥补服务员工 "It will do" 与 "It won't do" 错位的正确做法，何况为了这区区几顿早餐费，带来饭店信誉的损害和回头客的流失，也是完全得不偿失的。

4.2　饭店服务质量控制

4.2.1　饭店服务质量存在的主要问题

改革开放的伟大实践造就了我国旅游业 30 多年跨越式发展的显著成绩，饭店服务质量也随着旅游业的迅猛发展而不断提升。与此同时，世界著名饭店公司纷纷逐鹿中国市场，使得本土饭店一方面要面临国内新兴的同行竞争，另一方面还要应对国际饭店巨头的挑战，可谓发展艰难。在我国，许多饭店硬件设施设备已达到或接近国际水准，却仍然缺少与国际饭店巨头竞争的能力，究其原因，是因为我国饭店服务质量方面存在诸多问题。

1）标准化、规范化、程序化的服务标准无法满足客人需求

①饭店服务质量管理仍停留在标准化、规范化、程序化上。在服务经济转变至"体验经济"的新形势下，饭店消费者已不再满足于简单的食宿服务，而是想在消费中获得某种体验，从内心和精神上满足自身的渴望。这种渴望只能通过细微化、个性化、情感化的服务才能满足。而国内大多数饭店仍然遵循标准化、规范化、程序化的服务标准为客人提供服务，顾客感到无味，更无法满足其"体验"需求。

同步思考4-2

一对外国夫妇带着一个四岁多的小男孩到一饭店餐厅吃饭，孩子突然发脾气大哭起来，父母想尽一切办法都哄不住，闹得四座不得安宁。这时，一位餐厅服务员急中生智，拿出自己的杂耍"绝活"，先是双手轮番抛冰块，接着又拿起一个托盘在手指上熟练地旋转起来，终于逗得小男孩破涕为笑，化解了"危机"。服务员的所为，是否属于规范化服务？

理解要点：服务员的所为，并不属于规范化服务，而是个性化服务。他善于将心比心，在力所能及的范围内主动为客人排忧解难，收到了理想的效果。因此，它首先要求服务员具有积极主动为客人服务的意识，做到心诚、眼尖、口灵、脚勤、手快。

②管理人员现场管理、督导不到位。饭店管理者现场管理与督导不到位、不注重对员工的教育与培训，致使饭店出现各种各样服务质量的问题。如饭店员工在同一时间见到饭店客人和饭店老总，竟出现无视客人的存在，只是殷勤地向老总问好的情形，事后饭店老总也不去纠正这位员工的错误。由此看来，有些饭店的质量标准是无人执行、无人监督、无人完善。作为管理者，其主要工作任务就是抓好服务质量问题，由于管理者缺少工作能力与工作责任心，不能将服务质量问题控制在事发之前，也不能对出现的问题进行及时有效的处理，造成饭店服务质量问题成为客人投诉的重点。

同步思考4-3

某饭店客房女服务员在对客服务时，随身携带着手机，在给客人开夜床时（客人在房间），手机铃声响了，服务员便接听手机，而领班就在楼道，对服务人员的行为视而不见，也没前去制止。服务人员的行为反映出什么问题？为什么？这个问题应由谁来负责？

理解要点：反映出该饭店服务标准无人执行、无人监督的问题。服务标准的存在只成为一种形式，没有发挥其标准化、规范化作用。

饭店服务质量的优劣，与管理人员的自觉性、工作力度、督导检查、管理到位与否密不可分，因此，上述服务质量问题应由领班来负责。

③服务质量管理工作流于形式。有的饭店服务质量只抓表面现象或做做样子，轻实质、轻效果。如搞一些效果不佳的服务质量活动，服务质量根本没有得到实质提升；有的饭店为了节省成本，客房用品的质量低劣，不仅使用不便或不适，甚至有损客人身体健康等。这些有形产品质量之差，则是饭店管理层有意识所为，表明其经营思想、管理行为无法提高饭店服务质量。

2）服务意识较差

意识指导一个人的行动。饭店从业人员缺少服务意识，表现为对客服务不情愿、态度生硬、遇到了问题相互推诿或处理不及时、服务效率低、无视客人的特殊需求等。我国历来就有轻视服务工作的传统思想，很少有人把"服务"当成自己的"事业"，甚至有些管理人员都不能以正确态度看待员工。种种原因导致服务人员缺少服务意识，对客人表现出冷漠态度。客人是饭店效益之源，服务意识淡漠，必然造成服务缺陷，其结果必将失去客源。

3）员工素质较低

①缺乏职业道德。"全心全意为宾客服务"是饭店业的职业道德核心。良好的职业道德，会帮助饭店从业人员热爱自己所从事的饭店业工作。但一些饭店员工缺乏敬业精神，工作缺少责任心，遇到问题相互推诿，不能把客人的事情当成大事来做，置客人的感受于不顾。

②缺乏团结协作精神。饭店提供的每项服务的使用价值，往往是多个部门同时产生效用时的综合结果，也就是说，饭店产品是团队协作的结果。饭店为客人服务的过程涵盖了一道道程序和一个个细节，其中的任何一道程序或任何一个细节出现质量问题，就会出现如同"100-1=0"那样有损顾客利益的后果。有的饭店因为一个员工劣质服务，影响到了整个产品的质量，因此而遭到客人投诉。此外，各部门因为各自利益，彼此不合作、不配合，从而会影响整体对客服务质量。

③缺乏工作责任感。工作就意味着责任。有的员工认为饭店是老板的，其经营好坏与己无关，故工作中表现怠慢、对客人不理不睬，引起客人强烈不满；也有的员工工作中与客人讲究地位平等，遇到问题不能把正确让给客人，一定要与客人分清是非曲直，极大地伤害了客人的自尊；也有的员工当客人提出服务要求时，不能及时满足等。

各饭店服务质量都存在一定问题，结合饭店具体情况，制定部门服务质量标准，建立服务质量体系，将提高服务质量工作落实到实处，是各饭店要完成的一项重要的长期性工作任务。

同步案例4-4

选 择

背景与情境：

一位朋友的儿子准备在国庆节这天结婚，想在当地选一家四星级酒店举办婚宴。因得知笔者与当地酒店关系甚密，于是早在国庆节的半年前就向我咨询：在当地的三家四星级酒店中选哪家举办婚宴为好？

我一时难以回答。办婚宴是人生中的大事，万一我推荐的这家酒店到时办不好，岂不怪罪于我？我只好这样回答：请你们到三家酒店实地考察一下，感觉哪一家合适，若遇到预订上的困难再找我出面解决。

我这位朋友的儿子和准媳妇十分慎重地考察了这三家酒店，最后向我"汇报"：

甲酒店能容纳三十桌酒席的大宴会厅已被预订，只能作罢；乙酒店大宴会厅虽然未被预订且服务费比率不高，但鉴于宴会预订部工作人员服务态度不好，决定不作为选择对象；丙酒店大宴会厅未被预订，但开出的服务费比率偏高，能否出面说情调低一些？如果可以，就选定丙酒店了。

后来在我的协调下，丙酒店同意调低服务费比率，我朋友的儿子高高兴兴地与丙酒店签订了婚宴协议并缴纳了定金。

出于职业的敏感，我自然对乙酒店被他们否定的原因产生了关注，因为在我的心目中，在乙酒店举办婚宴历来是新人的首选。不曾想，他们向我叙述的原因竟然如此"简单"：坐在大堂的宴会预订处大班桌后面的那位经理态度傲慢，当要求她带路看宴会场地时，她头一扬："你们自己去看吧。"那时午餐营业已结束，到处关着门，又是黑灯瞎火的，我们转悠了好一会儿还是没找到宴会大厅。最后，我们认定这家酒店的经理工作态度尚且如此，想必婚宴的服务水准也不咋样，于是断然排除了选择这家酒店的想法。

出于对乙酒店的关心，我还是寻机将此事告知了该酒店高层领导，并希望他们对此问题引起重视。

（资料来源 陈文生. 酒店管理经典案例［M］. 2版. 福州：福建人民出版社，2017.）

问题：请用"100-1=0"的说法对此案例进行分析。

分析提示：本案例又一次验证了"100-1=0"的说法。因为一个宴会预订部工作人员的不负责任，导致本唾手可得的一笔宴会收入付诸东流。

也许有的人会说：国庆节结婚的人多着呢，这一对准新郎新娘不满意，总还会有其他新人要在这家酒店举办婚宴。总之，不会有任何损失。这也许只是想到营业额方面不会有任何损失，但比营业额更重要的声誉、形象却因此而受损所产生的经济损失将是无法估量的。

据说，本案例中乙酒店历来将餐饮部视为该酒店的主要收入部门，十分重视菜肴出品质量。其厨师队伍力量雄厚，曾在省内外甚至中央电视台重大的烹饪比赛中多次得过金奖、银奖。但要知道：金杯、银杯不如老百姓的口碑。而这口碑不完全是因为菜肴质量，还来自顾客（主要是当地消费者）对餐饮服务质量的评价，其中也当然包括对酒店员工服务态度的评价。

失去一次顾客对你的选择不可怕，可怕的是失去十个、百个乃至更多的顾客对你的选择。

4.2.2 饭店服务质量控制

1）饭店服务质量管理体系

服务是饭店产品的重要组成部分，服务质量管理工作也就成为饭店企业的重要任务。饭店的服务工作是在服务提供者与服务接受者互动的过程中完成的，也只有在这个互动过程中才能发现服务质量的隐患和产品的缺失问题，产品的这种随机性与不稳定性特征也就加大了服务失败的风险。因此，饭店企业在操作规范中对产品质量要求做出了明确的规定，但由于产品质量还要受其形成过程中各个环节的影响，为保证产品质量，饭店要求员工操作规范，同时饭店通过所建立的服务质量管理体系，对生产环节的所有要素进行控制，保证每个环节达到操作规范的要求，以降低服务失败的风险。

（1）饭店服务质量体系的建立

服务质量是饭店经营管理的生命线，已成为业内人士的共识。但如何加强服务质量管理，使企业在激烈的市场竞争中处于领先地位，已成为各饭店共同面对的课题。

服务质量保证体系是从确立质量方针目标、制定管理职责，到指定质量管理负责人、建立服务质量管理的各级组织，按服务质量环指出的方向进行运作的具有一整套管理制度和操作标准的管理机制。它是一个由饭店全员参加，保证饭店服务质量持续改进，最终让客人满意的系统工程。其工作包括：

①制定饭店质量方针和质量目标。按照 ISO 9000：2000 质量管理认证体系标准的定义，所谓**质量方针**，是由组织最高管理者正式发布的该组织的总的质量宗旨和方向。质量方针要确认饭店的服务等级、饭店的形象和信誉、服务质量各项目标、改进服务质量的措施及各级质量管理人员的作用。而所谓**质量目标**，是组织在质量方面所追求的目标，它通常依据组织的质量方针制定。质量目标的内容包括满足客人需要、让客人满意、预防质量问题发生、实施全面质量管理（全员参加）、对服务质量进行评估和改进、预防对社会和环境的不良影响等。

例如，有的饭店制定的质量方针是：顾客至上、质量第一、规范管理、持续改进、顾客满意。有的饭店确立的质量目标是：顾客满意度 90%；顾客投诉处理率 100%；安全、消防工作做到万无一失，杜绝一切重大事故发生。

②制定管理职责。饭店要指定专人负责服务质量的管理工作，提供人员和物质资源，确认质量体系结构，在接待客人的活动中，使其发挥作用。

③制定和完善各项规章制度和操作程序标准。这是服务质量检查、控制、评估的标准和依据，它能够使质量管理合理化、规范化，避免职责不清、相互脱节、相互推诿等现象。

④建立以市场开发、服务设计、服务提供、评估改进为主的服务质量环。各部门按服务质量环指出的方向执行工作任务，使服务质量保证体系开始运作和不断循环。为了使服务质量保证体系有效运作，关键要掌握该体系的市场开发过程、设计过程、服务提供过程、服务业绩分析改进等内容。具备这些要素并把这个体系投入到接待客人的运作中，就标志着饭店真正建立了完善的、科学的服务质量保证体系。而饭店一旦建立了这个体系，就会使饭店对服务质量的管理走上标准化、规范化、制度化和国际化的轨道。

（2）饭店服务质量保证体系的核心内容

饭店建立服务质量保证体系的目的就是为客人提供优质服务，最大限度地满足客人的一切需求。因此，饭店服务质量的核心内容就是保证服务活动标准化、规范化、程序化。

①服务质量标准化。

为确保饭店服务质量的基本水准和客人的基本满意度，我国饭店按照星级饭店标准和 ISO 9001 质量认证标准，保证设施设备、实物商品、服务和管理等方面的质量，以顾客需求为中心制定各项服务质量标准，保证质量标准的可操作性，使定性和定量指标相结合，各项指标既要相互配套，又要自成体系。

业务链接4-3

ISO 与 ISO 9001

ISO 是 International Organization for Standardization 的英语简称，翻译成中文就是"国际标准化组织"。ISO 是世界上最大的国际标准化组织。它成立于1947年2月23日，前身是1928年成立的"国际标准化协会国际联合会"（ISA）。ISO 负责除电工、电子和军工、石油、船舶制造之外的所有其他领域的标准化活动。

ISO 宣称它的宗旨是"在世界上促进标准化及其相关活动的发展，以便于商品和服务的国际交换，在智力、科学、技术和经济领域开展合作"。ISO 现有117个成员，包括117个国家和地区。ISO 的最高权力机构是每年一次的"全体大会"，其日常办事机构是中央秘书处，设在瑞士的日内瓦。中央秘书处现有170名职员，由秘书长领导。

ISO 9001 是 ISO 9000 族标准所包括的一组质量管理体系核心标准之一。ISO 9000 族标准是 ISO 在1994年提出的概念，是指由 ISO/TC176（国际标准化组织质量管理和质量保证技术委员会）制定的国际标准。

②服务方式规范化。

饭店规范化的服务方式应是让客人感受到舒适、安全、方便和尊重感。因此，要求饭店为客人提供的服务方式具有科学性、统一性、潮流性。科学性是要求服务方式合理并能满足客人需要。例如，进入餐厅的客人落座后，先为之送上香巾，让客人感到清爽轻松，若送上热毛巾，应夹起毛巾一角提起抖开，让毛巾内层的热量散去，提醒客人，以免烫着，又让客人有了受尊重的感觉。统一性是要求服务方式的统一，以显规格，如香巾托所放的位置，一般习惯放在骨碟的右侧，但服务员摆放和客人使用都感觉不方便，因此，要求摆放在骨碟左侧，但出于习惯，服务员各桌摆放位置不统一，这样会给客人以杂乱无章、服务随便之感。潮流性是指饭店服务方式不能一成不变，应随着时代潮流和变动方向，给客人以新鲜感和合理感。如某一饭店不仅为客人提供精美的菜单，还将部分切配好拼盘后但未加工成熟的菜肴实物置于四周带有玻璃的餐车里，推到客人面前加以推介，既诱发客人的兴趣，又加快了点菜的速度，这一服务方式得到同行的纷纷效仿，逐渐形成了潮流性的服务方式。

③服务过程程序化。

服务过程程序化，是指管理者一般把反复出现的业务编制成具有相对确定性的程序，执行人员只要按照编好的程序去做，就能取得较好的效果。饭店的服务工作贯穿于客人到店前的准备工作、客人到店时的接待工作和客人离店时的结束工作三个基本环节，服务过程程序化应包括服务前、服务中、服务后三个阶段。如餐厅服务从迎接客人开始，经过迎宾、引宾入座、敬献菜单、聆听客人点菜、上菜、派菜、席间服务、结账、送客等一系列过程，每个过程均有一套标准的要求，它注重操作的规范和程序，以保证整个服务过程的行动如流水般流畅、顺利，给人以赏心悦目的感受。

同步案例4-5

午夜惊魂

背景与情境：

叮铃铃……已是午夜时分，房务中心响起急促的电话铃声，服务员立即拿起了话筒。

"我是11312房，不，我是住在1312房的。我、我、我的钥匙丢在房间里了，进……进不去，叫一个人来给我开门，快……快点啊！"电话那头传来一个男人沙哑而急促的声音。看来这人神志不太清楚，而且还显粗鲁。

当女服务员小赵出现在12楼时，这个男顾客带着醉态冲着她大声叫嚷："快……快点啊！1213的。"

小赵是新来的服务员，第一次遇到这样凶巴巴的客人，又是深更半夜的，心里害怕极了。她连该核实的手续都忘了，赶快循着房号顺序找到了1213房，哆哆嗦嗦地把共用IC卡钥匙插入锁眼，极迅速地把门打开，连"请进"都没说逃也似的转身便走。

没走几步，突然身后传来一阵男女声夹杂的尖叫声。待小赵转过身来，只见刚才那位醉态十足的男顾客像换了一个人似的，迅即奔出房间，口齿也清楚多了，喘着气说："服务员，我想起来了，我是住在1312房的，我走错……"还没等他说完，在他身后冲出一个只穿裤衩的男人大声怒吼道："你有没有神经病，什么走错门？服务员，这是怎么回事？"高分贝的音量响彻整个楼层过道。

当这位被骚扰的客人投诉到值班经理那里时，已是深夜1点多了。

"你们必须给我个说法。我深更半夜受到惊吓，你们必须赔偿我的经济损失！"被骚扰客人怒气冲冲地说道。

"应当承认，是我们酒店工作没有做好。这样吧，今天的房费我做主为你免了，以感谢你对我们工作的支持。"值班经理一脸诚恳地说。

"就免一天房费？我要在这里住3天。我也不过分要求了，就把我3天的房费全免了吧。"客人进一步提出要求。值班经理似乎感到很为难，嗫嚅着说："不好意思，我的权限只能为你免去今天的房费。至于另外两天全免那要等我明天向总经理请示再答复你，你看可以吗？"

客人依然不作让步，语气十分僵硬地说："不行，今晚必须答复我，否则我就请报社记者朋友来调查报道这件事，让本地市民都知道你们是什么水平的服务。"

这时，值班经理才注意到这位客人操的是本地口音，从他那种做派和不依不饶的架势看，非一般人物。

值班经理感到问题棘手，且已是下半夜了，怎么好意思打扰总经理？于是他仍然恳求客人先回房间休息，等天亮上班请示后一定给予答复。然而，这位客人只是丢下一句话："那就等着看明天的晚报吧！"然后头也不回地离开了。

过了一天，本地晚报果真以《五星酒店，无心服务》为题报道了此事，并称"对此事的进展将作跟踪报道"。

（资料来源　陈文生 酒店管理经典案例［M］. 2版. 福州：福建人民出版社，2017.）

问题：酒店怎样做可以避免为客人开错房间和见报事件的发生？

分析提示：在质量管理的6个环节即"设计标准、全员培训、贯彻执行、监督检查、评估考核、反馈处理"中，只要其中一个环节脱节或不到位，最终必将导致服务质量问题发生。质量是靠平时的管理抓出来的。"冰冻三尺，非一日之寒"，上述事件的出现，与酒店平时管理中出现的问题是有因果关系的。

房务中心听出打进电话的是一位带着醉意而且粗鲁的男性顾客的话，就不该派出一位女服务员，何况她还是一个新来的服务员。

这位服务员能要求客人出示一下房卡或打电话到总台证实一下这位客人身份和确切房号，也不会让问题发生。

这位值班经理如果有相当的对客问题处理权力，或允许值班经理在特殊情况下拥有更大的处理权力，能立即答应被骚扰客人的全部要求，也不会让问题见报。

所以，本事件的发生，暴露了该酒店在服务与管理上的一系列问题。

（3）ISO认证与星级标准的主要区别

我国星级饭店都是以星级标准为指导原则进行管理的，但为什么还要执行ISO 9000质量管理认证体系族标准呢？星级标准对饭店的硬件设施和物品配备的规定具体、翔实、易操作，但对管理水平和服务质量方面进行的控制则表现得力不从心，实际操作不易把握，缺乏持续改进质量的机制，而ISO 9000质量管理认证体系族标准恰好与其形成互补关系，即ISO 9000质量管理认证体系族标准强调在企业形成质量管理体系、形成持续改进机制，加强内部管理、服务质量控制，体现以顾客为中心的服务理念，它对饭店原有的管理体系是一种补充与深化。同时，星级标准的行业针对性以及对饭店各方面的细节规定又是ISO 9000质量管理认证体系族标准所不及的，作为饭店企业一方面要依靠星级标准达到行业要求，另一方面要依照ISO 9000质量管理认证体系族标准完善管理体系，真正落实饭店质量方针，实现质量目标。

2）饭店服务质量分析方法

服务质量分析是饭店质量控制与管理的基础，影响饭店服务质量的因素是错综复杂、多方面的。要解决这些问题，必须对产生质量问题的原因进行分析。质量分析方法有很多，比较适合于饭店服务质量分析的方法有ABC分析法、因果分析图法。

（1）ABC分析法

①ABC分析法的概念。

ABC分析法又称巴雷特分析法、ABC分类管理法、重点管理法，它是根据事物在技术或经济方面的主要特征进行分类、排列，分清重点和一般，并有区别地实施管理的一种分析方法。由于它把被分析的对象分成A、B、C三类，所以称为ABC分析法。ABC分析法的基本原理可概括为"区别主次，分类管理"。它将管理对象分为A、B、C三类，以A类作为重点管理对象。其关键在于区别一般的多数和极其重要的少数，以"关键的是少数，次要的是多数"这一原理为基本思想，通过对影响饭店质量问题的众多因素的分析，以质量问题的个数和质量问题发生的频率为两个相关的标志进行定量分析。

首先搜集数据，确定构成饭店质量问题因素的数据，再计算出每个质量问题在质量总体中所占的比例，然后根据一定分类标准，进行ABC分类，找出对饭店质量影响较大的1~2个关键性的质量问题，并把它纳入饭店当前的质量控制与管理中，这样既保证解决重点质量问题，又照顾到一般质量问题，实现有效的质量管理。

②ABC分析法的具体步骤。

A.确定关于质量问题信息的搜集方式。其具体方式有质量调查表、经营数据分析、员工意见反馈、文案调查、现场巡视、顾客座谈、客人投诉和各部门检查记录等。

B.将搜集到的有关质量问题的信息进行分类，类别不宜太多，然后统计出每类质量问题出现的次数，计算出每类质量问题在总体中所占的百分比。分类时，对一些出现次数较少的质量问题可归结到一类。

C.作巴雷特曲线图。巴雷特曲线图有两条纵坐标，左边的纵坐标轴为质量问题出现的次数，右边的纵坐标轴为质量问题出现的频率（%）；以累计因素百分数为横坐标，排列方法为从左到右按出现次数的多少排列。按ABC分析表中所列示的对应关系，在坐标图上取点，并连接各点成曲线，就绘制成了ABC分析图。

D.进行分析，找出主要问题。

同步思考4-4

根据表4-2所给的数据绘出巴雷特曲线坐标图，对质量问题进行分类，归纳出A类问题、B类问题和C类问题所占质量问题总体百分比各是多少，并提出防范和改进措施。

表4-2 　　　　　　　　　　　**某饭店质量问题统计表**

质量问题	问题数量	比率（%）	累计比率（%）
菜肴质量	235	67.1	67.1
服务态度	62	17.7	84.8
外语水平	29	8.3	93.1
卫生状况	17	4.9	98.0
其他	7	2.0	100.0
合计	350	100.0	100.0

理解要点：①A、B、C三类问题所占质量问题总体百分比。

A类问题（关键性问题）——"菜肴质量"。A类问题虽然不算多，只有一个，但它在饭店质量问题总体中占了67.1%，说明它是关键的少数问题。这个问题要是解决了，饭店质量就会得到总体提高，所以饭店必须给予充分的重视，应把它作为当前饭店质量控制重点。

B类问题（一般性问题）——"服务态度、外语水平"，这类问题占饭店质量问题总数的17.7%和8.3%，目前它可不作为饭店质量控制重点，但饭店应对此引起足够重视，避免这类问题扩大化。

C类问题（次要问题）——"卫生状况、其他"，这类问题个数很多，但只占饭店质量问题总数的4.9%和2%。它们具有极大的偶然性，饭店管理者可以忽略不考虑。

②作巴雷特曲线坐标图（如图4-1所示）。

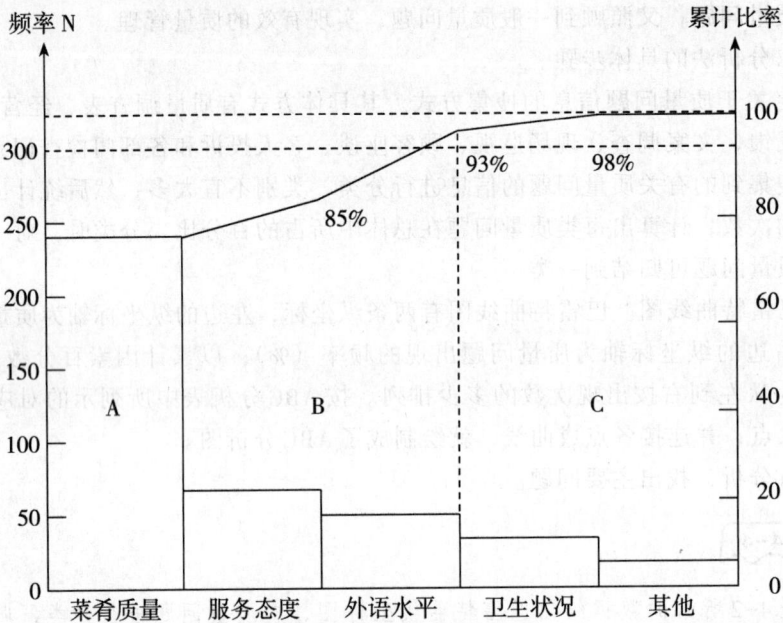

图4-1　巴雷特曲线坐标图

（2）因果分析图法

①因果分析图法的概念。

因果分析图又叫特性要素图、树枝图和鱼刺图等，是对产品质量问题的原因进行分析的图解法。

首先用ABC分析法分析出影响饭店质量问题的因素以及产生的原因，然后做出原因分析，再用因果分析图法解决这个问题。它是分析饭店质量问题产生原因的简单而有效的方法。

在饭店经营中，影响服务质量的因素多种多样，这些因素往往又错综复杂地交织在一起，而因果分析图能清晰、有效地整理和分析出服务质量和诸因素之间的关系，如图4-2所示。

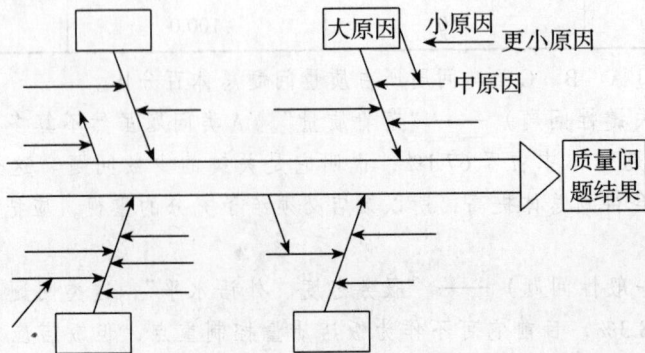

图4-2　因果分析图

②绘制因果分析图的步骤。

A.明确要解决问题的准确含义，即通过ABC分析法找出A类质量问题，用确切的语言把质量问题表达出来，并用方框画在图面的最右边。

B.饭店发动全体人员分析、找出A类质量问题产生的原因。从这个质量问题出发，先分析大原因，再以大原因作为结果寻找中原因，然后以中原因作为结果寻找小原因，甚至更小的原因。

C.画出主干线，主干线的箭头指向质量问题，再在主干线的两边依次用不同粗细的箭头线表示出大、中、小原因之间的因果关系，在相应箭头线旁边标注出原因内容。

对影响饭店服务质量的大致原因可以从人、方法、设备、原料、环境等角度加以考虑。

教学互动4-3

问题：

A.某饭店洗衣房的洗衣质量问题表现为洗涤的织物不够干净，特别是餐厅的台布，留有黄痕。请分析影响洗衣房的洗衣质量问题的主要原因及具体原因有哪些。

B.绘出洗衣房的洗衣质量问题因果分析图。

C.请找出产生A类质量问题的主要原因有哪些。

要求：

A.请两位同学对第一个问题予以回答，其他同学予以补充。

B.请两位同学在黑板上绘出洗衣房的洗衣质量问题因果分析图。

C.请两位同学对第三个问题予以回答，其他同学予以补充。

D.教师对学生的回答和其他同学的评论做最后点评。

3）饭店服务质量管理方法

饭店企业为了提高服务质量，进行了不懈的努力，诸如不断更新经营管理的理念与方法，以适应市场需求等。饭店只有从自身的实际情况出发，采取合理的质量分析与控制方法才能提高服务质量，提高客人满意度，获得竞争优势，实现组织目标。饭店常用的质量管理方法主要有：

（1）PDCA循环法

在饭店的质量管理中，通常采用PDCA循环法对饭店的质量进行控制和管理。

①PDCA循环法的概念。

PDCA循环又叫戴明环，是美国质量管理专家戴明博士首先提出的，它是全面质量管理所应遵循的科学程序。PDCA是英语单词Plan（计划）、Do（执行）、Check（检查）和Action（处理）的第一个字母。PDCA循环就是按照这样的顺序进行质量管理，并且循环不止地进行下去的科学程序，是企业进行全面质量管理活动的全部过程，是质量计划的制订和组织实施并周而复始地运转的循环过程。

②PDCA循环的阶段和步骤。

A.第一阶段——计划P（Plan）阶段。通过质量现状调查、经营数据分析、员工意见反馈、文案调查、现场巡视、顾客座谈、客人投诉和各部门检查记录等方式找出饭店服务质量所存在的问题，分析产生问题的原因，并找出主要原因，针对这些主要原因制定相应的对策措施。

B.第二阶段——执行D（Do）阶段。针对上一阶段所规定的内容要求予以实施，其中包括计划执行前的人员培训。它只有一个步骤：执行计划。

C.第三阶段——检查C（Check）阶段。在计划执行过程之中或执行之后，检查执行情况，看是否符合计划的预期结果。该阶段也只有一个步骤：效果检查。

D.第四阶段——处理A（Action）阶段。在处理阶段，主要是根据检查结果，采取相应的措施。巩固成绩，把成功的经验尽可能纳入标准，遗留问题则转入下一个PDCA循环去解决。它包括两个步骤：巩固措施和下一步的打算。

运用PDCA循环法来解决饭店质量问题，可分为八个步骤进行，如图4-3所示。

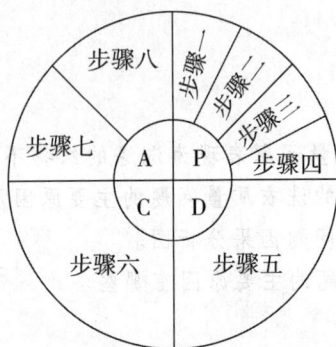

图4-3　PDCA循环法的步骤

A.计划阶段。

步骤一：分析现状，发现问题。运用ABC分析法分析饭店存在的质量问题，从中找出对饭店质量影响最大的主要问题。

步骤二：运用因果分析法分析质量问题中各种影响因素。

步骤三：从分析的原因中找出影响质量问题的主要原因。

步骤四：针对主要原因，制定解决质量问题要实现的目标和计划，提出解决质量问题的具体措施、方法。该阶段主要应关注：为什么要制定这一措施？要实现什么目标？在何处执行？由谁负责完成？什么时间完成？怎样执行？

B.执行阶段。

步骤五：按计划的要求去做，同时要做好原始记录，及时反馈执行中的各种情况。

C.检查阶段。

步骤六：步骤五实施之后，用ABC分析法对饭店出现的质量问题进行分析，把执行结果与步骤一所发现的质量问题进行对比，检查步骤四中提出的提高和改进饭店质量的各种措施和方法的效果。检查在完成步骤五的过程中是否还存在其他问题。检查时要做到及时、认真、客观、公正，能真实地反映执行情况。

D.处理阶段。

步骤七：把成功的经验总结出来，纳入有关的标准、规范、制度中，巩固和扩大质量改进的成果。失败的教训也可体现在标准化和规范化管理中，以免重犯错误。

步骤八：对这一循环中没有解决的遗留问题加以清理，并把它作为制定新的质量改进方法的依据，转入下一个PDCA循环的第一个阶段中去。

至此，才算完成PDCA循环。之所以将其称为PDCA循环，是因为这四个过程不是运行一次就完结，而是要周而复始地进行。一个循环完了，解决了一部分问题，可能还有其他问题尚未解决，或者又出现了新的问题，再进行下一次循环。

同步思考 4-5

　　根据上述介绍的知识，以图示和举例方法说明 PDCA 循环法的特点。

　　理解要点： ①PDCA 循环法必须在饭店各部门、各个层次同时进行。饭店是一个大 PDCA 循环，各个部门又有各自的 PDCA 循环，只有当这些大环套小环，并且每个环都按顺序转动前进、互相促进时，才能产生作用。如图 4-4 所示，饭店餐饮部制订质量计划，首先要依据饭店质量计划进行制订，即饭店 PDCA 循环的 P 阶段。

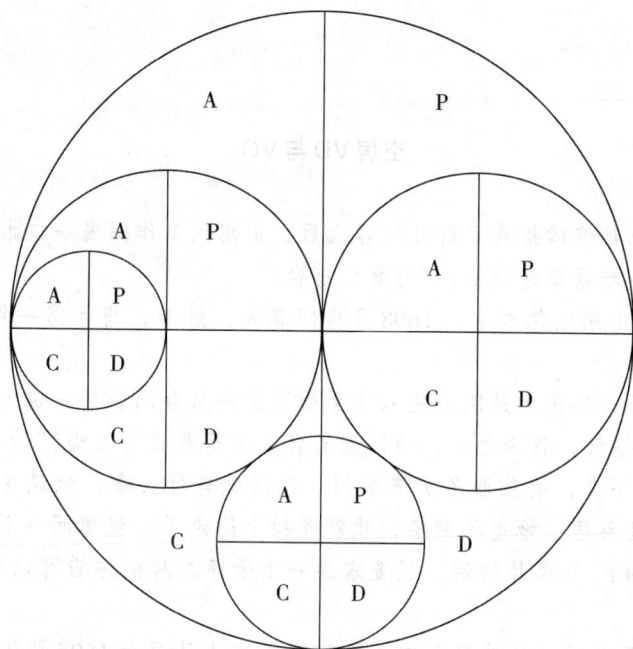

图 4-4　PDCA 循环系统

　　②外层 PDCA 循环是内层 PDCA 循环的依据，内层 PDCA 循环又是外层 PDCA 循环的具体化。如通过各部门、各班组 PDCA 循环的一环扣一环将饭店的质量管理有机结合起来，各部门、各个层次互相推动、相互促进，最终使饭店的质量管理得以提高。

　　③每个 PDCA 循环，并不是在原地周而复始地运转，而是像爬楼梯那样螺旋式上升，每一循环都有新的目标和内容，经过一次循环，解决了一批问题，管理能力和水平就有了新的提高，如图 4-5 所示。

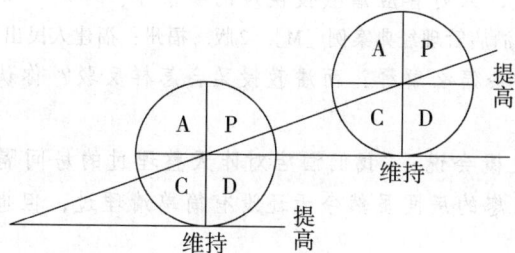

图 4-5　PDCA 循环的螺旋式运动

（2）全面质量管理方法

①全面质量管理的含义。

全面质量管理要求动员和组织企业全体人员，在产品生产过程中，对影响产品质量的各种因素进行管理，明确使用最经济的方法生产质量优良、用户满意的产品。它具有全面性和系统性管理的特点。

饭店为了保证和提高产品质量，从产品的开发设计、销售生产、服务过程监督等全方位入手，综合运用一整套质量管理体系、手段与方法开展系统管理活动。我们知道，饭店各层次管理者都有一项共同的工作职责，那就是加强本部门质量管理工作，但高品质、高质量的产品是由饭店所有员工提供的，因此，全面质量管理应以全员参与为基础。

同步案例4-5

空房VD与VC

背景与情境：

总台接待员小钟连续接待了好几位客人后，正想到工作间喝一口水，不料内线电话机铃声响起。小钟赶紧拿起话筒："您好！总台。"

"总台吗？我是刚刚住进来的1608号房间客人，姓潘，想问您一件事。"电话那头传来浑厚的男中音。

小钟想起来了，潘先生是刚办完入住手续不久的来自湖北的一位大学教授。小钟礼貌地问道："潘教授好，我是总台，请问您有什么事需要我帮忙吗？"

"我刚进房间不久，有位服务员来敲门。我问她有什么事，她说要整理房间。我说房间好好的怎么还整理，她也不回答，我就硬拉上门走了。我想问一下，是不是我这个房间卫生还没有做？如果是的话，我要求换一个干净的房间你看可以吗？"潘教授客气地说。

小钟知道麻烦来了。虽然房务中心电脑房态表上已显示1608是住客房，但房务中心肯定还没有将这一变化通知楼层服务员，而楼层服务员仍然按照这个房间是"脏空房"去整理。现在让客人碰到了，客人自然对这个房间的卫生状况产生怀疑。因为这种原因而接到客人要求调房的事情以前就曾发生过。虽然有麻烦但也没办法回避，于是小钟清了清嗓子耐心地解释。

但是潘教授可没有太多的耐心听小钟解释，有点不高兴地说："总台小姐，你说了半天我还没听明白，你还是帮我换一个干净的房间吧。"

小钟为了息事宁人，只好答应潘教授换房的要求了。

（资料来源　陈文生. 酒店管理经典案例［M］. 2版. 福州：福建人民出版社，2017.）

问题：你认为小钟会怎么解释？而潘教授又会怎样反驳？你认为案例中的问题出现在哪个环节？

分析提示：小钟大概会说："我们酒店对昨天整理过的房间隔一夜没人住，今天还是要简单清理一下的。您的房间虽然今天还没有简单清理过，但也是干净的，请你放心住吧。"

潘教授：既然今天没有清理过怎么又是干净的呢？我花了钱怎么能接受"伪劣产品"？

问题的根源还是在电脑房态表的设计上。事后了解到，该酒店电脑房态表上没有对"空房"做两种状态显示，即没有区分是"脏空房"（VD）还是"净空房"（VC）。"脏空房"是指昨天是走客房，虽然经过大整理，但过一夜没人住，到今天则成为"脏空房"了。原则上说，这种客房是不能开出去的，由于该酒店房态表只笼统地显示某房是空房，而总台无法认定该房是否处理过了，随时都有可能将之出售。假如房态表有"脏空房"和"净空房"的区别，总台只认定"净空房"的话，就不至于产生本案例的情况了。

这是信息管理出现的问题，归根结底还是服务人员工作不细致、责任心不强所导致的。

②全面质量管理的内容。

A.全范围质量管理。饭店的服务对象为顾客，饭店质量管理的任务是以市场为基础，以顾客满意为目的。顾客对饭店产品质量的评价是多方面的，如设施设备质量、实物产品质量、劳务服务质量、饭店环境质量等，这些质量的提供者是饭店所有部门，所以，饭店要对所有部门包括各业务部门、各职能部门进行服务质量管理，还要保证饭店低成本、高效率的经营管理质量。

B.全过程服务质量管理。饭店产品需要经过市场调研、开发设计、物料采购、销售、服务操作、售后服务、意见征询这样一个过程，必须经过严格的质量控制与管理，才能提高和保证产品质量。所以，饭店全过程服务质量管理就是指饭店的各项服务从预备过程（前阶段）到服务过程（中阶段）、服务结束（后阶段）所采取的具有相关性和连续性的管理。

a.预备过程阶段的质量管理。

有直接接待任务的各业务部门，要想保证服务质量，必须做好接待前的准备工作。各业务部门因接待工作内容不同，所进行的准备工作也不同。例如，客房部需及时做好走客房清扫工作，重新做床，补充物品，便于客人随时入住；餐饮部必须做好菜肴原料的采购、储藏准备，满足客人对不同菜品的需求，等等。做好预备阶段的质量管理工作，是饭店招徕更多客人，并做好客人接待工作的关键所在。

b.服务过程的质量管理。

这是指饭店接待宾客过程中的各项服务工作的质量管理，如厨房菜肴生产、餐厅服务、总台入住登记、房间分配等。饭店产品生产与消费的同步性特点，给这一阶段的产品质量保证与管理都带来了困难，因此，饭店必须制定服务质量标准，提高员工服务质量意识，加强这个阶段的质量控制与管理工作力度。

c.服务后阶段的质量管理。

饭店为客人提供的产品质量是否令客人满意，这是服务后阶段的质量管理工作重点，饭店要采取一些提高服务质量的方法与手段，保证产品质量，提高饭店竞争力，如组织客人座谈会、阅读客人留言卡和投诉信、电话征询客人意见、听取服务人员反馈意见等，广泛搜集意见，保证饭店优质产品的产出。

C.全员参与质量管理。所谓"全员"，就饭店而言，既包括各级领导者、管理人员，也包括一线服务人员。虽说一线服务员是饭店产品的生产者，但大约80%的产品质量问题是由饭店各级领导和管理者的工作失误造成的，所以饭店产品质量与员工素质、领导者素质以及企业文化等密切相关，努力提高全员素质，认真做好本职工作，人人关心质量，全员参与质量管理，才能保证产品质量。由于最终对饭店产品质量做出评价的是顾客，要提高产品质量，就必须听取顾客的意见以及得到顾客的配合，加之饭店产品生产与消费同步性的特点，使顾客在服务过程中直接参与服务生产，期间与产品提供者发生多次、多方面的交互作用，交互作用的质量越高，客人对产品质量的满意度就越高，做出的质量评价也就越高，所以"全员"还应包括顾客。

为加强饭店质量管理，饭店与顾客必须相互配合，尤其在饭店产品几乎同质化的形势下，饭店应努力提高服务过程的质量来获得差异性，令客人喜出望外。

D.全方法质量管理。影响饭店产品质量的因素有多方面，既有人为因素，也有物质因素；既有生产技术因素，也有企业管理因素；既有内部员工因素，也有外部客人因素。只有对产生质量问题的原因进行综合分析，采取有效的方法予以解决，才能达到产品质量管理的目的。

饭店质量管理方法形式多样，常使用的方法有传统管理方法（行政方法、经济方法、法律方法、职能管理方法）、过程管理方法（排列图法、因果分析图法、PDCA循环法）、朱兰三部曲、ISO 9000族标准方法等。

业务链接4-4

朱兰三部曲

朱兰（Joseph H. Juran）博士是世界著名的质量管理专家，他所倡导的质量管理理念和方法始终影响着世界以及世界质量管理的发展。他的"质量计划、质量控制和质量改进"被称为"朱兰三部曲"。他最早把巴雷特原理引入质量管理。

A.质量计划——为了建立有能力满足质量标准化的工作程序，质量计划是必要的。

B.质量控制——为了掌握何时采取必要措施纠正质量问题，就必须实施质量控制。

C.质量改进——质量改进有助于发现更好的管理工作方式。

（3）零缺点管理

零缺点管理是美国人克劳士比于1957年在马丁·玛瑞埃塔公司工作期间提出的概念。零缺点质量管理的基本思想是：第一次就把事情做好（Do it Right the First Time，DIRFT）。这种管理方法同样适用于控制饭店的产品或服务质量，提高饭店管理水平。

①第一次就把事情做好。

要有效地达到质量管理的标准，应从最高管理层做起。造成质量不良的原因在于管理层，因为管理层的计划和行为影响着工作的过程。

②建立健全岗位质量标准。

饭店不希望员工出现服务质量上的问题，那怎样才能做到呢？饭店管理层要负责组织、动员所有人员，本着满足客人需求的宗旨，制定岗位服务质量标准，让员工依据质量标准为客人提供服务，就不会每天出现层出不穷的质量问题了。

③建立服务质量检查制度。

为避免出现浪费在补救工作上的时间、金钱和精力，饭店除了建立健全岗位服务质量标准外，还应抓好预防工作，要求各部门建立服务质量检查制度，开展自查、互查、专查、抽查和暗查等五级检查制度活动，督导员工时时刻刻执行质量标准。

④开展零缺点工作日竞赛。

饭店服务质量出现的问题，引发因素基本可归纳为两种，即缺乏知识和认真负责的态度。每个饭店都很注重对员工的培训工作，通过培训，员工的文化知识、专业知识会得到不断的提升，而"态度决定成败"，它是要靠个人的领悟才能提高的。为此，饭店可经常开展零缺点工作日竞赛活动，使DIRFT理念深入人心，让员工养成良好的工作习惯。

业务链接4-5

菲利浦·克劳士比

菲利浦·克劳士比（Philip Crosby），1926年6月18日出生于西弗吉尼亚州的惠灵市，被美国《时代》杂志誉为"20世纪伟大的管理思想家""品质大师中的大师""零缺陷之父""一代质量宗师"，是他开创了现代管理咨询在质量竞争力领域的新纪元。在半个多世纪的质量管理文献中，克劳士比是这个领域内被引用得最多的作者之一。克劳士比的著作被公认为是质量与管理科学中最好的著作，哈佛商学院、沃顿商学院、耶鲁大学管理学院还为此专门开设了"克劳士比管理哲学"（Crosbyism）课程。克劳士比率先提出"第一次就做对"的理念，从而掀起了一个时代自上而下的零缺陷运动。

本章概要

□ 内容提要与结构

▲ 内容提要

● 评价饭店服务质量，是以饭店提供有形的设施设备产品和无形的服务产品能否满足客人需要及其满足的程度为原则的。它充分体现了当今饭店企业"以宾客为中心"的经营理念。饭店产品综合性的特点，要求饭店各部门的工作都要围绕对客接待和服务进行，因此，了解和掌握饭店服务质量与构成、饭店服务质量，为客人提供贴心服务，满足客人所需，才能保证对客服务质量。

● 服务是饭店产品重要的组成部分，服务质量管理工作也就成为饭店企业的重要任务。为保证产品质量，饭店要求员工操作规范，同时饭店通过所建立的服务质量管理体系，用ABC分析法、因果分析图法、PDCA循环法、全面质量管理方法、零缺点管理法对生产全过程中各个环节的所有要素进行控制，保证产品生产过程中的每个环节达到操作规范的要求，以降低服务失败的风险。

▲ 内容结构

本章内容结构如图4-6所示。

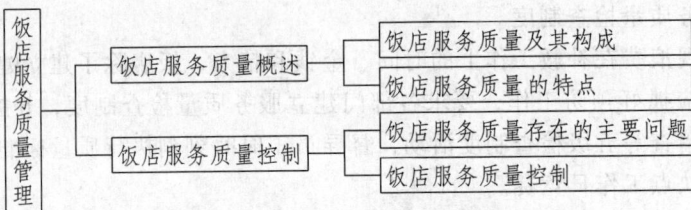

图 4-6 本章内容结构

□ 主要概念和观念

▲ 主要概念

饭店服务质量 服务质量保证体系 质量方针 质量目标 ABC分析法 因果分析图 PDCA循环 全面质量管理

▲ 主要观念

饭店服务质量构成 饭店服务质量特点 饭店服务质量管理体系的建立 饭店服务质量分析方法与管理方法的学习与运用

□ 重点实务和操作

▲ 重点实务

饭店服务质量分析方法与管理方法的学习与运用 相关"业务链接"

▲ 重点操作

饭店服务质量分析方法与管理方法的运用

● 单元训练 ➡

□ 理论题

▲ 简答题

1）饭店服务质量有哪些特点？

2）饭店服务质量存在的主要问题有哪些？

3）饭店服务质量由哪几个部分构成？

▲ 讨论题

1）如何理解饭店服务质量对员工素质具有依赖性的特点？

2）如何理解服务质量方针和质量目标在饭店中的作用？

3）如何理解饭店服务质量评价具有主观性的问题？

□ 实务题

▲ 规则复习

1）简述朱兰三部曲的内容。

2）简述ABC分析法的具体步骤。

3）简述全过程服务质量管理中的三个阶段质量管理情况。

▲ 业务解析

热水系统出故障

7楼领班小杨昨晚值夜班，第二天清晨伊始，小杨已经在走廊里忙个不停了。她偶然打开热水龙头时发现，昨夜不知什么时候热水系统出了故障。她连忙走到值班室，向工程部挂电话，希望来人抢修，因为她知道外国人大多有起床洗澡的习惯。20分钟后，她又给工程部去了电话，获悉热水系统的某个主要部件损坏了，酒店内没有备件，要到9点商店开门才有望配到。挂上电话，小杨急中生智，把7楼值夜班的几名服务员召集到一起，告诉他们立即用煤气烧开水，以最快速度为每个房间供应热水。不一会儿，值班室便忙开了，灌水的、烧水的、送水的，几名服务员有条不紊地忙了起来。7点半，每个房间平均有3瓶热水，值班室里还准备了10多瓶热水专供早上洗澡的客人用。不多时，客人陆续起床，当他们知道热水是服务员今晨用煤气赶烧出来的，都十分感动。一次潜在的投诉变成了阵阵赞扬声。

（资料来源 佚名. 客房服务与管理案例［EB/OL］.［2015-09-25］. http：//www.docin.com/p-1300747224.html.）

硬件设施难免发生故障，应由哪个部门负责？发现饭店硬件设施不足，给客人带来不便时，作为饭店员工该怎么办？如果你是一名饭店工程部人员，你认为平时应采取哪些措施来保证设施的完好与正常运转？

□ 案例题

▲ 案例分析

"麻烦"的客人

背景与情境：

因工作需要，刘先生准备在某饭店长住一年，该饭店没有单人间，刘先生就租用了一间标准间。一周后，刘先生觉得自己一个人住在标准间挺不舒服，床太小，两张床又占地方，就向客房部黄经理提出能否给他换张大床，黄经理认为客人的要求是合理的，就专门购置了大床，满足了刘先生的需求。

又一周后，刘先生找到黄经理，提出能否给他的房间多加一个衣柜，因为他一年四季的衣服在壁橱里根本放不下。于是，黄经理就与刘先生商量："您可以把衣服寄放在饭店洗衣房的布草间里吗？"刘先生不同意，他说："每次穿衣时都要与你们联系，岂不麻烦死啦！"黄经理认为刘先生所说也有道理，就给他专门添置了衣柜。

再一周后，刘先生又找到黄经理，要求长借一块烫衣板和一只熨斗，他说："每次我刚借来熨斗，你们的服务员就来催问我什么时候还，我总想在自己最方便的时候熨衣服。"黄经理想了想，就对刘先生说："我会通知服务员满足您的要求。"

刘先生离开后，黄经理就开始嘟囔："这么麻烦的客人，还不如不接！"

（资料来源 佚名. 服务意识案例［EB/OL］.［2016-11-03］. https：//max.book118.com/html/2016/0121/33735846.shtm.）

问题：

1）你如何看待饭店服务效率这个问题？

2）案例中刘先生是位麻烦的客人吗？可看出黄经理工作有什么不足？

3）你认为该酒店该如何提高顾客满意度？

分析要求：同第1章本题型的"分析要求"。

▲ 善恶研判

顾客抱怨

背景与情境：

住在401房间的李先生，早晨起来想洗个热水澡，可洗至一半时，水突然变凉了，王先生非常懊恼，匆匆洗完澡后给总台打电话抱怨，接到电话的服务员正忙着给前来退房的客人结账，听客人说没热水，边工作边回答："对不起，请您向客房中心查询，号码是58。"本来一肚子气的王先生一听就来气，嚷道："你们饭店怎么搞的，我洗不成澡，向你们反映，竟然让我再拨其他的电话！"说完，"啪"的一声，就把电话挂了。

（资料来源　佚名．酒店投诉案例和方法［EB/OL］．［2017-10-08］．https://max.book118.com/html/2017/1008/136470569.shtm.）

问题：

1）本案例中那位总台服务员存在哪些道德伦理问题？

2）试对上述问题做出你的善恶研判，你通过这个案例怎么看待酒店"顾客抱怨"这个问题？

3）你认为正确做法该如何？

4）通过网上或图书馆调研等途径搜集你作善恶研判所依据的行业道德规范。

研判要求：同第1章本题型的"研判要求"。

□ 实训题

"饭店服务质量分析方法与管理方法的运用"业务胜任力训练

【实训目的】

见本章"学习目标"中的"实训目标"。

【实训内容】

其"领域"、"技能点"、"名称"和操作"规范与标准"见表4-3。

表4-3　　　　　　　　专业能力训练领域、技能点、名称及其参照规范与标准

训练领域	技能点	名称	参照规范与标准
饭店服务质量分析方法与管理方法的运用	技能1	市场调研技能	(1) 能围绕"饭店服务质量控制"主题确定调研内容，设计调研问卷，制订调研计划 (2) 能确定关于饭店服务质量问题信息的搜集方式。具体方式有质量调查表、经营数据分析、员工意见反馈、文案调查、现场巡视、顾客座谈、客人投诉和各部门检查记录等 (3) 能根据调研计划和信息搜集方式，合理有序地进行项目调研 (4) 能对调研结果进行正确的分析研究
	技能2	运用ABC分类法分析饭店质量问题技能	(1) 能掌握ABC分类法的特点与步骤 (2) 能将初步汇总与整理的饭店服务质量的问题运用ABC分类法进行A类、B类、C类问题的分类 (3) 能分析出质量问题的个数和质量问题发生的频率 (4) 能找出关键性的A类问题，并对各类问题提出处理方法 (5) 能将A、B、C三类问题以巴雷特曲线图的形式予以表现

续表

训练领域	技能点	名称	参照规范与标准
饭店服务质量分析方法与管理方法的运用	技能3	因果分析图法运用技能	（1）能掌握因果分析图法的特点与步骤 （2）能对上述A、B、C三类问题进行原因分析，找出A类质量问题的大原因 （3）能以A类质量问题的大原因作为结果寻找中原因，然后以中原因作为结果寻找小原因，甚至更小的原因 （4）能画出主干线，主干线的箭头指向质量问题，再在主干线的两边依次用不同粗细的箭头线表示出大、中、小原因之间的因果关系，在相应箭头线旁边标注出原因内容
	技能4	PDCA循环法运用技能	（1）能掌握PDCA循环法的相关知识 （2）能对因果分析得出的结论按四个阶段实施管理 ①第一阶段——计划P（Plan）阶段。针对这些主要原因制定相应的对策措施 ②第二阶段——执行D（Do）阶段。针对上一阶段所规定的要求予以实施，其中包括计划执行前的人员培训 ③第三阶段——检查C（Check）阶段。在计划执行过程之中或执行之后，检查执行情况，看是否符合计划的预期结果 ④第四阶段——处理A（Action）阶段。在处理阶段，主要是根据检查结果，采取相应的措施。巩固成绩，把成功的经验尽可能纳入标准，遗留问题则转入下一个PDCA循环去解决
	技能5	撰写《××饭店服务质量控制实训报告》技能	（1）能运用ABC分类法进行A类、B类、C类问题的分类，找出A类关键性问题 （2）能准确寻找引起服务质量问题的各种原因 （3）能按四个阶段对服务质量实施管理 （4）能规范撰写《××饭店服务质量分析实训报告》《××饭店服务质量控制实训报告》

职业核心能力和职业道德训练：其内容、种类、等级与选项见表4-4；各选项的操作"规范与标准"见本教材附录三的附表3和附录四的附表4。

表4-4　　职业核心能力与职业道德训练内容、种类、等级与选项表

内容	职业核心能力						职业道德						
种类	自我学习	信息处理	数字应用	与人交流	与人合作	解决问题	革新创新	职业观念	职业情感	职业理想	职业态度	职业良心	职业作风	职业守则
等级	中级	中级	中级	中级	中级	中级	中级	中级	认同级	认同级	认同级	认同级	认同级	认同级
选项	√	√	√	√	√	√	√	√	√	√	√	√	√	√

【实训任务】

（1）对表4-3所列专业能力领域各技能点，依照其"参照规范与标准"实施阶段性基本训练。

（2）对表4-4所列职业能力选项，依照本教材附表3的"参照规范与标准"实施"中级"强化训练。

（3）对表4-4所列职业道德选项，依照本教材附录四附表4的"规范与标准"实施"中级"相关训练。

【组织形式】

将班级学生分成若干实训小组，根据实训内容和项目需要进行角色划分。

【实训要求】

（1）实训前学生要了解并熟记本实训的"实训目标"、"能力与素质领域"、"实训任务"与"实训要求"，了解并熟记网络教学资源包中《学生考核手册》表4-2、表4-3中"考核指标"与"考核标准"的内涵，将其作为本实训的操练点和考核点来准备。

（2）通过"实训步骤"，将"实训任务"所列三种训练整合到本实训的"活动过程"和"成果形式"中。

【情境设计】

将学生分成若干实训组，在本实训【成果形式】的"实训课业"题目中任选一题，并选择一个校企合作的企业进行实训。各实训组通过对所选企业（或本校专业实训基地）饭店服务质量控制相关项目运作的调研、参与和实施等系列体验活动，完成本实训操练题的各项任务，在此基础上撰写实训报告。

【指导准备】

知识准备：

（1）饭店服务质量管理知识。

（2）"企业调研"的理论与实务知识。

（3）"ABC分类法"的理论与实务知识。

（4）"因果分析图法"的理论与实务知识。

（5）"PDCA循环法"的理论与实务知识。

（6）本教材"附录一"的附表1中，与本章"职业核心能力'强化训练项'"各技能点相关的"'知识准备'参照范围"。

（7）本教材"附录二"的附表2-2和附表2-3中，涉及本章"职业核心能力领域'强化训练项'"各"技能点"和"职业道德领域'相关训练项'"各"素质点"的"规范与标准"知识。

操作指导：

（1）教师向学生阐明"实训目的"、"能力与道德领域"和"知识准备"。

（2）教师就"知识准备"中的第（6）、（7）项，对学生进行培训。

（3）教师指导学生就操练项目所进行的市场调研、资料搜集与整理活动。

（4）教师指导学生就操练项目所进行的饭店服务质量控制活动。

（5）教师指导学生撰写《饭店服务质量分析方案》《饭店服务质量控制方案》《××饭店服务质量分析与控制评估报告》。

（6）教师指导学生撰写《××饭店服务质量分析实训报告》《××饭店服务质量控制实训报告》。

【实训时间】

本章课堂教学内容结束后的双休日和课余时间，为期一周。

【操作步骤】

1）将学生组成若干设计团队，每个团队确定1人为队长，结合本实训任务进行适当的任务分工。

2）各团队分别选择一家校企合作饭店，结合课业题目，制订饭店服务质量控制在饭店实际管理中的应用实训方案。

3）各团队通过互联网、图书馆以及走访企业的途径，研究该饭店服务质量控制在实际管理中的应用情况。在此基础上实施实训方案，系统体验如下技能操作：

（1）依照"技能点1"的"参照规范与标准"，运用现代饭店服务质量控制有关知识、"企业调研"的理论与实务知识，诊断该饭店"服务质量问题"的具体情况，分析其成功与不足之处。

（2）依照"技能点2"的"参照规范与标准"，运用"ABC分类法"的理论与实务知识，寻找该饭店在服务质量关键性问题认识上的不足之处，提出改进意见。

（3）依照"技能点3"的"参照规范与标准"，运用"因果图分析法"的理论与实务知识，对该饭店服务质量关键性问题出现的各种原因予以分析，提出改进意见。

（4）依照"技能点4"的"参照规范与标准"，运用"PDCA循环法"的理论与实务知识，为该饭店服务质量关键性问题制订控制方案，提出改进意见。

（5）依照"技能点5"的"参照规范与标准"，能按照应用文的程式，设计和撰写相应的实训报告。

4）在"饭店服务质量控制"的"专业能力"上述基本训练中，融入"职业核心能力"各选项的"中级"强化训练，突出饭店服务质量控制的有关知识、企业调研的理论与实务知识、ABC分类法、因果图分析法、PDCA循环法等内容及其在饭店中的运用以及"职业道德"各选项的"中级"相关训练。

5）综合以上操作与阶段性成果，撰写《××饭店服务质量分析实训报告》《××饭店服务质量控制实训报告》。

6）在班级讨论和交流各团队的实训报告。

7）各团队根据讨论和交流结果，修订其实训报告，使其各具特色。

【成果形式】

实训课业：《××饭店服务质量分析实训报告》《××饭店服务质量控制实训报告》。

要求：

1）"实训课业"的结构与体例参照本教材"课业范例"中的范例-3。

2）将实训方案以"附件"形式附于实训报告之后。

3）在校园网的本课程平台上展示经过教师点评的班级优秀实训报告，供相互借鉴。

━━ 单元考核 ━━▶

考核要求：同第1章"单元考核"的"考核要求"。

第5章
饭店计划管理

学习目标

通过本章学习，应该达到以下目标：

理论目标：学习和把握饭店计划管理的概念和特点，饭店计划的分类，饭店计划管理高效运用的重要意义，饭店管理指标体系的相关概念，饭店不同管理层制订计划的类型和特点等陈述性知识；能用所学理论知识指导"饭店计划管理"的相关认知活动。

实务目标：学习和把握优秀饭店计划的内容及标准，饭店计划的编制与实施，相关"业务链接"等程序性知识；能用所学实务知识规范"饭店计划管理"的相关技能活动。

案例目标：运用所学理论与实务知识研究相关案例，培养和提高在特定业务情境中分析问题与决策应对的能力；能结合本章教学内容，依照"职业道德与企业伦理"的行业规范或标准，分析企业行为的善恶，强化职业能力素质。

实训目标：参加"饭店计划的分析与编制"业务胜任力的实践训练。在了解和把握本实训所涉及"能力与道德领域"相关技能点的"规范和标准"基础上，通过切实体验"饭店计划的分析与编制"各实训任务的完成、系列技能操作的实施、相关实训报告的准备与撰写等有质量、有效率的活动，培养其"饭店计划的分析与编制"的专业能力，强化其"信息处理"、"解决问题"和"革新创新"等职业核心能力（中级），并通过"认同级"践行"职业观念"、"职业理想"、"职业态度"和"职业守则"等规范，促进其健全职业人格的塑造；通过制订《关于××优化方案》的团队活动，培养专业调研与业务拓展技能，强化"与人合作"和"革新创新"等职业核心能力。

引例 2016年酒店营销部年度经营计划

背景与情境：

嘉思高酒店在集团董事局的带领下对酒店2016年的经营发展定位做出明确：以打造星级自主品牌为目标，建设规范标准的管理与服务程序，经营的客户群体以中高端客户为主，全力缔造品牌，打造优质产品，提供星级服务。

在确定经营定位与发展目标的前提下，酒店的各营运部门将根据酒店的定位制定经营策略，力求保质保量地完成2016年经营指标。营销部将根据2016年经营预算方案制定经营策略、重组细分客源市场、开拓开发市场路径，配合各部门开展销售和推广工作，希望各部门大力配合共同完成使命。

2016年营销部经营策略如下：

一、自助餐厅

目标客户：以住店客人、商务客人、旅游团队、周边居民。

竞争优势：南海罗村地区最高档的自助餐厅，一流的场地设备设施和用餐环境，有乐队营造气氛。

劣势分析：在本地市场上没有形成知名的自助餐品牌，餐饮产品缺少创新性主题，欠缺定期的季节性美食活动策划。

本地客源的选择是：高端以洲际、皇冠假日、马哥孛罗为主，中端以华美达"人山人海"餐厅为主。

经营策略：

1.以产品和服务赢得口碑和市场，利用自身优势研发自助餐产品，打造自助餐招牌菜式，定期策划丰富的主题美食活动。

2.销售渠道包括OTA渠道、旅行社团队渠道、商务公司渠道、住店客人及周边散客渠道。

3.前期以旅行社团队为基础量，将上门散客、会议用餐、在线团购作为自助餐市场增长点。

4.定期推出美食嘉年华活动（如泰国美食节、日韩美食节、巴西烤肉节），推出以节假日为主题的各种优惠活动，吸引人气，提高营业额。

5.通过服务赢取口碑及回头率。加强客人在店消费体验过程的客服工作，自助餐服务员、主管、经理多与客人交流互动，建立良好的氛围，特别是争取在线团购客人在网上的好评。

6.定期举办厨艺秀，加大出品现场制作的比重。

7.宣传推广策略：

（1）借势营销策略，邀请广佛地区美食达人、微信微博达人、媒体美食栏目记者等公众名人前来体验及分享。

（2）公益营销策略，定期举办如"烘焙培训班""美女厨神"等活动。

二、会议

目标客户：广佛两地会展公司、行业协会、商务公司、企业单位。

竞争优势：本地场地最大、硬件设施最完善的多功能宴会厅。

劣势分析：客房数量有限，适合接待住房需求在200人以下的中小型会议，流失大型会议业务。会务市场处于开拓阶段，有待大力拓展宴会销售渠道。

经营策略：

完善会议服务标准，打造会议专家品牌，以品牌提升酒店在会议市场的竞争力。对于酒店其他会场，实行会场净价及多种可自由组合的套餐供客户选择。对于会议室使用设立不同标准套餐，设立会议包价，对会场、餐饮、客房价格进行打包，打包后产品的包价组合收费比产品单项拆分后的收费要优惠，从而达到吸引客户提高综合消费的目的。前期尽可能多地占领企业中小型会议市场，从而带动酒店人气。为会务公司或负责人办理会员卡（可积分），通过积分兑换酒店消费（或申请佣金，另议），进一步刺激综合消费及提升回头率。以春秋两届广交会以及本地行业商务会展为契机，大力发展MICE业务销售。

三、客房

目标客户：本地商务差旅客人、旅游团队/散客、会议/会展/宴会客人、自驾游/家庭客人。

竞争优势：客房硬件设施完善，高级房以上房型空间宽敞。空中花园弥补了部分自然景观的不足。

劣势分析：对于商旅客人来说配套不足，缺少桑拿沐足、KTV、商场、游泳池等休闲娱乐设施。

客房经营策略：

1.通过调控客源结构，提升平均房价和入住率。

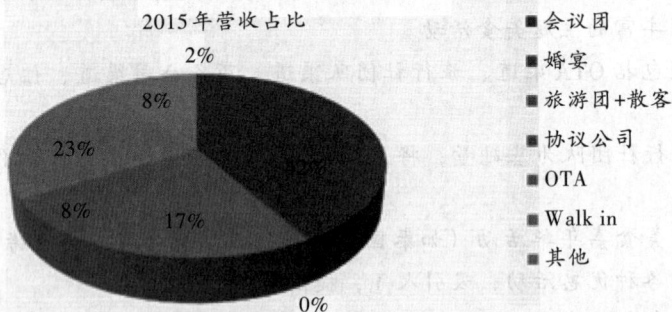

2015年营收占比

- 会议团
- 婚宴
- 旅游团+散客
- 协议公司
- OTA
- Walk in
- 其他

2%
8%
23%
8%
17%
42%
0%

2.行动方案：

（1）5月1日前签订的商务公司订房协议数量为232份，以每月递增200份的速度，在12月31日前累计开拓1 200家商务公司，签订订房协议。

（2）于6月1日前推出酒店会员卡（详见会员卡方案），以每月715张、每天24张的速度，在12月31日前完成5 000个会员的建立。

（3）于5月中下旬到香港、深圳洽谈下半年团队合作，提升团队房价。

（4）于7月1日前打开广州、珠海、东莞等地的旅游团队渠道，拓展日本团、东南亚团、东欧团，拓展冬季来南方旅游的北方团队。

3.提升宾客体验感、满意度。

（1）完善设备设施：加强WiFi信号的稳定性，完善门窗隔音设施的完善，及时维护客房设施。

（2）强化客房服务质量。

（3）完善配套设施，包括商场、理疗（沐足、桑拿）、KTV。

（4）增加住店客人休闲娱乐区域：开发空中花园，增加亲子、休闲设施（如沙滩椅吊床等），以及休闲消费项目（如果汁、冷饮等）。

（5）每天由GRM随机送出5份果盘，赠予入住两次以上的客人。随机给予入住三次以上的客人免费升级客房。

（6）广交会期间强化远程预订，根据客情做好房控及收益管理。

（资料来源 s0012230. 2016年酒店营销部年度经营计划书［EB/OL］.［2017-06-26］. https://www.taodocs.com/p-74827631.html.）

问题：饭店制订计划有何用途？

饭店做什么事情，事先都应有个打算和安排。有了计划，工作就有了明确的目标和具体的步骤，就可以协调大家的行动，增强工作的主动性，减少盲目性，使工作有条不紊地进行。

5.1 饭店计划管理概述

5.1.1 饭店计划管理的概念和特点

1）饭店计划管理的概念

饭店计划管理，是饭店根据内外部环境条件，用科学的方法确定饭店的经营管理目标，通过对饭店计划的编制、执行、控制，确定其经营目标和经营政策，拟订和选择经营方案，指导它的经营活动，实现饭店双重效益，推动饭店发展的过程。

计划管理是从计划制订到计划目标实现的全过程的管理。计划管理包括两层意思：一是对计划本身的管理，即从搜集信息、做出决策到形成计划全过程的管理；二是实施计划，即用计划指导并管理饭店。

饭店的计划管理应全面细致，饭店计划的核心就是5W1H原则（见表5-1）。

表5-1　　　　　　　　　　　　　　　　5W1H原则

何故	Why	为什么做	有必要吗
何事	What	目标是什么	有什么关系吗
何处	Where	在哪里工作	与何处有关
何时	When	何时工作	到何时完成
何人	Who	由谁做	与谁有关，职责是什么
如何	How	如何工作和衡量	花多少资源以及用什么策略，如何衡量

2）饭店计划管理的特点

（1）预见性

由于饭店计划是事先对饭店未来的工作任务做出的构想和安排，依据饭店经营管理活动中出现的客观事实、运动规律和丰富经验进行精确分析、科学推断的结果，因此，饭店计划有很强的预见性。

（2）可行性

饭店的计划是为了实现饭店的经营目标而制订的，计划中的各项指标、措施、方法的设置和安排都是大家参与讨论协商后的结果，都是能够被广大员工认可和接受并认真执行的。

（3）明确性

饭店计划是执行行动效果检验的依据，因为饭店工作计划中的目标、任务、步骤、措施、方法的定性和定量都是十分明确且毫不含糊的。明确的计划可以使广大员工行有所依、查有所据。

（4）数量指标性

根据计划指标的性质，可将饭店计划指标分为质量指标和数量指标两大类。对于饭店管理来说，数量指标反映了绝对数量的多少，一般用绝对数来表示，如饭店销售额、职工人数、入住率等。质量指标反映了饭店内部结构、比例、单位水平、现象之间的内在联系和对比关系，一般用相对数或平均数来表示，如客人人均消费额、已售客房的平均价格等。

5.1.2　饭店计划的分类

饭店计划的种类很多，功能各异。为了便于管理，使计划真正发挥作用，饭店可根据客观情况，按照不同要求和特点，制订出不同类型的饭店计划。

1）长期计划、中期计划和短期计划

饭店计划从时间长短的角度，可分为长期计划、中期计划和短期计划。

（1）长期计划

长期计划一般是指 3～5 年的工作目标和实现目标的工作方法，是宏观的、具有战略目标的、纲领性的计划，它可以明确饭店的发展方向，为其他各类计划提供架构，并使之适应外部环境的变化，关系到饭店的生存与发展。长期计划的主要内容有：饭店发展目标；投资与基建目标；经营管理目标；职工培训目标。其核心是饭店的发展目标，具有战略性、总体性、全面性。长期计划由高层管理者制订，中低层管理者加以协作。

（2）中期计划

它根据长期计划而制订，通常为 1 年或 1 年以内时间，也称为年度综合计划。其内容涉及整个饭店各部门的工作目标、主要经营活动，主要指导饭店的日常经营、管理，内容要具体、可行。中期计划主要由中层管理人员即部门经理一级制订，主管一级参与制订。

（3）短期计划

饭店在分解部门年度计划的基础上，制订月度计划、周计划和日计划等短期计划。短期计划是根据饭店在不同阶段的短期项目制订的，有很强的针对性和指向性，对饭店员工在项目期内的整体配合度要求很高，如宴会计划、美食节计划、技术比武计划、主题培训计划、招聘计划等。短期计划具有战术性、局部性、具体性等特点。

同步思考 5-1

有人说，一般的企业存在三类人，饭店也不例外。究竟是哪三类人呢？

理解要点：①活在昨天的——员工。因为员工必须按照昨天制定的规章制度办事。②活在今天的——经理人。因为经理必须随时解决今天发生的问题。③活在明天的——老板。因为老板必须考虑企业明天的发展方向。

今天是不断变化的，是经常会出现问题的。比如饭店迎宾员在饭店门口笑迎八方来客，但如果有一个乞丐要进饭店大堂去乞讨，迎宾员就不应该让其进去，如果怎么拦都拦不住，这时就应该找领班来解决，领班无法解决就找主管，主管无法解决就找经理……因为迎宾员活在昨天，而昨天的规章制度中并没有写解决这类问题的方法；领班、主管、经理则是活在今天的，需要随机应变解决发生的问题。

2）外部计划与内部计划

从空间或环境的角度，可将计划分为外部计划与内部计划。

（1）外部计划

它是饭店为了实现自己既定的目标，通过预测经营环境，针对政治、经济、社会、法规、科学技术等诸多方面的变化而制定的应对策略。外部计划属于长期计划。

（2）内部计划

它是以既定的外部计划为前提，制定出饭店实际营业操作程序。内部计划明确了饭店发展目标和各项具体指标，属于战术性短期计划。

3）总体计划和部门计划

按涉及范围，计划可以分为饭店总体计划和部门计划。

（1）总体计划

总体计划主要是围绕整个饭店或饭店的几个主要部门展开的，其主要内容包括饭店总体目标、策略、执行方案等，如××饭店 2018 年工作计划。

（2）部门计划

它是指饭店各个部门制订的计划，包括部门预期实现的目标、各种策略等，如，前厅部工作计划、人力资源部培训计划等。

饭店总体计划为部门计划提供了一个基本框架，部门计划的好坏直接影响到饭店总体计划的完成。饭店总体计划与部门计划共同构成了饭店计划的有机整体。

同步案例 5-1

总经理的计划

背景与情境：

张远帆先生被五星级西海饭店任命为总经理，任期 5 年，并签订了平均每年要盈利 5 000 万元的协议书。为了完成经营任务，他制订了 5 年的战略计划，还制订了第一年度具体的工作计划，并召开了由副总经理参加的办公会议，把每年要完成利润指标所需花费的各种成本进行了核算，把利润指标任务分配到了各部门，并要求各部门根据接到的指标任务，事先安排实现经济指标的工作步骤，并形成文字材料上报总经理。

各部门根据上级布置的工作任务，分别制订了本部门的工作计划。各部门经理制订了1年内的工作计划；各主管制订了1个季度的计划；各领班制订了班组1个月的工作计划；每个员工都制订了1周内的工作计划。整个饭店都是围绕饭店的总目标和总任务分解后的要求，结合自己的具体工作实际情况，制订出切实可行的工作计划。正是在这样一组计划系统的指导下，整个饭店的内部管理显得有条不紊，饭店的经济社会效益一直在当地同业中处于领先地位。

（资料来源　李权，许诗康. 饭店管理工作技术精要［M］. 2版. 北京：海洋出版社，2015.）

问题：案例中涉及的计划分别属于哪种计划？各种计划衔接如何？

分析提示：在上述计划系统中，"5 000万元"是饭店1年经营活动的目标，既属于饭店的近期计划，也是总体计划。总经理、部门经理、主管、领班等通过相关办公会议，把指标分配到部门，直至分配到员工个人名下的活动，就是安排工作，就是在制订计划，这之中既有部门计划，也有短期计划；要求下属各部门形成执行任务的书面材料，就是一份完整的计划书。另外，要确保近期计划和短期计划的衔接、总体计划和部门计划的配合。

4）饭店的经营计划和管理计划

从饭店计划的具体内容来看，可以分为经营计划和管理计划。

（1）饭店经营计划包括饭店经营战略计划、饭店销售计划、市场营销计划、饭店接待业务计划等。

（2）饭店管理计划包括劳动工资计划、设备建设和维修计划、财务计划、物资供应计划、职工培训计划等。

5.1.3　饭店计划管理高效运用的重要意义

高效的计划管理要做到：目标科学、措施得当、及时指导、善用结果。因此，计划管理实行得好，对饭店的管理具有重要意义，这主要表现在以下三个层次：

1）高效的计划管理对饭店每位员工的重要意义

（1）计划管理方法的高效运用可以使员工形成高度的认同感与成就感

实行计划管理，需要为饭店的发展和经营设定目标，并将此目标层层分解到各部门与各个员工，从而完成目标任务的员工将会得到奖励和晋升，这就使员工的价值得到充分肯定。

（2）计划管理方法的高效运用可以激励先进、促进后进，形成极强的业绩导向

实行计划管理，完成目标任务的员工将会得到包括加薪、晋级等各种形式的奖励，有利于在饭店内部形成业绩导向，鼓励先进、促进后进。

同步思考5-2

某饭店的经理决定在公司内部实施计划目标管理方法，亲自为饭店的各部门制定工作目标，要求各部门按照其设定目标制订合适的计划并如期完成，计划完成后根据检查的结果进行考核和奖惩。而各部门经理在收到任务书的第二天就集体上书表示无法接受这些目标，致使计划无法顺利实施。你认为该总经理的做法存在哪些问题？

理解要点：优秀的计划目标应该具有挑战性和可实现性的特征，并且为上下级共同认可。因此，制定目标时应该采取自上而下制定目标、自下而上制订计划的过程，即先由上级提出发展愿景和总目标，再由下级分析其可实现性，继而设计出计划目标达成的具体步骤和方法，这样才能上下齐心，整合资源，实现目标。

（3）计划管理方法的高效运用，有利于员工迅速提高工作技能，更快成长

计划管理从制定目标、确定措施到员工执行计划、计划执行结果评价再到结果运用的整个过程中，上级领导都要对员工进行不间断的指导和服务，员工也要进行自我管理、自我控制，从而使工作能力和工作水平获得迅速提高。

（4）计划管理方法的高效运用，有利于员工科学合理地进行职业生涯规划

计划管理的重要目的之一就是通过考核员工执行计划的能力，来评估员工的工作技能，从而确定员工职业生涯的发展方向，进而明确应进一步升迁、培训的重点员工。

（5）计划管理方法的高效运用，给员工提供了发表自己观点，甚至发泄怨言的制度性机会

在计划管理的实施过程中，要求直线上级对下属的指导与服务要经常化，这为员工及时发表自己的观点提供了机会。更重要的是，计划管理制度有一个必要的环节，即计划期结束、目标考核结果公布前的"绩效面谈"，它由直线上级单独与下级逐个面谈，总结计划期内员工的计划完成情况，这便从制度上保证了员工可借此申诉自己的观点，甚至可对上级或公司的安排、支持、配套进行批评。

2）高效的计划管理对饭店管理者的重要意义

（1）计划管理方法的高效运用有助于饭店管理者动态调整自己的管理方式

在计划实施过程中，一方面，员工按目标要求开展工作，管理者可以运用多种管理方式和方法，与员工持续不断地沟通和协调，并给予及时的工作指导；另一方面，管理者可以根据反馈信息，检验所采用的管理方式和方法的合理性、有效性，从而对其进行动态调整。这是管理者改进、提升和完善管理方式的绝好机会。

（2）计划管理方法的高效运用有助于饭店管理者管理团队和改进团队的综合素质

在高效的计划管理的引导下，管理者依据计划目标、工作任务和考核标准要求管理团队，监督和控制工作进展，使管理工作有条不紊地进行；与此同时，管理者在指导每个员工的工作、促进员工改进和提高的过程中，也使整个团队的工作表现得到改善，提高了团队整体和综合素质，从而使整个团队能够高质高效地执行计划，完成工作任务。

（3）计划管理方法的高效运用可以增进饭店管理者对每位员工的理解，充分发挥每位员工的优势

管理者对员工的及时指导过程也就是上下级持续不断地沟通的过程，大大增进了管理者对团队里每位员工的性格特点、技能水平和工作能力等各方面的了解，明确了每位员工的优势和不足，有助于管理者更好地利用员工的长处，充分发挥其优势，实现团队的最佳组合。

（4）计划管理方法的高效运用促使饭店管理者更加投入团队计划和目标的制订

由于管理者与员工的目标一致，所以管理者应该与员工一起制定工作目标、任务、措施。管理者需要与员工经常沟通并对其进行适时指导、调整不足之处，因而管理者本身就会投入大量精力于团队计划、目标要求等，从而深刻掌握整个计划及目标要求，更

高效地指导员工执行计划和完成工作任务。

（5）计划管理方法的高效运用有利于饭店管理者更好地利用饭店各部门培训计划和饭店的预算经费

在执行计划过程中，对于饭店的财务预算而言，管理者可以及时指导、随时检查计划的实施情况，分析将来饭店发展过程中碰到的困难点，制定相应的补救措施、重点难点解决方案并列入饭店资金预算，可以有效利用饭店的预算经费，避免延误饭店总体目标的实现。

3）高效的计划管理对饭店正常运作和发展的重要意义

（1）计划管理方法的高效运用可促进饭店经营水平的不断提高

高效的计划管理，伴随着管理者、员工及整个团队不断学习和提升的过程，使得饭店整体水平和综合素质不断提高，保证了饭店正常运作和饭店总体目标的实现。

（2）计划管理方法的高效运用使饭店避免不良行为

对于各部门而言，计划管理可以使饭店更加明确各部门的目标和工作任务与职责，减少了部门之间的相互摩擦与推诿扯皮等不良行为，确保了各部门之间关系的协调，提高了工作效率。

（3）计划管理方法的高效运用有利于完成饭店人才梯队计划目标

在对实现目标的结果进行公正的考核评价后，形成饭店多学科、多规格、多层次的人才梯队，有利于饭店制订和实现人才梯队计划。

（4）高效的计划管理有利于人才资源的开发、培养和激励

计划管理方法的运用提高了管理者的识才、选才、育才和用才的管理能力，有效地做到用正确的人做正确的事。通过任人唯贤、大胆启用、培训员工等多种使用人才方式，加上管理者的热情鼓励、及时指导和有力支持，结合饭店合理有效的激励机制，企业可以留住最好的员工。

5.2 饭店计划管理系统

5.2.1 饭店计划的指标体系

1）客房或床位数

客房或床位数是表示饭店接待能力的最基本指标，是其他各项指标的基础。

2）接待人数

接待人数包括住宿人数、人天数等指标。

①住宿人数又称到店数，是一定时期内到饭店住宿登记的人数，即通常说的人次数。一个客人不管在饭店连续住宿几天，都只算一个人次数。

②人天数，一个客人在饭店住宿一天为一个人天数。饭店要考核的是人天总数。

3）客房出租率

客房出租率，也称开房率，是已经出租的客房间数或床位数占饭店可以提供租用的客房间数或床位总数的百分比。该指标反映了饭店接待能力和利用状况。客房收入约占饭店营业收入的50%~60%，因此，客房出租率是一个非常重要的数据，是饭店经营管理者所追求的主要经济指标。

客房出租率=已出租的房间或床位数÷可供出租的房间或床位数×100%

因为饭店的客房等级不同，出售价格也不同，所以客房出租率应按不同等级的客房分别计算，才能正确地反映出饭店客房的出租率，而笼统地计算出租率，则很难说明问题。

业务链接5-1

饭店如何降低消耗、控制客房费用支出

客房费用可以分为固定费用和变动费用两部分。固定费用总额会随着出租率的提高而减少，变动费用总额会随着出租率的提高而增加，但每间客房的变动费用是个常数。控制客房费用的支出，降低消耗，需从两方面入手：

①降低单位固定费用，其途径是提高客房出租率，通过出租数量的增加来降低每间客房分摊的固定费用。

②控制单位变动费用，主要通过使消耗品费用<标准费用（即消耗品定额）来控制单位变动费用支出。消耗品定额是对可变费用进行控制的依据，必须按饭店的不同档次，制定消耗品的配备数量和配备规定。对一次性消耗品的配备数量，要按照客房的出租情况落实到每个岗位和个人，领班和服务员要按规定领用和分发各种消耗品，并做好登记，以便对每人所管辖的客房消耗品数量进行对比和考核，对费用控制好的班组和个人要给予奖励；对费用支出超出定额标准的要寻找原因、分清责任；对由于主观因素造成的超标准支出要给予一定处罚。对于非一次性用品的消耗，要按旅游饭店的档次和正常磨损的要求确定耗用量，尽量减少使用不当造成的损耗，加强布件房的领发控制和安全保卫工作，减少丢失。

4）客房双开率

客房双开率，指一间标准间由两位客人租用，即双开房间数占已出租房间数的百分比。

客房双开率的计算主要适用于那些将一个标准间划出两种价格的饭店，其房间价格要比单人住的房价增加1/3。提高客房双开率是饭店扩大经营收入的重要手段，这可以使每个标准间比原来多收入1/3。而对客人来说，一个单人标准间住两位客人，每位客人又可以节省1/3的房价支出。所以，国外的许多饭店都十分注重客房双开率的经济作用。

业务链接5-2

饭店如何提高双开率

①提高饭店管理者对双人开房率的认识。饭店可首先将双人开房率列入夜间前厅接待统计表中，作为考核饭店经营业绩的因素；其次，分析在客房出租率相同，双人开房率不同时，对客人在饭店的总消费进行统计分析，观察其特殊意义。

②提高客人对"客人房间增加人员（Join-in）"的认识。目前，尤其是东方客人，对两人共用一间客房存在一些偏见，这主要是由于传统文化因素及饭店对"客人房间增加人员"的管理还存在一定的问题。因此，饭店可在旺季客房爆满时，从会议客人和团

队客人开始，鼓励两人共用一个房间，以逐步提高客人的认识。

③克服阻碍双人开房率的因素。阻碍因素主要有：客人的隐私权受到破坏；客人对生命及财产的安全感到忧虑等。因此，饭店可采取一些措施来提高双人开房率，如可在两张床中间设置类似屏风的分隔物；对电话、传真、电脑加设密码；设置两个保险箱；浴室内将泡澡和淋浴分开；采用天花板射灯，方便客人各自使用光源而不影响对方；设置两个洗脸盆；等等。

④采用一些特殊定价策略。希尔顿饭店集团为了促进双人开房率，采用以下收费方式：当一个人使用饭店双人房间时，收取的房费为基准费，如再增加一人，则相应地以一个较低幅度加价，这样的收费方式对于客人来说相对较为合理。

5）饭店营业收入

饭店营业收入是饭店在营业中提供服务和商品的价值总和。

6）饭店营业成本和费用

饭店营业成本和费用，是指饭店在完成计划营业额的情况下付出的成本总额再加上企业管理费用。饭店成本总额为各部门计划期成本总额之和。

7）利润和税金

利润是考核饭店经营活动成果和质量的综合性指标。税金表示饭店对国家所承担的经济责任。

8）职工人数、工资总额和劳动生产率

饭店职工人数是饭店计划期应支付工资的人员总额，包括固定工、合同工、临时工、计划外用工等；工资总额是饭店在一定时期内以货币形式支付给职工的劳动报酬总额；劳动生产率指全员的劳动生产率，它反映了饭店劳动效率状况。

9）设备完好率

设备完好率是指饭店投入使用的设备完好数与饭店全部设备的百分比。理论上，对直接提供给客人使用的设备的完好率应达到百分之百。

10）宾客满意率与投诉率

宾客满意率是被调查的宾客中满意的人数与被调查的总人数之比；宾客投诉率是投诉客人之和与饭店实际住宿人数之和之比。

5.2.2 优秀饭店计划的内容及标准

计划制订的要求：一项好的饭店计划应该包括目标、措施、实施时间、负责人、预算、评估控制六方面的内容。

1）优秀饭店计划的内容

（1）要确立目标

目标不仅是计划所指向的终点，而且也是组织工作、人员配备、指导与领导工作和控制活动所要达到的效果，计划如果没有目标，就不会像预期那样有效地经营管理。

（2）要有措施、实施的时间和负责人

目标是说明"在什么时间完成计划"，而行动计划则进一步说明了"谁去完成，如何去完成"。所以，在计划中要明确规定每个阶段由哪些人负责实施和检查，哪些部门协助。

（3）要有预算

预算是一种数字计划书，它可以帮助饭店的管理者从资金和现金收支的角度，全面细致地了解各部门的活动规模、重点和预期成果。预算也是一种控制方法，由于预算是要用数字来说话的，所以它能使计划工作做得更细致、更精确，促使管理者全面平衡各部门的收支控制。

（4）要有及时的评估控制

评估控制不仅体现在制订计划时，在计划实行中、计划完成后都要有评估控制，且是动态评估控制。

2）优秀饭店计划的标准

要制订好一项饭店计划，还需要注意下列几个方面的问题：

（1）计划必须是书面的

计划必须落实在纸面上，这会使计划的制订者考虑得更周全，也时时提醒管理人员去努力实现它，方便其在全体人员中沟通，并可作为检查工作的标准。

（2）计划要被理解和接受

由于计划目标是整个小组或饭店的行动指南，因此它必须被大家所理解和接受，可以通过各种方式让大家知晓，如刊登在员工信息栏中、开员工大会宣布等。

（3）计划目标既要有控制性又要有突破性

控制性是指目标是现实且可实现的，基本反映了饭店各部门经营管理的现有水平、自然进程或状态；突破性则使饭店各部门的经营管理达到前所未有的经营高度，但是这些目标绝不能脱离实际，难以实现，否则就会失去激励作用。二者必须很好地结合在计划中，并且突破性的目标应适当多于控制性的目标。

（4）计划要规定实现的时间

目标只有规定了准确时间，才会有紧迫感。同时，目标规定的实现时间必须与员工的工作时间和对目标努力的时间相一致。国际上，大多数饭店奖励各部门员工的计划是以月或季为时间单位的，奖励饭店优秀员工则是以年为单位进行的，一般不会超过1年。

（5）计划目标要有可衡量性

我们强调计划目标必须是可考核的，而使目标可考核最方便的方法就是使之定量化。太模糊的目标不是目标，因为几乎任何结果都可能被认为符合所确立的目标。例如，前厅部的服务质量目标有：酒店预订工作准备及时，落实预订房间准确率达100%；行李服务准确到位，行李运送准确率达100%，行李寄存差错率为零，等等。

🔑 **职业道德与企业伦理5-1**

盖特威饭店年度部门计划

盖特威饭店有10个主要部门，总经理的任务是评估饭店的运行，制订饭店的中长期计划，做出有关销售和成本的主要决策。5 000英镑以上的采购额，他需要请示本饭店集团的地区负责人，2 000英镑以下的维修工作他可以自己决定。副总经理处理日常业务。其他重要的部门经理和管理人员有：房务总管、前厅经理、大堂行李总管、餐厅经理、总厨、维修工程师和商务中心联络员。饭店现有192名员工，目前主要的人事问题是缺员。由于本地区失业率低，又有15家饭店，盖特威饭店很难雇到合适的员工。盖特威饭店通过到英格兰北部城市寻找员工来解决部分问题，现在饭店有一半员工来自北部，许多还来自爱尔兰。在盖特威地区，机场的工资收入要比饭店多得多。许多员工离开饭店，甚至离开这个行业。以下为未来一年部门工作计划。

前厅计划：

（1）有效地促进各种客房的销售，以取得预计收入。

（2）显著增加商务、会议和流动性人口用房。

（3）增加周日和周末商务客房的销售。

（4）把开发婚宴市场作为一项重要任务。

餐厅部计划：

（1）接待超过预计的餐厅和啤酒园客人数，增加人均消费特别是非住店客人的消费。

（2）餐厅、啤酒园、宴会达到与新硬件设施水平相一致的热情好客的服务水平，预测早、午、晚餐的客流量，在圣诞节期间推出新的菜单，提高餐饮销售量。

（3）制定商务客人菜单。

会议部计划：

（1）将饭店建成英国伦敦南部接待中等规模会议的最好饭店。

（2）有效地销售客房和会议设施。

（3）有效地把新设施销售给会议代理人和本地商务客人。

人事部计划：

（1）促进本饭店所有部门的人事和培训工作，目标是进一步提高本饭店的服务水平。

（2）提高员工的在岗培训量。

（3）显著地降低员工流失率。

（4）将员工的工资水平控制在预算范围内。

（资料来源　fy3986758.现代饭店管理期案例分析［EB/OL］.［2016-01-24］.https://www.taodocs.com/p-33134983.html.）

问题： 你认为盖特威饭店年度部门计划有哪些缺点与不足？针对不足，给出你的建议。

分析提示： 优点是饭店的优质化服务到位，为顾客提供非常优质而高档的服务，部门之间的分工很明确，饭店的设备和设施齐全。盖特威饭店的目标很明确，就是通过提高服务质量来提高饭店的入住率，站在顾客的角度去制订计划。

缺点：部门和部门之间联系不够紧密；缺乏个性化服务，面对市场变化适应能力不强。

建议：首先，饭店的服务具有无形性的特点，饭店应该通过规范化的管理和服务标准化的设置来约束员工的随意行为；其次，饭店是一个整体，需要各个部门紧密配合；最后，需要有自己独特的设计和对顾客的个性化服务。

5.2.3　饭店不同管理层制订计划的类型和特点

饭店的部门计划对于不同的管理者有不同的意义，这就需要不同的管理层从自己的管理角度制订相应的饭店计划。因此，饭店总体计划的实现依赖于各层管理人员分解计划目标和任务，督促计划实施，从酒店不同管理层的角度来分析与把握酒店计划的类型及特点，可以更好地实现计划目标。不同管理层制订计划的类型及特点参见表5-2。

表5-2　　　　　　　　　　　不同管理层制订计划的类型及特点

管理层	花费时间	计划内容	不确定性	计划区间
高级管理层	75%的时间	增长率 竞争战略 新产品 资本投资	具有很大的不确定性	1~5年或更长一段时间的中长期战略计划
中级管理层	少于50%的时间	如何改进工序和加强协作 如何更好地实施控制	有一定的不确定性	1~12个月的中短期计划
督导管理层	10%的时间	如何实现绩效目标 如何贯彻新政策、采用新方法和履行新安排 如何提高效率，降低成本 合理安排员工和督导管理者的假期	不确定性最小	1天、1周或1~6个月的短期计划

高级管理层即饭店集团总裁和饭店总经理，一般要花费75%的时间去制订饭店发展的全面和长期计划。由于所涉及的外部环境（包括法律变动、社会潮流、政府政策、经济发展、国际关系和客源需求数量及特点）是很难预测的，因此这类战略性计划具有不确定性，需要不断调整。严格来说，应制订与饭店资产生命周期相一致的计划，如饭店建筑物的经济寿命一般是25年，就要制订25年的计划，这一计划要订得近期细、远期粗。另外，对任何长期计划的制订，都要采取滚动计划的制订方法，也就是说，在制订了一定期限的计划如3年期的计划后，每过一年都要相应延长一年原计划，始终保持3年的计划期，在每一次重新制订时，都要根据最新情况对原计划进行适当调整。

中级管理层即部门经理要以上级管理层提供的饭店总目标和政策为指导，制订本部门的业务活动计划，一般要花费50%的时间。中层的计划主要与内部事务相关，因而计划的不确定性就大大减少了，这类计划在性质上也是长期的和创造性的，经常包括那些将在6个月至几年里发生的事，中级管理层至少要制订为期1个月的本部门工作计划。

督导管理层即主管要花费相当于10%的时间去做计划，这些计划时间更短，内容更专门化、具体化。这一层的计划往往是在客源或任务既定情况下的作业计划，这包括员工工作时间安排、员工分工与工作要求等，督导管理层至少要制订为期1周的工作计划。督导管理层必须及时把自己融入饭店的大计划中，深入理解大计划的要求及目标，为自己制定目标做好前提和铺垫。

业务链接5-3

饭店计划文案的写作要求

管理人员对于比较重要、比较复杂的工作就应当有一个计划的文案，以便执行者有章可循，也便于有关人员检查落实。计划文案的结构一般是：

（1）标题

标题，即计划名称。计划的标题通常由四个要素组成，即单位名称、适用时间、计划内容和文种，如《明乐饭店2018年工作计划》；也可以由计划内容加文种组成，如《关于提高餐饮服务质量的计划》。要求标题准确、主题明确。

（2）正文

这是计划的主体部分，一般包括开头、主体和结尾三个部分。

①开头。开头是计划的前言部分，主要阐明制订计划的背景、根据、目的、意义、指导思想，篇幅的详略长短根据计划的重要程度、内容的多少来确定，总体上要求简洁。

②主体。计划的主体一般由目标、措施、步骤等要素构成。

A.目标。目标即做什么（What）。它是工作计划活动要达到的标准和要求，是对前言提出的总目标、总任务的分解和具体化。提出的应该是明确目标、主要任务和重要指标。

B.措施。措施即怎么做（How）。它是指完成目标任务的具体方法，如采取哪些手段，需要创造什么条件，运用哪些方法，具体做哪些分工等。

C.步骤。步骤即什么时间完成（When）。它主要指时间分配，人力、物力、财力的具体安排，如实施目标任务过程中所应做的时间安排，各个阶段任务的计划划分，各项任务的完成时限等。

D.其他。如检查、落实、评比、修改计划等事项，可以分别写在条文里，也可以在措施步骤后面单独列出。

③结尾。结尾是计划的结语，一般包括补充性说明，为完成目标任务而提出的希望、号召与建议，或执行计划应注意的事项等，有的计划也可无结语。

（3）落款

在正文的右下方注明计划制订者的名称和名字，并写上日期。如果是外发文件，还要加盖公章。

5.3 饭店计划的编制与实施

5.3.1 影响饭店计划编制的因素

1）市场状况

饭店产品的生产与销售必须以市场为依据。饭店市场指的是饭店与宾客之间的一种供求关系，为了满足宾客的需要，饭店在制订计划前有必要对市场有一个全面深入的了解。要了解市场状况和发展趋势，就必须进行市场调查，如经营环境调查、饭店状况调查、客源状况调查、客源渠道调查等。

①经营环境调查。饭店经营环境包括一般环境（如经济因素、社会因素、政治因素、技术因素等）、具体环境（如竞争对手、宾客、供应商、管理部门等）、内部环境（如人力资源、物质资源、财力资源等）。

②饭店状况调查。调查饭店的综合接待能力，劳动力情况，设备条件，员工素质，产品特色、价格，特别注意调查同档次饭店的类似情况及各饭店的经营策略。

③客源状况调查。调查客源的估计流量、客源结构、客源消费水平及消费结构、客源市场对产品的需要、客源流动规律等。

④客源渠道调查。了解客源从哪个渠道进入本饭店市场、饭店可以联系的渠道有哪些、客源组织对象有哪些，等等。这些调查既要有明确结论，又要有相关的数据。

2）经济合同签订情况

饭店对外的经济合同是饭店编制计划的又一依据。饭店的经济合同是饭店和有关单位签订的具有法律效力的契约，它使合同的双方为了各自的或共同的利益而互相规定了法律约束。饭店对合同必须遵守，于是经济合同也就成了饭店编制计划的依据。饭店签订的经济合同常有以下几种：饭店与旅行社之间的合同、饭店与物资供应单位之间的合同、饭店与建筑单位之间的合同、饭店与其他单位之间的合同等。所有这些合同都是饭店在制订计划时必须认真参考的要素。

3）饭店综合接待能力

饭店综合接待能力是指饭店各部门能够接待宾客、对接市场、获得效益的能力的总和。一般来说，饭店综合接待能力首先是以客房床位数为中心，各部门按比例配套形成的接待能力。然而，其他部门的接待能力、供应能力除与客房配套外，往往可能还有剩余，于是这些接待能力又成了综合接待能力的一部分。饭店要综合考虑实际情况和各部门的接待能力，以此作为编制计划的依据。

4）饭店的管理水平和技术水平

管理水平主要体现在管理人员的素质、管理人员的协作程度、管理机制的完善、管理机构的健全、管理体制的正常运行、人员的积极性和创造性等方面。技术水平是指饭店各岗位的操作技术、制作技术、服务技术等。饭店管理者要对饭店管理水平和技术水平做细致全面的分析和评价，并将它和国内外先进水平进行比较。通过以上工作，准确评估管理水平和计划水平对饭店计划编制的影响程度。

5.3.2　制订饭店计划要重视部门间的沟通协调

一个饭店是由许多生产部门和职能部门组成的。各部门的战略计划或战术计划，都必须围绕饭店年度综合计划的总目标、总任务制订而成。各部门计划有各自特定的内容和范围、有各自的独立性，同时又都指向一个共同的群体——住店宾客，只要有一个部门出了差错，宾客就不会满意，就会产生"100-1=0"的效应。为了达到让每位宾客都满意的目的，饭店管理工作要求各部门之间密切配合，相互协调，加强联系。因此，饭店各部门所制订的工作计划，既要体现本部门的目标和利益，也要考虑到其他部门的目标和利益，最终成为大家都认可的工作计划和行动方案，并以此作为饭店进行全面协调与控制的依据。

业务链接5-4

各部门制订计划时需协调联系的部门

前厅部制订工作计划时，主要与市场营销部、客房部、餐饮部、保安部等部门协调联系。

客房部制订工作计划时，主要与市场营销部、餐饮部、保安部、工程部等部门协调联系。

餐饮部制订工作计划时，主要与市场营销部、客房部、保安部、采购部等部门协调联系。

营销部制订工作计划时，主要与餐饮部、客房部、保安部、财务部等部门协调联系。

质检部制订工作计划时，主要与市场营销部、客房部、餐饮部、保安部、采购部等部门协调联系。

人力资源部制订工作计划时，主要与市场营销部、客房部、餐饮部、保安部、采购部等部门协调联系。

工程部制订工作计划时，主要与市场营销部、客房部、餐饮部、保安部、采购部等部门协调联系。

物资供应部制订工作计划时，主要与市场营销部、客房部、餐饮部、保安部等部门协调联系。

财务部制订工作计划时，主要与市场营销部、客房部、餐饮部、保安部、采购部等部门协调联系。

职工培训部制订工作计划时，主要与各部门协调联系。

宣传公关部制订工作计划时，主要与市场营销部、客房部、餐饮部、保安部、采购部等部门协调联系。

5.3.3　饭店计划编制的方法和程序

1）饭店计划编制的方法

（1）甘特图

甘特图，也称为条状图（Bar Chart），是在1917年由亨利·甘特开发的，其内在思想简单，横轴表示时间，纵轴表示活动（项目），线条表示在整个期间上计划和实际的活动完成情况。它直观地表明任务计划在什么时候进行，以及实际进展与计划要求的对比。

饭店管理者通过甘特图，可极为便利地弄清一项任务（项目）还剩下哪些工作要做，并可评估工作是提前、滞后还是正常进行。甘特图是一种理想的进度控制工具，具有简单、醒目和便于编制等特点，在现代饭店管理工作中被广泛应用。

①甘特图包含以下三个含义：

A.以图形或表格的形式显示活动。

B.它是一种通用的显示进度的方法。

C.构造时应包括实际日历天和持续时间，并且不要将周末和节假日算在进度之内。

如图 5-1 所示，时间可以用月和日为单位表示在横轴上，主要活动从上到下列在图的纵轴上。

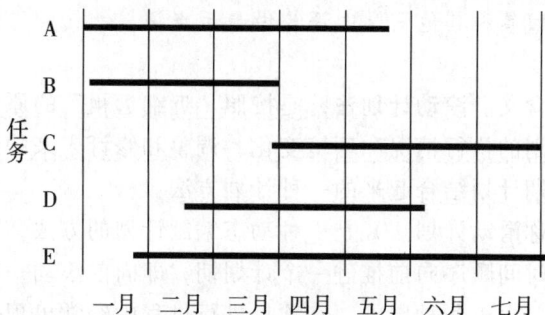

图 5-1 简易的甘特图

②甘特图的制作主要有以下步骤：

A.明确各项任务涉及的内容。内容包括项目名称（包括顺序）、开始时间、工期、任务类型（依赖/决定性）和依赖于哪一项任务。

B.创建甘特图草图。将所有的项目按照开始时间、工期标注到甘特图上。

C.确定项目活动依赖关系及时间进度。使用草图，按照项目的类型将项目联系起来，并安排项目进度。

D.计算单项活动任务的工时量。

E.确定活动任务的执行人员及适时按需调整工时。

F.计算整个项目时间。

教学互动 5-1

工程部本周工作计划见表 5-3。

表 5-3 　　　　　　　**工程部本周工作计划（6 月 28 日—7 月 4 日）**

	本周工作计划							
序号	工作计划	一	二	三	四	五	六	日
1	冷却塔清洗							
2	地下室通道宣传橱窗制作							
3	跟进客房数字电视升级安装工作							
4	跟进餐饮部消毒柜底座制作							
5	跟进 09、16、18 房间噪音问题							
6	跟进大量暂无法维修项目							
7	跟进医药公司屋顶漏水事宜							

问题：

A.表 5-3 是不是用绘制甘特图的方法绘制的？为什么？

B.表5-3的项目是否齐全？你觉得还应该调整哪些项目？

要求：

A.请两位同学对上述两个问题给予回答，其他同学予以判断。

B.教师对学生的回答和其他同学的评论做最后点评。

（2）滚动计划法

①滚动计划法的含义。**滚动计划法**，是按照"近细远粗"的原则，制订一定时期内的计划，然后按照计划的执行情况和环境变化，调整和修订未来的计划，并逐期向后移动，把短期计划和中期计划结合起来的一种计划方法。

滚动计划法（也称滑动计划法）是一种动态编制计划的方法，是在每次编制或调整计划时，均将计划按时间顺序向前推进一个计划期，即向前滚动一次，按照制订的项目计划进行工作。但是，由于各种原因，在项目进行过程中经常出现偏离计划的情况，因此要跟踪计划的执行过程，以便发现存在的问题。另外，跟踪计划还可以监督计划执行过程中的费用支出情况。

②滚动计划法的制订流程。在计划编制过程中，尤其是编制长期计划时，为了能准确地预测影响计划执行的各种因素，可以采取近细远粗的办法，近期计划订得较细、较具体，远期计划订得较粗、较概略。在一个计划期终了时，根据上期计划执行的结果和产生条件以及市场需求的变化，对原订计划进行必要的调整和修订，并将计划期顺序向前推进一期，如此不断滚动、不断延伸。

滚动计划法，既可用于编制长期计划，也可用于编制年度、季度经营计划和月度经营作业计划，它可使中长期计划与年度计划紧紧地衔接起来。不同计划的滚动期不一样，一般而言，长期计划按年滚动、年度计划按季滚动、月度计划按旬滚动。

③滚动计划法的优点。

A.把计划期内各阶段以及下一个时期的预先安排有机地衔接起来，并且定期调整补充，从而在方法上解决了各阶段计划的衔接和联系实际的问题。

B.较好地解决了计划的相对稳定性和实际情况的多变性这一矛盾，使计划更好地发挥其指导生产的作用。

C.采用滚动计划法，使饭店的经营活动能够灵活地适应市场需求，把产供销密切结合起来，从而有利于实现饭店预期的目标。

需要指出的是，滚动间隔期的选择，要适应饭店的具体情况，如果滚动间隔期偏短，则计划调整较频繁，优点是有利于计划贴近实际，缺点是降低了计划的严肃性。一般情况下，规模较大、经营比较稳定的大型饭店宜采用较长的滚动间隔期；规模较小、经营不太稳定的中小型饭店则可考虑采用较短的间隔期。采用滚动计划法，可以根据环境条件变化和实际完成情况，定期地对计划进行修订，使饭店始终有一个较为切合实际的长期计划作指导，并使长期计划能够始终与短期计划紧密地衔接在一起。

饭店3个月滚动计划如图5-2所示。

（3）盈亏平衡法

盈亏平衡法，又称保本点分析法或本量利分析法，是根据产品的业务量（产量或销量）、成本、利润之间的相互制约关系的综合分析，用来预测利润、控制成本、判断经营状况的一种数学分析方法。一般说来，饭店收入=成本+利润，如果利润为零，则有饭

1	2	3	4	5	6	7	8	9	10	11	12
执行期	准备期		展望期								
	执行期	准备期		展望期							
		执行期	准备期		展望期						
			执行期	准备期		展望期					

9 周

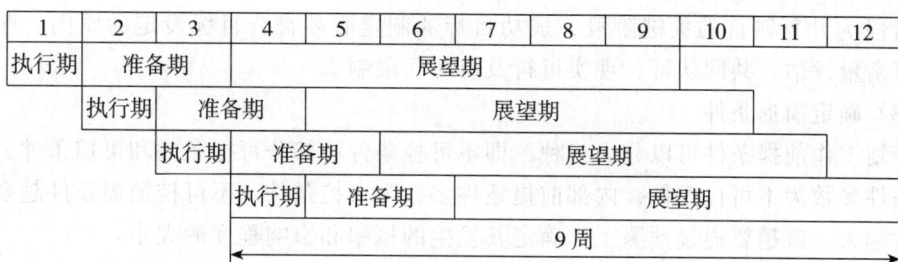

图 5-2　饭店 3 个月滚动计划

店收入=成本=固定成本+变动成本，而饭店收入=销售量×价格，变动成本=单位变动成本×销售量，这样由销售量×价格=固定成本+单位变动成本×销售量，可以推导出盈亏平衡点的计算公式为：

①按产品销售量计算：

盈亏平衡点=固定成本÷（产品销售单价–单位产品变动成本）

②按产品销售额计算：

盈亏平衡点=固定成本÷（1–变动成本÷产品销售收入）=固定成本÷（1–变动成本率）

盈亏平衡法可以用图的形式形象地表现出来，如图 5-3 所示。

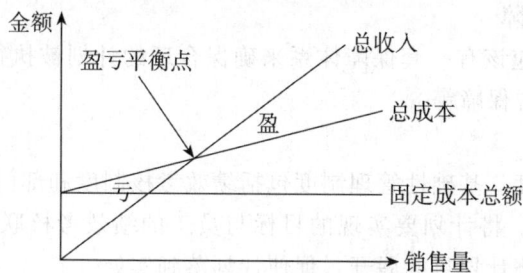

图 5-3　盈亏平衡图

教学互动 5-2

问题： 某饭店有客房 300 间，每天的固定成本为 15 000 元，每卖出一间房增加可变成本 20 元，平均房价为 170 元，请计算盈亏平衡点的销售量。

要求：

A.请两位同学计算出答案，分析解题思路，其他同学予以评论。

B.教师对学生的回答和其他同学的评论做最后点评。

2）饭店计划编制的程序

（1）估量机会

①对未来可能出现的变化和预见机会进行初步分析，形成判断。

②根据饭店的长处与短处了解饭店所处的地位。

③了解本饭店利用机会的能力。

④列举主要的不确定因素，并分析发生的可能性和影响程度。

⑤在反复斟酌的基础上，扬长避短，进行科学的决策。

（2）确定计划目标

在对外部机会估量及内部条件分析的基础上，为饭店各个部门确定计划工作目标。

这一阶段为计划制订的关键阶段，成功目标的制定必须符合目标设定的原则：明确具体、可衡量评估、共同认可、现实可行及有时间限制。

（3）确定前提条件

计划工作前提条件可以分为三种，即不可控条件、部分可控条件和可控条件。外部前提条件多数为不可控条件，内部前提条件多数为可控条件。不可控前提条件越多，不确定性越大，就越要通过预测工作确定其发生的概率和影响程度的大小。

（4）拟订可供选择的方案

（5）评价各种备选方案

5.3.4 饭店计划的实施

执行计划是计划管理的关键，计划制订好了，实施更重要，如果实施不力，再好的计划也不能发挥作用。所以，执行计划要有一个强有力的、高效率的业务指挥系统作为保证。饭店以总经理为首的行政业务指挥系统是执行计划的有力保证，在这一系统指挥下，各层次、各部门按照本身的职责和业务范围具体执行计划，落实并实践计划中的各项任务和指标。

1）计划的实施保障

在饭店管理中，应该有一套保障体系来确保合理的计划被执行。它包括制度保障、流程保障、权限与资源保障等。

（1）制度保障

①基础性管理制度。基础性管理制度包括绩效考核制度和部门协作制度。

A.绩效考核制度。将计划要实现的目标与员工的绩效考核联系起来，由此来规范员工的行为，使其围绕计划目标展开，促使计划落到实处。

B.部门协作制度。围绕计划重点协调好各部门间的协作关系，在部门间确立合同关系，明确责权利。另外，也可以采取项目小组的形式，提高计划的运作效率。比如市场营销部门的业务开发，涉及市场、供应等部门，一方面要确立市场营销部门在开发过程中的领导关系，另一方面可通过责任书的确认使其他部门都能按要求完成各环节的工作。

②职能性管理制度。它是提高计划实施效率的管理制度，如营销推广管理制度、分支管理制度、渠道管理制度、销售业务管理制度等，这些制度一方面为饭店销售人员提供了开展工作的规范，另一方面又为衡量饭店销售人员的工作成效提供了标准。另外，管理制度还影响着员工的思想意识和行为模式，其根本点都是围绕着计划的有效执行展开的。

（2）流程保障

如果有完善的计划而无完善的业务流程，那么计划形同虚设。围绕计划的关键业务内容，优化关键业务流程对计划目标的实现更有意义。

（3）权限与资源保障

计划的落实及执行，往往都与执行人的权限有关，也与饭店所赋予的管理资源有关。

①各部门业务职能的落实。计划的有效执行很大程度上取决于各部门能否充分发挥各自的职能，计划实施一定要赋予各职能部门相应权限，否则将影响到执行效率。

②总部和分部间的权限分配。总部应强化专业方面的权限，而分部则应加强针对性方面的权限，使计划在执行中得以很好地整体配合。

③各项业务活动的权限分配。对计划的业务内容进行合理分配，各职能部门明确对应的工作内容，主要是解决业务开展过程中的决策权限问题。

④为实现计划目标必须配备的各种资源。有些计划项目分配到的资源往往并不能保障计划的实现，而且有的饭店在面对销量下滑的状况时，往往不能坚持按计划进行，而会把费用倾斜到能立即提升销量的项目上，比如返利促销，但这只是一种短期行为，不会带来根本的帮助。因此，在计划实施中，一定要通过制度对计划进行确定，并结合绩效考核，通过授权加以保障。

2）计划的控制

计划制订出来以后，就要组织实施。由于主、客观等多方面的原因，计划在实施过程中常常会出现偏差，如外部环境的变化、制订计划时对内部条件的估计不足，或者由于任务执行者的机会主义行为等都会引起计划执行时发生偏差。为了保证计划目标的实现，必须实施控制。

（1）明确标准。

管理控制与计划是一个问题的两个方面。计划不仅确定了组织的目标，还制定了实现目标的措施。从计划的角度讲，这些措施是对计划执行过程的规范和约束，以保证计划目标的实现。但从控制的角度看，计划中的措施又是控制的手段和方式，同样也是保证计划目标的实现。实际上，一切有效的控制方法同时也是计划方法或计划本身，如预算、程序，它们既是控制方法，同时也是计划。

（2）反馈和分析偏差。

计划是控制的前提，控制是计划实现的保证。计划为控制提供了依据和标准，没有这些依据和标准，控制就不可能进行。控制对计划的保证作用，是因为控制工作要经常地将计划实施的结果与计划目标进行比较，发现问题，分析原因，并进行改进，使饭店的经营活动始终运行在计划所规定的轨道上，保证了计划目标的实现。

（3）计划的调整。

控制为制订新一轮计划提供了依据。在多数情况下，控制工作是一个管理过程的终结，又是一个新的管理过程的开始。控制中发现的问题和产生的原因，在制订下一轮计划时，是必须考虑的因素，从而使新一轮计划更加符合实际。

在计划的实施过程中，通常会呈现浴盆曲线规律，如图5-4所示。

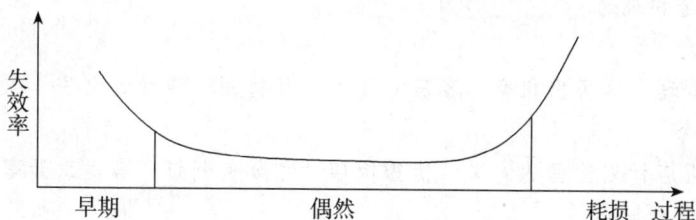

图5-4 浴盆曲线规律

纵轴是失效率，横轴是过程。在整个计划实施的过程中，早期的失效率比较高，因为计划本身有不很完善的地方，这是正常现象。中期的失效率则降低了，即计划的有利条件和优越性已经充分显现出来，这就提醒管理者，防止半途而废，防止中途效应，一定要坚持，因为计划既然经过了充分论证，那么就要果断地坚持。后期的失效率又会升高，因为计划已经老化，需要被新的计划所取代。

本章概要

□ 内容提要与结构

▲ 内容提要

● 饭店计划管理对饭店的经营业务活动具有指导、规范和控制的作用，科学的计划管理是保证饭店科学管理的必要前提。在饭店经营管理活动中，凡是经营活动能顺利进行并取得成功的饭店，一般都是工作计划做得好的饭店；凡是工作计划做不好的饭店，一般都是经营不善的饭店。

● 饭店管理者在制订计划之前，应明确知晓饭店制订计划的指标有哪些，这些量化指标如何落实到文本中，只有落实到书面上才能使员工的工作符合饭店的统一标准。

● 好的饭店计划不是空想出来的，应结合饭店的实际情况，按照不同的编制方法制订出最恰当的计划，并且注意计划的实施和控制，只有计划的制订和实施结合起来才能实现预期的目标，否则计划只会成为一纸空文。

▲ 内容结构

本章内容结构如图5-5所示。

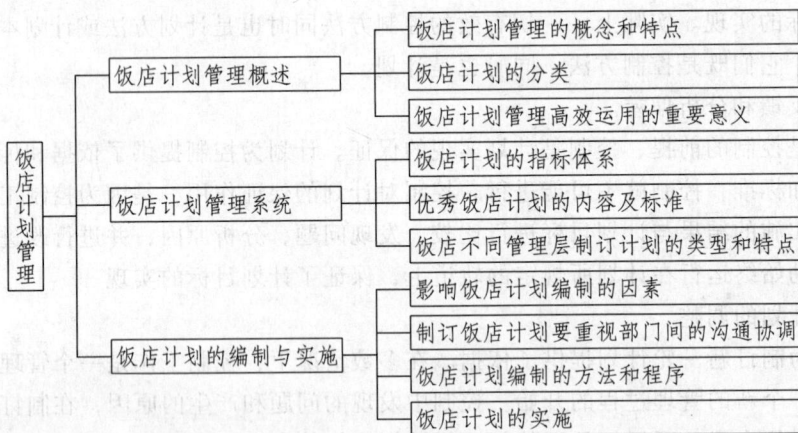

图5-5 本章内容结构

□ 主要概念和观念

▲ 主要概念

饭店计划管理 客房出租率 客房双开率 甘特图 滚动计划法 盈亏平衡法

▲ 主要观念

高效运用饭店计划管理的意义 优秀饭店计划如何制订 客房双开率提高的途径

□ 重点实务和操作

▲ 重点实务

如何制订优秀的饭店计划 相关"业务链接"

▲ 重点操作

饭店计划的分析和编制方法

━━ 单元训练 ➡

□ 理论题

▲ 简答题

1）饭店计划管理的含义及特点是什么？

2）饭店计划如何分类？

3）饭店计划管理指标有哪些？

▲ 讨论题

1）如何理解饭店重视客房双开率的重要意义，你有哪些好的建议可以提高客房双开率？

2）饭店不同管理层制订计划的特点、内容、类型有何区别？

□ 实务题

▲ 规则复习

1）简述优秀饭店计划的内容和标准。

2）简述饭店计划编制的方法和程序。

3）提高客房双开率的途径有哪些？

▲ 业务解析

随着市场经济的不断成熟及法制的逐步健全，以及消费者消费理念的日渐成熟，无专业计划的餐饮管理就显现出很多弊病，严峻的市场使得餐饮业的经营管理不再是"走一步算一步"，而是凭着经营管理计划走入市场、开拓市场，"计划管理"在现实的餐饮业管理上占据了越来越重要的地位。

1）如果你是某餐饮店或餐饮部的管理者，该从哪几个方面制订计划？

2）在制订计划时是否应该考虑市场定位和品牌树立等问题？

□ 案例题

▲ 案例分析

金陵饭店启动睡眠关爱计划

背景与情境：

近日，金陵饭店的客务关系主任接到了曾在金陵饭店行政楼层连续住了2个晚上的客人金女士发来的一封电子邮件。金女士在邮件上说，由于背痛导致她长期失眠，没想到入住金陵饭店后，居然一觉能睡上8小时，特别感谢当时客房服务员为她挑选了一床特别柔软的褥子和一个特制的"减压枕头"。

这是金女士在服务员推荐下尝试体验的一次"睡眠关爱计划"。在此前长达半年多的时间里，金陵饭店针对现代商务人士开展了睡眠情况的调查，调查内容涉及个人睡眠习惯、影响睡眠质量的关键因素、睡眠亚健康症状等。根据调查结果，金陵饭店萌发了为宾客"赠送"美梦的心愿，就是让宾客了解床垫与睡眠的密切关系，更加关注自己的睡眠健康，倡导科学睡眠。为此，金陵饭店制订了"享梦金陵"——睡眠关爱计划，斥巨资对所有房间的床垫、枕头及被子进行了全面升级换代，并联手世界领先的专业健康床具及床上用品品牌，为商务客人提供舒适的枕头、柔软的床垫、贴心的服务……尤其是其精心选择的国际品牌床垫，在缓解身体压力等多方面都有突出表现。

如此大成本的举措，在酒店行业比较少见，不仅为解决睡眠问题做出了有效尝试，更是一种难得的社会责任感。"享梦金陵"——睡眠关爱计划的温馨和神奇，让前来入住的宾客倍感尊荣。体验细意浓情，从享受美梦开始，这是客人们给予金陵饭店最高的褒奖。

问题：

1）从此案例来看，计划的高效运用对于饭店管理具有哪些意义？

2）"享梦金陵"——睡眠关爱计划在实施前要做哪些工作？

3）你认为在饭店管理中还有哪些倡导健康生活理念和健康生活方式的服务可以推广？

分析要求：同第1章本题型的"分析要求"。

▲ 善恶研判

高端酒店大跃进

背景与情景：

作为全球最大的酒店管理集团之一，洲际开始了其在中国的快速扩张。事实上，高端酒店已经成为各类资本眼中的"唐僧肉"。万豪表态2016年在亚洲新开260家酒店，其中在中国的酒店数量将从目前的60家增加至125家左右，覆盖中国近75%的省份；雅高计划2015年亚太区酒店总数达700家；喜达屋2015年达成近80家酒店开业的目标，将在中国大力推广喜来登与威斯汀品牌的影响力；未来几年四季酒店集团将在中国再开超过10家酒店；希尔顿2015年在华酒店增至100家……

中国本土企业也不甘落后，餐饮企业小南国推出旗下五星级定位"小南国花园酒店"，万达宣布2015年开出80家酒店，绿地声称2015年将拥有150家酒店，汉庭和7天也向高端酒店发展，包括开元酒店等，觊觎高端酒店的大有"人"在，奢侈品品牌LV竟然也开始涉足高端酒店。

（资料来源　zzabc074. 高端酒店大跃进［EB/OL］.［2016-03-13］. http://www.docin.com/p-1486694163.html.）

问题：

1）你认为高端酒店的扩张发展计划将要面向哪些地区？将会给这些地区带来哪些机遇和挑战？

2）你认为高端酒店的"大跃进"对酒店管理人员提出了哪些更高的要求？扩张后的酒店其人力资源规划重点是什么？

3）如果你是酒店的管理者，面对客源不足的情况该如何制订客房销售计划？

研判要求：同第1章本题型的"研判要求"。

□ 实训题

"饭店计划的分析与编制"业务胜任力训练

【实训目的】

同本章"学习目标"中的"实训目标"。

【实训内容】

专业能力训练：其领域、技能点、名称和参照规范与标准见表5-4。

表 5-4　　　　　　专业能力训练领域、技能点、名称及其参照规范与标准

训练领域	技能点	名称	参照规范与标准
饭店计划的分析与编制	技能 1	饭店计划的分析技能	（1）能围绕"饭店计划的分析与编制"这一主题确定调研内容，设计调研问卷，制订调研计划 （2）能根据调研计划，合理有序地调研饭店的现行计划 （3）能针对调研结果进行正确的分析研究
	技能 2	饭店计划的编制技能	（1）能正确辨别计划编制的基本方法 （2）能较好地结合饭店在经营管理中的机遇和问题，恰当分析所适用的计划编制方法 （3）能根据分析结果，运用计划编制方法制订出高效的运营管理计划
	技能 3	相应实训报告撰写技能	（1）能正确设计关于"现代饭店计划分析与编制知识在饭店管理中应用"的实训报告，结构合理，层次分明 （2）能依照商务应用文程式撰写所述实训报告 （3）能参照网络教学资源包中的《学生考核手册》考核表 5-2 所列各项"考核指标"和"考核标准"，撰写所述实训报告

职业核心能力和职业道德训练：其内容、种类、等级与选项见表 5-5；各选项的"规范与标准"分别参见本教材附录二的附表 2 和附录三的附表 3。

表 5-5　　　　　职业核心能力与职业道德训练的内容、种类、等级与选项表

内容	职业核心能力							职业道德						
种类	自我学习	信息处理	数字应用	与人交流	与人合作	解决问题	革新创新	职业观念	职业情感	职业理想	职业态度	职业良心	职业作风	职业守则
等级	中级	中级	中级	中级	中级	中级	中级	认同级	认同级	认同级	认同级	认同级	认同级	认同级
选项	√	√	√	√	√	√	√	√	√	√	√	√	√	√

【实训任务】

1）对"现代饭店计划分析与编制知识在饭店管理中的应用"专业能力的各技能点，依照其"参照规范与标准"，实施应用相关知识的基本训练。

2）对职业核心能力选项，依照其相关"参照规范与标准"实施应用相关知识的"中级"强化训练。

3）对职业道德选项，依照其"参照规范与标准"，实施"认同级"相关训练。

【组织形式】

1）以小组为单位组成设计团队。

2）结合实训任务对各设计团队进行任务分配，确保组织合理和每位成员的积极参与。

【情境设计】

将学生组成若干设计团队，选择两三家校企合作酒店的主要业务部门进行实训，结合课业题目，了解该部门的计划编制情况和执行情况，综合运用现代饭店计划分析与编制知识分析其可取与不足之处，并提出具体改进意见。在系统体验专业技能操作过程中

融入"职业核心能力"和"职业道德"选项的训练，在此基础上撰写、讨论和交流《××饭店××部门计划分析实训报告》《××饭店××部门计划编制实训报告》。

【指导准备】

知识准备：

（1）"饭店计划的基础理论"知识。

（2）"优秀计划"的理论与实务知识。

（3）"计划编制方法"的理论与实务知识。

（4）"计划数量指标"的理论与实务知识。

（5）本教材"附录一"的附表1中，与本章"职业核心能力'强化训练项'"各技能点相关的"'知识准备'参照范围"。

（6）本教材"附录二"的附表2-2和附表2-3中，涉及本章"职业核心能力领域'强化训练项'"各技能点和"职业道德领域'相关训练项'"各素质点的"规范与标准"知识。

操作指导：

（1）教师向学生阐明"实训目的"、"能力与道德领域"和"知识准备"。

（2）教师就"知识准备"中的第（5）、（6）项，对学生进行培训。

（3）教师指导学生了解《××部门月计划》《××部门年度计划》《企业年度发展规划》《行业竞争对手资料分析》《国家相关宏观政策分析》《世界酒店业发展分析报告》等相关资料。

（4）教师指导学生进行项目调研、相关资料的搜集与整理活动。

（5）教师指导学生撰写《××饭店××部门计划分析实训报告》《××饭店××部门计划编制实训报告》。

【实训时间】

本章课堂教学内容结束后的双休日和课余时间，为期一周。

【操作步骤】

1）将学生组成若干设计团队，每个团队确定1人为队长，结合本实训任务进行适当的任务分工。

2）各团队分别选择一家校企合作酒店，结合课业题目，制订《××饭店××部门计划分析实训方案》《××饭店××部门计划编制实训方案》。

3）各团队通过互联网、图书馆以及走访企业的途径，研究现代饭店计划分析与编制知识在该饭店的应用情况，并在此基础上实施实训方案，系统体验如下技能操作：

（1）依照"技能点1"的"参照规范与标准"，运用现代饭店计划分析的有关知识、"企业调研"的理论与实务知识，了解该饭店"计划管理理念"在饭店管理工作中的应用情况，分析其可取与不足之处，并提出改进意见。

（2）依照"技能点2"的"参照规范与标准"，运用现代饭店计划编制方法的理论与实务知识，了解、分析饭店主要业务部门管理工作，结合饭店在经营管理中的机遇和问题，正确辨别使用计划编制的基本方法，制订出高效的运营管理计划。

（3）依照"技能点3"的"参照规范与标准"，能依照商务应用文的程式，设计和撰写相应实训报告。

4）在上述基本训练中，融入"职业核心能力"各选项的"高级"强化训练，突出现代饭店计划分析与编制知识、企业调研的理论与实务知识、饭店计划管理理论及其在饭店中的运用的理论与实务知识，学习和应用"职业道德"相关训练。

5）综合以上操作与阶段性成果，撰写《××饭店××部门计划分析实训报告》《××饭店××部门计划编制实训报告》。

6）在班级讨论和交流各团队的实训报告。

7）各团队根据讨论和交流结果，修订其实训报告，使其各具特色。

【成果形式】

实训课业：《××饭店××部门计划分析实训报告》《××饭店××部门计划编制实训报告》

课业要求：

1）"实训课业"的结构与体例参照本教材"课业范例"中的范例-3。

2）将实训方案以"附件"形式附于实训报告之后。

3）在校园网的本课程平台上展示经过教师点评的班级优秀实训报告，供相互借鉴。

■ 单元考核 ■▶

考核要求：同第1章"单元考核"的"考核要求"。

第6章
饭店三大业务管理

学习目标

通过本章学习，应该达到以下目标：

理论目标：学习和把握饭店三大基本业务管理的相关概念、组织结构与工作职能等陈述性知识；能用其指导"饭店三大基本业务管理"的相关认知活动。

实务目标：学习和把握前厅部、客房部、餐饮部的工作任务和基本业务管理，相关"业务链接"等程序性知识；能用所学实务知识规范"饭店三大业务管理"的相关技能活动。

案例目标：运用所学理论与实务知识研究相关案例，培养和提高在特定业务情境中分析问题与决策应对的能力；能结合本章教学内容，依照"职业道德与企业伦理"的行业规范或标准，分析企业行为的善恶，强化职业道德素质。

实训目标：参加"饭店三大基本业务管理"业务胜任力的实践训练。在了解和把握本实训所涉及"能力与道德领域"相关技能点的"规范和标准"的基础上，通过切实体验"客房预订、客房服务、餐饮部与饭店其他部门的工作协调"各实训任务的完成、系列技能操作的实施、相关实训报告的准备与撰写等有质量、有效率的活动，培养其"饭店三大业务管理"的专业能力，强化"信息处理"、"解决问题"和"革新创新"等职业核心能力（中级），并通过"认同级"践行"职业观念"、"职业理想"、"职业态度"和"职业守则"等规范，促进健全职业人格的塑造。

引例 行李大搬迁

背景与情境：

"高先生，您好！有什么事需要我帮忙吗？"总台接待员小宋见到熟客高先生拎着一个包向总台急匆匆走来，便迎上前去笑吟吟地打了声招呼。高先生点了点头立即说道："我要去郊县两天，过两天还要回来住。我还有押金在你们这里，你先把我现在这个房间退了，但先不要结账。我住1805房间。"说完递过门卡。"没问题，您放心吧。您回来后还要住原来的房间吗？"小宋接过门卡，关心地问道。

"随便。"高先生说完急匆匆掉头而去。

"高先生，再见。"小宋目送高先生走后，立即通知房务中心说1805房退房。没过多久，楼层服务员打来电话称1805房还有不少行李。小宋想，也许高先生过两天还要回来，所以没有把行李全部提走吧，于是她通知行李生将1805房行李搬下楼，暂存行李房。当天下午约3点，一位客人来到总台反映其IC卡失灵进不了房。仍在当班的小宋问其是住哪一个房间，对方答曰：1805房间。小宋心里一惊，又是一个"1805"，上午9：00时高先生不是退房了吗？小宋接过这位客人IC卡经过复读还原，确是1805房的门卡。小宋似乎明白了一切，再细查资料，果然，高先生住的是1905房。高先生离开时将房号报错，才导致如此结果。于是小宋赶忙向客人作了解释，并表示道歉，同时立即指示行李生赶紧将行李再搬回1805房。小宋为了稳住客人情绪对客人说："行李生正将您的行李搬回房间，我们大堂副理请你先到咖啡厅喝杯咖啡，您也好好休息一下，您看可以吧？"客人淡淡一笑，不再说什么。当大堂副理小丁将真正的1805房客人请到咖啡厅后，小宋终于舒了一口气。

（资料来源 陈文生. 酒店管理经典案例［M］. 2版. 福州：福建人民出版社，2017.）

问题：酒店为什么要制定岗位操作规程？

从引例可见，操作人员倘若在既定的操作规程中随意"偷工减料"，把本该有的环节省略掉，这样既可能导致错误的发生，从而引起客人投诉，也将影响饭店业务的正常开展。

6.1 饭店前厅部基本业务管理

前厅部也称大堂部、前台部，一般设在饭店内宾客过往频繁的大厅，位置醒目，是代表整个饭店向客人提供客房销售、入住登记及账务处理等各项服务的部门。前厅是客人进出饭店的汇集场所，也是饭店对客服务最先开始和最后完成的场所，又是客人对饭店产生第一印象和最后印象的地方。因此，人们把前厅称作饭店的门面和橱窗。前厅部主要承担以销售客房为中心的一系列工作，是饭店业务活动和对客服务的一个综合部门，其工作好坏不仅直接影响客房出租率和饭店收入，还能反映一家饭店工作效率、服务质量和管理水平。

6.1.1 前厅部的工作任务

1）销售客房

销售客房是前厅部的主要工作任务，客房产品作为饭店产品的一个组成部分，同样具有价值不可储存性的特征，是一种"极易腐烂"的商品。因此，前厅部全体人员要竭尽全力参与客房销售工作。其销售工作内容包括：参与饭店的市场调查和预测；参与房价及促销计划的制订；开展客房预订业务；接待客人入住，为客人办理登记入住手续、安排房间并确定房价。

同步案例6-1

推　销

背景与情境：

"都有什么样的房间，各是什么价格，请你介绍一下。"我准备到某酒店投宿。

"请问，你是一个人住吗？"总台接待员问，我注意到她没提房价，也没问住几天，好像我已经答应住下来似的。

"是的，就我一人。"我回答。

"那我建议你住一张大床间，大床睡得舒服。不过，大床间有不同朝向和特点，请问你有什么特殊要求吗？要不要我介绍一下供你选择？"

她的主动建议和询问，这在其他酒店不太多见，不免使我顿增好感。这位接待员一双炯炯有神的眼睛和亲切的笑容给我留下了良好的第一印象，也让我产生听听她介绍房间特点的兴趣。我说："到度假酒店自然希望住在面朝景观的房间。你就介绍一下房间的特点吧。"

她立即回答道："我们酒店坐北朝南，南面房间面对风景区的大湖，北面房间面向酒店的后花园。如果选择南面房间，可以一览湖光山色；假如住北面房间，这时正是鲜花盛开的季节，可以欣赏满园春色。"她紧接着问："你要住几天呢？"

"就住两天，不过，你还是没有告诉我这样的房间一天多少钱呢？"我说。

"一天680元，这与附近同档次酒店价格相差无几。但是我们酒店有许多别的酒店所没有的优点。比如，我们酒店的房间特宽敞；家具全是圆角设计，防止碰伤客人；床垫是定制的袋装弹簧软垫，客人都反映睡得特舒服。你选择我们酒店算你选对了。"接待员滔滔不绝，声情并茂。

"你说床垫是定制的袋装弹簧软垫？我只听说过，但没见过。"我既感意外，也感兴趣。

"是啊，这是我们酒店特别定制的。"

"你知道哪里可以买到这种床垫吗？"

"不好意思，我不知道，不过我可以帮你问一下。问后再回答你。对了，你刚才说住两天，我倒是建议你今天住南面，明天住北面，这样两面景色你都可以兼顾，怎么样？"她还是那样充满热情地建议。

"这样不是增加你们服务员做房间卫生的麻烦？"我感动之余，不免有点过意不去。

"没关系，只要你住得满意，我们都非常乐意多做一些。咦，你好像经常住酒店？"她脸上露出一丝诧异神色，"我们酒店如果有做得不够的地方，请您一定给我们指出来啊！"

"说老实话，我本来不一定住你们酒店，倒是因为你的热情推销我才下决心留下来。"我也不失时机地恭维她一句，"冲你这么优秀的表现，我就已经对你们酒店充满信心了!"

只见她满脸灿烂，谦虚应答并道谢之后投入了接下来的工作。

（资料来源 陈文生. 酒店管理经典案例［M］. 2版. 福州：福建人民出版社，2017.）

问题：酒店推销工作不完全是销售部门的事情，酒店各相关部门都做好自己的本职工作，其实也是无形的推销。案例中总台接待员在这方面做得很好，你认为好在哪里？

分析提示：首先她抓住客人的需求，如先问客人有何特别要求，向客人针对性地介绍窗外景观特色，投其所好，博得客人好感；其次，绕开房价先讲房间优点，相信只要物有所值，性价比高，客人对价格不会太计较；最后，为了让客人下定入住决心，继续推出"附加值"，如我们有而别人没有（袋装弹簧软垫），别人做不到而我们能做到，或者比别人做得更好（建议一天住南面，一天住北面）。

2）联络和协调对客服务

饭店产品的综合性特点，要求各业务部对客服务必须执行统一协调原则，前厅部作为饭店"神经中枢"，要率先示范。一方面，前厅部要将通过销售活动所掌握的有关情况及时通报其他有关部门，使各部门有计划地安排各自的工作，并予以配合；另一方面，前厅部还要将通过受理宾客投诉所掌握的意见及时反馈给相关部门，以保证饭店的服务效率和质量。

3）提供各项前厅服务

前厅部作为对客服务的集中点，担负着迎送客人、提供行李服务、接受问询及投诉、处理邮件及留言、收发客房钥匙、电话总机、委托代办等直接为宾客服务的工作。

业务链接6-1

VIP接待

工作项目承担者：大堂副理

（1）准备工作

①了解当日进店VIP资料（姓名、国籍、人数、接待单位、抵店时间等）。

②了解VIP房间安排情况。

③客人抵店前1小时，再次确认落实各项准备工作。

（2）迎接客人

①协助酒店领导参加各项接待工作。

②协调迎宾、行李、前台、客房、餐厅做好VIP接待的"一条龙服务"。

③如客人不需要在前台登记，可代表酒店去客人房间为其办理登记手续。

④办理未经预订的VIP到店事宜。

A.立即电话通知前台、销售部、总经理办公室及其他相关部门。

B.亲自上前迎接，主动递上名片。

C.安排行李员将客人行李运送入房。

（3）跟踪服务

①每日应打电话到房务中心了解客人动向。

②客人入住期间，应向工作人员征询客人对酒店的意见并做好记录，及时反馈。

③客人离店时应参与结账并协调各方面工作。

（4）详细记录

①在值班记录本上，详细记录接待的全过程。

②客人对酒店的建议、意见，应详细记载并上报。

4）处理客人账目

饭店为登记入住的宾客提供一次性结账服务。客人入住饭店，前厅部负责客账管理工作，记录和监控客人与饭店间的财务关系，以保证饭店应有的经济利益。其工作内容包括客账建立、客账记录、客账结算、收款或转账等。

5）建立客户档案

对入住本店的客人，饭店都要建立客史档案，尤其对名人、常客。客户档案要记录客人在店期间的主要情况及数据，便于对这些客人再次入住饭店提供个性化服务。同时了解客人消费项目及能力，研究客人消费心理，以提高饭店的销售能力和服务的针对性，赢取回头客。

教学互动6-1

问题：

A.客史档案在饭店销售工作中起着怎样的作用？

B.客史档案应包括哪些内容？在接待工作中将发挥怎样的作用？

要求：

A.请两位同学对上述两个问题予以回答，其他同学进行补充。

B.教师对学生的回答做最后归纳。

6.1.2 前厅部的组织结构及工作职能

1）前厅部组织结构

前厅部的组织结构设置要根据饭店的类型、体制、规模、星级、管理方式、经营特色、客源特点等情况，不可生搬硬套，大型饭店必须设置独立的前厅部，小型饭店可将前厅服务业务划入客房部管辖。一般来说，大型饭店前厅部设有总监、经理、主管、领班、普通员工五个层次，如图6-1所示。

2）前厅部组织工作职能

（1）大堂副理（Assistant Manager）

大堂副理是饭店形象的维护者，也是客人正当权益的保护者。大堂副理是代表饭店总经理在前厅处理饭店日常事务的管理者，其主要工作就是做好本部门日常工作管理，协调饭店横向、纵向沟通，协调饭店各部门的工作，帮助客人排忧解难，监督问题的处理。

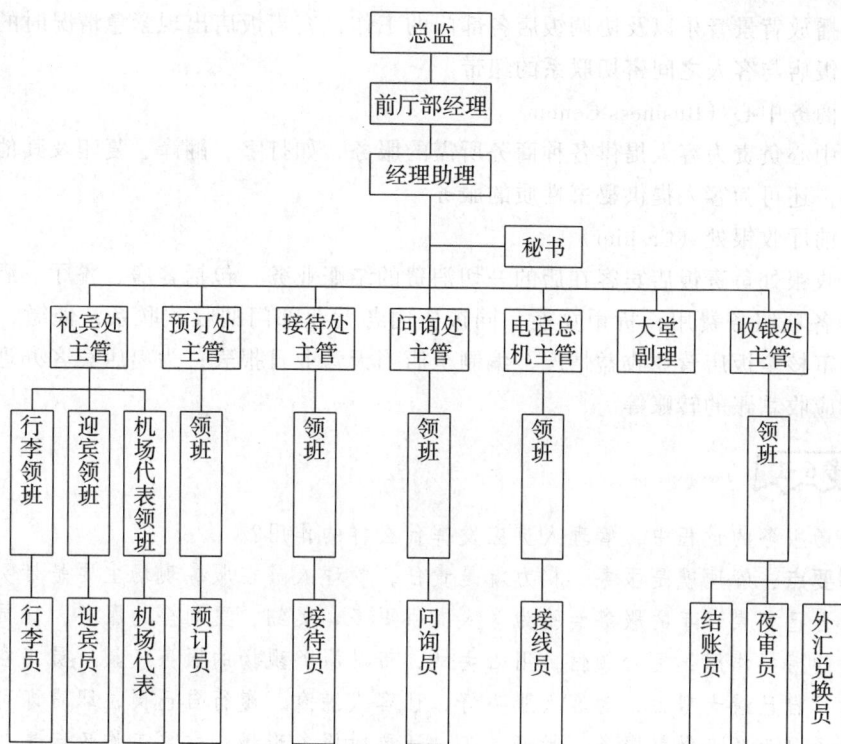

图6-1 大型饭店前厅部组织结构图

（2）客房预订处（Room Reservation）

客房预订处负责接受、确认和调整来自各个渠道的客房预订，办理预订手续，编制预订报表，对预订进行计划、安排和管理；掌握并控制客房出租状况；按要求定期预报客源情况和保管预订资料。

（3）接待处（Reception）

接待处又称"开房处"，主要负责客房销售，接待抵达住店的客人，为客人办理登记入住手续，分配房间；负责对内联络，协调对客关系；正确显示客房状态，掌握并控制客房出租状况；编制客房营业日报表；保管有关情报资料。

（4）问询处（Information）

前厅部问询处是为满足客人寻求饭店日常服务需要而设立的，负责回答宾客有关饭店各种服务、设施及饭店所在城市的交通、游览、购物等内容的询问；负责代办客人委托事宜；负责分发和保管客房钥匙及客人贵重物品；处理客人邮件，提供留言服务以及会客安排。

（5）礼宾服务处（Concierge）

礼宾服务处又叫行李处，负责迎送宾客，代客卸送行李，陪送宾客进房，介绍客房设备及饭店服务项目；为离店宾客搬送行李，提供行李托运服务；调度门前车辆，代客联系出租车辆、机场、车站的迎送；分送客人邮件、报纸；转送留言、物品；代办客人委托事项。

（6）电话总机（Switch Board）

电话总机负责转接电话，为客人提供联络服务、叫醒服务；回答电话问询，接受电话留言；播放背景音乐以及协调饭店各部门的工作；充当饭店出现紧急情况时的指挥中心。它是饭店与客人之间密切联系的纽带。

（7）商务中心（Business Center）

商务中心负责为客人提供各种商务所需的服务，如打字、翻译、复印及其他商务服务。此外，还可为客人提供秘书性质的服务。

（8）前厅收银处（Cashier）

前厅收银处负责饭店宾客在店的一切消费的结账业务，包括客房、餐厅、酒吧、长途电话等各项服务费用；货币兑换；同饭店内各营业部门的收款联系，催缴，核实账单；夜间审核全饭店营业收益情况，编制全店当天营业日报表；为离店宾客办理结账手续；负责应收款账的转账等。

同步思考6-1

在现场服务的过程中，管理人员应发挥什么样的作用？

理解要点：管理就是服务，权力就是责任，管理人员在服务现场主要是带头做好服务，运用自己积累多年的服务经验为客人提供更多、更细、更周全的服务，让员工通过管理人员的榜样作用，用心领悟、用心去做，带动服务现场的服务气氛。员工在服务现场只考虑尽自己最大努力，为客人服务好，让客人满意，履行自己岗位职责即可，而管理人员除了要为客人做好服务，带好员工，还要对服务现场的主要工作负起责任。即使是拥有世界上最先进的服务设施和优秀员工的酒店，如果不对其进行有效的协调安排，服务员各自为战，服务场所也会一片混乱，结果只能是服务质量低下，问题与麻烦不断产生，员工失去工作热情。

6.1.3 饭店前厅部基本业务管理

1）前厅客房预订管理

所谓**客房预订**，是指客人在抵达饭店前与饭店预订处就饭店房间类型及抵店时间所达成的预约。客人抵达饭店时便有准备好的客房，这才是预订过程的最大成果。这里所说的客房，不是随便哪间都可以，而是最符合客人需求类型的客房。饭店拥有者或饭店经理希望在预订过程中最大限度地提高客房出租率和增加客房收入。

为实现预订目标，饭店运营必须借助于有效的预订程序。预订员必须迅速、准确并礼貌地回答客人的询问。因此，他们需要将搜索房价、促销、文案、存档以及处理其他文书工作所用的时间降至最短。

（1）前厅客房预订管理内容

其内容包括：了解掌握客房预订的种类、客房预订方法、预订程序、散客预订与团队预订注意事项、超额预订以及饭店有关预订政策等。

（2）预订处理过程

该过程包括：根据需求搜索匹配的客房、房价，确认并保存预订信息，制作预订管理报告。

预订信息对前厅部其他职能的行使很有裨益。例如，根据预订过程搜集的信息，前厅部员工可以利用计算机管理系统完成客房分配工作，建立客账并满足客人的特殊要求等。

职业道德与企业伦理6-1

寄存纠纷

港商祝先生今天要退房。他整理好旅行箱后即拿到大堂部寄存于行李房，然后与本地一位朋友一起到餐厅共进午餐。用餐后，祝先生即从行李房取出行李到总台办退房手续。

祝先生在总台收银员为其办理手续时，不知出于何原因打开了旅行箱。突然，他喊起来："糟糕，我装着港币的信封袋不见了!"立即引起大家的注目。

尔后祝先生在其朋友的陪同下找到大堂副理小江投诉，认定放在行李箱里1万多元港币的信封袋是被行李生偷走的，要求酒店赔偿，理由是：其一，在房间里将信封袋放到旅行箱后没有到过其他地方，而是直接将旅行箱放进行李房的；其二，由于担心忘记密码，旅行箱的各个密码旋钮均作"0"设置，要打开它非常方便。基于以上理由，祝先生认定是行李生小邓所为。

大堂副理小江向行李生了解情况后，向祝先生提出三点疑问：

第一，是否能肯定将装有港币的信封袋放进旅行箱了，有没有记错？

第二，即便箱内放有港币，是否在寄存行李房之前在其他地方逗留过，或有其他人接触过这个行李箱？

第三，即使全部设置为"0"，也算作密码，怎么能肯定打开就很方便，而且必定是行李生打开的？

祝先生被说得似乎有口难辩，急得满脸通红。

最后，大堂副理建议还是向公安部门报案，而且声明，在公安部门没有做出结论之前，酒店是不能予以赔偿的。况且在寄存旅行箱时，行李生已问过箱内是否有贵重物品和现金，并强调若有的话请到总台寄存。所以，行李部对此是概不负责的。

祝先生及其朋友不但不接受报案的建议，仍然一口咬定是行李生所为。大堂副理当然无法认同祝先生的看法，于是，祝先生吵声越来越大，以至于在不远处的小邓听见客人说是他偷的，气不打一处来，上前与客人理论起来，甚至还有推搡行为。

好在事情有了转机，祝先生突然记起来那些港币已经交给了本地一位亲戚，立即主动向大堂副理表示道歉，一场风波总算平息。

不过，刚才小邓的行为已给在场的其他客人留下了很不好的印象。

（资料来源 陈文生. 酒店管理经典案例［M］. 2版. 福州：福建人民出版社，2017.）

问题：大堂副理小江连向祝先生提出三点疑问的做法是否妥当？在大堂处理投诉是否合适？会出现什么问题？行李生小邓与祝先生发生争吵以及相互推搡的行为说明了什么问题？

分析提示：大堂副理小江连向祝先生提出三点疑问虽不能说没道理，但在客人"气头上"与客人说理，既不明智，也违背了酒店规定的不与客人争辩的原则。其应该向客人表示同情，再做出积极配合的姿态，即提出向公安部门报案的建议，这样就不会在客人密集的地方——大堂，惹得祝先生吵闹声越来越大，从而影响酒店形象。

大堂副理小江听到客人公开认定是行李生所为的投诉时，就应将客人引导至办公室等地方，倾听客人的诉说，就不会出现行李生小邓与客人发生冲突的事件。

行李生小邓在听到客人认定是他所为时，极不冷静，表现出不应有的态度和行为，即与客人争吵、与客人相互推搡，给在场的客人留下极坏的印象。小邓缺乏应有的职业道德、职业素养，说明酒店平时对员工缺少应有的教育与培训，酒店在客人心目中的形象大打折扣，酒店损失巨大。

（3）做好预订计划和监管工作

要实现高出租率、高收入的目标，就要进行大量的调查、计划和监管工作。负责这些工作的通常是预订部经理或主管，有时候前厅部经理、客房部经理甚至总经理也会承担这些职责。尽管预订部门的主要职能是销售客房，但决定销售哪类客房与以何种价格销售同样重要，客房销售还可能会因为定价不当而使收入受损。

2）客人入住管理

前厅作为饭店的枢纽，有责任组织协调各部门对客服务工作。很多服务信息和设施都是由前厅部向宾客提供的，前厅部要及时周到地回应客人需求，尽量做到让客人满意。同时，礼宾部也要配备相应的人员以满足客人的特殊需要。

（1）建立宾客关系

前厅部的主要工作目标之一是鼓励客人回访，而建立健全的宾客关系是确保该目标实现的先决条件。前厅部和饭店其他部门之间积极有效地沟通与交流，是建立宾客关系的基础。遇到客人投诉时，前台接待员一定要弄清楚造成客人不满的原因，尽快找到解决方案。宾客住店期间，饭店的首要职责就是保证安全，包括前厅部工作人员登记的客人信息安全和客人财物及人身安全。

（2）建立客账

客人入住期间会发生大量的消费记录，客房费用通常在客账中占有最大比重。前厅部工作人员为客人建立客账后，即开始记录客人住店期间的一切消费，如饮食、洗浴、健身、客房服务、电话、租车、购买礼品等。根据审账程序，大部分交易都由计算机管理系统自动转换到财务部。很多饭店都设置最大消费金额，采用"一次结账"的收款方式。这个最大消费金额就是所谓的"赊账限额"，由计算机管理系统自动监管。

（3）定期查看账单

前台对账单记录要定期查看，保证其准确和完整，它可以通过计算机管理系统审核来完成。尽管输入计算机的财务数据也可以随时运行审核，但通常这种审核往往在夜间进行，因为夜深客房交易量最低，而清晨反之。

无论系统审核发生在何时，房费作为其中的一项都会自动添加到客账中。其他审核任务通常包括：在线账目检验、查询客人消费情况及支付权限、识别客房状态并输出营业报表。

3）客人退房离店管理

办理退房结账手续是宾客离店前所接受的最后一项服务，饭店服务人员把客人送离饭店后要创建客史档案，对客账进行最后一次清理，即将数额清零。

　　每一部门的业务都有着严格的操作流程，必须严格执行。同时，各业务部门间的工作必须相互配合、相互监督、环环相扣，否则既可能影响前台结账工作，又可能给酒店带来损失。几个主要环节如下：

　　（1）离店时的送别工作

　　客人离店时，前厅部工作人员应询问其对饭店满意程度并欢迎再次光临。饭店掌握的客人信息越周详，就越能了解其需求，从而完善服务系统，改进营销策略，扩大经营业务。特别值得注意的是，前厅部工作人员应该给客人留下良好的印象，因为这将直接影响到客人对饭店的口碑，决定着客人是否愿意再次入住以及日后与他人谈及此饭店时的看法。计算机管理系统根据登记记录自动创建客史档案，不仅能够更好地了解宾客，而且为制定营销策略打下了坚实的基础。饭店通过调查问卷的方式了解宾客的个人喜好及生活习惯，便于饭店为他们提供有针对性的服务。

　　（2）结账时的费用收取工作

　　结账时要按已约定的付款方式向宾客收取费用，宾客可以使用现金、信用卡、借记卡或申请转账。客人离店前，前台应向其出示账单，请客人审核、确认和签字。客人离店后，发现账款未及时转入客账现象被称作"漏账"。尽管欠款最终可以追回，但此举可能会激怒客人，因为他有可能已经把之前金额尚不完整的账单交给单位报销。离店客人未清余额的处理工作往往交给饭店其他部门的工作人员来做，而不是由前厅部来负责。但是，前厅部需要向财务部提供完整准确的欠款信息。

　　（3）客人离店后的数据信息分析工作

　　客人离店后，前厅部工作人员可以开始分析客人住店期间的数据信息。计算机管理系统生成报告可用于回顾运营方式，找出问题，指出哪里需要正确的决策并预测客情。营业日报表主要包括金额交易信息和前厅部运营数据。业务分析有助于前厅部经理建立标准的运营模式，从而提高前厅部的运营效率。

6.2　饭店客房部基本业务管理

　　客房部又称房务部、管家部，是在房务总监直接领导下，管理饭店有关客房事务，向客人提供住宿服务的部门。它是饭店的一个重要经营部门，客房的营业收入一般占饭店全部收入的40%~60%，功能少的小型饭店可以达到70%以上，而利润通常可占饭店总利润的60%~70%。同时，住宿的客人还会对饭店的其他部门设备设施进行消费，如餐饮、娱乐、商务、商场等的消费，从而带动饭店的经济效益。

　　客房部负责管理全店的客房事务，负责客房、公共区域的清洁和保养，供应日常生活用品，为宾客提供礼貌、亲切、迅速、周到的服务。

6.2.1　客房部的工作任务

　　客房是饭店最基本的物质基础，是宾客在饭店时的主要活动场所，其服务活动也是饭店服务活动的主体。饭店服务功能的增加都是在满足宾客住宿需要这一最根本、最重要功能基础上的延伸。

　　1）生产客房商品

　　饭店客房产品主要由设施与装饰（Facilities & Deco）、管家服务（Housekeeping）以及客房与饭店内其他部门的服务连接（Integration）三个方面构成。客房环境布置要美观、大方，设备设施要舒适，日用品配备要齐全；服务要周到、方便、快捷；服务人员的态度要主动热情、亲切礼貌；客人人身和财产安全要有保障；减少客人签单次数等。

2）营造清洁、自然、舒适、安逸的环境气氛

客房部不仅要做好客房卫生工作，还负责饭店内公共区域的清洁和保养工作。因此，营造安全、舒适、典雅、整洁的居住环境气氛，给客人留下美好的形象，都要靠客房服务员的辛勤劳动来实现。

3）为饭店各部门提供洁净的布件并提供为客人洗送衣物服务

客房所有布件，餐饮部门的台布、餐巾，以及饭店所有的窗帘、沙发套、员工制服等的选购、洗涤、收发、保管、缝补、熨烫等都由客房部所属的洗衣房负责，为全饭店的对客服务提供保障。旅游饭店还要为客人提供个性化服务，其中包括为客人洗送衣物服务。

业务链接6-2

客房的种类

（1）单人房

这种客房是酒店中最小的客房，放置一张双人床，房内有独立的卫生间，适用于单身客人或夫妻；新婚夫妇使用时，被称为"蜜月客房"。

（2）双人间

这种房间配备两张单人床，也称为"标准间"，可供两位客人住宿。酒店绝大多数的客房都为标准房。

（3）普通套房

这种房间有卧室、卫生间，一间会客厅也可作为餐厅，配备大号双人床。

（4）豪华套房

此类套间十分注重装饰布置、房间气氛及用品配备，以呈现豪华的气派。豪华套房有卧室、会客厅（餐厅）和书房，两个卫生间。卧室中配置大号双人床或特大号双人床。

（5）总统套房

总统套房由多间客房组成，室内设备和用品华丽、名贵。套房内分总统房、夫人房、随从房、警卫房，另有客厅、办公室、会计室、娱乐室、书房、健身房、餐厅、厨房等。男女卫生间分用，还有桑拿浴室、按摩浴池等高级设施。整个套房装饰高雅豪华。

6.2.2 客房部的组织结构及工作职能

1）客房部组织结构

客房部组织结构的设计也是依据饭店规模、档次、业务范围、经营管理方式、服务模式的不同而有所区别。通常情况下，国内小型饭店因设备设施较少，客房部组织机构可简单设置；大中型饭店客房部的规模较大，岗位设置则应考虑职责分明，岗位齐全。一般大中型饭店客房部组织结构也是按五级制进行设置，如图6-2所示。

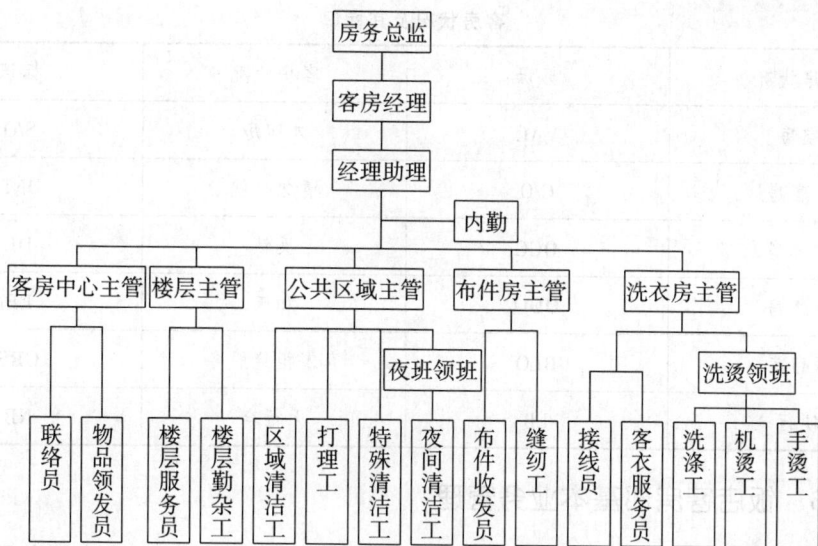

图 6-2　大中型饭店客房部组织结构

2）客房部工作职能

（1）经理办公室

客房部设房务总监、经理、经理助理各一名，另有秘书一名，早晚两班工作人员若干名，主要负责客房部的日常性事务及与其他部门联络、协调等事宜。

（2）客房楼层服务组

设主管一名，早、中、晚班领班若干名，负责所有住客楼层的客房、楼道、电梯口的清洁卫生和接待服务工作。大型饭店往往分设卫生班、台班和服务班。

（3）公共区域服务组

设主管一名，早、中、晚领班各一名，负责饭店除厨房外的所有公共区域的清洁卫生。

（4）布件房

布件房与客房办公室毗邻，设主管、领班各一名，另有缝补工、布件及制服服务员若干名。布件房主要负责饭店的布件和员工制服的收发、送洗、缝补和保管工作。

（5）客房服务中心

设主管一名，值班员若干名，下设早、中、晚三个班次。其主要负责处理客房部信息，包括向客人提供服务信息和内部工作信息的传递调度；调度调节对客服务；控制员工出勤；管理工作钥匙；处理客人失物和遗留物品等。

（6）洗衣房

通常设主管一名，早、中领班若干名，下设客衣组、湿洗组、干洗组、熨衣组。洗衣房主要负责洗涤客衣和饭店所有布件与员工制服。

业务链接 6-3

客房状况及其标识

客房状况及其标识见表 6-1。

表 6-1   客房状况及其标识

客房状况	标识	客房状况	标识
空房	VAC	外宿房	S/O
走客房	C/O	请勿打扰	DND
住客房	OCC	反锁	DL
待修房	OOO	加床	EB
保留房	BLO	客人拒绝服务	GRS
轻便行李	LB	无行李	NB

6.2.3 饭店客房部基本业务管理

客房部基本业务管理包括客房清洁卫生管理、客房服务管理、客房设备用品管理、客房安全管理等。

1）客房清洁卫生管理

①客房卫生工作计划管理。工作计划一般包括客房周期清洁计划和客房卫生质量控制计划等。

②客房日常清洁保养工作管理。按照客房清洁工作计划要求，设计一系列工作内容，如整理客房、清扫除尘、擦洗卫生间、更换补充用品、检查设备、做夜床等工作内容。

③制定清洁整理客房标准及程序。为保证客房服务质量，客房部要制定各岗位工作任务、工作标准，要求客房服务人员为客人提供标准化、规范化、程式化以及个性化的服务。清洁整理客房的程序包括清洁前的准备工作、住客房及退客房清扫、擦洗卫生间、做夜床、空房检查等。

④饭店公共区域的清洁保养管理。饭店公共区域是指饭店内公众共有的活动区域，分为室内与室外两部分，室内部分包括员工使用与客人使用的部分，室外部分是指清洁保养工作也是由客房部负责的饭店外围区域。内部公共区域清洁保养，包括对大堂、公共卫生间、电梯、康乐中心、会议室、宴会厅等处的清扫及服务；室外公共区域清洁保养，包括饭店外部玻璃、墙壁、花园绿化布置、停车场的清扫及服务等。

同步案例 6-2

清洁工具不能如此"多功能"

背景与情境：

一日上午，住在某饭店803房间的某公司常客耿先生回到房间，看到服务员小齐正在为自己清扫客房，于是就饶有兴趣地站在旁边看，此时，小齐正在清扫卫生间，小齐非常娴熟地将卫生间的垃圾、客人用过的棉织品等撤出，然后在面盆内倒入清洁剂，使用一只长柄刷开始刷洗面盆，又用清水冲净；然后又用同一只长柄刷开始刷洗浴缸。当小齐正准备用同一只长柄刷刷洗马桶时，耿先生大叫："不可以！"小齐停下手中的工作，诧异地看着耿先生，问："先生，有什么问题吗？"耿先生指了指小齐手中的长柄刷说；"你怎么用它来刷马桶？"小齐理直气壮地说："我们一直就这样用的，有什么不对吗？"耿先生非常生气地说："你是不是刚刚用这只刷子刷过前一个房间的马桶，然后又来刷我的面盆？小齐看着愤怒的客人，无言以对。

问题： 酒店对卫生间清洁是怎样规定的？小齐的做法符合饭店清洁保养要求吗？这样做能给客人带来安全感吗？

（资料来源　佚名. 清洁工具不能如此"多功能"［EB/OL］.［2016-01-23］. http：//www.doc88. com/p-6901507400074.html.）

分析提示： 在清洁保养过程中，服务员应自觉地遵守饭店的服务规范，不能够为了省事而不顾客人的心理感受甚至身体健康。在卫生间的清洁整理中，饭店通常严格要求服务员将清洁面盆、浴缸和清洁恭桶的工具分开使用，绝对不可以混用，这是客房清扫过程中最基本的服务要求。

本案例中的客房清扫员小齐自始至终都使用同一只长柄刷对卫生间各种洁具进行清洁，显然不符合饭店清洁保养的要求，也势必引起客人的不满，进而会使客人对饭店所有的清洁保养工作产生怀疑。如许多客人在使用饭店的杯具之前要亲自用开水进行消毒等，实际上就是对饭店清洁工作的不信任。而客人之所以会对饭店的清洁保养产生怀疑，就是因为饭店中类似小齐的行为太多致使客人产生不安全感。

随着物质生活水平的提高、人们日益关注自己身体的健康状况。饭店清洁保养工作直接关系到客人的健康与安全，将越来越受到饭店的重视。因此，饭店服务人员应树立良好的职业道德，自觉遵守饭店的各种清洁保养规范，且应能够始终站在客人的角度考虑自己的工作方式是否对客人有益，只有这样，饭店才能取信于客人，进而拥有更多的忠诚客人。

2）客房服务管理

客房服务是饭店服务的重要组成部分，也是构成完整的饭店客房产品的要素，顾客可从客房服务质量来判断该饭店的整体服务水平和服务质量。

客人从进入饭店到离开饭店，需经历三个过程，即来、住、离，饭店客房服务就是围绕这三个过程中客人的需求，为客人提供满意的服务。其具体内容包括：

（1）客人抵达前的准备工作

客房服务员在得到客人欲抵达饭店的信息后，先要了解客人有关信息，再进行有针对性的房间布置、检查工作。准备工作要使客人进入房间就有一种熟悉、温馨的感觉。

（2）客人抵达楼层时的接待工作

客人进入楼层，客房服务人员就要在楼层热情迎接客人，礼貌问候，然后引领客人进入房间，进行房间设备介绍，退出时询问客人对房间是否满意或还有什么要求等。

（3）客人住店期间的服务工作

按照客房服务标准，准时为客人提供房间卫生清扫服务，卫生间用品补充服务，叫醒服务，洗衣、熨烫服务，接待访客服务等。

同步案例6-3

棉被的厚与薄

背景与情境：

一天早上，服务员小刘来酒店上班，正好遇到1416房间两位先生一起出门。他们边走边谈，从他们的谈话中，小刘无意中听到一位客人说："昨晚睡觉好热呀！棉被厚了点。"

小刘把他的话记在心上，暗暗思量，盖棉被热，盖毛毯更热，如果只盖一张床单，那肯定又会冷，怎么办呢？小刘终于想出了一个方法，把两个被套套在一起充当被子。当小刘开心地做这一切时又想到另一个问题，虽然有空调，但初冬的夜晚已颇有凉意，客人晚上盖这么薄，要是因此得了感冒的话，那岂不是弄巧成拙了！于是小刘将撤出的棉被叠好放进行李柜中，并留言：先生您好！欢迎您和您的朋友入住本楼层，今天早上无意中听到您说盖棉被比较热，于是我自作主张给您换了两个被套，不知您是否满意。如果晚上您觉得冷的话，行李柜内还为您准备了一床棉被。出门在外，您可要注意身体，千万别感冒了呀！最后祝您工作开心，住店愉快！

下午四点，小刘正在1415房检查卫生时，1416房客人回来了，进房不到一分钟就出来问："服务员，这留言是你写的吗？"小刘点了点头。客人笑着说："谢谢你为我们做的这一切！"

（资料来源 sa3300049. 客房常见案例［EB/OL］.［2015-12-8］. http://www.doc88.com/p-9425204393954.html.）

问题：小刘是通过怎样的服务赢得了客人的满意？

分析提示：在本案例中，服务员小刘从客人的谈话中得知了客人对被子的需求，于是主动为客人把两个被套套在了一起，把棉被放进行李柜中做备用，并给客人留下了一段充满关爱的留言，可以说是既细致又周到，这也正是现在许多住店客人所期盼的服务，即贴心服务。

（4）客人离店时的结束工作

及时掌握客人离店准确时间，做好离开楼层前的准备工作、离开楼层的送别工作、离开楼层后的房间物品检查工作以及客人是否有遗留物品的检查工作。

同步思考6-2

你知道客房服务常见的两种模式吗？

理解要点：①楼层服务台模式。楼层服务台一般设在客房区域每一楼层靠近电梯口的位置，服务台后设有供服务员使用的工作间。楼面配有专职的服务员值台，分早、中、晚三班制，提供24小时的对客服务，使客人感到有亲切感和安全感。楼层服务台实际上起着前厅部总台驻楼层办事处的作用，由客房主管直接领导，业务上受总台的指挥。目前很多饭店将这种对客服务模式加以改善，使之成为一种特色服务而吸引客人。②客房服务中心模式。它是将客房部各楼层的对客服务工作集中在一起，并与楼层工作间及饭店先进的通信联络设备共同构建了一个完善的对客服务网络系统。客房服务中心一般与客房办公室相邻，室内设置物品架，分类整齐地摆放着客人需要的各种物品。客房服务中心具有能同时接听四个以上电话的能力，许多大中型饭店还同时建有独立的通话呼叫系统。客房服务中心设主管一名，工作人员若干名，实行24小时对客服务，住店客人可通过内线电话将需求告知客房服务中心，由它通过呼叫系统通知离客人房间最近工作间的服务员，迅速为客人提供服务。

3）客房设备用品管理

一般来说，客房设备用品的管理大致包括：客房设备用品的选择与采购、使用与保养、储存与保管。对于客房部门来说，主要是做好用品的计划、使用控制和储存保管工作。

（1）客房设备用品的管理范围

通常对客房用品的管理范围仅限于单纯的仓库管理。但激烈的市场竞争，导致了服务产品之间的削价竞争，从而使饭店利润急剧下降。于是，控制经营成本，开源节流，越来越多地受到管理者的重视。因此，客房用品管理在组织上的业务范围也更为扩大和系统化。

（2）客房设备用品的管理要求

为了便于管理，客房的基本设备用品可分为两大类：一类是设备部分，属于企业的固定资产，如机器设备、家具设备等；另一类是用品部分，属于企业的低值易耗物品，如玻璃器皿、针线、棉织品、清洁用品、一次性消耗品等。这些设备用品的质量和配备的合理程度，是客房商品质量的重要体现，也是制定房价的重要依据。

（3）客房设备用品的管理方法

①核定需要量。饭店设备用品的需要量，是由业务部门根据经营状况和自身的特点提出计划，由饭店设备用品主管部门进行综合平衡后确定的。客房设备用品管理，首先必须科学合理地核定其需要量。

②设备的分类、编号及登记。为了避免各类设备之间互相混淆，便于统一管理，客房部要对每一件设备进行分类、编号和登记。

③分级归口管理。分级就是根据饭店内部管理体制，实行设备主管部门、使用部门、班组三级管理。每一级都有专人负责设备管理，都要建立设备账卡。归口是将某类设备归其使用部门管理，如客房的电器设备归楼层班组管理。

④建立和完善岗位责任制。岗位责任制的核心是责、权、利三者的结合，即要明确各部门、班组、个人使用设备用品的权利，更要明确他们用好、管理好各种设备用品的责任。

⑤客房用品的消耗定额管理。它是指在一定时期内，以保证客房经营活动正常进行必须消耗的客房用品的数量标准为基础，将客房用品消耗数量定额落实到每个楼层，而进行计划管理，用好客房用品，达到增收节支的目的。

同步思考6-3

一位客人反映其所住房间空调坏了，不制冷，要求换房，应如何处理？

理解要点：根据客人反映的情况，应把握好以下几点处理程序：①马上到客人房间检查，向客人表示歉意；②如是空调没有打开或没有调节好，应立即帮客人恢复正常；③如是空调设备坏了，征求客人是否可换房；④如客人同意换房，跟总台联系好帮客人换房；⑤如客人不同意换房，应及时通知工程部维修；⑥问题解决后，应询问客人是否满意。

4）客房安全管理

客房安全（Security）是指客人在客房范围内人身、财产、正当权益不受侵害，也不存在可能导致侵害的因素。

客人对客房的安全期望很大，对于在旅途之中或身处异国他乡的宾客来说，作为客人"家外之家"的饭店客房必须是一个安全的住所。

因此，饭店有义务和责任为客人提供安全与保护。安全是饭店各项服务活动的基础，只有在安全的环境内，各种服务活动才能得以开展。但是，饭店也难免会发生人为或非人为的不可避免的意外情况。所以，饭店应加强对服务人员安全意识的培养，增强服务人员的紧急应变能力，以降低灾害发生时人员的生命及财产的损失。饭店安全管理内容一般包括：

（1）房间安保设施

①门锁。门锁是保障住客安全最基本也是最重要的设施，由于饭店规模、档次的差异，各饭店所使用的门锁各异。

②窥镜。窥镜安装在房门上端，为广角镜头，便于住客观察房间外部的情况。

③保险箱。供客人存放贵重财物。

（2）客房安全设施配置

①电视监控系统。电视监控系统由电视摄像镜头、电视监视器、电视屏幕操作机台、录像等部分组成。电视监控系统是饭店主要的安全装置，除了安装在饭店大厅及公共场所之外，通常作为客房部主要的安全装置，一般设置在：

A.楼层过道。在楼层过道安装监控探头，一般采用中、长焦镜头。

B.客用电梯。客用电梯空间封闭狭小，一旦出现紧急意外事件，受害人难以求援，安装监控探头便于对电梯内发生的可疑现象进行跟踪和取证，一般采用视野宽阔的广角镜头。

②自动报警系统。自动报警系统是由各种类型的报警器连接而成的安全网络系统，主要设置在饭店财务部、收银处、贵重物品寄存处以及商场消防通道等区域，用于防盗、防火、防爆报警。

③消防监控系统。饭店的消防监控系统一般由火灾报警系统、灭火系统、防火设施组成。

④通信系统。饭店的通信系统主要有专用电话、传呼系统及对讲机。

职业道德与企业伦理6-2

迷你吧的洋酒变成了水

背景与情景：

一天，1704房间的董先生正兴高采烈地与朋友聊天，董先生打开迷你吧里的一瓶洋酒请朋友饮用，朋友喝了一口感觉味道不对，再喝一口发现瓶中之物不是酒，原来瓶中洋酒已被人换成了水。主人觉得面子非常过不去，有被饭店愚弄的感觉，并就此事进行投诉。经查，瓶中之酒是被离店的客人饮用后灌注了水，服务员在查房时未发现。

　　问题：上述案例虽属个案，但说明什么问题？平时酒店应如何加强管理？

　　（资料来源　sa3300049. 客房常见案例 ［EB/OL］. ［2015-12-08］. http://www.doc88.com/p-9425204393954.html.）

　　分析提示：此例虽属个案，且在查房中又不易被发现，但影响极坏，既让董先生觉得很没面子，也有损饭店形象。我们不能要求住店的客人的素质如何，只能仔细地做好自己的工作，杜绝此类情况发生。

　　（1）服务员一定要接受此教训，在查房时应更加仔细认真，对迷你吧的酒水要注意核对封口和酒水颜色。

　　（2）如出现类似的投诉，服务员要尽量做好客人的安抚工作，立即向直接上级汇报，争取在第一时间及时妥善地处理好投诉。

　　（3）楼层经理（主管）和查房员（领班）在查房时应重点检查员工平常最容易忽视的地方。

　　客房服务是饭店服务的重要组成部分，也是客人评价饭店质量的重要衡量标志。客房服务模式的选择、客房服务项目的设置以及服务程序的规定，直接影响到饭店的声誉和形象。服务质量是饭店的生命线，保持持续、高质量的优质服务是每一家饭店的长期目标。

6.3　饭店餐饮部基本业务管理

　　饭店由餐饮部门为客人提供系列餐饮产品和服务工作。**餐饮部是为客人提供优质的食品、饮料和良好的服务，承担着宴会、招待会、茶话会、冷餐会、零点、套餐、客房送餐等各项任务的公共场所。**所以，餐饮部是饭店不可缺少的重要部门。目前，我国饭店餐饮部营业收入约占饭店营业收入的1/3，在发达地区，餐饮收入已超过了客房收入，尤其餐饮部通过经营特色产品吸引消费者，提高座位周转率和人均消费额，经济收入具有很大增长潜力，所以，餐饮部又是构成饭店主要经济来源的营业部门之一。同时，餐饮部需要面对面地为客人提供各种饮食服务，服务人员的只言片语都成为客人关注的焦点，给客人带来更直接、更深刻的感受，可见，餐饮部服务质量的优劣，将影响到饭店产品质量和饭店声誉。

6.3.1　餐饮部的工作任务

1）掌握市场需求，合理制定菜单

　　餐厅通过菜单向客人介绍餐厅提供的产品，推销餐饮服务，体现餐厅经营意图。客人则通过菜单了解餐厅类别、特色、产品及其价格，并凭借菜单选择自己需要的菜式和服务。了解饭店目标市场客源的消费特点和餐饮需求，制定迎合市场客源口味的菜单，能更好地为客人提供餐饮服务和各种需求，为饭店创造效益。

同步案例6-4

一顿讨巧的宴席

背景与情境：

山东省济南市某酒店的总经理正在为将要接待的来自中国台湾的一个高级别老人团的宴会主题风味而犯愁，此团的老人大多是中华人民共和国成立前由宁波去的台湾，此次来济南前，该团在上海已活动三天，通过向上海的接待方了解，上海方面安排的餐饮主题基本为上海本帮风味，情况明了之后，这位总经理便有了主意，将本酒店的宴会主题定为甬菜风味，并精心做了准备。宴会如期进行，黄泥螺、臭冬瓜、蟹糊、鳗鲞等典型宁波风味的菜肴一扫而光，台湾客人异口同声地说，这是他们到大陆以后吃得最香、最满意的一餐饭。

（资料来源　李勇平. 餐饮服务与管理［M］. 5版. 大连：东北财经大学出版社，2018.）

问题：客人认为他们到大陆以后吃得最香、最满意的一餐饭，归功于什么？

分析提示：虽说客人的满意应归功于该酒店的总经理的细心、用心以及可贵的职业精神，但更应归功于该酒店精准的菜单设计。总经理通过了解客人的特点，设计出甬菜（宁波菜简称甬菜，采用原料以海鲜居多，鲜咸合一，它是浙菜系列中最具特色的一个地方菜系）风味的菜品，让客人尝到了家的味道、闻到了故乡的气息，这是长期客居他乡的人回到故乡的诉求，客人的诉求得到最大满足，对本次宴会当然也是最满意的了。相信该酒店在客居他乡的人中，将有极好的口碑，这些人会成为该酒店的潜在客人。

2）为客人提供以菜肴为代表的有形实物产品和个性化的无形服务产品

餐饮部是饭店唯一生产实物产品的部门，根据客人需要，合理加工食品原材料，通过厨师精湛的烹饪技艺，烹制出色、香、味俱佳的餐饮食品。另外，为客人提供优雅的就餐环境和气氛，通过个性化的服务，满足客人需求，使客人获得方便、周到、舒适、友好、愉快的精神享受。

3）进行餐饮产品创新，增强饭店竞争力

目前，不同饭店之间客房产品与服务方式基本类同，创新余地不大，彼此之间形成竞争优势不明显。但餐饮部产品创新的空间非常广阔，如餐厅环境氛围、菜肴种类、特色菜品、服务方式、烹调手法等方面可进行不断设计、创新和再造。事实证明，饭店餐饮经营出色，不仅能吸引客人，同时可带动饭店其他部门（如娱乐、会议、商场等）的消费，整体上增强饭店竞争力。

4）加强餐饮产品推销，增加营业收入

为了实现部门经营目标，平时餐饮部应在饭店营销计划指导下，研究客源市场需求，做好产品内部和外部推销计划，开展各种形式的促销活动，以招徕各种宴会；抓住节庆商机，看清消费特征，以便制订相应促销方案，有针对性地进行餐饮推销，真正达到促进销售的目的，增加营业收入。

同步案例 6-5

来自基层员工的创意

背景与情境：

某酒店中餐厅曾推出一道叫"豆腐花"的小菜作为餐后甜食。原来设计是：另外配上一小碗的蜂蜜放在"豆腐花"旁边，随客人意愿自己用小勺取之调拌"豆腐花"来吃。

该餐厅服务员经长期观察，发现有的客人并不喜欢甜味，就想，可不可以增加几样带有微咸口味的如肉松、榨菜丝之类的佐料来调拌"豆腐花"吃呢？于是，服务员立即将此意见向领班、主管建议，后经推出试验，果然客人反映不错。

由于这一小小的创意，该餐厅无形中增添了小菜的品种。

（资料来源　陈文生. 酒店管理经典案例［M］. 2版. 福州：福建人民出版社，2017.）

问题： 餐厅员工的小小创意，酒店有必要予以支持吗？

分析提示： 差异化竞争促使各家酒店不断推陈出新，但这个"新"未必都是大的变化。一些小小的改变，只要能让客人感觉到酒店的细心和用心，客人就会因此感动而从心里记住你，成为你的回头客。所以，酒店管理者不可小看基层员工的小小创意设计。

为了鼓励基层员工有更多的创意设计，除了灌输创新意识之外，还应当跟上奖励措施，既能加强餐饮产品推销，又能增加营业收入。

5）降低餐饮成本，提高盈利水平

餐饮经营的目的就是获取利润最大化。餐饮产品从原料到成品经历的环节较多，成本控制难度较大。因此，要制定出科学、严密、完善的操作程序，控制食品原料采购价格，加强原料验收、储藏、发放管理，避免原料损耗和浪费，合理降低劳动力成本，在保证食品质量、数量符合标准的前提下，提高毛利，获取利润最大化。

6.3.2　餐饮部的组织结构及工作职能

1）餐饮部组织结构

餐饮部组织结构设置的目的是增强实现部门经营目标的能力，更有效地协调员工与组织整体间的活动。其组织结构设置的依据如同前厅部、客房部。大中型饭店餐饮部组织结构如图 6-3 所示。

2）餐饮部各组织工作职能

（1）餐厅部

餐厅部是为宾客提供食品、饮料和良好服务的公共场所。根据其所提供的食品、饮料和服务的不同，可分为以下几种：

①零点餐厅。零点餐厅也叫点菜餐厅，是饭店的主要餐厅，供应中西菜点。要求菜点品种多、食品精美、服务周到、环境舒适。

②团队餐厅。团队餐厅主要接待包价旅游团队或国内外的会议团体，并为旅行社或会议主办单位包餐，一般饭店都设有团队餐厅，以供应中式包餐为主，也会安排适当的西式菜点。

餐饮总监

餐饮部经理

经理助理

文秘

采供部经理	各厨房厨师长	宴会部经理	各餐厅经理	各酒吧经理	管事部经理
主管	各厨房主厨	宴会部经理		采购部经理　调酒师	主管
	厨师领班	主管	主管		领班
原料验收员　原料保管员　原料发放员　勤杂工	各类厨师	领班	领班	领班	保管工　洗涤工
	厨师助手	宴会服务员　宴会预订员		酒吧服务员	

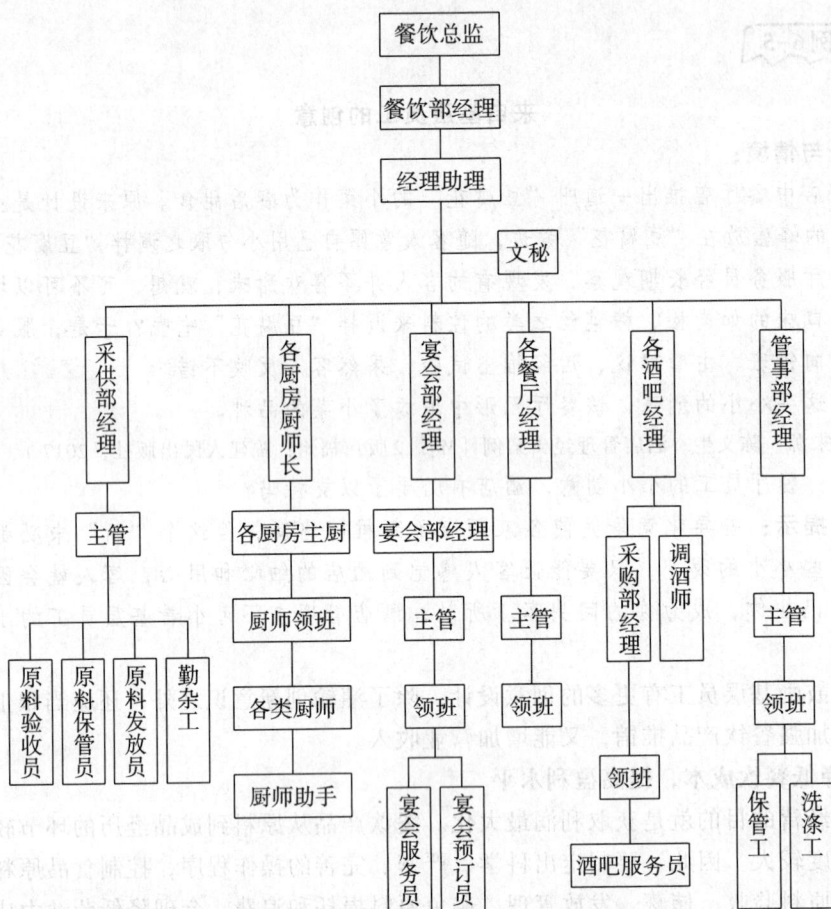

图6-3 大中型饭店餐饮部组织结构图

③咖啡厅。咖啡厅是小型西餐厅，供应比较简单而又大众化的西式菜点、饭水饮料。咖啡厅服务迅速，营业时间长，一般早、午、晚三餐都营业。

④饭吧。饭吧是专供宾客享用酒水饮料、休息和娱乐的地方，以销售中式、西式饭类和饮料为主，兼营各种小吃。

⑤特色餐厅。特色餐厅又称风味餐厅，饭店根据服务对象的不同需要设立风味餐厅，专营某一地方菜系或某一类菜肴，也可专以某种烹调方法为主，其经营比较单一，起到渲染、烘托餐饮特色的作用。

⑥自助餐厅。自助餐厅是一种快餐厅，它主要供应西式菜点，但也供应中式菜点。用餐时间短、价格低廉、品种多、风味各异，颇受宾客的欢迎。

⑦客房送餐。由于客人生活习惯或特殊要求，需要在客房用餐，饭店为满足宾客的需求，就要为宾客提供客房送餐服务。

（2）宴会部

宴会部接受宾客预订，承办各种类型的宴会、招待会等，并根据宾客的要求制定菜单、布置厅堂、准备菜肴以及提供一整套的宴会服务。

（3）厨房部

厨房部是饭店的主要生产部门，负责整个饭店所有的中式、西式菜点的烹饪制作，宴会菜单制作，菜点创新，厨师培训，餐饮部成本控制，食品原料采购计划制订等工作。

职业道德与企业伦理6-3

"这条鱼熟了吗？"

"这条鱼熟了吗？"汤先生用筷子拨了一下刚端上桌的清蒸石斑鱼，发现鱼肉和鱼骨头粘连得很紧，于是发出这样的疑问。

同一桌的客人相继动筷，同样夹不起鱼肉，大家都认为：这条鱼确实没有蒸熟。

汤先生立即叫来服务员："小妹，鱼还没有熟，拿下去再处理一下。"服务员小邵倒是手脚麻利，立即将鱼退下。

不一会儿，穿黑制服的男主管小董走了过来，身后跟着刚才把鱼端下去的服务员。"请问，是谁说鱼不熟的？"董主管扫了大家一眼问道。

"我们都认为鱼还没有熟。"大家异口同声，接下来一阵沉寂。

还是汤先生问道："鱼处理好了吗？"董主管似乎找到说话的对象了，立即面向汤先生说道："请您过来一下好吗？"说完便叫服务员将刚才端走的鱼盘放到工作台上。汤先生不解其意，随董主管指引来到工作台边。

董主管一边用筷子拨动着鱼身一边说："这鱼蒸熟的程度刚刚好，如果再蒸下去鱼肉就老了，不好吃了。刚才问过厨师，厨师说蒸到这个程度的鱼肉是最嫩的。请你看一看这鱼肉。"主管煞是认真，当他拨动鱼身时，他的脸凑近了鱼盘继续说道："您看，这鱼肉有光泽，说明熟了，请你尝尝这一块。"董主管自顾自地一边说着一边如同化学老师给学生上实验课，仔细地操筷演示着。

这时汤先生注意到这位主管口无遮拦喋喋不休，可以想象他的唾沫星子直往鱼盘里喷。汤先生顿时一阵恶心，终于忍无可忍，愤怒地说道："这鱼就算熟了，我们也不要了！"

"为什么？"主管眨着眼睛不解地问。

"为什么，你自己想想！"汤先生气得不想再作解释，脸色极为难看地回到座位上。还是服务员小邵乖巧，赶紧拉了拉董主管的衣角，暗示他不要再说下去了。

董主管也许是出于对工作的负责考虑，还是走到汤先生身边，一脸诚恳的样子说道："对不起，如果我有什么不对的地方，请您批评好吗？"

"你刚才不断往盘里喷放特殊味精，这鱼还能吃吗？"汤先生这句话引起哄堂大笑，让这位主管顿时满脸通红。最后他恼羞成怒地扔下一句话："你们这是无理取闹！"然后，气呼呼地离开了餐厅。服务员小邵也赶紧将鱼端走。

一场风波看来是平息了，谁曾想到当他们买单时却发现这道菜还是被计入在内，理由是客人已动过筷子。这下子餐厅里又掀起一阵波澜。虽然最后这份菜金免了，但这几位客人发誓今后再也不来这里吃饭了。

（资料来源　陈文生. 酒店管理经典案例［M］. 2版. 福州：福建人民出版社，2017.）

问题：这家酒店的餐厅主管小董犯了哪些低级的错误？对这道鱼怎么处理比较合适呢？顶撞、申辩，往往成了某些服务员，甚至是管理人员对客人投诉的一种自然反应，这说明什么问题？

分析提示：其一，客人是上帝，也就是说客人总是对的，而小董没有记住这一点，却振振有词地辩解。而且在申辩过程中，极不注意自己的举止，竟将客人食物随意搅动，还唾沫飞溅。董主管这时说得再有道理，客人已被其所作所为惹恼，怎么可能再接受这道菜呢？

其二，既然这份菜已端走，怎么可以再向客人收这份菜的钱呢？难怪客人发誓不再光顾。想让酒店一时的利益不受损失，却因为处理不当吓跑这批顾客，今后的损失则更大。

将这道鱼退下去继续加工。由于是客人自己提出再处理的要求，即使没必要，也要让客人成为"胜利者"，绝无与客人"较真"的必要。这道鱼退下去稍作加工，只要让客人感觉处理过了，客人十有八九不会再跟你过不去。董主管与客人较真，就意味着客人不对，客人面子往哪儿搁？越是要与客人辩个谁是谁非，越不利于问题的解决。

遇到客人投诉，酒店人员开始顶撞、申辩，这也许是出于本能，也许是出于自我保护，但说到底还是因为没能悟透"客人永远是对的"的深刻内涵。有的人好像不顶撞、不申辩心里就不舒服。要知道，在客人投诉的情况下，即使我们申辩"有理"，心里舒服了，而客人心里就不舒服。客人的不舒服导致不再光顾，最终不舒服的还是酒店自己。董主管图一时说个明白，酒店图一时利益不受损失，最终只能落得把客人得罪了，还赔了钱又"卖"了酒店声誉。如果说"客人永远是对的"是酒店从业人员最起码要具有的职业意识的话，那么"顾客与酒店是双赢关系"也应当成为处理顾客投诉时所应有的一种职业意识。和为贵，和气生财。

（4）采购部

采购部是饭店餐饮部的物资供应部门，它根据实际需要以最有利的采购价格，保质保量地为餐饮部组织和采购所需的物品，特别是食品原料和酒水饮料等。采购部将采购进来的原料送入仓库，分库妥善保管。

（5）管事部

管事部主要负责打扫厨房、餐厅等处的清洁卫生及所有餐具、器皿的洗涤、消毒、存放、保管和控制。

6.3.3 饭店餐饮部基本业务管理

餐饮部基本业务管理包括餐饮菜单管理、餐饮食品原料采购管理、餐饮生产管理、餐饮前厅运行管理、餐饮服务质量管理、餐饮成本管理等。

1）餐饮菜单管理

（1）菜单的作用

①菜单是沟通消费者与餐饮经营者的桥梁。所谓菜单，是餐厅作为经营者向用餐者展示其各类餐饮产品的书面形式的总称。餐饮企业通过菜单向顾客介绍餐厅的产品，推销餐饮服务，顾客通过菜单选择自己所喜欢的菜品和饮料，餐厅通过产品推销以及客人的选择，以实现企业经营目标。

②菜单体现餐厅的档次和经营水平。通过浏览菜单上菜品的种类、价格以及菜单的封面设计、装帧布局，顾客很容易判断出该餐厅的风味特色以及档次的高低。

③菜单既是艺术品，又是宣传品，可以促进餐饮销售。一份设计精美的菜单可以烘托用餐气氛，更能反映餐厅的风格，可以让顾客在品味美味佳肴中还能把它作为艺术品来欣赏，在整个就餐过程中同时得到味觉与视觉上的享受。

（2）菜单在餐饮管理方面的作用

①菜单反映了餐厅的经营方针。餐厅设备的选择、餐具的采购、餐饮原料的采购、餐厅装饰及餐厅服务等，都是以菜单为依据的。

②菜单是餐饮服务质量的准则。服务人员为客人提供的各项标准的服务程序，都是根据菜单的内容及种类进行的。

教学互动 6-2

问题：

A．客人点菜时，经常出现"估清菜"，是真的吗？

B．菜单也能体现服务质量，你是怎样认为的？

要求：

A．请两位同学对上述两个问题予以回答，其他同学进行补充。

B．教师对学生的回答做最后归纳。

③菜单控制着餐饮成本及利润。一份菜单中各种不同成本的菜肴的数量之间要形成一定的比例，这一比例是否恰当，是餐饮生产成本控制的重要环节，也会直接影响到餐饮企业的盈利能力。

④菜单决定厨房的布局。厨房是加工制作餐饮产品的场所，厨房内各业务操作中心的布局，各种设备、器械与工具的定位，应以适合菜单上菜品的加工制作需要为准则。

鉴于菜单在餐厅经营与管理方面所起到的作用，作为管理人员以及有关人员必须做好菜单的设计与制作、菜品选择与菜单分析工作，保证经营目标的实现。

2）餐饮食品原料采购管理

食品等原料的采购，是餐厅为客人提供菜单上各种菜肴的重要保证，只有原料质量合格，才能保证菜肴口味纯正。食品原料的采购数量、质量和价格不合理，会使餐饮成本大大提高。因此，餐厅管理人员必须做好餐饮食品原料采购管理工作。

（1）食品原料的采购

食品原料的采购包括确定采购目标和方式、制定科学适宜的采购程序以及采购过程中的一系列质量控制工作。

（2）验收管理

通过食品原料的验收工作，可以对前一阶段原料采购过程中的质量控制工作情况予以检验，进而为下一阶段的库存管理工作奠定基础。

（3）库存管理

餐饮原料的储存是餐饮产品生产和销售的准备阶段，科学的库存可以使餐饮生产和销售活动均衡、不间断地进行，以保证餐饮产品的质量。同时，有效的库存管理工作可以避免原料腐烂变质情况的发生，产生不必要的浪费，它是成本控制的重要环节。

（4）食品原料的发放与盘存管理

原料发放管理工作的目的是要保证各营业点用料得到及时充分的供应，为此需要对各营业点用料数量进行控制、正确记录各营业点的用料成本，这样才能为餐饮成本做出准确的核算提供数据支持。

3）餐饮生产管理

餐饮产品生产是产品原料经过烹饪加工处理最终成为成品的过程。餐饮实物产品生产任务主要由厨房来完成，餐饮厨房管理工作日益繁杂，厨房的组织安排是否到位直接影响到餐饮产品的产、供、销一条龙服务工作。

（1）厨房组织管理

厨房组织管理的主要工作就是要做好厨房的设计、厨房的布局。依据餐饮企业的规模、位置、档次和经营策略进行不同的厨房设计与布局，科学地设计和布局厨房不仅能减少浪费、降低成本，还能方便管理，提高厨房工作质量，提高生产效率和减少员工外流。厨房组织管理还包括组织机构设置以及岗位工作职责的制定。

（2）厨房生产管理

厨房生产管理包括厨房生产计划的制订、厨房生产质量管理、厨房生产的标准化控制和餐饮生产折损控制等工作内容。

（3）食品卫生与安全管理

食品卫生要从生产过程的每个环节入手，从原料的采购到整个生产过程以及最终的销售成功都要实行全面控制。

厨房是一个食品加工生产车间，由于种种原因，厨房到处可见不安全的因素，这些因素随时都可能造成安全事故。全体员工要提高安全防范意识，并有针对性地采取切实有效的措施加以预防。

4）餐饮前厅运行管理

（1）餐饮组织与设计

餐饮组织是围绕其经营流程展开的，餐厅的经营流程包括采购、验收、储藏、发货、生产、销售、服务等环节，餐饮企业组织机构的设置就要依照这些环节的工作任务要求和工作内容来进行。因此，餐饮的组织与设计包括对餐厅的组织机构的设置、餐厅的设计、环境装饰和餐厅的运行流程设计等基本内容。

（2）餐饮产品价格管理

餐饮产品的价格是由原材料成本、利润、税金和流通费用等四个部分构成的。其中原料成本约占整个产品价格的35%，餐饮费用占餐饮企业营业收入的30%以上。同时，餐饮产品价格又受市场需求、成本和竞争对手的成本、价格情况的影响，在产品价格的制定过程中随时要考虑到这些影响价格的主要因素，以获得竞争优势。因此，作为管理者一定要掌握餐饮产品的特点、价格的构成、产品定价的程序与策略，能适时地对产品价格做出调整等。

（3）餐饮销售管理与控制

饭店在做销售和经营决策时，要以企业能获得尽可能大的经济效益为前提。餐饮销售管理与控制主要包括销售决策和销售控制，餐饮销售决策包括对餐厅营业时间决策、淡旺季价格折扣决策及亏损先导推销决策等。

业务链接6-4

餐饮部经理的责任

①对上级负责。尊重上级并接受上级分配的工作任务。为了实现企业目标，餐饮部经理应做好本部门各项工作，根据预算和政策进行经营管理，在保证产品质量的同时，合理降低产品成本，创造产品利润最大化，实现企业经营目标，部门工作应该与上级密切配合。

②对下属员工负责。作为部门经理还要对下属负责，如提供一个安全的工作环境、和谐愉快的工作氛围，对员工做好业务培训和职业生涯规划，培养其快速成长，共同实现企业目标。

③对客人负责。饭店是以向客人销售产品的形式来实现企业目标的，那么"预计客人需要，帮助客人解决问题"的工作态度就显得尤为重要。管理者能站在客人的角度对餐厅进行经营管理，既能让客人满意，又有助于实现企业经营目标。

5）餐饮服务质量管理

提高餐饮服务质量，以服务取胜成为餐饮企业管理工作的中心。餐饮服务质量管理，要求管理人员能正确运用质量管理方法，做到预先控制、现场控制和反馈控制，将质量问题降至最低，提供令客人满意的服务质量。

6）餐饮成本管理

（1）固定成本与变动成本

在管理上，将餐饮成本分为固定成本与变动成本，对餐饮成本预算、价格决策和其他管理决策是十分有用的。

（2）餐饮成本控制

凡是在餐饮制作和经营成本形成的任何过程中影响到成本的因素，都应成为餐饮成本控制的内容。餐饮成本形成的全过程包括食品原料的采购、储存和发放，菜肴的加工、烹调和销售（服务）等，每个环节都要进行成本控制，才能使餐饮产品的成本达到最理想的状态，保证企业经济收入。

业务链接6-5

标准成本法在餐饮成本管理中的应用

餐饮业使用标准成本法，是指通过制定标准菜谱，将每一种菜肴以菜谱的形式，列出菜肴（包括点心）的用料配方，规定制作程序，明确装盘规格，标明成品的特点及质量标准，它是厨房菜点生产的技术规定，是不同时期用于核算菜肴成本的可靠依据。标准菜谱是统一各类菜品的标准，是菜品加工数量、质量的依据，可以保证菜品质量基本稳定，节省制作时间和精力，避免食品浪费，并有利于成本核算和控制。标准菜谱基本上是以条目的形式，列出主辅料配方，规定制作程序，明确装盘形式和盛器规格，指明菜肴的质量标准、成本、毛利率和售价。菜谱的描述应尽量使用本地厨师比较熟悉的术语，应列出操作时的温度、时间、菜点达到的程度，还应列出所用餐具的品种和规格、产品质量标准和上菜方式，文字要言简意赅。

标准菜谱的制定可以随着管理的需要适当变化，但一定要有实际指导意义，能够起到控制菜肴质量作用和作为厨师管理的工作手册。标准成本的制定与使用方法如下：

①确定主、配原料及数量。这是关键的一步，是确定菜肴的基调，决定该菜的主要成本构成的一步。数量的确定有的只能批量制作，然后平均分摊测算，例如点心、菜肴单位较小的品种。但不论菜肴、点心的规格大小，都应力求精确。

②规定调味料品种，测试确定每份用量。由于调味料品种多、牌号杂，不同厂家、不同牌号的质量差别较大，价格差距也较大，所以要分别确定。调味料只能根据批量分摊的方式测算。

③依据主料、配料、调味料各自的使用量，分别计算各自的成本并计算总成本、毛利及售价。由于市场行情的变化，单价、总成本会不断变化，因此第一次制定菜肴、面点的标准菜谱必须细致精确，为今后价格的变化测算打下良好的基础。

④编写加工制作步骤。为保证菜肴的质量及以后便于统一制作，就必须将主要的、易产生其他做法的步骤加以统一规定，采用专业术语，言简意赅地描述即可。

⑤选定盛器（大盘、中盘、小盘），落实盘饰用料及式样。

⑥撰写菜肴特点及质量标准。标准菜谱既是培训、生产制作的依据，又是检查考核的标准，因此，其质量要求应明确具体，切实可行。

⑦填制标准菜谱（电脑和书面两种）。书面字迹要端正，步骤要清晰，使操作者都能看懂。电脑设置要易于修改和打印，便于价格和操作发生变化时及时调整。

⑧培训员工。按标准菜谱规定的要求和操作流程对员工进行培训，员工在操作时就能按照标准菜谱生产出统一标准的产品。

在使用过程中，要维护其严肃性和权威性，标准菜谱一经制定，必须严格执行。严防随意投料和乱改程序而导致厨房出品质量不一致、不稳定，以确保标准菜谱在规范厨房出品质量方面发挥应有的作用。

➡ 本章概要 ➡

□ 内容提要与结构

▲ 内容提要

● 前厅部主要承担以销售客房为中心的一系列工作，是饭店业务活动和对客服务的一个综合部门，其工作好坏不仅直接影响客房出租率和饭店收入，还能反映一家饭店工作效率、服务质量和管理水平。前厅部的工作任务明确了各岗位工作内容；组织结构设置，明确了各级组织的主要工作职能；客房预订、客人入住、客人退房离店等业务管理，明确了饭店主要业务活动。

● 客房部是在房务总监直接领导下，管理饭店有关客房事务，向客人提供住宿服务的部门。客房部的工作任务明确了各岗位工作内容；组织结构设置，明确了各级组织的主要工作职能；客房清洁卫生、客房服务、客房设备用品、客房安全等业务管理，明确了饭店主要业务活动。

● 饭店由餐饮部门为客人提供系列餐饮产品和服务工作，即为客人提供优质的食品、饮料和良好的服务，承担着宴会、招待会、茶话会、冷餐会、零点、套餐、客房送餐等各项任务，所以，餐饮部是饭店不可缺少的重要部门。其餐饮管理包括餐饮菜单管理、餐饮食品原料采购管理、餐饮生产管理、餐饮前厅运行管理、餐饮服务质量管理、餐饮成本管理等内容。

▲ 内容结构

本章内容结构如图6-4所示。

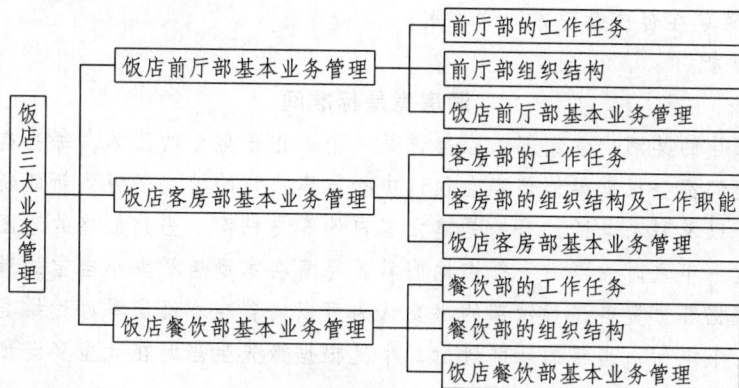

图6-4　本章内容结构

□ 主要概念和观念

▲ 主要概念

前厅部　客房预订　客房部　客房安全　餐饮部

▲ 主要观念

前厅部组织职能　前厅部基本业务管理　客房部组织职能　客房部基本业务管理
餐饮部组织职能　餐饮部基本业务管理

□ 重点实务和操作

▲ 重点实务

前厅部、客房部、餐饮部的工作任务和基本业务管理　相关"业务链接"

▲ 重点操作

饭店三大基本业务管理

━●单元训练━▶

□ 理论题

▲ 简答题

1）前厅部的组织结构形式是怎样的？

2）客房部的组织结构形式是怎样的？

3）餐饮部的组织结构形式是怎样的？

▲ 讨论题

1）如何理解前厅部各组织工作职能？

2）如何理解客房部各组织工作职能？

3）如何理解餐饮部各组织工作职能？

□ 实务题

▲ 规则复习

1）简述客房送餐服务流程。

2）简述客人离店时的送别工作内容。

3）简述菜单在餐饮管理方面的作用。

▲ 业务解析

洞房竟是标准间

段经理领导的某酒店营销部，应当说是一个工作很努力的团体。每当有客人在酒店举办婚宴，他们都会根据餐饮部宴会预订中心与客户订的协议了解到新郎新娘的工作单位、家庭住址以及联系电话，目的是建立客户的客史档案。当然最终的意图在于：待这对新人婚后近一年之时，再一一征询他们具否愿意在本酒店举办小宝宝的满月酒。

一天，根据客史资料，营销部的小夏认为可以向曾在本酒店举办过婚宴的一对大学教师夫妇去一个电话，当年的新郎姓徐，小夏根据徐先生当时在大型宴会预订协议书上留下的手机号码拨通了电话。

小夏先是自我介绍一番，然后问："不知徐先生是否已添丁？"

徐先生大惑不解："什么意思？"

小夏接着说："是这样，我们对曾经在本酒店举办过婚宴的夫妇都会追踪了解一下是否有了小孩，假如有了小宝宝又愿意在本酒店办满月酒的，将给予特别优惠。"

"哦，原来你们又是搞推销的，算了吧！当时在你们那里办婚宴差点没把我气晕。"接着徐先生提高声调激动地说，"那天晚上酒宴散席后，亲戚朋友陪我们夫妇俩上酒店安排的免费洞房，进门一看，简直不敢相信，给我们的居然是没有任何喜庆布置的两张单人床房间。这不明摆着要我们一结婚就分居吗？后来我们干脆也不在那里过夜了。至于要不要在你们那里办满月酒，我想就不麻烦你们了，对不起啦！"电话"啪"的一声中断了。

小夏将此事向段经理汇报时，在场的所有人无不对酒店的失误引发的尴尬感到惊愕和难堪。

段经理立即着手了解此事。原来，当时餐饮部的宴会预订处一时忙中出错，没有及时将徐先生的免费洞房通知单开给客房部的前台去安排，以至于婚宴结束，新婚夫妇问起是否有免费洞房时，才慌忙叫人到前台领取房间钥匙交给新婚夫妇。更糟的是，总台排房员和餐饮部派去的人压根儿就没有意识到这是作为洞房开出去的。

（资料来源　陈文生. 酒店管理经典案例［M］. 2版. 福州：福建人民出版社，2017.）

该酒店营销部这次继续促销的失败，是哪个环节出现的问题？著名酒店专家王大悟说过：正确的程序应是怎样的？所有服务的问题从根本上说都是管理的问题，都应当在管理上找原因。你怎样理解这句话的内涵？

□ 案例题

▲ 案例分析

特色枕头的启示

背景与情境：

某年夏天，一位军队高级将领下榻于东南沿海某市的某一酒店。该酒店领导自然十分重视，公关销售部更是费心搜集这位VP的个性消费资料。

当随行秘书提出酒店是否有荞麦皮枕头时，该酒店的客房部罗经理不免暗自着急。据他所知，本地根本没有这种枕头。怎么办？罗经理急忙向张总经理汇报此事。

张总经理想起当地一家酒店用品公司，也许该公司见多识广，了解货源渠道，就急忙与该公司的总经理联系。事也凑巧，该公司老总正在北方出差，就答应立即带回两个荞麦皮枕头。

当高级将领的床上摆放着荞麦皮枕头时，也许他还以为是办事周到的秘书特意为他带来的呢！

事后，几位管理人员试用了这种枕头，发现这种枕头虽然硬实而且沉甸甸的，但头部枕靠在上面确实舒服而且不轻易移位，感觉十分好。于是，酒店又少量地购进了一批这种枕头，与软枕头搭配，先在几个楼层试用。经征求许多客人意见都反映良好后，酒店决定继续购进一批投放到客房里。

（资料来源 陈文生. 酒店管理经典案例［M］. 2版. 福州：福建人民出版社，2017.）

问题：

1）请列举现在酒店都为客人准备哪些特色枕头供客人选用。

2）某高级将领爱睡荞麦皮枕头，属于什么需求？如何理解？

3）酒店竞争光靠拼价格不是高明之举，非价格竞争中的产品差异化竞争应成为一种重要手段。你如何理解？

分析要求： 同第1章本题型的"分析要求"。

▲ 善恶研判

上错菜怎么办

背景与情景：

"青椒炒牛肉。请慢用。"服务员小杨报上菜名即欲转身离开。

"小妹，先别走。我们点的是蚝油牛肉，怎么变成了青椒牛肉？"桌上的一位老先生开口了。

"对呀，我们点的不是青椒炒牛肉呀！看看菜单。"不知是谁提出要看点菜单的建议。

小杨从工作台取来点菜单，递给刚才提建议的那位先生——一位戴眼镜的常客苏先生。

"点菜单写的没错，是蚝油牛肉。小妹，是不是别桌的菜送到我们这桌来了？先退下吧。"苏先生明显想给小杨一个台阶下，意思是不管怎样，还是先退下这道菜，免得客人不高兴。

小杨将菜端出了包厢，但不一会儿又端着原菜转了回来。"其他桌没点牛肉，你们就将就了吧。"小杨不轻不重地说，看来出错菜是常有的事。

但是，刚才那位最先提出异议的老先生——吴先生不高兴了，有点生气地说："你们酒店怎么能这样，上错菜不当回事，请你们经理来！"

小杨一副显然不太情愿的样子，默不作声地走出包厢。

客人们正想恢复前面话题继续聊天，包厢的门"嗒嗒"两声之后就打开了。一位穿着黑色西服的年轻女经理满脸堆笑地走了进来，人到声到："非常抱歉，是我们有失误，让你们不满意了。这样吧，这份青椒炒牛肉算我们赠送，再给你们做一道蚝油牛肉怎么样？"说完扫了大家一眼。

由于都是常客，苏先生赶紧出来打圆场："黄经理，没关系，青椒炒牛肉也是牛肉，这事就算了。眼下生意不好做，什么赠送不赠送，不用了，你能来，我们就高兴了。来来来，我介绍下，这位是吴先生。"

黄经理走到吴先生面前，吴先生倒是有儒者风度，这时也没了脾气，主动站了起来，温和地说："黄经理，其实不能怪我们不讲情面。我来这里吃了好几次饭了，经常发现上错菜的情况。我们能给你提意见，也是为了你们好。你倒是要认真查一下，究竟原因出在哪里，要拿出一点措施来，才能杜绝这种现象，你说对不对？今天的菜我们就将就了，希望下次不要再这样了。"

黄经理忙不迭地说："你说得非常对，这是我们的责任，我一定要查一下，彻底解决这一类问题。太感谢你了。"

（资料来源 佚名. 上错菜怎么办 [EB/OL]. [2013-10-21]. https://zhidao.baidu.com/question/1881620146176790588.html.）

问题：

1）请指出本案例中服务员小杨错误之处。

2）黄经理平时应该采取哪些措施处理这样的问题？

3）你认为客人是在小题大做吗？

4）通过网上或图书馆调研等途径搜集你作善恶研判所依据的行业道德规范。

研判要求： 同第1章本题型的"研判要求"。

□ 实训题

"饭店三大基本业务管理"业务胜任力训练

【实训目的】

见本章"学习目标"中的"实训目标"。本章专业能力训练领域、技能点、名称及其参照规范与标准见表6-2。

表6-2　　　　专业能力训练领域、技能点、名称及其参照规范与标准

训练领域	技能点	名称	参照规范与标准
饭店三大基本业务管理	技能1	客房预订技能	（1）掌握客人各种预订要求 （2）搜索匹配的客房、房价 （3）记录、确认并保存预订信息 （4）制作预订管理报告 （5）能规范地制定《客房预订程序》
	技能2	客房服务技能	（1）能制订客人抵达前的准备工作方案 （2）能制订客人抵达楼层时的接待工作计划 （3）能在客人住店期间实施上述方案与计划 （4）能制定客人离店时的结束程序 （5）能在客人离店时对制定的程序予以实施

续表

训练领域	技能点	名称	参照规范与标准
饭店三大基本业务管理	技能3	餐饮部与饭店其他部门的工作协调技能	（1）餐饮部与前厅部、客房部工作协调 ①能与前厅部、客房部沟通，了解掌握客情预报 ②能根据所掌握的客情预报做好食品原料采购工作 ③能向客人适时推介特色产品 （2）餐饮部与销售部、公关部工作协调 ①能及时了解掌握现阶段饭店营销策略 ②能根据营销策略及时调整菜单内容 ③能把有关产品成本核算结果及时告知销售部 ④能及时主动为销售部提供创新产品资料 ⑤能协助销售部门与客人洽谈业务 （3）餐饮部与财务部工作协调 ①能与财务部共同完成原料购置、毛利率制定、菜品价格制定、售后结算等审核工作 ②能将各类准确的营业数据及报表提供给财务部 ③将财务部经过审核分析后做出的经营分析报告作为本部门工作管理依据
	技能4	撰写《饭店三大基本业务管理实训报告》技能	（1）能规范地制定《客房预订程序》 （2）能合理制订客人抵店接待计划、离店结束程序 （3）能明确餐饮部与饭店各部门协调沟通事项与技巧 （4）能根据以上技能要求规范地撰写《饭店三大基本业务实训报告》

职业核心能力和职业道德训练：其内容、种类、等级与选项见表6-3；各选项的操作"规范与标准"见本教材附录三的附表3和附录四的附表4。

表6-3　　　职业核心能力与职业道德训练内容、种类、等级与选项表

内容	职业核心能力						职业道德						
种类	自我学习	信息处理	数字应用	与人交流	与人合作	解决问题	革新创新	职业观念	职业情感	职业理想	职业态度	职业良心	职业作风	职业守则
等级	中级	中级	中级	中级	中级	中级	中级	认同级	认同级	认同级	认同级	认同级	认同级	认同级
选项	√	√	√	√	√	√	√	√	√	√	√	√	√	√

【实训任务】

（1）对表6-2所列专业能力领域各技能点，依照其"参照规范与标准"实施阶段性基本训练。

（2）对表6-3所列职业能力选项，依照本教材附表3的"参照规范与标准"实施"中级"强化训练。

（3）对表6-3所列职业道德选项，依照本教材附录四附表4的"规范与标准"实施"认同级"相关训练。

【组织形式】

将班级学生分成若干实训小组，根据实训内容和项目需要进行角色划分。

【实训要求】

（1）实训前学生要了解并熟记本实训的"实训目标"、"能力与素质领域"、"实训任务"与"实训要求"，了解并熟记网络教学资源包中《学生考核手册》表6-2、表6-3中"考核指标"与"考核标准"的内涵，将其作为本实训的操练点和考核点来准备。

（2）通过"实训步骤"，将"实训任务"所列三种训练整合到本实训的"活动过程"和"成果形式"中。

【情境设计】

将学生分成若干实训组，在本实训【成果形式】的"实训课业"题目中任选一题，并选择一个校企合作企业的前厅部、客房部和餐饮部进行实训。各实训组通过对所选企业（或本校专业实训基地）三大基本业务管理的调研、参与和实施等系列体验活动，完成本实训操练题的各项任务，在此基础上撰写实训报告。

【指导准备】

知识准备：

（1）现代饭店三大业务部门业务管理有关知识。

（2）"饭店三大业务部门基本业务管理"的理论与实务知识。

（3）语言沟通技巧有关知识。

（4）本教材"附录一"的附表1中，与本章"职业核心能力'强化训练项'"各技能点相关的"'知识准备'参照范围"。

（5）本教材"附录二"的附表2-2和附表2-3中，涉及本章"职业核心能力领域'强化训练项'"各技能点和"职业道德领域'相关训练项'"各素质点的"规范与标准"知识。

操作指导：

（1）教师向学生阐明"实训目的"、"能力与道德领域"和"知识准备"。

（2）教师就"知识准备"中的（4）、（5）项，对学生进行培训。

（3）教师指导学生就操练项目所进行的市场调研、资料搜集与整理活动。

（4）教师指导学生就操练项目所进行的"客房预订""客房服务""餐饮部与饭店其他部门的工作协调"等活动。

（5）教师指导学生撰写《××饭店前厅预订实训报告》《××饭店客房服务实训报告》《××饭店餐饮部与饭店其他部门的工作协调实训报告》。

【实训时间】

本章课堂教学内容结束后的双休日和课余时间，为期一周。

【操作步骤】

1）将学生组成若干设计团队，每个团队确定1人为队长，结合本实训任务进行适当的任务分工。

2）各团队分别选择一家校企合作酒店，结合课业题目，制订饭店三大基本业务管理在饭店实际管理中的应用实训方案。

3）各团队通过互联网、图书馆以及走访企业的途径，研究该饭店三大基本业务管理在实际管理中的应用情况。在此基础上实施实训方案，系统体验如下技能操作：

（1）依照"技能点1"的"参照规范与标准"，运用饭店前厅管理有关知识、"企业调研"的理论与实务知识，诊断该饭店"客房预订"具体情况，分析其成功与不足之处。

（2）依照"技能点2"的"参照规范与标准"，运用"饭店客房管理在饭店中的运用"的理论与实务知识，为该饭店在客房服务中的不足之处提出改进意见。

（3）依照"技能点3"的"参照规范与标准"，运用"饭店餐饮管理在饭店中的运用"的理论与实务知识，为该饭店餐饮部与饭店其他部门的工作协调工作中的不足之处提出改进意见。

（4）依照"技能点4"的"参照规范与标准"，能依照应用文的程式，设计和撰写相应实训报告。

4）在"饭店三大基本业务管理"的"专业能力"上述基本训练中，融入"职业核心能力"各选项的"初级"强化训练，突出饭店三大基本业务管理有关知识、企业调研的理论与实务知识、客房预订、客房服务、餐饮部与饭店其他部门的工作协调等内容及其在饭店中的运用的理论与实务知识的学习和应用及"职业道德"各选项的"高级"相关训练。

5）综合以上操作与阶段性成果，撰写《××饭店前厅预订实训报告》《××饭店客房服务实训报告》《××饭店餐饮部与饭店其他部门的工作协调实训报告》。

6）在班级讨论和交流各团队的实训报告。

7）各团队根据讨论和交流结果，修订其实训报告，使其各具特色。

【成果形式】

实训课业：《××饭店前厅预订实训报告》《××饭店客房服务实训报告》《××饭店餐饮部与饭店其他部门的工作协调实训报告》

课业要求：

1）"实训课业"的结构与体例参照本教材"课业范例"中的范例-3。

2）将实训方案以"附件"形式附于实训报告之后。

3）在校园网的本课程平台上展示经过教师点评的班级优秀实训报告，供相互借鉴。

━━ 单元考核 ━━▶

考核要求：同第1章"单元考核"的"考核要求"。

第7章
饭店营销管理

学习目标

通过本章学习，应该达到以下目标：

理论目标：学习和把握饭店市场营销、市场细分、目标市场选择、饭店产品定位的概念，饭店市场营销环境分类、特点及相应对策，饭店选择目标市场的决定性因素，饭店营销新观念等陈述性知识；能用其指导"饭店营销管理"的相关认知活动。

实务目标：学习和把握饭店营销活动的任务，饭店目标市场营销选择的基本思路，SWOT分析，饭店市场细分依据，饭店目标市场营销战略选择及其决定因素，饭店营销新观念及主要方法，饭店产品定位的依据、步骤、策略，饭店营销创新的实施途径及步骤，相关"业务链接"等程序性知识；能用所学实务知识规范"饭店营销管理"的相关技能活动。

案例目标：运用所学理论与实务知识研究相关案例，培养和提高在特定业务情境中分析问题与决策应对的能力；能结合本章教学内容，依照"职业道德与企业伦理"的行业规范或标准，分析企业行为的善恶，强化职业道德素质。

实训目标：参加"饭店市场细分、目标市场选择与定位"业务胜任力的实践训练。在了解和把握本实训所涉及"能力与道德领域"相关"技能点"的"规范和标准"基础上，通过切实体验"饭店市场细分、目标市场选择与定位"各实训任务的完成、系列技能操作的实施、相关《实训报告》的准备与撰写等有质量、有效率的活动，培养"饭店市场细分、目标市场选择与定位"的专业能力，强化"信息处理"、"解决问题"和"革新创新"等职业核心能力（高级），并通过"内化级"践行"职业观念"、"职业理想"、"职业态度"和"职业守则"等规范，促进健全职业人格的塑造。

引例 竞争催生"酒店+"

背景与情境：

福建永泰香米拉温泉酒店为打破同质化竞争局面，做足"酒店+"文章，不但有"酒店+养生"，还有"酒店+影院""酒店+展厅"，开发了酒店周边同类酒店所没有的额外产品。

其一，引入独特的"五维养生温泉浴"项目。五维是指"诊、清、调、养、通"，先是诊测客人体质类型，然后使用对应药物泡浴清洁，再喝有调理功效的对应茶方，进食有养生功效的对应套餐，最后根据不同体质在相应身体部位粘贴特制膏药。同时在舒缓的音乐声中做保健操，达到舒筋活络、通体康泰的效果。由于功效显著，尤受中老年客人的欢迎，酒店也因此声名远播。

其二，引入小型电影院，吸引了不少年轻消费者。同时，改造少量客房为电影房，"躺在床上看电影"成了新卖点。

其三，利用空间优势开辟展厅，举办土特产品、服装展销会，带来人气；书画长廊常年展览名家书画，使得酒店更加充满中国传统文化气息，有的书画爱好者就是冲着欣赏名家书画作品而下榻该酒店的，酒店还可以在一部分可销售作品的收入中获得提成。

（资料来源 陈文生.酒店管理经典案例［M］.2版.福州：福建人民出版社，2017.）

问题：你认为"酒店+"是怎样催生出来的？它能为酒店和客人带来哪些益处？

"酒店+"因市场竞争而催生。酒店或利用自身优势，或挖掘目标市场潜在消费能力，创造需求，丰富产品，引导消费，既能满足客人不断增长的需要，又能提高酒店的营业额。这个成功经验可为正在进行供给侧改革的酒店带来借鉴意义，也是当今酒店实行个性化产品生产、销售的创新点。

7.1 饭店营销管理概述

7.1.1 饭店市场营销概述

1）饭店市场营销概念

（1）市场营销概念

市场营销既是一种组织职能，也是为了组织自身及利益相关者的利益而创造、传播、传递客户价值，管理客户关系的一系列过程。在这个过程中，既要明确宾客的地位，也要承认宾客的价值。

（2）饭店市场营销的定义

饭店市场营销是市场营销的一种，也是饭店经营活动的重要组成部分。它始于饭店提供产品和服务之前，主要研究宾客的需要和促进饭店客源增长的方法，致力于开发饭店市场的潜力，增进饭店的收益。饭店市场营销涉及满足宾客需求的产品，贯穿于从饭店到宾客的一切业务活动，最终使饭店实现其预设的经营目标。

同步思考7-1

饭店营销活动与推销活动的区别是什么？

理解要点： 饭店营销，是指饭店产品出售给宾客前所有活动的总和以及饭店产品走向市场后为促成宾客满意而开展的活动的总和。饭店推销是以饭店现有的产品作为工作的起点，研究怎样利用广告、公关、实物展示等手段来增加销售量，在增加销售量的基础上实现饭店的目标。饭店营销和推销的主要关系见表7-1。

表7-1　　　　　　　　　　　　　饭店营销和推销的主要关系

项目	饭店推销	饭店营销
活动的基础	现有的饭店产品及服务	宾客的需求
使用的方式	广告、公关、实物展示等	产品、价格、销售渠道、促销等整体营销组合策略
实现目标的基础	增加销售量	增加宾客满意度

2）饭店营销概念包含的内容

（1）市场研究

要从宾客出发，就必须对市场需求进行调查研究，选定目标市场，了解作为目标市场的宾客需要什么。

（2）产品组合

根据宾客需要，提供能满足需要、使宾客满意的产品和服务。

（3）广告和促销

用各种方法和手段，将饭店的产品和服务情况告诉宾客，使宾客能够了解和接受。

（4）营销结果

满足宾客需要，为的就是使饭店的经营目标得以实现。经营目标可以是利润的增长、市场占有率的提高、销售量的增加等。要做到宾客满意，饭店得益。

同步案例7-1

24小时退房制

背景与情境：

厦门佰翔软件园酒店自2013年6月以来，推行散客"24小时退房制"，具体规定是：除会议、团队外，散客在6点至14点入住的，退房时间可延至次日的同一时点，只要不超过24小时，均按一天计费。当然，住宿多日的，最后一天退房时间可延至当日的同一时点。

传统的退房时间及其有关规定是：退房时间截至中午12点，12点至18点之前，加收半天房费，超过18点加收一天房费。此做法一直被业界视为国际惯例，但在国内被部分顾客称为"霸王条款"。

在我国酒店业竞争日益激烈的情况下，许多酒店为"讨好"顾客，纷纷将退房时间推至13点、14点，乃至15点不等。不过，延至18点之后，还是要加收一天房费的。

厦门佰翔软件园酒店自实行"24小时退房制"以来，用顾客的话说，我既然付了一天的房费，当然有住满24小时的权利，至于未住满24小时付一天的房费，那是我情愿。

厦门佰翔软件园酒店推行"24小时退房制"后，住房率是否下降了呢？据称住房率没有明显变化，因为更多的散客并非每次住店都要"等"到24小时满才退房，何况影响住房率变化还有许多其他因素。或许因为形象的提升，总体上住房率还将有所提升。

（资料来源　陈文生.酒店管理经典案例［M］. 2版.福州：福建人民出版社，2017.）

问题：传统退房时间的规定对酒店来说有哪些好处？而佰翔软件园酒店推行"24小时退房制"，尽管给酒店工作带来一定的不便，但其更大的意义是什么呢？

分析提示：传统退房时间的规定，既方便前厅部对客房的住宿安排，也方便客房部对整理房间的用工安排，当然一定程度上也有利于提高酒店住房率。

推行"24小时退房制"其更大的意义在于：通过关注顾客的心理感受，让顾客获得一种权利的公平感，以赢得好口碑、树立好形象，增强酒店与顾客的黏性，从根本上说，还是利于巩固和提升市场竞争能力。

7.1.2　饭店营销活动的特点及相应对策

在饭店营销的活动过程中，几乎所有的服务和产品都是以服务要素与产品要素组合的形式提供给消费者的。饭店服务产品具有无形性、生产与消费的同步性、差异性和不可储存性等特点，因此饭店市场营销具有以下特征：

1）饭店产品的无形性使饭店的营销活动具有相应的脆弱性

针对这个特点，饭店在营销"无形的服务"时，就应巧妙地提供各种有形的证据来吸引宾客的心，让宾客眼见为实。同时，饭店应借助于良好的品牌形象建立品牌认知、品牌偏爱和品牌忠诚，使品牌成为宾客购买的依据。

业务链接7-1

饭店有形要素的营销

在饭店营销管理中应切实做好有形要素的管理工作，以便能有效地向客人传递产品信息，吸引目标客源。良好而完整的有形要素能够：①塑造饭店优秀的市场形象；②给客人营造高享受的氛围；③给客人以深刻的印象；④使客人信任饭店；⑤提高客人感觉中的服务质量；⑥促使饭店提供更优质的服务，使客人满意。

饭店的有形要素主要有以下几点：①饭店的地理位置。位于市中心的饭店使客人感觉是商务型饭店，而位于风景区的饭店会被认为是度假型饭店。②建筑风格。高耸入云的上海金茂凯悦大饭店和环境独特的杭州香格里拉饭店都给人以豪华型饭店的象征。③助销产品。大堂饼屋的蛋糕陈列，印制精美的饭店宣传资料，赠送客户的礼品，公共区域的标识牌等都在无时无刻地向客人传递着饭店的品质信息。④服务环境。空间的温度、湿度，周围的声音、气味，环境的整洁度，宾客和服务人员的数量、仪表、行为等都决定着客人是否愿意在此逗留。⑤价格。价格提供了饭店档次和质量的信息，高价格能提高客人对产品和服务的信任感和期望值，低价格会使客人怀疑服务的水准和降低感觉中的服务价值。⑥饭店员工。训练有素的餐厅服务员，仪表端庄的接待人员，稳重而彬彬有礼的管理人员等都给客人营造了一种可信度。⑦宾客。定位于商务型的饭店，若接待大量的旅游团队，必使商务客人感觉不适。⑧服务设备。饭店的接待用车、大堂的行李车、餐厅的桌椅等都为客人推测饭店的档次和质量提供了证据。⑨装饰布置。装饰别致的大堂酒吧会促进客人的消费，温馨典雅并有着宽大床垫的客房能提高客人的回头率。⑩店徽、商标。店徽和商标能够将本饭店与竞争对手区别开来，使客人联想到其服务特色，刺激客人的购买欲望，提高饭店的营销效果。

2）饭店产品的不可储存性给饭店营销活动增添了艰巨性

饭店在提供产品时应掌握恰当的时机，提高产品的时间效用，尽量实现产品的使用价值而减少损失率。在开展营销活动时，可以通过协调供给与需求关系来减少饭店产品的"报废率"；采用分时计价的方式增加饭店产品的价格弹性；采用不同的计量单位以适应不同的消费需求；增加饭店的服务方式以应对饭店人手和场地的相对固定性。

同步思考7-2

你是否同意"饭店产品具有不可储存的特点，所以饭店应该坚持薄利多销的策略"这一观点？为什么？

理解要点：饭店产品是一种过期作废的产品，具有效用瞬时性的特点。饭店业在市场竞争激烈时，绝大多数都走上了薄利多销、降价销售的路子。然而，有不少饭店发现薄利多销这一降价销售策略并不怎么灵验，薄利并没有带来多销，多销也没有给饭店带来盈利，有些饭店甚至出现了相反的结果。

从理论上看，多销有几种不同的含义：第一，销售量意义上的"多销"，比如说采用了薄利多销策略以后，上周平均开房率达到80%，多销出客房230间次。第二，销售额意义上的"多销"，比如说采用了薄利多销策略以后，在上周平均开房率达到80%、多销出客房230间次的基础上，客房销售收入有了大幅度增长，达到一周48万元的水平，是以往平时的一倍还要多。销售量意义上的多销与销售额意义上的多销两者既有统一的时候，又有背离的时候，统一的时候是指销售量与销售额同比例增长，背离的时候是指虽然卖出了较多的客房，但是客房的销售收入没有同比例增加。第三，销售利润意义上的"多销"，比如说采用了薄利多销策略以后，饭店的收益在利润总额中反映出来，表现为盈利，利润增加；但销售利润与销售量、销售额这两者之间的关系比较复杂。简而言之，它们之间既存在着统一的关系，又存在着背离的关系，具体问题要具体分析。

3）饭店产品的不可运输性使营销活动丧失了一定的灵活性

宾客离店时带走的只能是一种无形的感受，而不能带走饭店具体的服务产品，这就给营销活动增添了一定的难度。如某一饭店联号有过剩的客房、娱乐设施和服务能力，但不可能将它们运输到另一地供本联号的另一饭店使用或供宾客消费，这就使得饭店失去了许多好的销售机会。目前，在国内饭店之间兴起的"联姻"则有效地解决了营销活动灵活性的问题。

4）饭店产品大规模生产和销售的限制性减小了饭店营销活动的规模效应

为了解决饭店产品不可储存性、不可运输性的缺陷，饭店在营销时最好通过建立饭店联号、实行连锁经营、组建饭店联盟、进行团队促销等方式，统一服务标准、服务程序、服务风格来达到饭店产品的规模生产和规模销售。目前，连锁经营、联合发展已经成为一种时尚，这种方式改变了我国饭店传统的"各自为战"的散沙式经营方式，以联合销售为纽带，发挥各自设备、技术、资本、网络的最大优势，使饭店产品的规模经营有一个良好的开端。

同步案例7-2

黑龙江成立旅游饭店联合体

背景与情境：

黑龙江省9家饭店成立了黑龙江旅游饭店联合体，以加强彼此间的合作，并开展联合促销活动。这9家饭店都分布在黑龙江主要的旅游景点城市，如冰雪旅游和夏季观光线上的哈尔滨、亚布力、牡丹江，出境旅游口岸黑河、绥芬河、佳木斯，观鹤旅游线上的齐齐哈尔、大庆，森林旅游线上的伊春。成立联合体后，9家饭店将在共同利益驱动下，开展联合促销，加强业务交流，形成优势互补，共同发展。

（资料来源　佚名.跨国饭店集团在中国：饭店联合体［EB/OL］.［2006-01-20］. http://www.docin.com/p-1434125731.html.）

问题：饭店为什么要组建联合体？其意义何在？

分析提示：随着跨国资本以空前的速度和规模涌入中国市场，我国的旅游饭店业感受到了前所未有的压力，高星级饭店度日艰难，而低星级饭店也颇受牵连，压力很大。联合体中的饭店在帮助兄弟饭店推销宣传的过程中，也接触到了许多先进的管理手段，了解到了许多最新的市场信息，同样也能接受到数家饭店的销售支持。

5）饭店产品消费的随意性使营销活动必须着眼于刺激宾客的消费欲望

饭店的大部分宾客是旅游者，对于饭店产品的消费有很大的随意性，在消费能力许可的情况下，容易受宾客的情感、兴趣、动机等心理因素的影响。这就要求饭店应掌握宾客的消费心理，进行针对性的促销，以激发宾客更多的消费行为。

6）饭店产品的综合性促使饭店树立整体营销意识

饭店产品是一个复杂的构成体，它由饭店服务人员、设施设备、宾客三要素共同组成，既包括无形产品，又包括有形产品，且宾客在消费过程中，随时会衍生出一些附加需求。为造就满意宾客，饭店尤其应注重整体营销意识及全员营销意识，前后台工作人员应发挥团队精神，相互配合，部门之间应保持强烈的补位意识，真正使服务和营销成为一门艺术，提升饭店的营销绩效。

7）饭店产品的非专利性要求饭店营销讲究独特性和新颖性

饭店产品具有非专利的特点，即饭店不能为自己的客房装饰、菜肴糕点、服务方式等申请专利，唯一能申请专利的是标志和名称，由此导致的直接后果就是：一旦饭店在菜式创新、客房布置等方面摸索出较为成功的经验，很容易被诸多竞争对手模仿。因此，饭店营销要具有创新意识，在创新产品成为大众产品之前，及时做好产品的更新换代工作，并借助于其他各种营销策略，使饭店产品"永葆新意"。

8）饭店产品的文化性要求饭店强化文化理念

旅游是一种文化现象，旅游动机之一就是探求文化，作为旅游业的支柱产业之一，饭店就应当先满足旅游者的文化需求。因此，饭店要研究文化性的产品，开展文化营销活动，在营销的各个环节上（如产品设计、促销设计）体现浓厚的文化气息，使营销成为一项文化型的经济活动。

业务链接7-2

细微之处的文化营销

文化营销不一定需要很大的投入，一些细微之处的巧妙设计也会尽显酒店人的匠心。国外流行的"菜单文学"就是一个绝佳的例子，通过菜单更好地宣传了酒店的经营理念和特色，在细小的地方显示出酒店的与众不同，如美国爱荷华州哈兰市的米歇尔酒店，在欢迎顾客光临的菜单上写道："我们高兴，因为我们能为您烹制全市最好的美食；我们感谢，因为您赐予我们机会，让我们展示自己的服务和好客；我们荣幸，因为您挑选我们来满足您的好胃口。感谢您对我们的信赖，我们将永远竭尽全力，不负您的友谊和惠顾。"

7.1.3 饭店市场营销的内容与任务

1）饭店市场营销的内容

饭店市场营销主要包含三部分的内容，如图7-1所示。

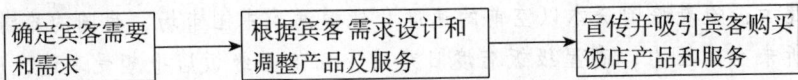

确定宾客需要和需求 → 根据宾客需求设计和调整产品及服务 → 宣传并吸引宾客购买饭店产品和服务

图7-1 饭店市场营销的内容

2）饭店营销活动的任务

饭店营销活动的任务就是通过对市场进行周密的调查研究，了解宾客的各种需要和欲望，在此基础上设计适销对路的饭店产品来满足宾客的需要。饭店营销活动就是发现市场机会，结合自己的长处，选准市场上的空缺，恰当进行产品的定位，以快取胜。这些空缺有：

（1）经营上的空缺

不同的经营方式会给饭店企业注入新的活力，饭店应根据变化了的市场和需求开发全新的经营方式。

（2）年龄上的空缺

不同年龄阶层的消费者有不同的消费习惯，饭店可以根据不同年龄消费者的消费偏好进行定位。

（3）性别上的空缺

两性之间的差别是永远存在的，这就意味着饭店在定位时，可以依据性别来定位。

（4）时间上的空缺

特定的时间意味着特别的营销机会，饭店应根据不同时间段的消费特色来定位。

（5）生活习惯上的空缺

每个人都有自己独特的生活习惯，饭店可根据消费者不同的生活习惯进行定位。

（6）地域上的空缺

不同的地域环境有不同的风俗习惯、消费偏好、经营优劣，饭店可根据地域上的空缺寻找发展的空间。

（7）利益上的空缺

每个人有不同的利益需求，消费者只有在利益得到满足的前提下，才会认可一家饭店，这也给饭店经营创造了空间。

同步案例7-3

"好笑"背后的信息

背景与情景：

其一：某酒店曾接待一位参与设计中国某国际机场的外国专家。一日，客房部林经理听到一位员工向他报告一件认为好笑的事情：这位老外房间的化妆台的四个脚，被老外用迷你吧冰箱里的四个饮料罐高高踮起，报告时服务员竟称此老外可能有神经病。

客房部林经理经过冷静分析后认为，由于此专家身高近2米，进出房门都要低头，估计是专家在做案头工作时脚伸不进台下才出此无奈之策，未必好笑。考虑到该专家要住好长时间，于是报经该酒店韩总经理批准，请家具厂赶制一张高脚化妆台（亦当写字台使用）放进了那位专家的房间，此举得到老外的称赞。

其二：某酒店李总经理，接到一个同样被认为是好笑之事的报告：一位来自广东的客商，声称自己是该酒店常住客，询问能否允许他自带一件"电脑控制马桶坐垫"，请酒店代为保管，并要求每次入住时给予协助安装使用。李总经理欣然答应。

当李总经理在一次晨会上将此事告知大家时，竟引起一阵哄堂大笑，认为此客人真是怪异。李总经理当即指出，那没有什么好笑的，只要客人要求是正当的，都要尽可能满足，然后指示有关部门与这位客人联系，表示支持，同时要求相关部门给予配合。

其三：某客人曾在某酒店吃过一回叫"油炸冰淇淋"的甜点，口感极好，以至于后来在其他酒店吃饭时总向点菜员要求上这一甜点，不料得到的几乎都是"冰淇淋怎能油炸"的反问，言下之意：上这一甜点的要求怪异好笑！但有一回例外，该客人被外地某酒店请去讲学，陪吃饭的该酒店黄总经理听说要这道甜点，而点菜员告之本酒店从未做过时，就把厨师长找来问是否会做，得到否定回答后叫厨师听客人描述此甜点特点和做法，那位厨师长倒也重视，听后答应第二天试做并要该客人验收。次日，当该客人吃上这一甜点并基本认可时，乐得黄总经理眉开眼笑，举杯对这位客人说道："多谢您给酒店又'逼'出一道新菜。"

（资料来源　陈文生.酒店管理经典案例［M］.2版.福州：福建人民出版社，2017.）

问题：酒店从业人员中有人对客人某些举动和要求之所以认为好笑，并对其背后的信息漠然处之，你认为其原因有哪些？结合案例你认为"供""求"方信息是怎样一种关系。对此，酒店老总应如何处理？

分析提示：对把客人称为"上帝"（客人总是对的）的原因还不是理解得很透彻；对客人的"怪异"需求可能给饭店带来新的商机还不能敏感地意识到；对满足客人的个性化需要正是体现优质服务的核心，还不是十分明白和重视；对客人消费需求的变化正是我们服务改革创新的方向还不是认识得很清楚。

"供"方再好的产品，信息传不到"求"的一方，那是信息不对称；反过来，"求"方的愿望、要求达不到"供"的一方甚至达不到"供"方能拍板决策的管理者那里，那也是信息的不对称。所以，作为酒店决策者，为了及时了解顾客需求及其变化，一方面需要构建信息沟通的制度、方法和渠道体系，另一方面恐怕还是要由总经理亲自通过走动管理和回访制度来弥补，以求得在第一时间里能敏感地捕捉到需求信息。

7.2 饭店营销环境分析

7.2.1 饭店市场营销环境概述

1）饭店市场营销环境分类

饭店的经营管理及营销活动都受到来自饭店内部和外部众多因素的影响。我们把影响饭店营销活动的内部因素和外部因素所构成的系统称为饭店市场营销环境，它可以分为宏观环境与微观环境两部分。不同类型或档次的饭店，在不同的时期，对市场营销的认识不同，受影响和制约的营销环境也不一样，这主要体现在饭店所面临的营销环境的数量、种类及所受影响的深度上。

（1）饭店宏观营销环境

它是饭店营销活动的重要外部环境，它对饭店营销活动产生直接和间接的影响，是饭店不可控的因素，由一些大范围的社会力量所构成。宏观营销环境可分为政治法律环境、社会文化环境、人口环境、经济环境、自然环境、科学技术环境、交通运输环境等。

①政治法律环境。政治法律环境是强制和约束企业市场营销活动的各种社会力量的总和，包括一个国家的政治形势、经济政策、贸易立法和消费者利益保护组织等。政治环境是企业市场营销的外部政治形势。法律环境指国家或地方政府颁布的各项法规、法令和条例。

一个国家或地区，总是要运用自己的法律手段，干预社会经济生活，因而政府的法令条例，特别是关于饭店业的立法，对饭店市场需求的形成和实现具有不可忽视的调节作用，而这些法律法规都是在饭店企业的控制范围之外。一国政府对饭店业影响最大的是其态度，积极的扶持态度会使饭店业得到快速的发展，诸如对饭店的资助、关税减免、长期低息贷款、信誉担保、公共事业费减免、实行特殊的饭店汇兑汇率，以及积极地提供各种优惠条件及鼓励投资者向饭店投资等。

业务链接7-3

新旅游法规范酒店业发展

《2013—2017年中国酒店行业发展前景与投资战略规划分析报告》指出，《中华人民共和国旅游法》（以下简称《旅游法》）对酒店行业最直接的影响就是确保了服务的诚信和质量。2013年10月1日开始实施的《旅游法》，对酒店行业影响最大的条款应该是第五十条：旅游经营者取得相关质量标准等级的，其设施和服务不得低于相应标准；未取得质量标准等级的，不得使用相关质量等级的称谓和标识。

目前国内酒店自称"超五星级"、"白金五星级""六星级""七星级"的现象普遍存在，而一些所谓"精品酒店"也缺乏业内公认的衡量标准。另外，"饭店""酒店""旅馆""宾馆"等的不同称谓，也使得国内酒店行业缺乏统一的管理，因此，这条规定将在很大程度上对规范酒店业的标准等级评定起到积极作用。

②社会文化环境。社会文化环境指一个国家、地区的民族特征、价值观念、生活方式、风俗习惯、宗教信仰、伦理道德、教育水平、语言文字等的总和。文化对饭店营销的影响是多层次、全方位、渗透性的。文化因素对消费者的需求和购买行为的影响很重要，个人爱好不同，消费习惯不同，从而导致不同需求。饭店市场经营受教育水平、宗教信仰、传统习惯等文化因素的影响很大。

③人口环境。人口环境包括人口数量和增长速度、人口的地区分布和流动、人口的年龄结构、人口的性别结构、人口的家庭规模等要素。

④经济环境。它是影响和制约社会购买力形成的主要环境力量。社会购买力是一系列经济因素的函数，取决于国民经济的发展水平以及由此决定的国民平均收入的水平，并直接或间接地受消费者收入、价格水平、消费者支出状况、储蓄和消费者信贷等经济因素的影响。

⑤自然环境。旅游者是各饭店主要的宾客来源，出游的目的就是观赏体验各地不同的自然景观，所以，距离自然地理位置的远近会影响饭店的利润水平。

⑥科学技术环境。科技化和智能化将普遍进入生产、管理和社会生活的各个领域，保护生态环境，发展节约资源的技术已成为人们的共识，创建节约型的绿色饭店已是大势所趋。

⑦交通运输环境。交通运输环境指交通的安全性、便捷性、舒适性以及饭店的通畅性。

（2）饭店微观营销环境

它是指与饭店市场营销活动关系密切、直接发生影响的饭店外部因素的总和。微观营销环境的变动对饭店营销的影响往往是具体的，其影响范围也比较小，时间比较短，饭店在一定的程度上可以控制，主要来自于饭店营销渠道企业、宾客、竞争者、公众几个方面。

①饭店营销渠道企业。饭店中间商是指处于饭店消费者与饭店之间，参与饭店产品流通业务，促使买卖行为发生和实现的集体和个人，包括经销商、代理商、批发商、零售商、交通运输公司、营销服务机构和金融中间商等。这类购买者的特点是：购买是为了获利；专家购买；购买次数较少，但每次购买数量较大。

②宾客。宾客即饭店消费者和机构购买者。饭店消费者是最终饭店消费购买者，这类消费者具有以下特征：人多面广、需求差异大、多属小型购买、购买频率较高、多属非专家购买、购买流动性较大。机构购买者是为开展业务而购买饭店产品的各种企业或机关团体等组织，其特点是：购买者数量较小、购买的规模较大、公司购买属于派生需求、公司购买需求弹性较小。

③竞争者。竞争者主要包括行业竞争者、替代品生产者、潜在加入者、原材料供应者、购买者等。

④公众。公众主要包括媒介公众、金融公众、政府公众、民间团体、地方公众、一般公众、内部公众等。

2）饭店市场营销环境的特点

（1）差异性

市场营销环境的差异性不仅表现在不同饭店受不同环境的影响，而且同样一种环境因素的变化对不同饭店的影响也不相同。外界环境因素对饭店作用的差异性，导致饭店为应付环境的变化所采取的营销策略各有其特点。

（2）多变性

构成饭店营销环境的因素是多方面的，每一个因素又都随着社会经济的发展而不断变化。这就要求饭店根据环境因素和条件的变化，不断调整其营销策略。

（3）相关性

市场营销环境不是由某个单一的因素决定的，而是要受一系列相关因素的影响。如饭店产品的价格不但要受市场供求关系的影响，而且还要受到科学技术的进步和财政税收政策的影响。

（4）动态性

营销环境是饭店营销活动的基础和条件，这并不意味着营销环境是一成不变的、静止的，因此，饭店的市场营销方式必须适应环境的变化，不断地调整和修正自己的市场营销策略，否则将会丧失市场机会。

（5）不可控性

饭店的外部市场营销环境是无法控制的，对饭店而言，环境将会发生怎样的变化及对饭店营销有何影响，都是难以预料的。

（6）可影响性

饭店可以通过对内部环境要素的调整和控制，来对外部环境施加一定的影响，最终促使某些环境要素向预期的方向转化。

饭店经营成败的关键在于饭店能否适应不断变化的市场营销环境。

7.2.2　饭店SWOT分析

1）SWOT分析法概述

SWOT分析法又称为态势分析法，它是由旧金山大学的管理学教授于20世纪80年代初提出来的，是一种能够较客观而准确地分析和研究一个单位现实情况的方法。SWOT四个英文字母分别代表：优势（Strength）、劣势（Weakness）、机会（Opportunity）、威胁（Threat）。从整体上看，SWOT可以分为两部分：第一部分为SW，主要用来分析内部条件；第二部分为OT，主要用来分析外部条件。利用这种方法可以从中找出对自己有利的、值得发扬的因素，以及对自己不利的、要避开的东西，发现存在的问题，找出解决办法，并明确以后的发展方向。根据这个分析，可以将问题按轻重缓急分类，明确哪些是目前急需解决的问题，哪些是可以放到以后解决的，哪些属于战略目标上的障碍，哪些属于战术上的问题，并将这些研究对象列举出来，依照矩阵形式排列，然后用系统分析的思想，把各种因素相互匹配起来加以分析，从中得出一系列相应的结论，而结论通常带有一定的决策性，有利于领导者和管理者做出较正确的决策和规划。

2）SWOT分析法在饭店管理中的应用

营销SWOT分析也称为营销环境分析，是指饭店经营者通过对营销环境进行系统的、有目的的诊断分析，以便清楚地明确本饭店的优势、劣势、机会和威胁，从而确定饭店的营销战略。把有利于饭店营销活动有效开展的内部因素，称为饭店营销的优势，如饭店优良的组织结构及现代化经营思想、优秀的饭店文化及雄厚的饭店资源等；反之，把不利于饭店营销活动开展的饭店内部因素，如低劣的员工素质、紊乱的管理制度、不称职的管理人员、低品位的饭店文化等，称为饭店营销劣势。饭店营销机会是指有利于饭店开拓市场、有效开展营销活动的饭店外部环境因素，如良好的国家经济政策、高速增长的市场等；反之，把不利于饭店开展营销活动的外部环境因素称为饭店营销威胁，如竞争对手越来越多、竞争对手实力增强、经营的目标市场萎缩。SWOT营销战略选择如图7-2所示。

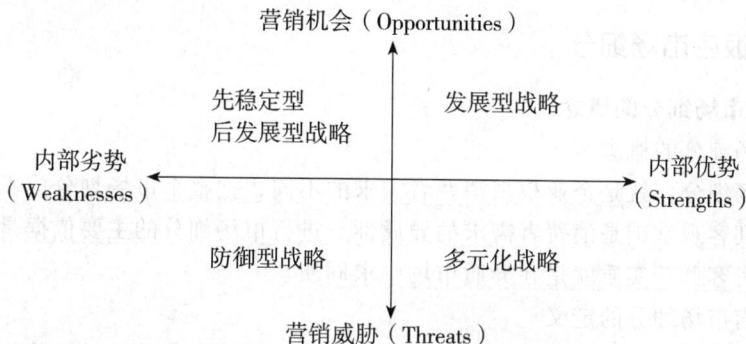

图7-2　SWOT营销战略选择

3）SWOT分析的步骤

（1）罗列饭店的优势和劣势、可能的机会与威胁。

（2）优势、劣势与机会、威胁相组合，形成SO、ST、WO、WT策略。不同的组合要求采取不同的营销策略。

①SO策略：依靠内部优势，利用外部机会。

②WO策略：利用外部机会，弥补内部劣势。

③ST策略：利用内部优势，规避外部威胁。

④WT策略：减少内部劣势，规避外部威胁。

（3）对SO、ST、WO、WT策略进行甄别和选择，确定饭店目前应采取的具体战略与策略。

教学互动7-1

问题：

沈阳某酒店资料介绍：（1）处于市中心，会议频繁，交通极为便利；（2）酒店外观朴素大方，四星级价格，适合普通人群；（3）较大空间的室外停车场，顾客泊车、存车便利；（4）较为齐全和高档的会场、会议室及会议设施；（5）餐厅类型齐全，设施高档；（6）旁边有××宾馆（三星级），附近有××大饭店（五星级），抢占客源；（7）酒店牌子过硬，服务质量优；（8）酒店行业全面提星，四星级酒店以三星级价格出售，竞争加剧；（9）沈阳市乃至辽宁省，大力发展会展经济；（10）旅游团及散客增多；（11）旅行社之间的行业竞争导致酒店行业整体价格不能提升；（12）楼体饱和，设备相对陈旧，暂无更新提星想法，地处繁华路段，噪音影响较大。

请同学们根据以上资料，利用SWOT分析法，对该酒店营销环境进行简要分析，并选择经营战略。

要求：

A.学生分组后请各组代表对上述问题予以分析，其他同学可以补充。

B.教师对学生的回答进行点评，并总结归纳答案。

7.3 饭店市场细分、目标市场选择和饭店产品定位

7.3.1 饭店市场细分

1）饭店市场细分的概念

（1）市场细分的概念

所谓市场细分，就是企业根据消费者需求的不同，把整个市场划分成不同的消费者群的过程。其客观基础是消费者需求的异质性。进行市场细分的主要依据是异质市场中需求一致的宾客群，实质就是在异质市场中求同质。

（2）饭店市场细分的定义

所谓饭店市场细分，就是根据饭店宾客对饭店产品需求的差异性，将宾客市场划分为若干个具有不同需求特征的子市场，而子市场内具有相同、相似的需求，从而使饭店有效地分配和使用饭店资源，进行各种营销活动的过程。

2）饭店市场细分的原因

饭店市场细分的主要原因就是为了有效使用饭店的各种营销费用和资源。另外，市场细分之所以必要，是因为它还能帮助营销人员回答以下问题：

①谁（Who）——饭店应针对哪一些客源市场。

②什么（What）——这些客源市场中的消费者需要什么样的产品和服务。

③怎样（How）——饭店如何通过合适的营销活动来最有效地满足宾客的需求和要求。

④哪里（Where）——饭店在哪里向宾客宣传自己的产品和服务。

⑤何时（When）——饭店什么时候宣传和推销自己的产品和服务。

⑥为何（Why）——饭店要明确消费行为的动机或影响消费行为的因素。

3）饭店市场细分的依据

（1）地理因素

按照宾客所处的地理位置、自然环境来细分市场，地理变量之所以作为市场细分的依据，是因为处在不同地理环境下的宾客群对于同一类产品往往具有不同的需求与偏好，他们对饭店采取的营销策略与措施会有不同的反应。例如，在我国南方沿海一些省份，某些海产品被视为上等佳肴，而我国内地的许多消费者则觉得味道平常。地理变量易于识别，是细分市场应予考虑的重要因素，但处于同一地理位置的消费者需求仍会有很大差异。例如，北京、上海的流动人口逾百万，这些流动人口本身就构成一个很大的市场，很显然，这一市场有许多不同于常住人口市场的需求特点。所以，简单地以某一地理特征区分市场，不一定能真实地反映宾客的需求共性与差异，饭店在选择目标市场时，还需要结合其他细分变量予以综合考虑。细分饭店市场的地理因素见表7-2。

表7-2	细分饭店市场的地理因素
细分标准	具体细分变量因素列举
地理变量	综合地理区域（洲际、国别、地区等）、空间位置（近程、中程、远程）、气候与自然地理环境（热带、寒带、高原、沙漠）、人文地理环境（人口密度、各类城镇）、经济地理环境（发达国家、发展中国家）

（2）人口特征因素

按人口统计变量，如年龄、性别、家庭规模、家庭生命周期、收入、职业、教育程度、宗教、种族、国籍等为基础细分市场。宾客需求、偏好与人口统计变量有着很密切的关系，例如，公务客人是商务型饭店的经常宾客。人口统计变量比较容易衡量，有关数据相对容易获取，因此成为饭店经常以它作为市场细分依据的重要原因。

①性别。由于生理上的差别，男性与女性在产品需求与偏好上有很大不同，如在餐饮、客房等方面均有差别。

②年龄。不同年龄的宾客有不同的需求特点，如老年人对客房的要求不同于年轻人，老年人更需要安全舒适的设施和环境。

③收入。高收入宾客与低收入宾客在产品选择、休闲时间的安排、社会交际与交往等方面都会有所不同。

④职业与教育。它是指按消费者职业不同、所受教育不同以及由此引起的需求差别细分市场。

⑤家庭生命周期。一个家庭，按年龄、婚姻和子女状况，可划分为七个阶段。在不同阶段，家庭购买力、家庭人员对饭店产品的兴趣与偏好会有较大差别。

A.单身阶段。年轻，单身，几乎没有经济负担，新消费观念的带头人，娱乐导向型购买。

B.新婚阶段。年轻夫妻，无子女，经济条件比较好，购买力强。

C.满巢阶段Ⅰ。年轻夫妻，有6岁以下子女，家庭用品购买的高峰期。不满足现有的经济状况，注意储蓄，购买较多的儿童用品。

D.满巢阶段Ⅱ。年轻夫妻，有6岁以上未成年子女，经济状况较好。购买趋向理智型，受广告及其他市场营销的影响相对减少。注重档次较高的商品及子女教育投资。

E.满巢阶段Ⅲ。年长的夫妇与尚未独立的成年子女同住，经济状况仍然较好。妻子或子女皆有工作，注重储蓄，购买冷静、理智。

F.空巢阶段。年长夫妇，子女离家自立。前期收入较高。购买力达到高峰期，较多购买老年人用品，如医疗保健品。娱乐及服务性消费支出增加。后期退休收入减少。

G.孤独阶段。单身老人独居，收入锐减。特别注重情感、关注等需要及安全保障。

除了上述方面，经常用于市场细分的人口变量还有家庭规模、国籍、种族、宗教等。实际上，大多数饭店通常采用两个或两个以上人口统计变量来细分市场。细分饭店市场的人口特征因素见表7-3。

表7-3	细分饭店市场的人口特征因素
细分标准	具体细分变量因素列举
人口特征变量	年龄、性别、职业、收入、家庭生命周期、家庭规模、受教育程度、社会阶层、种族、宗教、国籍、体型、民族

（3）宾客心理因素

根据宾客所处的社会阶层、生活方式、个性特点等心理因素细分市场就称为心理细分。细分饭店市场的宾客心理因素见表7-4。

表7-4　　　　　　　　　　细分饭店市场的宾客心理因素

细分标准	具体细分变量因素列举
心理变量	气质性格、生活方式、社会阶层、价值取向、购买动机、偏好

①社会阶层。社会阶层是指在某一社会中具有相对同质性和持久性的群体。很显然，识别不同社会阶层的宾客所具有的不同特点，对于很多产品的市场细分将提供重要的依据。

②生活方式。通俗地讲，生活方式是指一个人怎样生活。人们追求的生活方式各不相同。

③个性。个性是指一个人比较稳定的心理倾向与心理特征，它会导致一个人对其所处环境做出相对一致和持续不断的反应。

同步案例7-4

跨　　界

背景与情境：

天伦国际酒店管理集团拥抱互联网，进行了一次"互联网+酒店+跨界服务"的尝试：与其他企业进行跨行业合作，推出"乐享·自然"组合产品。

这个项目是以天伦为主题，联合北京海洋馆、美植四季植物艺术工作室、北京美莱医疗美容机构、骑域国际青少年骑士院等企业共同开发的。

该组合产品分为亲子夏令营、都市女人和妈妈特辑，产品内容主要包括烘焙培训、五星级大厨教做菜、参观海洋馆、多肉植物栽培、医疗美容、马术训练和高尔夫球练习等。

天伦之所以选择与这几家企业合作，是因为目标客户群相近，将合作者的特色资源进行重新配置，不仅实现了企业间的客户资源共享，也让酒店的产品更加多元化。

天伦还应用O2O模式，通过线上宣传，带动线下消费。天伦将组合产品在本集团和其他合作企业的官方网站同时上线，客人可以通过以上的任何一个网站订购到该产品。另外，艺龙、携程、去哪儿网等OTA网站也同步上线该产品，增加了宣传渠道，取得了良好的营销效果。

（资料来源　陈文生.酒店管理经典案例［M］.2版.福州：福建人民出版社，2017.）

问题： 天伦国际酒店集团与其他企业进行大胆的"互联网+酒店+跨界服务"尝试，你是如何看待的？

分析提示： 本案例中，天伦国际酒店集团与其他企业进行跨行业合作，推出"乐享·自然"组合产品，进行大胆的"互联网+酒店+跨界服务"尝试，值得同行学习。

酒店作为传统服务行业，在"互联网+"的应用上，应打破传统行业的界限，整合产业链上下游企业的资源，延伸和扩展市场平台，推出新产品。在为客人创造新生活方式的同时，也为酒店找到新的商业机会。例如，身处景区的酒店可以与附近景点管理单位、温泉经营单位、农家或农作物有机生产基地等合作，为观光或度假客人增加各种休闲活动内容，既延长客人住店天数，增加酒店收入，又提高客人满意度。

（4）消费行为因素

根据宾客对产品的了解程度、态度、使用情况及反应等，将他们划分成不同的群体，称为行为细分。许多人认为，行为变量能更直接地反映宾客的需求差异，因而成为市场细分的最佳起点。按行为变量细分市场主要包括以下内容：

①购买时机。根据宾客提出需要、购买和使用产品的不同时机，将他们划分成不同的群体。

②追求利益。宾客购买某种产品总是为了解决某类问题，满足某种需要。然而，产品提供的利益往往并不是单一的，而是多方面的，宾客对这些利益的追求会有侧重。

③使用者状况。根据宾客是否使用和使用程度细分市场，通常可分为经常购买者、首次购买者、潜在购买者、非购买者。

④使用数量。根据宾客使用某一产品的数量大小细分市场，通常可分为大量使用者、中度使用者和轻度使用者。

⑤品牌忠诚度。饭店可根据宾客对产品的忠诚程度细分市场。通过了解宾客品牌忠诚情况和品牌忠诚者与品牌转换者的各种行为与心理特征，不仅可为饭店细分市场提供一个基础，同时也有助于饭店了解为什么有些宾客忠诚于本饭店产品，而另外一些宾客则忠诚于竞争对手的产品，从而为饭店选择目标市场提供启示。

⑥待购状态。宾客对各种产品了解程度往往因人而异。有的宾客对某一产品确有需要，但并不知道该产品的存在；还有的宾客虽已知道产品的存在，但对产品的价值、使用等还存在疑虑；另外一些宾客则可能正在考虑购买。针对处于不同购买阶段的消费群体，饭店进行市场细分并采用不同的营销策略。

⑦对产品的态度。饭店还可根据市场上宾客对产品的热心程度来细分市场。针对持不同态度的宾客进行市场细分并在广告、促销等方面应当有所不同。细分饭店市场的消费行为因素见表7-5。

表7-5　　　　　　　　　　　　　　**细分饭店市场的消费行为因素**

细分标准	具体细分变量因素列举
消费行为变量	购买时机、待购状态、追求利益、使用者状况、使用数量、品牌忠诚度、对产品的态度

7.3.2　饭店目标市场的选择

1）饭店目标市场选择的概念

（1）目标市场选择的概念

目标市场选择，是指企业在划分好细分市场之后，估计每个细分市场的吸引力程度，并选择进入一个或多个细分市场。

（2）饭店目标市场选择的定义

饭店目标市场选择，是指饭店对具有不同欲望和需求的宾客，在细分市场的基础上确定为自己服务对象的最佳细分市场，实质上就是饭店对最佳细分市场的抉择。

2）饭店选择目标市场的主要标准

（1）市场的规模

饭店必须选择具有良好规模、能产生预期财务收益的细分市场。市场规模越大，细分市场对饭店的盈利潜力也越大。

（2）增长潜力

对饭店来说，细分市场的增长潜力是关键点。细分市场的增长率越高、越稳定，对饭店来说就越理想。

（3）竞争优势

竞争优势是用来衡量饭店是否拥有力量与专长支配所选择的市场的方式。

（4）竞争环境

饭店必须考虑在饭店业内的饭店数量、供应商的讨价还价能力和市场进入障碍等竞争状况。

3）饭店目标市场的营销策略

（1）无差别市场营销策略

无差别市场营销策略又叫无差异性市场营销策略，就是饭店把整个市场作为自己的目标市场，只考虑市场需求的共性，而不考虑其差异，运用一种产品、一种价格、一种推销方法，吸引尽可能多的消费者。这种策略的优点是产品单一，容易保证质量，能大批量生产，降低生产和销售成本。但如果同类饭店也采用这种策略，必然会形成激烈竞争。

对于大多数产品来说，无差别市场营销策略并不一定合适。首先，宾客需求千差万别并不断变化，一种产品长期为所有宾客所接受非常罕见。其次，当众多饭店如法炮制，都采用这一策略时，就会造成市场竞争异常激烈，同时在一些小的细分市场上宾客需求得不到满足，这对饭店和宾客来说都是不利的。最后，易于受到竞争饭店的攻击。当其他饭店针对不同细分市场提供更有特色的产品和服务时，采用无差别市场营销策略的饭店可能会发现自己的市场正在遭到蚕食但又无法有效地予以反击。

（2）差异化市场营销策略

差异化策略又称别具一格策略，是将饭店提供的产品或服务差异化，形成一些在全行业范围中具有独特性的东西。实现差异化策略可以有许多方式：品牌形象、技术特点、外观特点、客户服务、经销网络及其他方面的独特性。最理想的情况是饭店使自己在几个方面都差异化。产品差异化带来较高的收益，可以用来对付供方压力，同时可以缓解买方压力。当宾客缺乏选择余地时其价格敏感性也就不高。采取差异化策略而赢得宾客忠诚的饭店，在面对替代品威胁时，其所处地位比其他竞争者更为有利。

同步案例7-5

来自英国的预订电话

背景与情景：

某日，某风景区某酒店电话总机突然接到从英国打来的长途电话。电话那头操着浓重的英国口音，总机话务员虽然也能应付一般的英语对话，但由于对方连珠炮似的语速，顿时使得话务员从不知所云到不知所措。她只好反复告知对方：对不起，请稍等。

然后急忙把电话转给了英语口语水平较高的销售部杨经理。

说来也巧，杨经理认识这位英国的詹姆斯先生，两个人在电话中聊得挺热乎，让在一旁的其他人感到莫名其妙。过后杨经理说明，大家才明白了怎么一回事。

原来，电话那头的詹姆斯先生是上个月曾经住在本酒店的游客。当时他与夫人、侄儿一同前来中国旅游。一天，詹姆斯先生的侄儿在酒店的草坪小径晨跑扭伤了脚踝。在导游的提示下找到该酒店保健中心的吴大夫。吴大夫运用中国特有的针灸术以及手法复位，并用绷带加压固定，患者当即疼痛顿失，且可行走自如。中国医术的神奇吸引了这位詹姆斯先生，他就抱着尝试的心理，让吴大夫为他治疗长期困扰的腰痛毛病。吴大夫又是针灸拔罐，又是推拿按摩，詹姆斯的腰痛居然当天缓解，第二天全然消失。不但如此，吴大夫还用中医的"望、闻、问、切"方法，诊断出詹姆斯的肠胃、肝功能都不太好，越发使得詹姆斯佩服其中国医术来。于是回国后，一家经过商量，詹姆斯决定带着太太重返中国，继续住在该酒店疗养一段时日，并且还将动员他的朋友们一道来。

酒店销售部的同事们听到这一消息自然十分高兴。而此时最为兴奋的当属林总经理了。他敏锐地认识到：利用高品位的园林式酒店的优美环境，扩大并完善酒店的保健中心，也许是把观光型酒店转向休养度假型酒店的开始，于是他展开了下一步酒店发展计划的酝酿。

（资料来源　陈文生.酒店管理经典案例［M］. 2版.福州：福建人民出版社，2017.）

问题：你认为酒店的核心竞争力是什么？酒店将来的竞争是差异化的竞争，对此，该酒店是怎样做的？

分析提示：酒店核心竞争力的"核心"还是产品本身，是一家酒店的特色产品本身。

品牌固然是核心竞争力之一，而品牌的形成，如果没有主题鲜明的特色产品则很难在短时期内树立起来。要想跃出酒店价格竞争的漩涡，靠的是通过市场细分，筛选出适合自己产品的顾客群。这就首先要对你的产品进行一番重新定位，也就是以市场量身定制产品或以产品寻找合适市场。通常情况下，应是在审视当地酒店市场供求状况后，确立自己在市场的定位，重新开发新品获得理想效果。

本案例中的酒店善于从一件事展望酒店的营销走向；善于从自己的优势领域萌发酒店的发展思路；善于从一个需求信息捕捉酒店的新商机，值得大加赞赏。

没有创新就没有出路。创新的着眼点在哪里？是"学""健"甚或"体验"。据悉，这家酒店的新思路是，扩大保健中心服务范围，从过去单纯为游客应急救治、普通保健和出售一些中成药，转为让客人接受保健疗养的同时，还能学习太极拳、针灸，集"学""健"于一体，而且保健项目将更多，疗养层次将更高。当然这需要扩大规模和增加技术力量。将来有可能还要在店内开办学院，让客人尤其是敬仰东方文化的外国人，在这里学习中国书艺、画艺、茶艺、棋艺等休闲、健身与养性之道。到那时，观光型酒店往休养度假型酒店转变将成为现实。

将来的竞争是差异化的竞争，是与众不同的竞争，而与众不同的首先还是特色产品本身。从这家酒店来自国外的长途电话来看，客人冲的不是大家都有的客房和餐饮，而是独具特色的保健产品，所以酒店的产品不应局限于传统的功能，应当把视野放得更宽一些。北京九华山庄突出体检加疗养的主题产品而日趋兴旺，上海和平饭店突出金融信息服务特色产品而吸引高层次银行家入住，都足以说明这一点。

（3）集中化市场营销策略

集中化策略也称为聚焦策略，是指饭店的经营活动集中于某类特定的宾客的一种策略。这种策略的核心是瞄准某类特定的宾客、某种细分的产品或某个细分的市场。具体来说，集中化策略可以分为产品集中化策略、宾客集中化策略、地区集中化策略、低占有率集中化策略。

4）饭店选择目标市场营销策略的决定因素

由于无差别营销策略、差异化营销策略和集中化营销策略各有利弊，各有其适应性，饭店在选择目标市场营销策略时就不能随心所欲，必须考虑饭店本身的特点及产品和市场状况等因素，在对主客观条件全面衡量后才能加以确定。具体来说，饭店在选择目标市场营销策略时，通常应考虑以下几个因素：饭店资源、市场同质性、产品同质性、产品生命周期、竞争者数目、竞争者营销策略。

（1）饭店资源

饭店资源包括饭店的人力、物力、财力及饭店形象等。如果饭店规模较大，实力雄厚，有能力占领更大的市场，可采用差异性营销策略或无差异性营销策略；如果饭店资源有限，实力不强，无力兼顾整体市场或几个细分市场，可采用集中性营销策略。

（2）市场同质性

市场同质性是指市场上消费者需求和偏好所具有的类似性。如果消费者的需求和偏好十分相近，购买数量和方式也大体相同，说明市场同质性较高，可采用无差异性营销策略。如果市场需求的差别较大，就宜采用差异性营销策略或集中性营销策略。

（3）产品同质性

产品同质性是指本饭店产品与其他饭店产品的类似性。如果本饭店产品同其他饭店产品相似，说明产品同质性高，适宜采用无差异性营销策略；反之，适宜采用差异性营销策略或集中性营销策略。

（4）产品生命周期

若产品处于导入期或成长期，竞争者少，宜采用无差异性营销策略，以便探测市场的需求。产品进入成熟期，适于采取差异性营销策略，以开拓市场。产品进入衰退期，应采取集中性营销策略，集中力量于最有利的细分市场，以延长产品的市场寿命。

（5）竞争者数目

当竞争者数目少时，一般采用无差异性营销策略；当竞争者数目多、竞争激烈时，宜采用差异性或集中性营销策略。

（6）竞争者营销策略

饭店在选择目标市场的营销策略时，必须考虑到竞争对手所采取的营销策略。一般来说，饭店应采取与竞争对手相反的营销策略，以避免与竞争者直接抗衡。

当然，究竟采用什么样的营销策略，在实践中要根据不同时期双方的具体情况做出抉择。如遇到强有力的竞争者实施无差异性营销策略时，因可能有较次要的市场被冷落，饭店可乘虚而入，应采用差异性营销策略予以占领；如果实力较强的竞争对手已经采用了差异性营销策略，本饭店难以与之抗衡，则应进行更有效的市场细分，实行集中性营销策略；如果竞争对手的力量较弱，而自己的力量较强，则可完全根据自己的情况确定营销策略。

7.3.3 饭店产品定位

1）饭店产品定位概述

（1）产品定位的概念

所谓产品定位，是指企业设计出自己的产品和形象，从而在目标宾客心目中确定与竞争对手不同的有价值的市场地位。

（2）饭店产品定位的概念

所谓**饭店产品定位**，是指饭店为了使自己的产品和服务在公众和目标宾客心目中占据明确的、独特的、深受欢迎的地位而做出的各种产品决策和进行的各种营销活动，从而为饭店产品和服务在市场上确定恰当的位置。

定位是以产品为出发点，但定位的对象不是产品，而是针对潜在宾客的思想。也就是说，定位是为产品在潜在宾客的大脑中确定一个合适的位置。对饭店而言，饭店的产品定位并不是饭店要为产品做些什么，而是指饭店的产品要给宾客留下些什么，即给宾客造成自己的产品有别于竞争对手的印象和位置。实际上，产品定位就是要设法建立一种竞争优势，以使饭店在目标市场上吸引更多的宾客。饭店产品定位从另一个角度看，是要突出饭店产品的个性，并借此塑造出独特的市场形象。

2）饭店产品定位的依据

（1）根据属性和利益定位

饭店产品本身的属性以及由此获得的利益能够使宾客体会到它的定位，如饭店的"豪华气派""卫生和舒适"等。这种定位方法，饭店往往强调产品的一种属性，而这种属性常常是竞争对手所没有顾及的。

（2）根据质量和价格定位

价格与质量两者变化可以创造出产品的不同地位。在通常情况下，质量取决于产品的原材料或生产工艺及技术，而价格往往反映其定位。例如，人们常说的"优质优价""劣质低价"正是反映了这样一种产品定位思路。

（3）根据产品用途定位

发挥同一个产品项目的各个用途并分析各种用途所适用的市场，是这种定位方法的基本出发点。同样是一个大厅，它可以作为大型宴会、自助餐的场地，也可以被当成会议大厅接待各种会议，同时还可以成为各种展示、展览的场所。对于这样的一个饭店产品，饭店可以根据其不同的用途，在挑选出来的目标市场中，分别树立起不同的产品个性和形象。

（4）根据使用者定位

这是饭店常用的一种产品定位方式，即饭店将某些产品指引给适当的使用者或某个目标市场，以便根据这些使用者或目标市场的特点创建起这些产品恰当的形象。许多饭店针对当地居民"方便、经济、口味丰富"的用餐要求，开设集各地风味为一体的大排档餐厅，便是根据使用者对产品的需求而进行的定位。

（5）根据产品档次定位

这种定位方式是将某一产品定位为与其相类似的另一种类型产品的档次，以便使两者产生对比，即通过寻找一个参照物，在同等档次的条件下通过比较，以便突出该产品的某种特性，如一些饭店推出的公寓客房，突出在与标准间同等档次的前提下具备的厨房设施，更加适合家庭旅游者使用，从而达到吸引家庭旅游者购买的目的。

（6）根据竞争定位

饭店产品可定位于与竞争直接有关的不同属性或利益。例如，饭店开设无烟餐厅，无烟意味着餐厅空气更加清新。这实际上等于间接地暗示宾客在普通餐厅中用餐，其他人吸烟会影响到自己的身体健康。

（7）混合因素定位

饭店产品定位并不是绝对地突出产品的某一个属性或特征，宾客购买产品时不单只为获得产品的某一项得益，因此，饭店产品的定位可以使用上述多种方法的结合来创立其产品的地位。这样做有利于发掘产品多方面的竞争优势，满足更为广泛的宾客需求。

职业道德与企业伦理7-1

月饼大战的反思

这一年，距离中秋节还有近两个月，东南沿海某一不大城市的各大酒店都已开始摩拳擦掌，准备加入月饼销售大战。

当地三家有影响力酒店之一的A酒店餐饮状况历来很好，自己再去做月饼销售要花大量人力、精力和时间，弄不好还影响主业，似乎得不偿失。但为了在这场月饼大战中分得一杯羹，就决定买来月饼由自己包装后销售赚一点利润，从中也能树立酒店的品牌形象，所以早早就定做包装盒和月饼了。

B酒店的硬件稍显老化，整体生意不那么好，于是十分重视这场月饼大战。不但备料工作已在计划之中，而且销售动员也已展开，向各级管理人员下达了任务。

C酒店呢，也不甘落后。尽管历来客房销售不错，但餐饮部业绩一直上不去，更是把这场月饼销售大战当作眼下主业来抓，极早就做好人力、物力和财力上的安排，甚至对餐饮部的全体员工下达了销售任务指标。餐饮部的动员工作也轰轰烈烈地展开，大有在这场月饼大战中非获全胜不可之势。

总之，中秋节未到，而在当地酒店业月饼大战前的备战空气已十分浓厚。各家酒店员工中谈论此话题的日益增多，不论是管理人员还是普通员工，是前台部门还是后台部门，自己该抓的工作似乎少了，而心事开始放在了如何推销月饼之上，可以想见，中秋节将至之时，也是当地酒店业月饼大战硝烟弥漫之日。

（资料来源　陈文生.酒店管理经典案例［M］.2版.福州：福建人民出版社，2017.）

问题：你对酒店卖月饼怎么看？有的酒店主业生意非常好，员工每天工作超负荷，结果这些酒店还参与到月饼大战，你又是如何看待这个问题？有的酒店从经理到全体普通员工都把精力投入月饼大战，忽略了主业的正常运转，这种做法妥当吗？

分析提示：酒店卖月饼本是一桩正常的事情，某些酒店在主业生意不是很好的情况下，通过买月饼把剩余的人力、精力和时间利用起来，增加一点收入，没有什么不好。譬如本案例中三家酒店备战月饼销售就是出自各种不同情况做出不同的考虑和计划，可以认为是积极的经营行为。

作为酒店应分清主次，即将正常业务运转和季节性月饼销售作主次之分。本案例中的三家酒店应当说在两者之间的主次安排上都还是比较适当的。但是，有一些酒店可能会不看自身的情况而盲目跟风，甚至有可能将自己的主业弃之不管，全力以赴于月饼大战，从而影响日常业务的正常经营和导致服务质量的下降。这就本末倒置了。

凡事都要有一个度。既然参与月饼大战了，积极促销当然无可非议。可是，假如从经理到全体普通员工都把精力投入月饼大战，忽略了主业的正常运转，恐怕就不是一件好事了。有的酒店全体动员还不够，甚至给每一位员工下达任务指标，完不成的则扣其工资。客人进入酒店如同到了月饼店一般，遇上的每一位员工都问他是否需要月饼，搞得客人不敢再进这样的酒店。

所以，各家酒店应当根据自身的情况和条件分清主次和运用好人力、精力和时间，做到既不影响日常业务的正常运营，又能从中获得一定的收入。酒店销售月饼活动不应是硝烟弥漫，而应是酒店的一抹靓丽光彩。

3）饭店产品定位的步骤

饭店产品定位要达到的主要目的就是使宾客能够将本饭店与其他竞争对手区别开来。要达到这一目的，通常需要开展以下几方面的工作：

（1）确定竞争对手，分析竞争对手的产品

饭店的竞争对手实际上就是饭店产品的替代者，即与本饭店有相同或近似的特点（如相同或相近的地区、饭店星级、宾客群、价格等）的饭店。

确定竞争对手之后，饭店必须采取多种渠道搜集竞争对手产品的有关信息，了解目标市场上的竞争对手向宾客提供何种产品，其质量、数量、价格、特色等方面与本饭店同类产品比较有哪些优势和不足，从而明确竞争对手的产品定位情况。

同步思考7-3

饭店的竞争对手实际上就是饭店产品的替代者，如何确定饭店的竞争对手呢？有没有简便方法？

理解要点：判断某一饭店的产品是否和本饭店的同类产品存在竞争，有一简单的测试方法：在饭店降低产品价格时，观察对方的宾客是否转移过来，如果有，则说明对方是饭店的竞争对手，宾客转移得越多，则说明竞争程度越高，反之则越弱。分属于不同目标市场的饭店相互间不能成为直接竞争者，饭店产品的竞争对手范围应限定在同一或相近的目标市场中。

（2）准确选择竞争优势，树立市场形象

饭店通过对竞争对手及其产品进行细致深入的调查和优势分析，发现本饭店优势所在，这些优势就是饭店产品定位的主要基础。

饭店可能会面对多种竞争优势并存的情况，此时强调所有的优势并不可取，信息过多反倒失去重点，不利于加深宾客的印象。因此，饭店应当运用一定的方法，在众多竞争优势中进行取舍，评估和选择出最适合本饭店的优势项目，并以此初步确定饭店产品在目标市场上的位置。

饭店产品的优势一经确定，就必须采取各种手段准确有效地向目标市场传播饭店产品的定位观念，以产品特色、优势为基础，树立鲜明的市场形象，积极主动而又巧妙地与目标宾客进行沟通，引起宾客的注意和兴趣，求得宾客的认同。

在对目标市场进行宣传及与目标客户沟通时，饭店要尽量避免因宣传不当在公众中造成误解，影响饭店优势的发挥。例如，定位过低，不能显示自己的特色；定位过高，不符合实际情况，误导宾客认为饭店只经营高档、高价产品；定位含糊不清，无法在宾客中形成统一明确的认识。

（3）审时度势，调整产品定位

宾客对于饭店及其产品的认识并非一成不变，产品的定位即使很恰当，在遇到下列情况时亦会发生偏差：

①目标市场中的竞争对手推出新产品，定位于本饭店产品附近，侵占了本饭店产品的部分市场，致使本饭店产品的市场份额有所下降。

②宾客的喜好发生了变化，使得对本饭店产品的偏爱转移到竞争对手的某些产品上去。

当遇到上述情况时，饭店应根据变化，采取具体的办法，对本饭店产品进行定位调整甚至重新定位。在做出定位调整或重新定位决策之前，饭店应考虑以下两点因素：首先，饭店要准确计算好自己的产品定位从一个目标市场转移到另一个目标市场的全部费用。其次，饭店将自己的产品定位在新的位置上时，能够得到怎样的回报。

收益的多少取决于目标市场的购买者和竞争者的数量，以及其平均购买率有多高，饭店应将收、支两方面的预测认真地进行逐一比较，权衡利弊得失，然后再决定是否将本饭店产品定位在新的位置上，避免仓促调整，造成得不偿失的局面。

4）饭店产品定位策略

（1）抢占市场定位，避实击虚

当饭店对竞争者的市场地位、宾客的实际需求和本饭店产品的属性等进行了充分评估分析，发现目标市场上竞争对手实力雄厚，无法与之正面抗衡时，饭店应将目光转向竞争对手尚未顾及或忽视的市场空隙，组织自己的产品去满足那些市场上尚未得到满足或未被完全满足的需求，从而与竞争对手形成鼎足之势。这样的定位方式风险较小且易于成功。

教学互动7-2

美国20世纪60年代的经济型饭店——汽车旅馆（Budget Motels）成功地进行了产品市场定位。这种旅馆为大众旅行者提供了满足基本需求又可以省钱的选择，它没有会议室、宴会厅以及项目繁多的娱乐休闲设施，只提供卫生、舒适、价格低廉的客房，这对于过路、只求得到很好休息的客人来说是极具吸引力的。美国的汽车旅馆对于我国中小型饭店的定位有哪些启示？

要求：

A.请两位同学对上述问题予以分析，其他同学可以补充。

B.教师对学生的回答进行点评，并总结归纳答案。

（2）强行攻击，共享市场

资源雄厚、实力强大的饭店常采取这样的产品定位策略。当发现目标市场竞争对手众多，但市场需求潜力仍然很大，此时饭店采取强行挤占的策略，选择与竞争对手重叠的市场位置，争取同样的潜在目标宾客，与竞争对手在产品、价格、促销、渠道等各个方面和环节展开直接面对面的拼争，与竞争对手共坐一席。

采取这种强硬的产品定位策略，饭店对竞争者和竞争的结果必须有充分、准确的估计和分析。饭店必须十分了解自己是否具备比竞争对手更为丰富的资源、更强的经营能力，是否能比竞争对手做得更为出色，竞争中的获利能否平衡为赢得竞争所付出的代价等。如果缺乏足够的认识，贸然逞强，将可能把饭店引入歧途，那是十分危险的。

业务链接7-4

饭店进行产品定位时，最值得关注的8个自身问题和产品问题是：

①饭店的对象是谁？饭店的目标是什么？

②饭店在哪些方面与竞争对手有差异？怎样才能使自己与众不同？

③饭店在哪方面有可能占得先机？饭店有可以利用的优势吗？

④饭店需要克服哪些不利条件？是否有可能变不利为有利？

⑤在所有细分市场中，哪一个对本饭店而言是最重要的？

⑥饭店如何扩大或改变习惯模式？

⑦饭店是否已经利用了有形和无形的优势？

⑧宾客最有可能挑选饭店提供的哪种产品？

同步案例7-6

卖点与亮点

背景与情境：

铂涛集团的"丽枫"是以天然薰衣草香气和舒适睡眠为特色的体验型酒店品牌。客房配备了模拟森林空气净化系统，通过生成空气负氧离子，营造室内森林浴的环境；洗浴用品香型由法国调香师精心调配。此外，定制床垫、五星布草、电动窗帘、双控温面板、蓝牙音乐等，都深受年轻人喜爱。该品牌酒店正尝试在客房引入智能机器人，它不仅能对客人撒娇卖萌，陪客人聊天解闷，还具有信息查询、照明开关等功能，这对充满好奇心理的年轻消费群体无疑具有极大吸引力。

再如希尔顿的"欢朋"品牌酒店，其大堂本身就具有与传统酒店不同的特点：集欢迎区、聚会区、休息区和商务区于一体；富有创新特色的主题茶歇早已闻名遐迩；该品牌酒店在整体设计上，色调明快活泼，显得五彩缤纷；客房灯控系统智能化，黑夜中客人只要一伸手，灯光按键就会点亮；办公桌可以自由移动，还配置了高级人体工学座椅和LED护眼台灯；由于其目标客户包括亲子家庭，因此客房内配备了可折叠沙发床及儿童洗浴用品，床边铺设五彩地毯，家具为避免小朋友玩耍时碰伤特意做圆角设计等。

（资料来源　陈文生.酒店管理经典案例［M］.2版.福州：福建人民出版社，2017.）

问题：一般营销有哪四大策略？"卖点和亮点"应属于其中哪一策略？其内涵是什么？如何理解其重要性？

分析提示： 一般营销有四大策略：产品策略、价格策略、销售渠道策略和促销策略。运用其中的产品策略，假如没有与目标市场相匹配的销售对路的产品，要取得经营成功则无从谈起。

实践告诉我们，仅有适销对路的产品，要想在激烈的市场竞争中取胜未必有十分把握，还必须有足够吸引客人的卖点和亮点才有成功的可能。也就是说，在酒店营销成功的诸多因素中，产品的卖点和亮点是其核心所在。

卖点和亮点之所以受客人青睐，被客人津津乐道，是因为卖点和亮点要么"人无我有"，要么"人有我特"，要么"人特我优"。

营造卖点和亮点，应成为酒店转型升级或参与竞争的着眼点和着力点。

7.4 现代饭店营销新观念及营销创新

7.4.1 现代饭店营销的新观念

1）市场导向营销观念

（1）核心思想

饭店的营销应该更多地考虑市场因素和竞争因素对营销的影响，把如何提高饭店在市场上的竞争力作为营销观念的核心。以市场需求和竞争优势为导向，在满足消费者需求的同时，不断寻求和发挥饭店比较竞争优势。

（2）主要方法

①营销中心要给自己在市场中准确定位，发挥自身的优势，并把这一优势运用到营销活动中去。营销活动的过程就是不断强化比较优势的过程。

②以市场竞争为导向，宾客和竞争者是饭店营销活动的两个重心。

③在饭店营销活动中要追踪市场动态变化，一切现实的和潜在的消费者与竞争者都是饭店关注的焦点。

④营销观念要作为一种企业文化融入饭店的组织内部，通过发挥组织的优势来实现营销的目标。

⑤营销活动的目的是在考虑竞争者因素的基础上，通过自身优势来满足宾客的需要，并以此获得竞争优势。

2）价值营销观念

（1）核心思想

这种观念认为，宾客总是从为他们提供最高价值的饭店那里购买产品，尤其是从其他饭店无法提供其利益的饭店那里购买产品。

（2）主要方法

①饭店不仅仅提供和宣传饭店自身的产品，更应该为宾客创造价值，带来利益。

②饭店要超越单纯的产品质量和价格，可以从产品质量、服务水平、人员态度、饭店形象等方面提高宾客享受的总价值，也可以减少宾客在购买产品时所投入的资金、时间、精力、心理成本等支出。

③提高宾客在饭店消费的总体满意度。

3）愉快营销观念

（1）核心思想

这种观念认为，消费者在购买产品后是否再次购买，取决于消费者对所购买产品消费结果是否满意的判断。只有超越了一般满意，实际提供的利益超过了宾客期望的利益，才会非常满意或愉快，才能大大增加宾客再次购买的可能性。

（2）主要方法

①将消费者对饭店产品的预期利益调节到适当的水平上，防止太低和太高两个极端。

②饭店必须提供优质的产品和良好的服务，并使宾客在购买和使用饭店产品和服务的过程中十分愉快，从而培养宾客对饭店产品的情感偏爱。

③也可以提供新奇的参与活动来提高满意度，达到快乐消费的目的，如旅游、主题活动、联谊活动等。

4）关系营销观念

（1）核心思想

它是为了建立、发展、保持长期的和成功的交易关系，为了提高常客的忠诚度和市场份额而进行的市场营销活动。建立长期的业务联系的关系营销已成为一种营销的趋势，它以长期的宾客满意和公司利润为衡量标准。

（2）主要方法

①增加宾客的财务利益，提供各种长期宾客的消费积分和优惠。

业务链接7-5

饭店行业常见的忠诚解决方案可以分为四种：

A.单一品牌积分方案，应用于各种类型的饭店，主要目的在于获得宾客对某个饭店品牌长期的忠诚度，加强品牌的知名度和差异化。同时，饭店可获取会员的消费资料，以便根据消费者的消费状况随时和目标消费者进行沟通。其局限性是仅仅适用一个品牌的饭店。

B.多个品牌积分方案。此方案适用于多个品牌的饭店的消费，常常由较有影响力的饭店集团推出，主要优势在于，饭店集团可以获得此方案覆盖的所有不同饭店的消费者资料，不同品牌饭店之间可以分担顾客忠诚方案运作的成本。

C.折扣或者贵宾积分方案。参与此方案的会员进行消费时，可以得到很高的折扣和特权礼遇，因此这类方案的获得是需要付费的，适用于不同品牌的饭店。

D.联盟积分累积方案。联盟积分累积方案最重要的特征在于其与其他类型方案的联盟。对于联盟者而言，不但可以共享消费者的资料，而且可以共同承担此方案运作的费用。

②增加宾客的社交利益，可以提供约见特殊客人的个性化服务等。

③与宾客建立长期的、稳定的、便利的联系方式。

5）软营销观念

（1）核心思想

它是指利用公共关系等手段进行市场营销，是相对于利用广告媒介而进行的营销活动。

（2）主要方法

饭店通过公关活动，对内协调各部门的关系，对外建立广泛的社会联系，争取社会各界的信任与舆论的支持，树立饭店的良好社会形象，扩大饭店的知名度、信誉度和美誉度，创造一个和谐、亲善、友好的营销环境，以保证饭店取得市场营销活动的成功，例如慈善晚会、支持残疾人与教育等社会事业、社区活动等。

6）全面质量营销观念

（1）核心思想

它是指超越一般质量的要求，围绕饭店产品和服务，建立店内店外全员重视质量的营销观念。

（2）主要方法

①应该依据宾客的要求来确定质量，宾客的满意与认可才是质量最好的产品与服务。

②质量不仅应该反映在饭店产品上，反映在饭店的服务方面，更应该反映在饭店的每一个细节上，如客房、餐饮、建筑、广告、服务与人员形象等方面。

③质量需要全体员工来保证。

④提供优质产品和服务的饭店需要有能够提供高质量的原料和配套服务及产品的合作者，如食品供应商、旅行社等。

⑤全面质量营销应该与作业领域的全面质量管理和控制行动结合起来，使其成为全面质量管理与控制的重要组成部分。

⑥质量是可以不断改进的，有时候需要采取重大的改进措施，如在实践中贯彻PDCA循环管理法等。

⑦改进质量行动不会要求饭店支出更多的费用，提高质量就是降低成本。

⑧只有实行全面质量营销管理，才能保证优质的产品畅销。

7）权变营销观念

（1）核心思想

它是在系统考虑影响市场营销因素的基础上，有效地确定不同营销主体或同一营销主体在不同阶段的营销导向，机动灵活地进行营销。它强调把环境与营销联系起来，把影响营销效果的环境变数作为指导市场营销活动的基本依据，在满足市场需求和有效利用资源之间取得平衡。

（2）主要方法

强调运用"动态"的观点和方法解决现实中的营销问题。

8）文化营销观念

（1）核心思想

文化营销是有意识地通过发现、甄别、培养或创造某种核心价值观念实现企业经营目标（经济的、社会的、环境的）的一种营销方式。在营销中展示饭店文化，以文化带动饭店消费，提升饭店品牌的内涵和知名度，丰富饭店产品的形式与种类。

（2）主要方法

①有意识地构建饭店的核心价值观念，贴近消费者的价值取向，准确把握文化营销的切入点与进程，保证文化营销顺利进行。

②注重追求宾客的满意度，尤其通过对消费者价值观的认同来提高宾客的满意度。

③重视产品文化营销、品牌文化营销和企业文化营销，形成多层次的饭店文化营销结构。

④加强饭店文化创新，促进文化营销取得更大的成效。

⑤重视企业内部文化营销，落实文化营销的具体措施。

⑥饭店应该根据消费者不同的文化观念采取不同的文化营销策略。

9）服务营销观念

（1）核心思想

它是通过服务这一载体，通过取得宾客的满意和忠诚来促进相互有利的交换，最终获取适当利润和公司的长远发展。服务营销的核心是宾客的忠诚和满意。

（2）主要关注点

①不再仅仅注重销售产品，更注重保留与维持现有的宾客，建立长期的消费关系。

②更加注重饭店的长远利益，不再急功近利。

③以服务的优劣确定产品质量的高低，充分发挥服务的作用。

④不再是有限的承诺，而是足够的承诺，只要是宾客合理的需要，饭店都会想尽一切办法去满足。

⑤它强调要与宾客沟通交流，甚至形成伙伴关系，可以减少不必要的误会。

⑥它认为质量与产品、服务这两者都有紧密的关联。

⑦服务营销更强调产品所提供的利益导向。

10）绿色营销观念

（1）核心思想

绿色营销也称生态营销或环境营销，指企业在营销活动中，谋求消费者利益、企业利益、社会利益和生态环境利益的统一，既要充分满足消费者需求，实现企业利润目标，也要充分注意自然生态平衡。它是以环境保护观念作为经营的指导思想，以绿色消费为出发点，以绿色文化为企业文化核心，以充分利用并回收可再生资源，最大限度地减少污染物排放为原则，为实现可持续发展、造福后代的目标而进行的营销过程。

（2）主要方法

要创建绿色饭店，就要树立绿色营销观念、搜集绿色信息、制订绿色计划、开发绿色产品、树立绿色品牌、推广清洁生产、进行绿色营销活动、引导绿色消费、实施绿色营销监管。

11）无线营销观念

（1）核心思想

无线营销就是一种基于交互式、随时随地、24小时在线的通信技术的营销手段，它通过移动通信平台，以客户数据库为基础，选择合适的时间、地点开展广告发布、产品销售、提供基于移动性的服务等销售活动，通过与客户个性化和人性化的接触，与客户保持长期互动的关系，培养客户的品牌忠诚度。

（2）主要方法

饭店实施无线营销策略可以采用为客人发送微信等方式，通过企业微信能随时随地与员工、顾客、供应商进行沟通，实现客户管理、信息采集和处理、通信管理等功能。

此外，还可以将彩铃应用到企业销售中，将回铃设置成统一的企业歌曲、广告宣传语、问候语等。

同步案例7-7

O2O 微服务

背景与情境：

北京五洲皇冠国际酒店充分利用当今移动互联网的科技成果，推行O2O（线上展示，线下服务）微服务——通过微信将客人与酒店的服务产品和酒店周边的消费产品链接，极大地方便了顾客在酒店的消费及其延伸消费。

客人通过该酒店微信上的"微服务"平台，可以知悉他所需要的酒店本身服务和店外延伸服务。例如，除了预订酒店的客房、餐饮、会议、康乐等服务产品之外，还可以通过这一平台购买当地的免税商品和土特产品，查看周边的旅游景点信息，查询动车、航班信息，甚至预约租车等。以往客人对登记入住和退房需要排队最感到烦心，现在只要在微信页面操作，就可以很快搞定。

客人一到酒店大堂，第一件事就是寻找酒店的WiFi信号。当客人连接酒店的WiFi时，客人的手机就会自动跳转到该酒店的O2O微服务平台。客人也可以拿起手机在酒店大堂现场扫描一下二维码，直接跳转到包含"酒店信息、店内服务、客房预订、用车服务、机票/火车票预订、会议/婚庆预订、其他服务、我的订单"的微信页面。然后指尖上的"体验"和消费便开始了。

以往客人使用房间电话打到前台或客房中心要求服务的方式，现在可以被微信页面的几个按键所取代。客人在房间可以随时发出各种需求指令，比如房内点餐、洗衣服务、刷鞋、送物品等，一般在2分钟之内就会有服务人员联系客人或完成服务。

该酒店的O2O微服务与酒店PMS（酒店管理系统）对接，支付账单直接生成，客人可以随时查看自己的消费支付情况。在电子商城购物，也可以通过微信支付费用。

北京五洲皇冠国际酒店自推行O2O微服务以来，带给客人一种全新的消费体验，频频得到客人的点赞，也为业界所瞩目。

（资料来源　陈文生.酒店管理经典案例［M］.2版.福州：福建人民出版社，2017.）

问题：基于移动互联网的酒店服务给客人带来了哪些方便？为酒店带来哪些益处？

分析提示：科技改变生活，也将催生客人多种相关需求。客人动动手指就能满足一切需求，在北京五洲皇冠国际酒店已成为现实。随着时代的进步，将来客人要求酒店提供的不仅是如家般的感受，而是比家还舒适、便捷（喜出望外）的服务，谁先做到这一点，谁就有可能更快赢得市场竞争优势。

顺便指出，随着移动互联网用户越来越多，基于移动互联网的酒店服务应该找准服务的切入点，寻找客人关心的痛点和焦点。比如，除了有高速的WiFi，今后还可以运用GPS定位服务，客人在前往酒店的旅途中，酒店可以通过定位系统知道客人途中所在位置，预计客人什么时间抵达酒店，以便做好相应的接待准备。当然，酒店一切高科技的服务都必须以保证客人的信息安全为前提。

12) 整合营销观念

（1）核心思想

它是一种通过对各种营销工具和手段的系统化结合，根据环境进行即时动态修正，以使双方在交互中实现价值增加的营销理论与营销方法。它以市场为调节手段，以价值为联系方法，以互动为行为方式，是现代企业面对动态复杂环境的有效选择。它注重企业、宾客、社会三方面的共同利益。

（2）主要方法

①不要抱着自己现有的饭店产品不放，应先去研究宾客的需要与欲望。

②定价时不要先推算饭店的成本和利润，而应先考虑宾客为满足其需求而愿意付出的全部成本，并兼顾宾客的收入状况、消费习惯以及同类饭店产品的市场价位。

③不要死板地抓住有限的几条渠道，要尽最大努力为宾客的购买提供方便，让宾客快捷便利地购得饭店产品和服务。

④要淡化促销，强调沟通。

7.4.2 饭店营销创新

1) 饭店市场营销创新的基本动因

作为服务型的企业，饭店进行市场营销创新的因素有很多。客源市场需求的变化、竞争对手的压力、创新利润的吸引、著名饭店的成功经验示范、饭店产品的文化性特点等都构成了饭店营销创新的基本动因。

（1）饭店市场营销创新的压力

饭店营销创新的压力，主要来自于两个方面：

①顾客需求的变化。在市场经济中，消费者通过自己对产品的选择与购买来选择和淘汰生产者。消费者的需求直接决定了饭店经营状况的好坏。随着消费者需求的日渐多样化，新的需求层出不穷，如果继续按照以往的策略经营，饭店将因不能适应市场需求的变化而无法生存和发展。

②竞争的压力。从宏观上讲，世界各地的饭店业蓬勃兴起，我国旅游涉外饭店的发展速度更是惊人。从微观来看，饭店不仅面临来自现有竞争对手的压力，还受到正在建设中的未来竞争对手的威胁。在客源市场增长缓慢的同时，饭店数量和客房数的高速增长，意味着客源的分流和竞争的白热化。若不采取创新措施，将很难在激烈的市场竞争中站稳脚跟。

同步案例7-8

四合轩缘何成功

背景与情境：

首旅酒店集团旗下的北京京伦饭店有一个叫四合轩的特色餐厅，该餐厅有着二十多年的经营历史，是北京酒店行业中最早开业，以经营老北京高档家常菜和中华民族传统风味小吃为主的餐厅。在许多高档酒店餐饮经营普遍不景气的形势下，京伦饭店的四合轩餐厅却逆势增长，取得喜人业绩，其原因何在？

该餐厅除了以具有过硬的传统菜品质量和优良的特色服务吸引客人外，很重要的是运用一个时髦销售手段，即该集团建立的首旅云微信订餐平台——把线下餐厅搬到移动微信端。

其具体做法是，消费者只要在手机微信端搜索并添加首旅云微信公众账号，即可在其界面上选取离自己较近或自己想预订的餐厅，点击"预订"、"点菜"或"外卖"，即能在手机上向该餐厅发出指令。例如"点菜"时，可以看到该餐厅所有种类的菜品以及价格，点好菜后使用微信支付即可。

有一位四合轩餐厅的常客，在知道有首旅云后，马上添加了这一微信平台，他满意地说："我在办公室就能先点好菜，到店后和服务员确认一下菜单，稍等片刻就能吃上饭。吃完饭用手机支付就可以了，便利又方便。"

由于微信餐厅明了的菜品样式和菜肴价格，消除了大众消费者仰望高端酒店而驻足不前的心理；外卖服务可以把星级酒店高品质、有安全追溯机制的菜品送进千家万户，也由此打开了社区这一有潜力的市场。

首旅酒店集团推出首旅云微信餐厅，是在移动互联网经济时代背景下的一次创新尝试。该集团首席运营官说："这一平台是在我们深入研究餐饮用户需求及市场发展趋势的基础上形成的。它一方面切实解决了北京部分地区餐饮消费者'定位难、点餐慢、支付繁、外卖少'等多个方面的痛点问题，为消费者提供了新鲜、良好、方便的消费体验；另一方面也有助于让旗下的酒店达到开拓市场、减少人工、优化流程、提高服务效率的目的，实现消费者参与、酒店拓宽渠道的多方共赢。"

（资料来源　陈文生.酒店管理经典案例［M］. 2版.福州：福建人民出版社，2017.）

问题：营销中有"4P"和"4C"之说，你能结合案例具体说说二者之间的关系吗？四合轩销售渠道上利用微信订餐平台超越传统的商业模式，取得显著经营成效，请你予以揭示。

分析提示："4P"是指营销策略：产品策略（Product）、价格策略（Price）、销售渠道策略（Place）和促销策略（Promotion），而"4C"是指：顾客需求和欲望（Customer Wants and Desire）、顾客成本（Customer Cost）、购买的便利性（Convenience）和沟通（Communication）。"4C"是从"4P"衍生出来的，体现了"4P"的核心所在。如果说"4P"是看问题的方向，那么"4C"是抓住问题的关键，营销活动从"4C"着眼，从"4P"着手，或者说用"4C"来思考，用"4P"来行动。

四合轩之所以成功，就是抓住了营销的核心和关键，从"4C"着眼，从"4P"着手的结果。该餐厅产品既与其他高档酒店不同（差异化），又迎合和满足了那些喜好北京传统特色菜肴的消费者的核心需求和欲望，且物有所值，而更重要的是在销售渠道上利用微信订餐平台，为消费者选择预订产品提供了极大便利，并且进行供求双方信息的迅速有效沟通。

当今流行的移动互联网正在改变人们的生活方式和消费形式，作为与人们生活密切相关的酒店行业也应当超越传统的商业模式，积极采用新的经营方式和销售手段。著名酒店专家张润钢指出，互联网和移动互联网的广泛应用，正在打破传统认知——由"硬件+软件"变为"线上+线下"，聚焦点由"怎样做好一碗汤"转变为"怎样卖好一碗汤"。四合轩应用手机微信平台取得的成效也说明了这一点。

（2）饭店市场营销创新的动力

除了来自各方的压力外，饭店进行市场营销创新还有其推动力，即营销创新利润。营销创新利润是指企业在市场营销中，与众不同地、更适当地、更有利地引入新的因素，实现新组合，从而使营销创新收益超出营销创新成本的部分。

和其他企业一样，饭店产品也有生命周期，其生命周期一般包括投入期、成长期、成熟期和衰退期几个阶段，在进入衰退期后，利润逐渐递减。实施营销创新的一个优点便是饭店可以靠营销创新利润抵消利润的递减趋势，使销售额和利润率保持在较高水平。

此外，首先进入市场或在市场上具有统治地位的企业能获得超额的垄断利润，但时间不会很长久，因为竞争对手会通过仿效而使优势缩小甚至消失。如果饭店能在营销过程中不断开发新产品，开拓新市场，引入新的促销方法和营销组织管理体制，便可以使自己利用领先的优势获得高额的营销创新利润。

2）饭店如何实施营销创新

要在饭店中卓有成效地实施营销创新，最根本的一点就是要在饭店的全体员工中树立起正确的营销创新观念。

（1）树立正确的营销创新观念

树立营销创新、人人有责的观念。

（2）建立市场营销创新体制

从组织上、制度上保证创新成为系统化的活动，而不仅仅停留在"灵机一动"的原始水平。除了针对全体员工参与创新的奖励制度和灵活畅通的沟通制度外，成立直线组织管理下的营销创新小组，是一种高效灵活的组织制度保障。

3）饭店市场营销创新的具体实施步骤

（1）由各种信息形成构思

创新构思的来源分为两部分：一是对饭店自身现状的分析；二是来自于饭店外部的信息。对饭店自身的现状分析，重点是考查营销资源的合理性、协调性和科学性，并在分析的基础上，探寻进行创新改造的机会，形成创新的基本构思。

（2）创新构思的筛选

创新构思的筛选分为粗选和精选两个阶段。粗选时，一般分为以下几个步骤：一是对饭店资源进行总体评价；二是判断创新是否符合饭店发展的整体规划和饭店目标；三是对采取营销创新措施后的总体产品能否满足市场需要进行预测；四是综合考虑竞争状况和环境因素。对经过粗选后保留下来的少量创新构思，要进行精选，常用的方法是由饭店业营销人员、高层管理人员和专家就创新构思的各方面进行打分评判，并根据重要程度加权后得出量化的分值，然后找出"最优"的市场营销构思。

（3）创新构思的试行及检测

对于产品创新的构思，一般还需经过构思产品概念化、产品开发研制等程序试制出成品。对于其他方面的创新构思，可直接在管理人员指导下小范围试行，在试行过程中不断总结、改进，并对其效果进行检测，进一步淘汰效果不理想的创新设计。

（4）全面实施

经过层层筛选保留下来的营销创新设计，便可大规模进行推广了。

━━ 本章概要 ━━➤

□ 内容提要与结构

▲ 内容提要

● 饭店营销就是为了满足客户的合理要求，使饭店盈利而进行的一系列经营、销售活动，营销的核心是围绕满足客人的合理要求，最终的目的是盈利。饭店营销所具有的功能是：负责了解、调研宾客的合理需求和消费欲望，确定酒店的目标市场，然后设计、组合、创造适当的饭店产品，以满足其目标市场的需要。

● 饭店的生存与发展离不开内部和外部环境、宏观和微观的环境，所以饭店管理者在进行恰当的营销活动之前应着重研究饭店所面临的市场环境。

● 饭店要想做好营销，就必须清楚地认识到市场细分、选择目标市场、产品定位三者的密切关系，定性、定量地衡量一个市场，制定科学合理的营销策略。

● 在以互联网为代表的信息化时代，饭店营销追求的是差异化、个性化、网络化和速度化。这种经济和技术发展必然要求饭店管理者要有一种全新的营销观念，以有效应对总体上供大于求的瞬息万变的饭店市场。

▲ 内容结构

本章内容结构如图7-3所示。

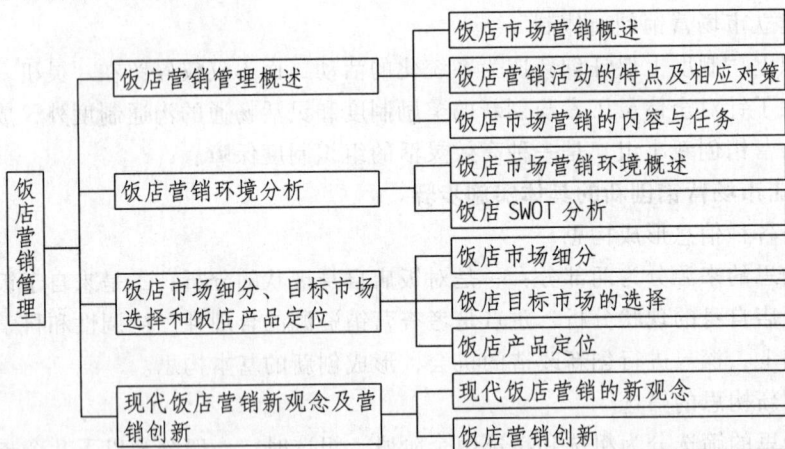

```
                          ┌─ 饭店营销管理概述 ──┬── 饭店市场营销概述
                          │                      ├── 饭店营销活动的特点及相应对策
                          │                      └── 饭店市场营销的内容与任务
                          │
                          ├─ 饭店营销环境分析 ──┬── 饭店市场营销环境概述
  饭店营销管理 ───────────┤                      └── 饭店SWOT分析
                          │
                          ├─ 饭店市场细分、目标市场 ┬── 饭店市场细分
                          │  选择和饭店产品定位     ├── 饭店目标市场的选择
                          │                          └── 饭店产品定位
                          │
                          └─ 现代饭店营销新观念及营 ┬── 现代饭店营销的新观念
                             销创新                   └── 饭店营销创新
```

图7-3　本章内容结构

□ 主要概念和观念

▲ 主要概念

市场营销　饭店市场营销　市场细分　饭店市场细分　目标市场选择　饭店目标市场选择　产品定位　饭店产品定位

▲ 主要观念

饭店营销新观念　饭店营销观念如何创新

□ 重点实务与操作

▲ 重点实务

饭店产品定位的依据、步骤、策略　SWOT分析　相关"业务链接"

▲ 重点操作

饭店营销管理三部曲——市场细分、目标市场选择、饭店产品定位

━● 单元训练 ●━

□ 理论题

▲ 简答题

1）饭店营销的含义是什么，包含哪些内容？

2）饭店营销环境如何分类？

3）饭店市场细分的含义及细分原因是什么？

▲ 讨论题

1）如何理解饭店营销环境的特点及相应对策？

2）如何理解饭店选择目标市场营销策略的决定因素？

3）如何理解饭店营销新观念？

□ 实务题

▲ 规则复习

1）简述饭店产品定位的策略和步骤。

2）简述饭店如何进行市场细分，依据是什么。

3）简述饭店市场营销创新的具体实施步骤。

▲ 业务解析

"三角恋"

某省气象局在该省电视台买下气象预报节目的插播广告权。气象局想把这个节目中某一时段的插播广告权卖给某汽车制造厂，然而该汽车制造厂的广告费用短缺，有的只是滞销的汽车。

该省气象局需要在某风景区的某山庄（酒店）开会，然而缺少开会住宿费用。

而风景区的该山庄呢，因当地酒店供过于求，在淡季时，客房过剩更是常有的事，而眼下却急需一部汽车，正愁着没有购车资金。

于是，它们之间就谈起了"三角恋爱"，达成了这样一桩"买卖"：

由汽车制造厂为风景区的这一家酒店提供一部汽车，该酒店不用支付购车费；汽车制造厂用此车价值抵作在气象预报节目上的广告费；气象局在该酒店的开会住宿费用则由这部汽车的价值充抵。

出这个主意的人是风景区那家山庄的林总经理。

（资料来源 陈文生.酒店管理经典案例［M］.2版.福州：福建人民出版社，2017.）

此案犹如一场"三角恋爱"，一场皆大欢喜的"恋爱"。事实上，它是一个"剩余资源互换"的成功例子。案例中三家单位各自剩余的资源是什么？怎样互换能够解决各自的问题？这种"盘活资源，为我所用"的理念和做法对你有哪些启发？

□ 案例题

▲ 案例分析

"星+A"模式

背景与情境：

由于酒店供大于求，加上各种外部因素影响，某些酒店经营业绩每况愈下，迫使其

经营类型转变或经营形式创新。其中，"星+A"就是一种创新的经营模式。

所谓"星+A"，也就是"酒店+景点"，是指星级酒店与A级景区抱团经营，达到共赢的目的。具体来说，即景点给酒店赠送门票或给予折扣，酒店将门票作为"附加值"产品送给住店客人，而酒店为景区做宣传，将景点资料摆到酒店的前厅、客房和餐厅等营业场所，并且帮助景区在住店客人中招揽客户。

江苏某些地区的酒店在推行"星+A"模式方面，做了比较成功的尝试，并取得良好效果。例如，南京的金陵连锁酒店与中山陵、总统府联手；绿地洲际酒店与南京博物院合作。无锡的灵山精舍酒店与灵山景区牵手；日航饭店与古运河景区合作；湖滨饭店与鼋山景区合作。这些酒店由此都取得了很好的效益。

"酒店+景点"模式，既为酒店找到了经营增长点，也为景区景点增加了旅游客源，酒店和景点各得其所、相互受益。

（资料来源　陈文生.酒店管理经典案例［M］. 2版.福州：福建人民出版社，2017.）

问题：

1）上述"星+A"模式取得了良好效果，你有何感受？

2）除了"酒店+景点"之外，你还可以拓展哪些思路？

3）"星+A"模式会给酒店带来哪些益处？

分析要求：同第1章本题型的"分析要求"。

▲ 善恶研判

住酒店不花钱?

背景与情境：

某酒店的大堂摆放着各种家居用品，包括床架、软垫、沙发、茶几、座椅、地毯、壁纸、灯具、艺术饰品、小摆件，还有床上使用的枕头、靠垫、床单、被套，以及毛巾、浴巾、睡衣、洗漱用品、水杯、水电壶、电吹风机等。客房里几乎所有的东西，在这里都可以找到。只要客人喜欢，都可以通过手机扫描它们的二维码下单购买。

这里是商场？不像，因为只摆些样品。是酒店将大堂出租给哪一家商业公司摆放样品？好像也不是，因为顾客除了在这里可以花钱购买这些物品外，还可以享受该酒店推出的一项"政策"：只要客人一次性购买同等房价的物品，就可以免费入住该酒店的家居体验房。可以看出，这应该是酒店的营销活动了。

据了解，该酒店集团旗下的所有连锁酒店，都辟出了若干间客房作为家居体验房，房价每夜间在200～300元不等，客人可以按购物的金额折算出免费的入夜数或房间数。

这种做法对酒店来说有何意义呢？该酒店集团相关人士认为，酒店拿出少量客房作为家居体验房，尝试这种购物后免费入住的模式，可以为酒店生态链条上下游的供应商提供产品展销的平台，也为加盟的连锁酒店增添一些收入，或因换取供应商产品而节省一定的装修采购成本，同时还可以让顾客免费体验酒店的高质量产品。听起来这是不错的主意，似乎这是厂家、供应商、消费者乃至酒店多方共赢的好事。

（资料来源　陈文生.酒店管理经典案例［M］. 2版.福州：福建人民出版社，2017.）

问题：

1）真的是"住酒店不花钱"吗？

2）酒店的大堂成了嘈杂凌乱的大卖场，你认为是否合适？

3）这种先买（物品）后住的做法能否持久？

4）这一做法还有可能带来其他哪些负面后果？

研判要求：同第1章本题型的"研判要求"。

▲ 实训题

"饭店市场细分、目标市场选择与定位"业务胜任力训练

【实训目的】

同本章"学习目标"中的"实训目标"。

【实训内容】

专业能力训练：其领域、技能点、名称及其参照规范与标准见表7-6。

表7-6　　　　专业能力训练领域、技能点、名称及其参照规范与标准

训练领域	技能点	名称	参照规范与标准
饭店市场细分、目标市场选择与定位	技能1	饭店市场细分技能	1）能围绕"饭店市场细分"主题确定调研方向，设计调研内容，制订调研计划 2）能明确饭店市场细分的依据和种类 3）能恰当分析调研饭店的经营现状和经营环境 4）能根据饭店市场细分的种类和依据对调研饭店进行较为精确的市场细分
	技能2	饭店目标市场选择技能	1）能围绕"饭店目标市场选择"主题确定调研方向，设计调研内容，制订调研计划 2）能明确饭店目标市场选择的标准和如何选择营销策略 3）能对调研饭店的市场细分结论进行详细分析，据此选择正确的目标市场 4）能根据饭店目标市场的营销策略对选定的目标市场进行较为有序的经营管理
	技能3	饭店市场定位技能	1）能围绕"饭店市场定位"主题确定调研方向，设计调研内容，制订调研计划 2）能明确饭店市场定位的依据、步骤和策略 3）能对调研饭店的目标市场选择的结论进行详细分析，找出市场空缺 4）能根据饭店市场定位的依据、步骤和策略对调研饭店进行较为精确的市场定位
	技能4	相应实训报告撰写技能	能正确设计关于"现代饭店营销管理知识在饭店管理中的应用"的实训报告，其结构合理，层次分明 能依照商务应用文程式撰写所述实训报告 能参照网络教学资源包中《学生考核手册》考核表7-2所列各项"考核指标"和"考核标准"撰写所述实训报告

职业核心能力和职业道德训练：其内容、种类、等级与选项见表7-7；各选项的"规范与标准"分别参见本教材附录二的附表2和附录三的附表3。

表 7-7　　　　　　职业核心能力与职业道德训练的内容、种类、等级与选项表

内容	职业核心能力							职业道德						
种类	自我学习	信息处理	数字应用	与人交流	与人合作	解决问题	革新创新	职业观念	职业情感	职业理想	职业态度	职业良心	职业作风	职业守则
等级	高级	高级	高级	高级	高级	高级	高级	内化级	内化级	内化级	内化级	内化级	内化级	内化级
选项	√	√	√	√	√	√	√	√	√	√	√	√	√	√

【实训任务】

1）对"饭店市场细分、目标市场选择与定位"专业能力各技能点，依照其"参照规范与标准"，实施应用相关知识的基本训练。

2）对职业核心能力选项，依照其相关"参照规范与标准"实施应用相关知识的"高级"强化训练。

3）对职业道德选项，依照其"参照规范与标准"，实施"内化级"相关训练。

【组织形式】

1）以小组为单位组成设计团队。

2）结合实训任务对各设计团队进行任务分配，确保组织合理和每位成员的积极参与。

【情境设计】

将学生组成若干设计团队，分别选择2家本土的和2家涉外的校企合作饭店的营销部或市场推广部进行实训，结合课业题目，综合运用现代饭店营销管理知识，通过对相关项目运作的调研、参与和实施等系列体验活动，了解该饭店的营销管理情况，分析其可取与不足之处，并提出具体改进意见。在系统体验专业技能操作过程中融入"职业核心能力"和"职业道德"选项的训练，在此基础上撰写、讨论和交流《××饭店市场细分实训报告》、《××饭店目标市场选择实训报告》与《××饭店市场定位实训报告》。

【指导准备】

知识准备：

（1）饭店营销活动任务等理论知识。

（2）"饭店营销环境"的理论与实务知识。

（3）"市场细分"的理论与实务知识。

（4）"目标市场选择"的理论与实务知识。

（5）"市场定位"的理论与实务知识。

（6）"营销观念创新"的理论与实务知识。

（7）本教材"附录一"的附表1中，与本章"职业核心能力'强化训练项'"各技能点相关的"'知识准备'参照范围"。

（8）本教材"附录二"的附表2-2和附表2-3中，涉及本章"职业核心能力领域'强化训练项'"各技能点和"职业道德领域'相关训练项'"各素质点的"规范与标准"知识。

操作指导：

（1）教师向学生阐明"实训目的"、"能力与道德领域"和"知识准备"。

（2）教师就"知识准备"中的第（7）、（8）项，对学生进行培训。

（3）教师指导学生了解《饭店营销部岗位职责》《饭店销售部岗位手册》《饭店客源市场定位规则》《客户推销的操作程序和实施细则》等相关资料。

（4）指导学生进行项目调研、相关资料的搜集与整理活动。

（5）教师指导学生撰写《××饭店市场细分实训报告》、《××饭店目标市场选择实训报告》与《××饭店市场定位实训报告》。

【实训时间】

本章课堂教学内容结束后的双休日和课余时间，为期一周。

【操作步骤】

1）将学生组成若干设计团队，每个团队确定1人为队长，结合本实训任务进行适当的任务分工。

2）各团队分别选择一家校企合作饭店，结合课业题目，制订《××饭店市场细分实训方案》、《××饭店目标市场选择实训方案》与《××饭店市场定位实训方案》。

3）各团队通过互联网、图书馆以及走访饭店的途径，研究现代饭店营销管理知识在该饭店的应用情况，并在此基础上实施实训方案，系统体验如下技能操作：

（1）依照"技能点1"的"参照规范与标准"，运用现代饭店市场细分的有关知识、"企业调研"的理论与实务知识，了解"市场细分理念"在该饭店营销管理工作中的应用情况，分析其可取与不足之处，并提出改进意见。

（2）依照"技能点2"的"参照规范与标准"，运用现代饭店目标市场选择的理论与实务知识，了解、分析该饭店目标市场选择的标准和如何选择营销策略，并在此基础上明确饭店是如何选择正确目标市场的，分析其可取与不足之处，并对选定的目标市场进行较为有序的经营管理提出改进意见。

（3）依照"技能点3"的"参照规范与标准"，运用现代饭店市场定位的理论与实务知识，了解该饭店市场定位的依据、步骤和策略，并通过分析饭店现有的目标市场找出市场空缺，根据空缺对调研饭店进行较为精确的市场定位。

（4）依照"技能点4"的"参照规范与标准"，能依照商务应用文的程式，设计和撰写相应实训报告。

4）在上述基本训练中，融入"职业核心能力"各选项的"高级"强化训练，突出现代饭店营销管理知识、企业调研的理论与实务知识、饭店营销管理理论及其在饭店中的运用的理论与实务知识的学习和应用以及"职业道德"各选项的"认同级"相关训练。

5）综合以上操作与阶段性成果，撰写《××饭店市场细分实训报告》《××饭店目标市场选择实训报告》《××饭店市场定位实训报告》。

6）在班级讨论和交流各团队的实训报告。

7）各团队根据讨论和交流结果，修订其实训报告，使其各具特色。

【成果形式】

实训课业：《××饭店市场细分实训报告》《××饭店目标市场选择实训报告》《××饭店

市场定位实训报告》

课业要求：

1）"实训课业"的结构与体例参照本教材"课业范例"中的范例-3。

2）将实训方案以"附件"形式附于实训报告之后。

3）在校园网的本课程平台上展示经过教师点评的班级优秀实训报告，供相互借鉴。

单元考核

考核要求：同第1章"单元考核"的"考核要求"。

第8章
饭店安全管理

学习目标

通过本章学习，应该达到以下目标：

理论目标：学习和把握饭店安全管理的概念、分类、特点、存在的问题等陈述性知识；能用所学理论指导"饭店安全管理"的相关认知活动。

实务目标：学习和把握饭店安全管理的任务，饭店消防管理的预防，饭店治安管理与顾客违法事件处理的原则，提高饭店安全管理水平的对策，相关"业务链接"等程序性知识；能用所学实务知识规范"饭店安全管理"的相关技能活动。

案例目标：运用所学理论与实务知识研究相关案例，培养和提高在特定业务情境中分析问题与决策应对能力；结合本章教学内容，依照"职业道德与企业伦理"的行业规范或标准，分析企业行为的善恶，强化职业道德素质。

实训目标：参加"饭店安全分析与饭店安全协调"业务胜任力的实践训练。在了解和把握本实训所涉及"能力与道德领域"相关"技能点"的"规范和标准"基础上，通过切实体验"饭店安全分析与饭店安全协调"各实训任务的完成、系列技能操作的实施、相关实训报告的准备与撰写等有质量、有效率的活动，培养"饭店安全分析与饭店安全协调"的专业能力，强化"信息处理"、"解决问题"和"革新创新"等职业核心能力（高级），并通过"内化级"践行"职业观念"、"职业理想"、"职业态度"和"职业守则"等规范，促进健全职业人格的塑造。

引例 陌生的来客

背景与情境：

管家部员工小张和以往一样熟练地推着工作车，礼貌地敲敲客人的房门，客人不在，她打开房门，开始一天的工作。这时，进来一位先生，小张礼貌地打招呼："先生，您好！"此人也彬彬有礼地回应道："你好，你们这边景色真的不错，像这样的房间要多少钱一晚上？"小张边打扫房间边热情地回答着客人的问题："先生您好，房间收拾好了，不打扰您了。"说着正想退出房间，那位先生急忙说："这不是我的房间，我刚才经过时看到房间的设施和我的房间不一样，想进来参观一下。"小张听后，心一下被揪了起来。说来凑巧，就在这时，房间的主人回来了，迎面碰到一位陌生人从自己房间走出来，心里纳闷，就问服务员："他怎么会在我的房间？你们怎么可以随便让人进我的房间呢？"小张非常抱歉地解释说："对不起，那位先生，您别生气，我以为他是和您一起的。""你不要解释，这样的管理让我怎么放心住，一点安全感都没有，我的房间竟可以让外人进来，去叫你们经理，我要投诉。"后来大堂副理出面，向客人赔礼道歉才算平息了此事。小张事后受到了严厉的批评及处分。

（资料来源 佚名.酒店安全管理案例 [EB/OL]. [2017-10-15]. http: //ishare.iask.sina.com.cn/f/ 31uqCIUqNuR.html.）

引例给我们的启发：安全是企业的生命线。小疏忽险些酿成大错，不管什么时候，酒店员工都不能放松工作警惕性，凡事都要多问、多思考、多观察，切忌盲目判断。酒店无小事，事事需谨慎，我们只有在细节上严格规范才能完善酒店服务，同时消除事故隐患，给客人一个健康、安全的住宿环境。

8.1 饭店安全管理概述

8.1.1 饭店安全管理的概念和任务

1）饭店安全管理的概念

（1）饭店安全的概念

所谓**饭店安全**，是在饭店可控制的范围内，前来饭店消费的宾客、饭店财产以及饭店员工没有危险、没有威胁、没有事故。

（2）饭店安全管理的定义

所谓**饭店安全管理**，是指为了保障宾客、员工以及饭店的安全而进行的一系列计划、组织、指挥、协调、控制等管理活动。

（3）饭店安全管理的意义

安全管理是饭店正常运营的关键，没有充分的安全保障就没有饭店的正常经营。它既是饭店其他工作的前提和基本保证，也是饭店各项服务得以顺利进行的基础，虽然饭店安全管理有着范围广、难度大的特点，但它有着维系饭店经营的重要性。完善的安全管理，能给饭店带来一定的经济效益，它是确保宾客和员工满意的基础，同时也是提高竞争力、建立品牌、争取客源、开拓市场的基础。

2）影响饭店安全的因素及饭店安全管理的任务

（1）影响饭店安全的因素

饭店的安全管理是一项复杂、艰巨，几乎涉及饭店各个方面的工作，管理工作难度非常大，就是由于饭店安全具有广泛性、复杂性，影响因素又具有种类多、范围广的特点，按其侵害原因可分为人为因素和自然因素两大类。

①人为因素。人为因素是由于人的故意或过失造成的侵害。在破坏饭店安全的主要原因中，违法犯罪行为是首要因素，主要表现在：行为者违反了法律规定，实行了法律禁止的行为；行为者都是以饭店和客人的人、财、物作为侵害目标；行为者大多以故意的心态去做一些犯罪活动。另外，饭店安全管理人员必须随时保持警惕，采取适当可行的措施，预防和制止违法犯罪行为的发生，这同样是饭店安全的重要任务。

②自然因素。自然因素指由于自然力的作用而直接影响饭店安全的因素，这种因素具有很大危险性，会对饭店和客人造成严重损失，它包括台风、洪水、地震等。

（2）饭店安全管理的任务

①保障客人的安全。保障客人人身安全；保障客人财产安全；保障客人心理安全；保障客人饮食安全；保障客人隐私安全。

②保障员工安全。保障员工人身安全；保障员工心理权益；保障员工财物安全；保障员工思想和行为安全。

③保障饭店安全。保障饭店物资安全；保障饭店工程设备设施安全；保障饭店客用设备设施安全。

8.1.2　饭店安全管理的类型

现代饭店中的安全问题主要表现为五种类型：以偷盗为主的犯罪行为、火灾、名誉损失、逃账及其他安全问题。

1）犯罪

饭店安全中的犯罪大多以偷盗为主。可以说盗窃案件是发生在饭店中最普遍、最常见的犯罪行为之一。饭店是一个存放大量物资、资金的公共场所，极易成为犯罪分子行窃的目标。饭店客人的物品大多新奇、小巧、价值高，客人的钱物在客房内随意放置，饭店内许多具有家庭使用或出售价值的物品，极易诱发不法分子的犯罪动机。盗窃案件不但造成客人和饭店的财产损失，而且会使饭店名誉受损，直接影响到饭店的经营。

2）火灾

火灾是因失火而造成的住宿场所人员伤亡和财产受损的灾害。由于饭店接待设施，尤其是饭店建筑内部设施装饰豪华及各类高档消耗品储存较多，且大多数饭店地处繁华地段，一旦发生火灾，不仅危及客人、饭店员工的生命安全，使饭店遭受经济、名誉损失，而且还会给国家带来不可估量的重大损失。

3）名誉损失

饭店安全中的名誉损失是指住店客人的名誉安全、隐私安全与心理安全三个方面受到的损害。

①名誉安全是指客人在住店期间因饭店和他人的行为而受到名誉或人格的损害。例如，饭店有卖淫、嫖娼、赌博、打架斗殴等不良行为的存在，导致饭店形象不良而使人

住该店客人的名誉受损，正常的休息被干扰，人格受到伤害。

②隐私安全是指客人的生活习惯、爱好、嗜好甚至一些不良行为和生理缺陷的安全保障问题。如果这些隐私外泄，会影响到客人的人格乃至生活、工作。因此，饭店服务人员有责任为客人保守秘密和隐私，使客人能够放心、无拘无束地消费。

③心理安全是指客人入住饭店后对环境、设施和服务的信任感。有时虽然客人的人身和财产并未受到伤害和损失，但由于饭店设施设备的安装使用、可疑的闲杂人员等原因使客人感到不安全，从而存在恐慌心理。另外，从保障客人合法权益的角度出发，饭店员工有责任为客人保守秘密和隐私，从而让客人在心理上获得安全感。

4）逃账

逃账现象在饭店管理中时有发生，饭店常把冒用信用卡、盗用支票、使用假支票或假钞、逃单等现象统称为逃账。逃账的结果无疑会给饭店带来巨大的经济损失和人力损耗。因此，逃账是危及饭店正当利益的财产安全问题。

5）其他安全问题

如食物中毒、打架斗殴、黄赌毒等。

同步案例8-1

假钞消费

背景与情境：

一天上午，一位身穿黄色夹克衫的男子来到饭店商场，环视四周后向服务员购买一包利群香烟，到收银台处掏出一张100元新版人民币，收银员接到钱后感觉手感不对，仔细检查后发现是假币，收银员礼貌地向客人说："对不起，先生，这张人民币您被别人骗了，是假的，请您重换一张！"男子脸上先是一惊，马上就回过神说："啊？怎么是假的？哦，我想起来了，可能是昨天买东西时给我的，对不起！我这有零钱。"男子拿了香烟后马上退出商场。收银员及时向安全部做了汇报，安全部接到报案后及时通知各区域收银员通报案情及当事人的相貌特征。当我们从监控中发现该男子还在酒店另一区域闲逛时，便派安全员前往该区域跟踪，当男子发现有安全员在附近就马上离开了饭店。

（资料来源　佚名．酒店安全案例［EB／OL］．［2016-01-01］http：//m.03964.com／read／3932ee76d3c8fdee33d313a9.html.）

问题：为防止客人恶意使用假币给饭店带来损失，饭店应对员工做好哪些技能培训？保安部门应如何处理这些问题？

分析提示：酒店作为消费场所难免会被不法分子利用作为洗钱场所，酒店也很难判断使用者是有意还是无意的，是住店客人还是非住店客人。对待零星使用假币者只能提高警惕，收银员也要进行假币知识的培训和学习。这样就能及时发现假币，而且一旦发现要及时汇报，保安部门根据掌握的情况及时做出决定，第一时间做好控制，使不法分子无从下手。

8.1.3　饭店安全管理的特点

1）国际性

饭店的客人来自世界各地，不仅肤色、语言、习俗与生活习惯各不相同，而且各国的法律、道德、准则和行商公约也存在较大差别。因此，现代饭店安全管理需要特别注意强调国际性，在安全防范政策与措施中，既不违背我国的法律规定，又要内外有别，按照国际惯例办事；既考虑来自不同地区、不同国家客人的习惯与承受能力，又要遵循国际准则，以国际性的安全管理政策与条例来满足不同国家和地区消费者的共同需求。

2）复杂性

饭店是一个公共场所，每天都有大量的人流、物流与信息流在此空间交汇，使饭店安全管理呈现复杂性，这种复杂性表现在安全管理上既要防火、防盗，又要保护客人的生命、财产安全；既要考虑客人的娱乐安全、饮食安全，还要考虑防暴力、防突发事件、防黄赌毒等情况的发生。

同步思考 8-1

为什么越来越多的商务客人青睐低调的精品饭店？

理解要点： 同星级饭店相比，商务客人越来越钟情于精品饭店，其主要原因就是：低调的商务饭店更安全。传统商务饭店品牌之所以精品化，主要是从饭店的安全性出发。如果一家饭店只有 100 个客人，大堂的工作人员就可以更容易地记住每位客人的面孔；如果只有 100 间房，饭店的安全通道就可以设计得更有效；如果只有 100 间房，在发生状况时疏散客人的工作也将更容易……这就是为什么越来越多的客人青睐于精品饭店，因为它们不仅更时尚，也更安全。

3）广泛性

饭店安全管理的广泛性体现如下：第一，安全管理内容的广泛性。现代饭店安全管理的内容涉及饭店产品供给方的安全管理与需求方的安全管理两大方面。前者包括饭店员工的身心安全、服务用品安全和设备设施运作安全；后者除包括客人的生命、财产、隐私安全外，还包括客人的饮食、娱乐安全等内容。第二，安全管理涉及范畴的广泛性。首先，饭店安全管理的范围既涉及饭店本身，还涉及饭店以外的区域范围；其次，饭店的安全管理涉及各个工作岗位以及每一位员工和客人。饭店安全管理的广泛性要求各部门、各岗位通力合作，将安全工作与各部门、各岗位职责与任务结合起来，依靠全体员工与客人的努力配合，在饭店中形成周密的安全管理工作网络体系。

4）全过程性

饭店接待设施一年 365 天、一天 24 小时，不分昼夜、季节，都要坚持不懈地进行安全管理。从饭店住宿接待设施到每一个服务产品的生产与消费，从客人入住登记到离店的整个过程，都存在安全管理问题。

5）突发性

发生在饭店内的各种事故，往往带有突发性，但后果都很严重。所以，饭店平时要做好处理各种突发事件的准备，才能在发生恶性事件时临危不乱，及时进行控制和处理。

6）强制性

饭店安全管理必须依据具有规范性和约束性的规章制度来执行，违者则以行政、经济、法律手段进行处罚。只有健全、有力、高效的管理制度才能保障饭店经营安全、正常、有序运行，从而保证饭店取得良好的经济效益与社会效益。

7）政策性

饭店安全管理既要维护客人和员工的合法权益，又要对一些触犯法规的人员进行适当的处理。在处理安全问题时要根据不同的对象、性质和问题，采取不同的法规或政策进行处理。

同步思考8-2

在新形势下，饭店安全管理的难点有哪些？

理解要点：

（1）更应注意心理安全

现代饭店安全管理应该包括员工和宾客的心理安全。随着消费水平及自我保护意识的提高，人们对心理安全这种追求也随之提高了，员工只有在平稳的心态下，才能去安心工作；宾客在没有潜在危险的担心和忧虑下，才能给饭店以好评，它是一种无形的安全。

（2）信息安全不容忽视

在现代安全管理中，还有信息安全应该受到重视。在饭店安全管理中，网络已成为饭店与外部之间、饭店与宾客之间、部门与部门之间传递信息、沟通联络的重要手段，但是，它同样存在一定的安全隐患，这就要求确保信息网络的安全，以防止信息泄露。

（3）宾客安全观念的觉醒

随着安全观念意识的强化，安全的意义有了进一步的延伸，餐饮不仅仅要卫生，而且要营养；住宿不仅仅要干净，而且要舒适等。现代饭店应根据这些宾客的安全需求，将他们的"安全观念"融入产品中，提高这种所谓的安全产品质量。

（4）宾客携带贵重物品的增多

随着人们生活水平的提高，宾客随身携带的财产日渐增多，如现金、金银饰品、手提电脑、数码相机等。就是因为这些贵重物品的损坏或丢失，饭店经常会陷入投诉或官司之中。如何确保这些财产的安全，已成为新形势下安全管理的一大难题。

（5）营业时间不断延长带来的安全问题

当前，饭店各个部门为宾客提供的服务都是全天候的，这种全天候的模式带来了不安全因素。晚间经营时要提防可疑人物进入饭店内作案。另外，晚间宾客因醉酒而引发的各类争吵、斗殴事件屡屡发生，这就要求饭店加大夜间管理力度，对于一些劝阻无效、寻衅滋事者应及时与保安部、公安机关联系。

8.2　饭店安全管理的基本环节

8.2.1　饭店消防管理

消防管理是饭店安全管理的重要内容之一，主要包括火灾的预防和火灾的扑救及事故的处理。饭店应贯彻《中华人民共和国消防法》规定的"预防为主、防消结合"的方针，切实采取有效措施，以达到"消防火灾、控制火警、确保安全"的目标。

1）饭店火灾的特点

现代饭店集客房、餐饮、娱乐、会议于一体，功能十分齐全，存在着许多安全隐患。

（1）可燃物多，火灾荷载大

饭店是钢筋混凝土结构或钢结构的建筑物，其内部采用大量的木材、塑料、棉、麻、丝、毛及其他纤维制品和化学合成材料进行装饰布置，而这些材料大多是有机可燃物质，具有燃烧猛烈的特点，这就大大增加了饭店建筑物内的火灾荷载。火灾发生时，这些装饰材料燃烧蔓延迅速，并产生大量高温有毒气体，给扑救和疏散带来极大不便，容易导致饭店人员较大的伤亡。

（2）建筑结构易产生"烟囱效应"

烟囱的主要作用是排走烟气，改善燃烧条件。高层建筑内部一般设置数量不等的楼梯间、排风道、送风道、排烟道、电梯井及管道井等竖向井道，当室内温度高于室外温度时，室内热空气因密度小，便沿着这些垂直通道自然上升，透过门窗缝隙及各种孔洞从高层部分渗出，室外冷空气因密度大，由低层渗入补充，这就形成"烟囱效应"。现代饭店大多是高层建筑，其内部各个楼梯井、管道井、电梯井、电缆井、垃圾井等竖井林立，如同一座座大烟囱，它们与通风管道纵横交错，遍布饭店建筑各个角落。因此，当火灾发生后，火焰容易沿着竖井和通风管道迅速蔓延扩大，危及整个饭店建筑，饭店竖井的烟囱效应非常明显。

（3）疏散困难，易造成重大伤亡

由于饭店人员密集，大量顾客多是暂住顾客，对饭店内部环境、安全疏散设施不熟悉，加之有些饭店缺乏疏散指示标志，使得宾客面对突如其来的火灾时惊慌失措、慌不择路，四处弥散的有毒烟雾使其迷失方向，容易拥堵在通道上或跑向死角，给疏散工作带来极大困难，造成重大伤亡。

（4）导致火灾的因素多

饭店用火、用电、用气设备分布广且数量众多，如果疏于管理或员工违章作业极易引发火灾；加之住店客人消防安全意识不强，乱拉电线、随意用火、卧床吸烟等也是造成火灾的常见现象，因此饭店的消防管理十分重要，预防火灾的任务相当繁重。

2）饭店火灾的预防

（1）按有关规定建设完善消防设施

饭店客房内所有装饰、装修材料均应符合消防的相关规定。要设置火灾自动报警系统、消火栓系统、自动喷水灭火系统、防烟排烟系统等各类消防设施，并设专人操作维护，定期进行维修保养。要按照规范要求设置防火、防烟分区，疏散通道及安全出口。安全出口的数量，疏散通道的长度、宽度及疏散楼梯等设施的设置，必须符合规定，严禁占用、阻塞疏散通道和疏散楼梯间，严禁在疏散楼梯间及其通道上设置其他用房和堆放物资。

同步案例8-2

"浓烟"信号

背景与情境：

7月的一天，恩华药业集团正在酒店召开全年营销会议，会场云集了来自全国各地的分销商。离开会还有一段时间，一些到会宾客便在走廊里聊天吸烟，随着开会时间的临近，宾客开始陆续走进会场。突然电梯旁边的垃圾桶冒出了浓烟，此时正好几位宾客也看到了，都非常紧张；消防监控中心及时发现了电梯旁边的垃圾桶冒出的浓烟，立即告之外围保安前去处理，停车场保安滕翔在接到通知后火速拿着灭火器来到起火的垃圾桶旁将其扑灭，浓烟很快得到控制，并向宾客做好解释和说明。后查看监控录像发现是客人将未熄灭的烟头扔进了垃圾桶内引起的。

这次事情发生以后，安全部开始积极寻找解决类似问题的办法，最后经讨论决定，将垃圾桶上的白色石子改用石英砂，主要是给客人提供放烟蒂的场所，并要求PA在清洁垃圾时要在垃圾袋里放一定量的水，即使客人将未熄灭的烟头扔进了垃圾桶里也不会引燃里面的物品。

（资料来源　佚名. 酒店安全案例　[EB/OL].　[2016-01-01].　http://m.03964.com/read/3932ee76d3c8fdee33d313a9.html.）

问题： 案例给我们的启示是什么？

分析提示： 建设完善消防设施是多么重要。首先，消防监控中心及时发现了电梯旁边的垃圾桶冒出的浓烟，并积极组织人员进行有效控制。因此，消防监控中心是酒店安全保卫的"眼睛"，时刻关注着酒店的安全问题，警惕着一切隐患，可将事故消灭在萌芽中。其次，将垃圾桶上的白色石子改用石英砂，并要求PA在清洁垃圾时要在垃圾袋里放一定量的水，是为酒店设施消除隐患的举措，同样强调了建设完善消防设施的重要性。

（2）建立健全消防安全制度

饭店要落实消防安全责任制，明确各岗位、各部门的工作职责，建立健全消防安全工作预警机制和消防安全应急预案，完善值班巡视制度，成立消防义务组织，组织消防安全演习，加大消防安全工作的管理力度。

（3）强化对重点区域的检查和监控

饭店消防安全责任人和楼层服务员要加强日常巡视，发现火灾隐患及时采取措施。例如，餐厅应建立健全用火、用电、用气管理制度和操作规范，厨房内燃气燃油管道、仪表、阀门必须定期检查，抽烟罩应及时擦洗，烟道每半年应清洗一次。厨房内除配置常用的灭火器外，还应配置灭火毯，以便扑灭油锅起火。

（4）加强对员工的消防安全教育

饭店要加强对员工的消防知识培训，提高员工的防火灭火知识，使员工能够熟悉火灾报警方法、熟悉岗位职责、熟悉疏散逃生路线。要定期组织应急疏散演习，加强消防实战演练，完善应急处置预案，确保突发情况下能够及时有效地进行处置。

（5）加大消防监管力度

消防部门要按照《消防法》的规定和国家有关消防技术标准要求，加强对饭店的监督和检查；旅游行政主管部门要通过行业标准等手段，实施对饭店的消防安全监管。

（6）强化对客人消防安全的提示

要加强对住店客人的消防安全提示，要设置禁止卧床吸烟和禁止扔烟头、火源入废纸篓的标志；要告知客人消防紧急出口和疏散通道的位置；要提醒住店客人加强对同行的未成年人和无行为能力人的监护，防止其不慎引发安全事故。

①饭店应制订灭火作战预案，绘制出以疏散抢救人员为中心的灭火作战指挥图和联络图。所有保安人员均应了解应急预案。

②全体工作人员应经常进行消防演练，了解和掌握火灾发生时应采取的应急措施，以免临时慌乱。定期进行消防安全教育，定期组织包括宾客在内的消防演习。

③在夜间应留有足够的应急力量，配备必要的防毒抢险工具。高层饭店应配备楼层救生器材，并用醒目标志标明其用途和使用方法。

④客房宜备有专用逃生电筒、湿毛巾等，以备万一之需。

⑤消防值班人员应熟练掌握火灾报警和灭火设备的使用，发现故障及时维修、更换，使系统功能始终保持正常运行。

教学互动8-1

问题：

A.饭店客房发生火灾的原因是什么？

B.预防客房发生火灾的具体措施有哪些？

要求：

A.请各组同学对上述两个问题谈谈自己的看法，其他同学予以评论。

B.教师对学生的回答和其他同学的评论做最后点评。

8.2.2　饭店治安事故管理

饭店治安管理是指饭店为防盗窃、防破坏、防流氓活动、防治安事故而进行的一系列管理活动。

1）饭店治安管理的特点

（1）管理对象杂

饭店是一个公共场所，人员流动大，人员结构复杂。饭店既有不同国家、民族、性别、年龄、职业背景的住店顾客，还有大量来饭店消费的非住店顾客；饭店既有数量较大的固定员工，还有不少临时工作人员，包括实习生、小时工等。此外，饭店内部还存放大量饭店及顾客、员工的财产、物资和现金，容易成为饭店内外不法分子偷盗的目标。

（2）社会影响大

饭店是一个与外界环境密切联系的开放系统，它不是一个孤立的封闭体。饭店的一举一动都暴露在公共视线里。饭店发生的治安事件很容易被曝光并且被渲染放大，在当地乃至全国都会产生极大反响，具有社会影响大的特点。

（3）管理难度高

饭店服务以顾客满意为核心，尽量为顾客提供安静、私密的空间与环境是饭店服务的基本要求。因此，犯罪行为或不安全事件不易被察觉，尤其是饭店客房、包房、包厢等场所隐蔽性高，往往成为犯罪分子首选的作案现场。加上饭店顾客的流动性大，犯罪分子以顾客身份使用假证件登记入住后择时行动等情况，都给饭店的治安管理工作带来了较大难度。

同步案例8-3

拎包案

背景与情境：

10月5日21时左右，二楼骑士吧生意一般，老顾客李某等几人在落台处聊着天，将手提包等物品随意放在旁边的茶几上。这时，进来另外两位客人坐在了靠近那批老顾客旁的座位，并点了茶水，边打电话边乘李某等不注意将其放在茶几上的包拎走，快速结账，逃离现场。

（资料来源　佚名.酒店安全管理案例［EB/OL］.［2016-03-20］. http://liuth1637.blog.hexun.com/98724498_d.html.）

问题： 案例中发生的事件，你认为岗位员工工作中有哪些疏漏？

分析提示： 这件事情的发生，一方面反映了犯罪分子的猖獗，利用客人麻痹大意伺机作案；另一方面反映岗位员工对非正常消费的客人未及时关注，对客人将手提包随便放置现象未作及时提醒。

2）饭店治安管理的原则

（1）预防为主原则

正是由于饭店是一个与外界环境有密切联系的开放系统，具有管理对象杂、人员流动性大、财产物资多等特点，这就要求饭店采取有效的预防措施，防患于未然。因此，饭店应增强员工的安全意识和服务理念，员工既是服务员，又是安全员，按照"谁在岗谁负责，谁操作谁负责"的原则，维护好本区域、本岗位的安全设施及工作秩序，要善于发现可疑人员，及时通报情况，提高安全防范能力，使安全行为成为良好习惯，形成和巩固"饭店统一领导、部门依法监督、岗位全面负责、员工参与监督"的工作格局，保障饭店治安安全。

（2）内紧外松原则

内紧外松就是饭店的员工要有高度的警惕性，做好严密的防范工作，但在形式上要自然、宽松。饭店是顾客的家外之家，是以服务为宗旨的创造快乐的企业。因此，在开展治安管理工作过程中，必须贯彻"顾客第一、服务为上"的思想，既要建立各种安全管理制度，注意对可疑人员的监控，又要讲究防范策略，不使宾客紧张而没有安全感，为他们提供方便、轻松、温馨、宁静的旅居环境。

同步案例8-4

酒店出现"通缉犯"

背景与情境：

一天下午，总台服务员小王在输入一位新到客人资料时，入住系统提示该客人为网上通缉犯，有着多年服务经验的小王冷静地为该宾客办好了入住手续，并电话通知保安部王经理。王经理立即向小王了解该客人的情况，该客人是当地政府请来洽谈合作项目的重要客人，他决定先不将该客人的信息上传，并迅速向当地政府接待人员对客人作侧面了解；接着将此事进展向饭店高层做了汇报，安排安保中心做好24小时密切关注和记录，同时带着客人的相关资料去辖区派出所作详细调查。经查，该人为刑满释放人员，可是通缉记录还没有删除。

（资料来源　佚名.酒店安全管理案例［EB/OL］.［2016-03-20］. http://liuth1637.blog.hexun.com/98724498_d.html.）

问题： 饭店的处理措施是否得当？给你什么启示？

分析提示： 总台接待人员小王的安全警惕性很高，非常沉着；保安部的王经理工作经验丰富，非常冷静地解决了问题，既维护了饭店秩序稳定，又严把饭店安全关。本案例由于考虑周详、措施得当，才避免了因系统问题而可能与客人发生的冲突，而且为以后的安全工作又提供了宝贵经验。

（3）重点防治原则

饭店治安管理的范围相当广泛，管理时应有针对性，突出重点部位、重点环节的人身财产安全防治，明确安全人员及其责任，尽量减少重大、恶性事件的发生。

（4）减少扩散原则

由于饭店的宾客与社会、新闻媒体有密切关系，一旦饭店安全工作出现纰漏，治安事件也难以隐藏，容易在社会上传播开来，给饭店带来不良影响。因此，饭店面对治安事件应尽快处理，减少因其不良影响的扩散而给饭店带来的损失。

3）饭店治安管理的环节

饭店的治安管理，必须抓好以下五个环节：

（1）配备必要的安全设施

饭店除了增强全员安全意识外，首先要注意配备必要的防盗、防爆设备，如闭门器、门窥镜、防盗扣（链）、防盗报警装置、闭路电视监控系统、电子门锁系统。

（2）健全安全管理制度

为了保证宾客和饭店的财产安全，饭店必须建立和健全以下管理制度：员工管理制度、贵重物品保管及保险箱的管理制度；行李寄存及行李房管理制度；拾遗物品的管理制度；要害部门的管理制度；各种物品存放和领用制度；现金管理制度和对超限额消费及欠账顾客的管理办法等。

（3）加强对客服务管理

加强对顾客的管理，应抓好"三个重点、三个控制、六个落实"，即：重点部位、重点时间、重点对象；楼面的控制、电梯的控制、通道的控制；开房验证、住宿登记、来访登记、跟房检查、客情掌握、行李保管。具体应做好以下工作：

①建立健全顾客须知、顾客入住登记、来访顾客管理制度等。

②建立切实可行的客房钥匙发放、保管及控制的程序，以保证客房和客人人身财产安全。客房服务员在楼层工作时，如遇自称忘带钥匙的客人要求为其打开房门时，绝不能随意为其打开房门。如果在清洁客房时，有宾客进入房间，必须核对顾客身份。

③加强巡逻检查，发现可疑和异常情况及时报告并处理。

（4）制订意外事件预案

饭店内发生具有社会危害性和灾害性的事件主要有三个方面：一是破坏性事件；二是重大刑事犯罪活动；三是扰乱公共场所秩序的治安事件。为增强饭店治安管理，应制订意外事件处理预案，具体包括：

①处置意外事件指挥机构。一般分为二级，即饭店级指挥机构和保安部指挥机构。

②统一的报警和信息传递程序。

③处置力量和具体任务的部署。

此外，意外事件处理预案的制订，必须贯彻三项原则：一是顾客至上、安全第一的原则；二是统一指挥、协调配合的原则；三是依法办事、讲究政策和策略的原则。

（5）做好突发事件的处理

一家饭店纵然防范很严，也难免会出现一些诸如打架、盗窃等违法犯罪活动。所以，饭店除加强预防外，还必须制定处理突发事件的具体措施，如报警、现场保护、急救、建立事故档案等，以便把损失降到最低限度，并为破案创造有利条件。

8.2.3 饭店意外与突发事件管理

1）食物中毒的处理

食物中毒多因食品、饮料卫生状况不达标所致，其中毒症状多表现为急性肠胃炎症状，如恶心、呕吐、腹痛、腹泻等。为保障宾客及员工的人身安全，发生食物中毒事件后，应采取以下措施：

①及时送往医院诊断和紧急救护。

②进行食品取样，送医院化验，确定中毒原因。

③餐饮部对可疑食品及有关餐具进行专门控制，以备查验和防止他人中毒。

④由餐饮部负责，总经理办公室协助，对中毒事件进行调查，查明中毒原因、人数、身份等。

⑤根据饭店领导的指挥，由总经理办公室分别通知公安机关和卫生防疫部门，总经理办公室和餐饮部要分别做好接待工作，并协助调查。

⑥通知中毒客人的接待单位和家属，并向他们说明情况，协助做好善后工作。

⑦如内部员工食物中毒，总经理办公室负责做好善后工作。

2）饭店顾客违法的处理

顾客违法一般是指顾客在住店期间犯有流氓、斗殴、嫖娼、盗窃、赌博、走私等违反我国法律的行为。如果违法顾客是外国人，需向当地公安机关外事部门报告，并严格按照我国的有关法律和政策办事。

（1）顾客违法事件的特点

①违法顾客结构复杂。现代饭店的客源构成日趋复杂，违法顾客中既有境内顾客，也有境外顾客。

②顾客违法类型多样。饭店环境开放，客流量大，财物集中，违法事件种类多。

③顾客违法有预谋。违法顾客对饭店设施设备、服务内容与标准十分清楚，往往事先计划并有目的地采取行动，分散服务员注意力趁机作案。

④顾客违法事件有数量增加、涉案财物金额增大的趋势。

（2）顾客违法事件的处理方法

①遇突发事件，保安部主管必须马上指挥，按章处理事件，同时报总经理或值班领导，并服从调遣。

②一旦发现可疑情况、各类违法活动，员工有责任立即报告保安部及上级领导。

③酒店若发生偷窃、抢劫、凶杀等其他治安事件，在报告保安部和公安机关的同时，要保护好现场，除急救外，无关人员不得进入现场。

④当公安、保安人员处理案件时，有关人员应积极配合，如实说明情况。

同步案例8-5

假香烟调换真香烟

背景与情境：

7月2日中午，饭店餐厅包厢来了一个操四川口音的男青年，腋下还夹着一个衬衣盒子，热情地向服务员说："服务员，给我订四个人的包厢。"服务员查看预订后将客人引到包厢，替客人点了菜。来者称老总陪同客人还没有到，迟一点上菜，先拿两条软壳中华香烟来，要送给客人。服务员很快从吧台处拿了两条中华香烟分别做好记号送到了包厢，男青年点好酒水，服务员开好落单后回吧台拿酒水，此时男青年夹着衬衣盒子边打电话边走出来，电话里说道："老总你们到哪啦？什么？你们找不到？好，我下楼来接你们，你们在大厅等我一下。"然后迅速离开。服务员也快速地走进包厢，看香烟还在，但仔细一看香烟上没有标记，知道香烟被调换了。

服务员迅速将此人体貌特征及离开路线报告安全部，安全部接到报案后利用对讲机通知门卫岗及各区域做好拦截工作，此时男青年在门口已准备坐车离开，门卫马上将该男青年拉了下来，男青年拔腿就跑，安全员组织人员在500米外将其抓获，其衬衣盒内藏有酒店服务员做了记号的两条中华香烟。

（资料来源 佚名 酒店安全案例 [EB/OL]．[2016-01-01]．http：//m.03964.com/read/3932ee76d3c8fdee33d313a9.html.）

问题：客人尤其是陌生客人对高档香烟提取数量在一条以上，作为服务员应具有什么意识以及该如何做？

分析提示：犯罪分子利用假香烟换真香烟在饭店里时有发生，对高档香烟提取数量多（一条以上）以及不是常客、熟客时，服务员一定要提高警惕，尤其是消费人数少，临时性抵店，服务员在为客人提供服务时就更要多加留心。如取整条香烟，也可以做好标记，防止被以假换真。

案例中虽然犯罪分子最终被公安机关拘留，但稍不留神就有可能让其逃脱，从而给饭店带来不必要的损失。

8.3 饭店安全管理控制

8.3.1 饭店安全管理存在的问题

饭店的安全不是某个员工、某个部门能够独立完成的，它是饭店所有员工共同努力创建的，由于它涉及饭店的各个方面，具有管理困难的特点，这就必然具有一定的安全隐患。如何对饭店进行安全管理，现阶段还存在着一些缺陷，具体表现在：

1）管理机构不够完善

为了做好安全管理工作，饭店应设立专门的安全管理机构，负责饭店的安全管理。在不违反国家和政府有关安全政策法令的前提下，各机构应尽职尽责，负责饭店安全保卫的具体工作，落实检查各类突发事件，以确保饭店内外的安全。

2）缺少对员工的安全培训工作

饭店安全管理工作的全面实施，取决于饭店全体员工的共同努力。因此，员工的安全培训尤为重要，它是饭店安全工作的重中之重。无论是新员工还是老员工，都要进行专业化的安全培训工作，不间断地对饭店员工进行安全培训，可以让饭店所有员工都能掌握和运用正确的安全工作方式给客人提供服务，及时发现安全隐患，降低安全事故发生率。要让员工树立"安全第一"的观念，定期对员工进行安全教育培训，要求每个员工都具有处理突发事件的能力，并不定期地进行抽查，员工的安全意识形成了，饭店安全管理工作才能顺利进行。

3）安全管理制度不健全

为促进饭店安全管理工作的具体落实，饭店要应在遵守国家和政府部门有关法规的前提下，建立健全各项安全管理制度，使安全管理工作有具体的行动指南和依据，促进饭店安全工作的开展。

由于饭店安全涉及多个部门的工作，作为一个管理机构，在制定安全管理制度时，就要考虑全面，包括各个部门和员工。制定各项基本安全制度及各种防范措施一定要认真仔细，以确保各部门、各岗位在有章可循的条件下进行安全管理。

4）对潜在的危机重视程度不够

俗话说："天有不测风云。"饭店在经营过程中同样面临着各种突发事件的考验，危机一般都是在毫无预兆的情况下发生的，这就要求饭店在一般的安全管理制度外还要建立危机处理机制，制定相关措施，以减少损失，维护饭店形象。

潜在危机是多种多样的，天灾人祸、管理失误、同行恶意竞争等因素都是诱发饭店危机产生的重要原因，为此，需要为饭店发展营造一个健康的运营环境，从根本上消除危机来源。饭店管理者要时刻分析饭店所面临的环境，保持一定的警惕性，要经常培养员工的危机意识，对发生过的危机事件具体分析研究，找出特点，总结原因及处理对策。

业务链接8-1

饭店的重点安全防范部位

从安全角度来说，饭店通常把"三厅一堂"（即餐厅、歌舞厅、咖啡厅、大堂楼层）、机房、配电房、油库、仓库、商场、银行、财务室、车场等部位划分为重点安全防范范围。

5）安全操作规程和安全检查制度不健全

饭店管理者必须严格遵守法律法规，减少安全事故，安全管理者要结合饭店生产实际情况，对每一项工作和所有工作场所都要制定安全操作规程和标准，让每一个员工了解和掌握这些规程和标准。饭店内许多设备的使用和保养需要一定的专业知识，对操作这些设备的员工要进行相关的专业培训，还必须建立严格的安全检查制度。饭店要组织有关部门和人员检查安全标准和规程的执行情况，检查饭店安全生产状况，检查方式要灵活，要涉及各个方面，发现安全隐患要及时处理和汇报，保证各制度的落实。另外，每次、每项检查的结果都要具体地记录下来，用作评比各部门对安全工作进展情况的依据，以提高安全管理工作的效率。

8.3.2 提高饭店安全管理水平的对策

安全管理是饭店管理的基础，也是维系饭店立足市场的基础。搞好饭店安全管理工作，主要应重视以下几个方面：

1）制订饭店安全工作计划

饭店经营者在国家和地方有关法律法规范围内，应根据本饭店实际情况，制订饭店安全工作计划，这样可以防止犯罪，减少损失，保障饭店安全。在遵守饭店安全计划的前提下，饭店对客人的安全负有特殊的责任，要时刻确保客人安全，对进入饭店的人员要严格控制，非住宿、消费的外来人员要从员工入口进入，进入饭店的人员并不都是守法人员，服务人员在掌握自己应具有的技能外，还应学会发现、识别可疑人物的本领，发现疑点要及时与保安部取得联系，进行进一步监视，以防犯罪行为发生，确保店内所有人员及财产安全。

同步思考 8-3

从安全的角度讲，饭店内外出现的五类可疑目标是什么？

理解要点：

①强行通过警戒线出入饭店的人员，如翻越围墙进入的人。

②未经同意或批准进入的人员。

③公安部门所通缉的犯罪嫌疑人。

④高危人群，如精神抑郁症患者、仇视社会者等。

⑤逗留、徘徊在饭店周边的可疑人员。

2）要经常对员工进行专业培训

员工安全意识的增强及正确的安全工作方式，能消除很多不安全因素。饭店招聘要进行认真挑选、严格要求，防止一些思想不健康、不良人员混入饭店员工行列；还应建立一套完善的培训制度，对所有招聘的员工要经常性地进行培训教育，以提高他们的素质，培养他们遵纪守法的自觉性。对员工进行专业知识和技能培训，要求员工熟练掌握饭店各种设备设施的安全操作及正确使用的方法。除此之外，对员工的培训还应使员工多了解其他相关知识，如人际关系的沟通技巧、国家政策法规等，这样才能确保安全管理工作的顺利进行。

业务链接 8-2

饭店在培训或招聘安全主管（经理）时的素养要求：

①具备一定的文化基础，有自信心和团队精神，与饭店的价值取向一致，通晓安全文化的理念。掌握和了解现代饭店安全文化和最新发展动态。

②知识能力方面，精通本职专业知识又具备复合型的知识结构。

③创新能力方面，有不断改变自己工作目标的欲望，对自己的管理平台能有所突

破，创新能力是衡量一个管理人员的重要尺度。

④行为能力方面，超前的预警思维和职业警觉，能对即将发生的危险和事件做出准确的判断和迅速的反应。未雨绸缪、防患于未然是职业安全主管人员的重要标志之一。

⑤应变能力方面，具有突发事件的处置能力。

⑥交际沟通能力方面，善于同公安机关、国家安全机关、社区机构沟通交流，善于同各行各业的人打交道和平衡关系。

⑦培训能力和管理技巧方面，能够建立教育、培训和处罚的有效运作系统，制定可操作的奖惩制度；通过搜集案例，完善安全防范体系；能建立一套完善的资料管理系统。

⑧其他方面，了解食物中毒、醉酒、突发疾病等常识；熟悉报警、救援等手段和程序。一个职业的安全主管能建立本部门完善的质量与责任系统，制定一套适合自己饭店特点的安全管理运作程序、执行与控制系统、检查与监督系统，应包括安全日报制度、安全巡更制度、消防双检制度等。

3）加强内部安全管理、配备安全防范设备设施

很多发生在饭店里的案件，同安全管理人员安全意识的薄弱有着直接的关系。饭店应根据自身的实际情况，制定一套符合自己的安全防范制度，加强对饭店所控制范围内场所的巡查工作，以排除各种不安全因素。另外，饭店的安全管理工作，也离不开先进的安全防范设备设施，要利用一些先进设备，防止安全隐患，如电视监控系统、安全报警系统、自动灭火系统、通信联络系统、电子门锁系统等。

4）保证饭店的财产安全

饭店是拥有大量财产及物品的企业，这些财产及物品是饭店正常运行、向客人提供服务的物质基础，饭店应制定相应措施确保饭店财产安全，不仅要防止外来人员的偷盗行为，同时还要防止员工、客人的偷盗。对外来人员，要加强入口控制，发现疑点要及时报告，保安人员应注意外出人员携带的物品；对于员工，要时常进行思想教育，尤其是对新录用员工要严格把关；对于客人，应把属于饭店的物品印上标志，如枕巾、桌布等。

🔑 职业道德与企业伦理8-1

财务员工舞弊

8月13日，财务部收银领班姚育红在巡检中发现收银员小孙有舞弊嫌疑，在向财务总监汇报后，着手进行了相关查证。经深入调查，小孙以对客虚报价格、修改结账单金额的手段，自6月底到事发当日在结账过程中共贪污现金5 611元。事后，酒店对收银员小孙做辞退处理，扣发当月奖金，退回赃款人民币5 611元，并处以两倍罚款计人民币11 222元。

（资料来源　佚名.酒店安全管理案例［EB/OL］.［2016-03-20］. http://liuth1637.blog.hexun.com/98724498_d.html.）

问题：上述事件的发生，说明酒店在管理制度上存在什么问题？应如何加强管理？说明员工平时缺少哪方面的教育？

分析提示：说明酒店平时缺乏强化部门内部管理规范工作要求，上述事件的发生，

要求酒店应重新梳理管理制度和完善操作程序，保证收银工作的规范性、严谨性、预见性、监督性，从道德修养、思想观念、管理制度、操作程序上杜绝此类事件的再次发生。也说明酒店员工平时缺乏职业道德教育，酒店应加强对员工的道德与法制观念教育，不让员工存有任何侥幸心理。

5）加强对安全管理观念的重视程度

饭店安全管理是一项复杂而重要的工作，由于饭店具有人流量大、人员复杂、彼此不相识的特点，因而往往成为犯罪分子的作案目标。同时，饭店安全管理多是以设施、设备的安全措施为主要对象，而这些设施、设备分属于不同部门，这就给制定和落实安全措施带来一定的困难。安全检查是做好饭店安全工作的一个重要手段，是为了防患于未然，这就要求饭店每天必须进行安全检查，每月至少要进行一次全面定期检查，通过检查，才能了解安全工作状况，才能发现隐患，才能有目的地采取防范措施。安全检查内容要涉及饭店内各个方面，保安部要尽职尽责，全面负责客人的人身财产安全和员工的人身财产安全，制定并不断完善各项安全制度和规定，维护饭店正常经营秩序。另外，要采取各种安全管理措施，如思想教育、法律法规、技术防范等，通过对这些措施的综合运用，最大可能地保证饭店安全。

6）新形势下，对新的挑战要用新思路、新方法应对

饭店作为一个劳动密集型企业，必然对劳动力有较大的需求，劳动力离不开员工，所以说饭店对员工有较强的依赖性。但因为饭店员工流动频率较高，这就加大了管理难度，包括安全管理的难度，影响了安全管理工作的有序进行，经营环境的变化给安全管理工作带来了新的挑战。因此，在开展安全工作、制定安全管理制度时，应该抓住难点，开拓新的思路，采用新的管理方法。

另外，还要培训员工增强防恐、防疫意识，避免一些恐怖袭击事件发生和传染性疾病发生对人们造成的恐慌。这些给现代饭店安全管理带来了新的课题，除了要处理一般的安全问题外，还应考虑防恐和防疫等突发情况，以确保饭店安全。

➡ 本章概要 ➡

□ 内容提要与结构

▲ 内容提要

● 饭店安全管理是为了保障宾客、员工以及饭店的安全而进行的一系列计划、组织、指挥、协调、控制等管理活动。安全管理是饭店正常运营的关键，没有充分的安全保障就没有饭店的正常经营。

● 饭店安全涉及多个部门的各项工作，尤其体现为消防管理、治安管理、意外与突发事件的管理，在制定安全管理制度时，要考虑得周密而细致，力争做到没有疏漏。

● 安全管理要贯穿于管理工作的全方位和全过程，要使全体员工认识到安全是饭店实现效益的基础，确保安全工作落实到饭店内各个部门、各个项目。

▲ 内容结构

本章内容结构如图8-1所示。

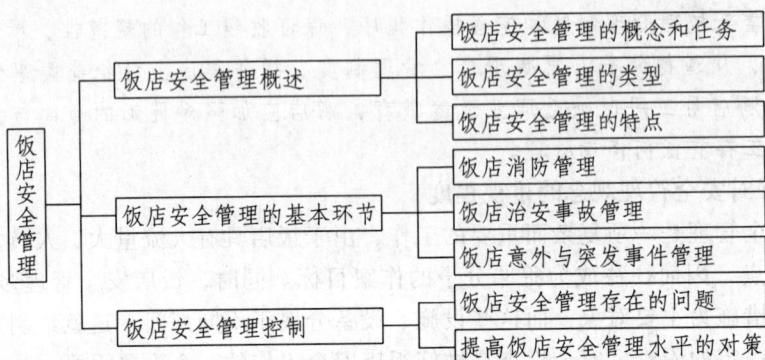

图8-1　本章内容结构

□ 主要概念和观念

▲ 主要概念

饭店安全　饭店安全管理

▲ 主要观念

饭店安全管理的难点　提高饭店安全管理的对策

□ 重点实务和操作

▲ 重点实务

饭店火灾的预防　饭店治安管理环节　食物中毒等意外与突发事件的管理

▲ 重点操作

饭店安全检查日报表的制定和使用

➡ 单元训练 ➡

□ 理论题

▲ 简答题

1）简述饭店安全管理的含义。

2）简述饭店安全管理的特点。

3）简述饭店安全管理的主要类型。

▲ 讨论题

1）如何理解现阶段饭店安全管理存在的问题？

2）如何理解饭店安全管理的难点？

3）如何理解影响饭店安全的因素？

□ 实务题

▲ 规则复习

1）简述饭店消防管理的预防及饭店发生火灾的特点。

2）简述饭店治安管理的基本原则。

3）简述提高饭店安全管理水平的对策。

▲ 业务解析

起火的布草车

清晨，在客房部的3502房间，服务人员小董正在清扫房间，忽听走廊里有人呼叫

"布草车起火了"。随着喊声，小董迅速跑出房间，一看原来是自己推的那辆布草车冒起了白烟。小董吓坏了，赶紧向总机打电话，接着便和同事一起进行灭火。

事后，领导调查起火的原因，并做了起火分析。首先，向小董询问是不是工作时间违章吸烟；其次，小董是否未检查房间内的烟头，将未熄灭的烟头直接倒入了布草车；最后，通过监控查一下是不是有宾客路过向布草车内扔了未熄灭的烟头。调查结果是，小董没有在工作时间吸烟，自身原因排除。通过监控反映当时并没有宾客向布草车内扔烟头，而是小董违章操作，向布草车内倒入了从房间撤出的未熄灭的烟头。事后，小董受到了酒店处罚。

（资料来源　佚名.酒店安全管理案例　[EB/OL].［2016-03-20］. http: //liuth1637.blog.hexun.com/98724498_d.html.）

"布草车起火了"是什么原因造成的？酒店为什么强调员工必须按照服务规程实施操作？这一事件给我们的警示是什么？

□ 案例题

▲ 案例分析

员工偷盗

背景与情境：

下午1点左右，礼宾部员工小葛像往常一样帮助客人提行李，当他在总台等待客人登记并离开时，突然发现在总台桌子的角落里有一包东西，凭经验，他明白那是一笔数目可观的现金。小葛朝四周环顾了一下，看没人注意他，迅速将钱放进自己的口袋，若无其事地随着客人将行李放进房间。下午4点左右，保安部接到信息：一位客人发现自己丢失了一包20 000元人民币左右的现金，保安部立即展开调查。经调查，发现小葛有重大嫌疑，后在小葛宿舍里搜出了装着巨款的包。酒店对小葛做出除名处理，罚款5 000元并扣除当月奖金。

（资料来源　佚名.酒店安全管理案例　[EB/OL].［2016-03-20］. http: //liuth1637.blog.hexun.com/98724498_d.html.）

问题：

1）小葛的行为给饭店的安全管理带来了什么启示？

2）饭店在今后的管理工作中应注意哪些问题？

3）你认为作为饭店的员工平时应注意提高哪些修养。

分析要求： 同第1章本题型的"分析要求"。

▲ 善恶研判

北京凯迪克大酒店火灾事故

背景与情境：

2002年7月13日23时左右，北京凯迪克大酒店1020房间发生火灾，造成住在1022房间两名赴京旅游的中国香港女学生死亡，住在1021房间的一名韩国女学生受伤。

据调查，住在1020房间的香港男学生邓某（12岁）和李某（14岁）承认，7月13日22：40左右，在1020房间内划火柴玩，然后离开房间。经专家调查，鉴定这起火灾的起火原因是人为明火所致。由此，警方认定火灾由邓某、李某玩火造成。不过，酒店并没有完善的火灾报警设施，火灾发生后没能及时报警，也没有将住店宾客紧急疏散并采取及时有效的救助措施，最终导致严重后果。

（资料来源　佚名.酒店安全管理案例分析［EB/OL］. ［2016-12-05］. https://wenku.baidu.com/view/02f331c8185f312b3169a45177232f60dccce75f.htmll.）

问题：

1）未成年人入住饭店有没有相关的规定？谁来监护其行为？

2）火灾发生中，酒店有没有采取及时救助措施？请予以说明。你认为酒店应具备哪些安全设施？

3）为防止火灾事故，你认为酒店平时应采取哪些措施。

研判要求：同第1章本题型的"研判要求"。

□ 实训题

"饭店安全分析与饭店安全协调"业务胜任力训练

【实训目的】

同本章"学习目标"中的"实训目标"。

【实训内容】

专业能力训练：其领域、技能点、名称和参照规范与标准见表8-1。

表8-1　　　　　　　　**专业能力训练领域、技能点内容及其参照规范与标准**

训练领域	技能点	名称	参照规范与标准
饭店安全分析与饭店安全协调	技能1	饭店安全分析技能	1）能围绕"饭店安全分析"主题确定调研内容，设计调研问卷，制订调研计划 2）能根据调研计划，合理有序地进行项目调研，查找饭店存在的安全问题 3）能对调研结果进行正确的分析研究
	技能2	饭店安全协调技能	1）能根据饭店安全管理的类型分析相应对策 2）能较好地运用相应对策分析饭店面临的不同安全问题 3）能较好地运用相应对策，成功进行安全风险规避工作，维护饭店安全，实现组织目标
	技能3	相应实训报告撰写技能	1）能正确设计关于"现代饭店安全管理知识在饭店管理中的应用"的实训报告，其结构合理，层次分明 2）能依照商务应用文程式撰写所述实训报告 3）能参照网络教学资源包中《学生考核手册》考核表8-2所列各项"考核指标"和"考核标准"撰写所述实训报告

职业核心能力和职业道德训练：其内容、种类、等级与选项见表8-2；各选项的"规范与标准"分别参见本教材附录二的附表2和附录三的附表3。

表8-2　　　　　　　　**职业核心能力与职业道德训练的内容、种类、等级与选项表**

内容	职业核心能力							职业道德						
种类	自我学习	信息处理	数字应用	与人交流	与人合作	解决问题	革新创新	职业观念	职业情感	职业理想	职业态度	职业良心	职业作风	职业守则
等级	高级	高级	高级	高级	高级	高级	高级	认同级	认同级	认同级	认同级	认同级	认同级	认同级
选项	√	√	√	√	√	√	√	√	√	√	√	√	√	√

【实训任务】

1）对"饭店安全分析与饭店安全协调"专业能力各技能点，依照其"参照规范与标准"，实施应用相关知识的基本训练。

2）对职业核心能力选项，依照其相关"参照规范与标准"实施应用相关知识的"高级"强化训练。

3）对职业道德选项，依照其"参照规范与标准"，实施"认同级"相关训练。

【组织形式】

1）以小组为单位组成设计团队。

2）结合实训任务对各设计团队进行任务分配，确保组织合理和每位成员的积极参与。

【情境设计】

将学生组成若干设计团队，分别选择2家本土的和2家涉外的校企合作饭店的安全保卫部进行实训，结合课业题目，综合运用现代饭店安全管理知识，通过对饭店日常运行中安全项目的调研、参与和实施等系列体验活动，了解该饭店的安全管理情况，分析其可取与不足之处，并提出具体改进意见。在系统体验专业技能操作过程中融入"职业核心能力"和"职业道德"选项的训练，在此基础上撰写、讨论和交流《××饭店安全分析实训报告》《××饭店安全协调实训报告》。

【指导准备】

知识准备：

（1）安全管理等理论知识。

（2）"饭店消防管理"的理论与实务知识。

（3）"饭店治安管理"的理论与实务知识。

（4）"饭店意外事故与突发事件"的理论与实务知识。

（5）本教材"附录一"的附表1中，与本章"职业核心能力'强化训练项'"各技能点相关的"'知识准备'参照范围"。

（6）本教材"附录二"的附表2-2和附表2-3中，涉及本章"职业核心能力领域'强化训练项'"各技能点和"职业道德领域'相关训练项'"各素质点的"规范与标准"知识。

操作指导：

（1）教师向学生阐明"实训目的"、"能力与道德领域"和"知识准备"。

（2）教师就"知识准备"中的第（5）、（6）项，对学生进行培训。

（3）教师指导学生了解《饭店消防安全管理条例》《突发事件应急方案》《钥匙管理制度》《火灾应急方案及实施细则》《治安事件管理制度》《保安工作制度》《保安员岗位职责》等相关资料。

（4）指导学生进行项目调研、相关资料的搜集与整理活动。

（5）教师指导学生撰写《××饭店安全分析实训报告》《××饭店安全协调实训报告》。

【实训时间】

本章课堂教学内容结束后的双休日和课余时间，为期一周。

【操作步骤】

1）将学生组成若干设计团队，每个团队确定1人为队长，结合本实训任务进行适当的任务分工。

2）各团队分别选择一家校企合作饭店，结合课业题目，制订《××饭店安全分析实训方案》《××饭店安全协调实训方案》。

3）各团队通过互联网、图书馆以及走访饭店的途径，研究现代饭店安全管理知识在该饭店的应用情况，并在此基础上实施实训方案，系统体验如下技能操作：

（1）依照"技能点1"的"参照规范与标准"，运用现代饭店安全管理的有关知识、"企业调研"的理论与实务知识，了解"安全管理理念"在该饭店安全管理工作中的应用情况，分析饭店在安全管理工作中的可借鉴之处和目前存在的安全隐患，并提出改进意见。

（2）依照"技能点2"的"参照规范与标准"，运用现代饭店安全问题的类型等理论与实务知识，了解、分析该饭店当前面临的不同安全问题，并学会运用相应对策，成功进行安全风险规避工作，维护饭店安全，实现组织目标。

（3）依照"技能点3"的"参照规范与标准"，能依照商务应用文的程式，设计和撰写相应实训报告。

4）在上述基本训练中，融入"职业核心能力"各选项的"高级"强化训练，突出现代饭店安全管理知识、企业调研的理论与实务知识，饭店安全管理理论及其在饭店中的运用的理论与实务知识的学习和应用以及职业道德各选项的"高级"相关训练。

5）综合以上操作与阶段性成果，撰写《××饭店安全分析实训报告》《××饭店安全协调实训报告》。

6）在班级讨论和交流各团队的实训报告。

7）各团队根据讨论和交流结果，修订其实训报告，使其各具特色。

【成果形式】

实训课业：《××饭店安全分析实训报告》《××饭店安全协调实训报告》

课业要求：

1）"实训课业"的结构与体例参照本教材"课业范例"中的范例综-4。

2）将实训方案以"附件"形式附于实训报告之后。

3）在校园网的本课程平台上展示经过教师点评的班级优秀实训报告，供相互借鉴。

➡ 单元考核 ➡

考核要求：同第1章"单元考核"的"考核要求"。

综合训练与考核

综合训练

□ 理论题

▲ 简答题

1）饭店计划如何分类？

2）饭店市场细分的含义及细分原因是什么？

3）饭店安全管理的特点有哪些？

▲ 讨论题

1）如何理解公平理论在饭店中的作用？

2）如何理解饭店营销新观念？

3）如何理解科学管理理论在饭店管理中的作用？

□ 实务题

▲ 规则复习

1）简述优秀饭店计划的内容和标准。

2）简述饭店目标市场营销战略选择及其决定因素。

3）简述饭店服务质量保证体系的核心内容。

▲ 业务解析

《绿色饭店标准》中的"六小件"去留问题引发了一场革命。《绿色饭店标准》中的"绿色客房"章节明文规定："房间的牙刷、梳子、小香皂、拖鞋等一次性客用产品和毛巾、枕套、床单、浴衣等客用棉织品，按客人意愿更换，减少洗涤次数；改变、简化或取消客房内生活、卫浴用品的包装。"近期以来，北京、上海、广州等城市的一些酒店、宾馆纷纷喊出了要撤销提供"六小件"，要与国际接轨的口号。一时间，"六小件"俨然成了绿色饭店的标志，"六小件"反倒成了破坏环保的元凶！

关于"六小件"的去留问题，你的意见是什么？它和绿色饭店的关系如何？能否认为不撤销"六小件"就不是绿色饭店？真正的绿色饭店是指什么？

□ 案例题

（一）吃面的老先生预订了18桌婚宴

背景与情境：

一天中午，餐厅里来了一位老先生，这位老先生自己找了一个不显眼的角落坐下，对面带笑容前来上茶、点菜的服务员小秦说："不用点菜了，给我一份面条就可以，就三鲜面吧。"服务员仍然微笑着对老先生说："我们饭店的面条口味不错，您请稍等，喝点茶，面条很快就会做好。"说完，小秦又为客人添了点茶才离开。

10分钟后，热气腾腾的面条端上了老先生的餐桌，老先生吃完后，付了款，顾自离开了餐厅。

晚上六点多，餐厅里已经很热闹了，小秦发现中午的那位老先生又来了，还是走到老位置坐下，小秦连忙走上前去，笑语盈盈地向老先生打招呼："先生，您来了，我中午没来得及向您征询意见呢？面条合您的口味吗？"老先生看着面带甜美笑容的小秦说："挺好的，晚上我再换个口味，吃炒面，就肉丝炒面吧。"小秦给客人填好单子，顺手拿过茶壶，给客人添好茶。老先生看着微笑着离开的小秦，忍不住点了点头。

用餐完毕，小秦亲切地笑着询问老先生："先生，炒面合您口味吗？"老先生说："好，好，挺好的。我要给我侄子订18桌标准高一些的婚宴，所以到几家餐厅看看，我看你们这儿服务真好，决定就放这儿啦。"小秦一听只吃一碗面的客人要订18桌婚宴，愣了一下，马上恢复了笑容，对老先生说："没问题，我这就领您到宴会预订处办理预订手续。"

问题：

1）酒店的"一视同仁"服务与"目标顾客"服务是否矛盾？

2）小秦的微笑服务说明了什么？

3）结合案例谈一谈酒店如何利用微笑服务来提升管理水平？

分析要求：同第1章本题型的"分析要求"。

（二）细心背后是安全

背景与情境：

餐饮部的宴会大厅里同时迎来了两对喜结连理的新人，在鞭炮齐鸣、彩花飞舞中，在亲朋的祝福声中，婚宴开始了。只见两对新人忙碌地穿梭在人群中敬酒，婚宴现场一片喜庆祥和的景象。二楼包厢内就座的是新郎当兵时的战友，所以喝起酒来也特别豪爽，白酒都是大杯大杯地干，没多久，就开始起哄、吵闹起来。细心的值台服务员杨成特别留意这桌客人，不停地加水、巡台，他突然发现椅脚旁边有一根燃烧了1/3的香烟，他立即迅速拾起，发现还在燃烧。就在这时，后面突然来了一个敬酒的男士，一个趔趄，把一杯白酒全洒在了刚刚被烧的地毯位置。可以预想，如果不是细心的杨成发现并及时拾起了还在燃烧的香烟，那么，那杯白酒与燃烧的香烟接触就可能引起火苗，后果真是不堪设想了。

问题：

1）根据此案例，分析酒店火灾产生原因有哪些。

2）值台服务员杨成的细心源自于什么？

3）这个案例给你的启发是什么？

分析要求：同第1章本题型的"分析要求"。

▲ 善恶研判

令人担忧的服务态度

背景与情境：

今年初的一个晚上，我和一个朋友约好晚上8：30左右到他下榻的某五星级酒店拜访，结果我提前10分钟到达。商务楼层的职员问我找谁，我说了房号和客人姓名，并说是和客人约好的。服务员说："客人刚下楼吃饭。"我吃了一惊，是我记错了时间，还是我的朋友把这个约会忘了，怎么他这时才吃饭？刚去吃饭，起码要等半小时到一个小时。

我看到服务员并没有招呼我的意思，于是我对服务员说："我在休息室等一下。"服务员不置可否，我于是索性走到商务楼层的休息室里，找了一个灯光比较亮的位置坐下。

这时，我想如果有一杯茶就好了，这不是商务楼层应该有的服务吗？很遗憾，没有。我在这个舒适的环境里坐了5分钟，期间有一个主管来巡楼，有一个修理工来维修，走过的时候还和他认识的商务楼层的小姐聊了几句，我什么都没留意，但他最后以一句粗言结束了谈话却给我留下了深刻的印象。更令我吃惊的是，没有人感到我的存在。

我忍不住问服务员，是否可以帮我找一下我的朋友？果然，楼层服务员很快就给我一个答复：这位先生已经在餐厅结账了。我又吃了一惊，我的朋友难道是吃快餐，刚去餐厅10分钟就吃完了一顿晚饭？（我顿时有受骗的感觉，但我并不生气，因为我想我不用等半小时以上了）我以为服务员下一句是：我已经替您通知您的朋友了。又是一阵沉默，我足足等了近5分钟，既没有等到服务员送给我的下一句，也没有等到我的朋友回来。这时，我真的有点生气了，便补充问了一句，您已经告诉我的朋友，我已经在这里等他了吗？服务员似乎有点不好意思，马上又帮我打了一个电话，结果餐厅说，我的朋友已经走了。我听到这个答案又是一惊，我的朋友肯定是饭后逛花园去了，起码还要等15分钟。

1）本案例中那位商务楼层的职员存在哪些道德伦理问题？

2）试对上述问题做出你的善恶研判，你通过这个案例将怎么看待酒店"员工服务与管理"这个问题？

3）你认为该酒店应如何加强员工培训和管理工作。

4）通过网上或图书馆调研等途径搜集你作善恶研判所依据的行业道德规范。

研判要求：同第1章本题型的"研判要求"。

□ 实训题

"饭店管理方法综合运用"业务胜任力训练

【实训内容】

作为未来的酒店职业人，必须具备服务质量分析能力、计划分析与撰写能力，更应面对市场做出正确的营销策略，基于上述理论知识的学习与实践训练，在了解和把握理论、原则与实务知识、使用策略等实训技能的规范与标准的基础上，通过调研形式获取的资料以及整理分析、编制、决策的训练，培养学生专业能力和职业核心能力，进行职业道德教育，促进健全职业人格的塑造。

专业能力训练：其"领域"、"技能点"、"名称"和操作"规范与标准"见表综-1。

表综-1　　　　　　**专业能力训练领域、技能点、名称及其参照规范与标准**

训练领域	技能点	名称	参照规范与标准
饭店管理方法综合运用	技能1	服务质量管理方法运用技能	（1）能正确运用饭店服务质量控制的相关知识，分析饭店现行服务质量的优劣并找出存在的问题 （2）能结合饭店服务质量方针和质量目标，寻找服务质量问题 （3）按照服务质量管理体系，建立以市场开发、服务设计、服务提供、评估改进为主的服务质量环境 （4）完善现有服务质量标准

训练领域	技能点	名称	参照规范与标准
	技能2	饭店计划的分析与编制技能	（1）能正确运用计划管理的相关知识，分析饭店现行计划的优劣及找出存在的问题 （2）能正确运用计划的分类理论，设计各种计划使用的基本思路和框架 （3）能正确运用优秀计划理论进行计划的编制
	技能3	饭店市场营销策略运用技能	（1）能够正确运用饭店市场细分理论，进行饭店市场细分 （2）能够正确运用目标饭店市场理论，进行饭店目标市场选择 （3）能够正确运用饭店市场定位理论，进行饭店市场定位
	技能4	撰写实训报告技能	（1）能合理设计实训报告，其结构、层次较分明 （2）能依照商务应用文稿写作的规范要求撰写实训报告 （3）本教材网络教学资源包中的《学生考核手册》考核表3-2所列各项"考核指标"和"考核标准"

职业核心能力和职业道德训练：其内容、种类、等级与选项见表综-2；各选项的操作"规范与标准"见本教材附录三的附表3和附录四的附表4。

表综-2　　　　职业核心能力与职业道德训练内容、种类、等级与选项表

内容	职业核心能力							职业道德						
种类	自我学习	信息处理	数字应用	与人交流	与人合作	解决问题	革新创新	职业观念	职业情感	职业理想	职业态度	职业良心	职业作风	职业守则
等级	高级	高级	高级	高级	高级	高级	高级	认同级	认同级	认同级	认同级	认同级	认同级	认同级
选项	√	√	√	√	√	√	√	√	√	√	√	√	√	√

【实训任务】

（1）对表综-1所列专业能力领域各技能点，依照其"参照规范与标准"实施阶段性基本训练。

（2）对表综-2所列职业能力选项，依照本教材附表3的"参照规范与标准"实施"高级"强化训练。

（3）对表综-2所列职业道德选项，依照本教材附录四附表4的"规范与标准"实施"认同级"相关训练。

【组织形式】

将班级学生分成三个实训小组，根据实训内容和项目需要进行任务分配。

【实训要求】

1）将"职业核心能力"强化训练和"职业道德"相关训练融入专业能力训练中。

2）"专业能力训练"参照本教材网络教学资源包《学生考核手册》考核表综-3中的"考核指标"与"考核标准"；"职业核心能力训练"和"职业道德训练"分别参照本教材附录二的附表2和附录三的附表3中相关选项的"参照规范与标准"。

3）对本次实训活动进行总结，参照本章实务教学内容及本教材"课业范例"之范例综-3的结构与体例完成本实训课业。

【情境设计】

以班级为单位，分成三个学习小组，分别是服务质量分析小组、计划分析与编制小组、产品营销策略分析小组。三个小组同时选择一家校企合作的五星级酒店（曾经参加生产性实习或计时服务的酒店），着重于该酒店在服务质量、计划编制、营销策略三个方面所使用的管理方法内容的调研，之后进行材料整理，三个小组分别对酒店在上述三个方面采取的管理方法的成功与不足情况予以分析，并以表综-1和表综-2中的相关"规范与标准"为操作规则，进行各自报告的撰写，然后由三个小组的负责人将各组的材料汇总在一起，并组织小组成员总结本次实训成功的经验与不足，在全班进行交流，相互学习，取长补短，在此基础上，撰写《××饭店管理方法综合运用实训报告》。

【实训时间】

结束本课程授课后一周内。

【操作步骤】

1）教师布置实训任务，组织学生温习全书关于"饭店管理方法"的实务教学内容。

2）以班级为单位组建三个实训小组，即服务质量分析小组、计划分析与编制小组、产品营销策略分析小组；要求对调研的酒店服务质量、计划编制、营销策略等情况予以了解与掌握。各组针对自己所承担的任务进行资料准备，进行小组内的问题讨论。

3）将问题讨论的结果以及所调研的情况予以整理与分析，以表综-1和表综-2中的相关"规范与标准"为操作规则，形成《××饭店服务质量管理方法运用情况分析报告》《××饭店计划管理方法运用情况分析报告》《××饭店营销策略方法运用情况分析报告》。

4）各实训小组在实施上述训练的过程中，尽可能按照"实训要求"，依照表综-2中列入的"职业核心能力"和"职责道德"选项的"参照规范与标准"，融入相关等级训练。

5）三个小组分别就本次实训中的成功经验与不足情况予以分析与总结，在全班开展总结交流。

6）在班级讨论与交流各实训小组的情况分析报告，并进行相互点评。

7）各组根据其他组提出的问题和点评，修订其情况分析报告。

【成果形式】

实训课业：《××饭店管理方法综合运用情况分析报告》

课业要求：

1）"实训课业"的结构与体例参照本教材"课业范例"中的范例-3。

2）在校园网的本课程平台上展示经过教师点评的三个情况分析报告。

━ 综合考核 ━▶

考核要求：同第1章"单元考核"的"考核要求"。

课业范例

● 范例-1 ➤

□ 案例题

▲ 案例分析

洲际酒店以客户为中心的营销策略

背景与情境：

洲际酒店集团客户营销副总裁 Lincoln Barrett 提出的以客户为中心的营销策略听起来很难实现，但这也是其成为企业巨大竞争优势的原因。

对洲际酒店来说，要建立以客户为中心的营销策略依赖于各不相同却又相互联系的以下三个方案：投资技术开发；拓展新的营销领域；建立集中管理的客户关系组织架构。

以上三个方案都尚在完善中，但已经取得了很好的进展。

1）投资技术开发

洲际酒店执行此项方案的第一步是要建立新的数据库和实时数据库，让洲际酒店可以把来自酒店本身和第三方的数据与现有的客户信息进行匹配。这一做法也让该酒店在进行市场分析或者策划营销活动时可以获得即时的数据——这是对洲际酒店原系统功能的巨大升级。

第二步是要扩大除电子邮件以外的其他对外营销活动。技术升级让内部营销活动流程变得自动化，并且让特许经营酒店可以根据当地情况和客户关系定制合适的项目，从而实现本地化营销。同时，这次升级还可以通过对外的营销活动管理来对呼叫中心数据和活动进行整合。另外，洲际酒店还通过这次升级以流水线操作的形式把之前的多重代理模式转化成单一的全球代理模式。

目前，洲际酒店正在进行接下来的第三步，也就是对多渠道的协调性作进一步发展。在这项工作中，洲际酒店计划把日渐增多的渠道进行整合，同时开始通过不同渠道来优化内容、产品和信息发布的时机，从而实现回报率和客户相关性的最大化。

2）拓展新的营销领域

这一方案的重点是学会如何"考虑预订以外的事情"，也就是说，如何让互动营销产生更多不同的方式以增加收入、提高忠诚度和提升顾客满意度。洲际酒店找到了以下几个新的营销领域：

（1）适时营销——意味着通过对外发布信息（如电子邮件）来跟进有价值的客户行动。Lincoln 举了一个例子，就是在客人成为黄金会员时马上通过邮件祝贺他，让他意识到其权益已经提高，这样可以促进客人日后的入住以及与洲际酒店品牌的互动程度。

（2）非会员营销——洲际酒店只有40%的业务来自洲际优悦会（Priority Club）会员。因此，洲际酒店现在利用Cookie数据和客人上网行为等新的数据环境来寻找和划分有价值的非会员客户。洲际酒店还推出了生命周期营销活动、定制的现场产品展示和针对非会员的定向媒体采购。

（3）全球本土化沟通——洲际酒店鼓励其特许经营酒店针对具体的酒店和客户资源情况，合理地利用其全球的酒店资源。

（4）对传统营销活动进行延伸——这项工作的内容是利用互动工具来发布即将进行的传统媒体营销活动信息，或者利用定向的互动工具来跟进营销活动，以提高参与客人的转化率。

（5）渠道的协同作用——洲际酒店利用自身渠道来对其他渠道进行推广。或者说，洲际酒店正利用来自一个渠道的数据来提高其他渠道的信息相关性。比如说，洲际酒店优化了PIN码提醒邮件的内容和布局（也就是网站的找回密码邮件），把与个人用户档案相关的动态产品信息添加进去。

3）建立集中管理的客户关系组织架构

这项工作包括产品大规模的人员架构调整，把洲际酒店的产品、渠道和销售团队统一交给一位管理人员负责，虽然这三个团队之间偶尔会出现不同的利益取向，但它们现在对各自的工作更为了解，从而可以更容易地制定相互协调的目标。

这项工作还包含了一个企业重新教育计划，以帮助整个酒店集团改变每个客户触点需要产生的价值的期望值。洲际酒店正在努力让所有员工意识到，每次与客户的互动都是一次机会。这个机会可以让洲际酒店销售客房、销售其他有价值的东西、改变消费者对洲际的看法或者积累经验。

以上措施听起来很难，但这也正是以客户为中心的营销策略成为巨大竞争优势的原因。因此，敢于接受这项挑战的企业将成为佼佼者，将为客户带来难以忘却的美好体验。

问题：

1）以洲际酒店网络营销为例讨论酒店网络营销的发展现状和未来的发展趋势。

2）你认为酒店的营销模式从传统到现代经历了几个发展阶段。

3）洲际酒店的网络营销对我国本土酒店还有哪些可借鉴之处？

分析要求：同第1章本题型的"分析要求"。

《"洲际酒店以客户为中心的营销策略"案例分析提纲》

（项目组组长：　　　　　项目组成员：　　　　　　　　　　　　）

1）关于"知识点"分析

（1）小组成员分别分析研究洲际酒店以客户为中心的营销策略。

（2）小组讨论各成员搜集的网络营销方式，由组长汇总。

（3）小组讨论传统营销与网络营销的阶段性发展进程。

（4）组长汇总讨论洲际酒店网络营销的阶段性成果。

2）关于"调查资料的来源与方法"分析

（1）小组成员应用网络营销知识，逐一分析酒店网络营销模式。

（2）小组讨论各成员分析的调查资料的来源与方法，由组长汇总。

3）关于"酒店营销经理决策方案"设计

个人设计、小组讨论研究本案例要求的"酒店营销经理决策方案"。

（1）小组成员模拟洲际酒店的营销经理，应用本案例涉及的网络营销，研究设计"酒店营销经理决策方案"。

（2）小组讨论各成员设计的"酒店营销经理决策方案"，由组长汇总。

4）撰写、讨论与交流分析报告

（1）组长组织组员，综合以上阶段性成果，形成分析报告。

（2）在班级讨论、交流各组的分析报告。

（3）小组修改分析报告，提交教师点评。

《"洲际酒店以客户为中心的营销策略"案例分析报告》

（项目组组长：　　　　项目组成员：　　　　　　　　　　　　　　）

一、案例综述

本案例从洲际酒店网络营销的角度研究了酒店网络营销的新模式和手段，以更低的营销成本实现更有效的营销。

二、问题分析

在本例中，洲际酒店以客户为中心的营销模式实质是建立在网络营销的基础之上的。良好的顾客关系是网络营销取得成效的必要条件，通过网站的交互性、顾客参与等方式在开展顾客服务的同时，也增进了与顾客的关系。相比较其他酒店集团来说，洲际酒店的网络营销很有特色，这为我国酒店业的发展提供了很多可以借鉴的经验。

酒店网络营销方式分为口碑营销、媒体营销、SEO营销、E-mail营销、电子杂志营销、博客营销、微信营销、论坛营销、贴吧营销、社会化媒体营销等。

三、总结与结论

现阶段的酒店网络营销应该有下列策略：

（1）产品策略

产品策略主要包括精致、方便的网页设计；符合客户需求并可点击参观的虚拟客房；了解酒店、预订酒店服务的短信平台与WAP站点等。

（2）价格策略

价格策略包括增加客房定价的"透明度"，建立合理的价格体系；与旅行网站合作；进行搜索引擎营销，增加网站的浏览量，从而增加订购酒店客房和服务的数量；进行交换旗帜广告宣传。

═ 范例-2 ═➤

▲ 善恶研判

店藏名画　欢迎来偷

背景与情境：

每年12月至第二年1月中旬，澳大利亚墨尔本酒店业就进入了传统的淡季。如何吸引客人入住以摊销经营成本成了每家酒店都要遭遇的大难题。面临逾千间客房预订任务的澳大利亚奢侈连锁酒店Art Series，更是为之伤透了脑筋。

努力提高服务水平，改善消费体验，自然不在话下，可是皆非短时间所能奏效，远水解不了近渴。举办价格大酬宾，效果虽立竿见影，但毕竟没有多少"技术含量"，你做他人也能做，若是过了头，更要陷入价格战的泥沼，一损俱损。若能出其不意，制造热点话题，引爆关注热潮，那敢情最好!

Art Series 在墨尔本拥有3家艺术主题酒店，均以澳洲本地著名艺术家命名。转念一想，既然是艺术主题酒店，与其在其他不相干的东西上花费精力，何不在艺术这一话题上做足文章? 思虑再三，Art Series 终于想出一招：邀请住客来"偷"名画!

Art Series 找来英国最抢手的地下画家、被誉为当今世界上最有才气的街头艺术家的班克斯（Banksy）的两件名作，然后在各大媒体上"广发英雄帖"：嗨，我们这里藏有班克斯的名画，够胆，你就来把它偷走!只要能躲过酒店员工的眼睛，成功把画作带到酒店外，它就归你了!

消息一出果然迅速引发热烈反响，甚至连正在墨尔本参加澳网的网球明星小威廉姆斯都想来试试，短短4周内预订量便已超过了1 500间。活动开始5天后，第一幅画《没有球赛》被一名假扮成负责把艺术品搬到另一家酒店的公司雇员将画作带出了酒店；第二幅画则一直没有被"盗"走。最终酒店将其捐赠给了一个关注公共安全的慈善组织。

Art Series 成功的关键包括：

其一，轰动效应。如今信息量超乎寻常，人们每天都被各式各样的资讯所包围，另辟蹊径就成为突出重围、吸引眼球的唯一出路。Art Series 的招数令人惊讶不已，迅速吸引大家的眼球，引来各家媒体竞相报道，最终演变为流传一时的营销事件。

其二，持续关注。事件营销能制造轰动效应，可来得快去得亦快，效果终究不能持久。Art Series 的办法是：诉诸社会化媒体! 酒店不放过任何一个能吸引眼球的机会，通过社交媒体将每个失败者的"犯罪"过程不断爆料出来，引发网民的持续关注。

其三，紧扣主题。好创意从来不会令人有生硬之感，它仿佛为品牌量身定做。为了制造足够的噱头，企业不得不选择热辣的话题，可若是与品牌定位和品牌形象不符，削弱客户已形成的品牌认知，则会得不偿失。

（资料来源 佚名.澳大利亚 Art Series 酒店营销：店藏名画 欢迎来偷 ［EB/OL］. ［2012-12-31］. http: //b2b.toocle.com/detail--6076261.html.）

问题：

1）本案例中 Art Series 的营销创意是否存在道德伦理问题?

2）试对上述问题做出你的善恶研判。

3）对照本教材内容和网上调研资料，说明你的道德研判所依据的行业道德规范。

4）请从善恶研判角度对本案例中 Art Series 酒店的行为做出评价。

研判要求：同第7章本题型的"研判要求"。

《"店藏名画 欢迎来偷"研判提纲》

（项目组组长： 项目组成员： ）

1）关于"道德伦理问题"

（1）小组成员分别分析研究本案例中营销创意的伦理问题。

（2）小组讨论各成员搜集的类似本案例酒店的营销创意模式。

（3）小组讨论本案例中的偷盗名画是"艺术与营销的结合"还是挑战心理的营销。

（4）组长汇总讨论3）的分析内容，形成阶段性成果。

2）关于"善恶研判"

（1）小组成员应用本案例营销创意道德色彩，逐一进行"善恶研判"。

（2）小组讨论各成员分析的"善恶研判"，对于营销创意道德色彩的批判。

（3）组长汇总讨论2）的分析内容，形成阶段性成果。

3）关于"作善恶研判所依据的行业规范"

（1）小组成员分别通过网络及图书馆查找资料，研究"作道德研判所依据的行业规范"。

（2）小组讨论各成员的对于酒店营销创意应该有的职业操守。

（3）组长汇总讨论酒店营销创意的分析内容，形成阶段性成果。

4）关于"对本案例做评价"

（1）小组成员分别对该案例进行评价。

（2）小组讨论各成员的"评价"。

（3）组长汇总讨论对于酒店营销创意的评价分析内容，形成阶段性成果。

5）撰写、讨论与交流善恶研判报告

（1）组长组织组员，综合以上阶段性成果，形成善恶研判报告。

（2）在班级讨论、交流各组的善恶研判报告。

（3）小组修改善恶研判报告，提交教师点评。

《"店藏名画 欢迎来偷"善恶研判报告》

1）案例综述

Art Series酒店在2011年年底著名的"邀请住客来'偷'名画"的创意营销中，找来英国最抢手的地下画家、被誉为当今世界上最有才气的街头艺术家的班克斯（Banksy）的两件名作，然后在各大媒体上"广发英雄帖"：我们这里藏有班克斯的名画，够胆你就来把它偷走。只要能躲过酒店员工的眼睛，成功把画作带到酒店外，它就归你了!当然，游戏规则不只这么简单。名画被轮流放在三家酒店中的一家，画上装有GPS定位，成功偷走的人会被找到，同时酒店方面还利用社交媒体来发布失败者的"犯罪"过程。不断的爆料让这一事件始终是人们谈论的热门话题。至于订房任务，4周内早已超过了1 500间。

2）问题分析

（1）本案例中存在的道德伦理问题包括：本案例中的偷盗名画是"艺术与营销的结合"还是挑战心理的营销。这一创意的实施，首先要符合消费者的"做贼心理"；其次"偷盗者"得有较高的艺术修养，能慧眼识名画；最后"偷盗者"得有良好的心理素质，成功地"过五关斩六将"。

（2）研判依据有二：其一，Art Series酒店的营销创意在于抓住了人们的心理：也许谁都有过那么一个瞬间，想做一件坏事。如果有个偷东西却不犯法的机会呢？相信很多人都乐于尝试一下。其二，Art Series酒店方面还利用社交媒体来发布失败者的"犯罪"过程，不断的爆料让这一事件始终是人们谈论的热门话题。

（3）当酒店遭遇了淡季，平时一些完善酒店服务的努力，诸如提高服务水平、改善消费体验都显得过于缓慢了。而价格促销是大家都会考虑到的选择，如何在效果上立竿见影，在创意上力拔头筹？显然，制造话题和引爆话题是不二选择。

（4）从以上研判来看：高级的营销不是叫嚣廉价，而是从消费者心理角度出发，结合酒店的实际运营情况，既然是艺术酒店就来点儿"艺术"的创意。同为营销创意，这远比打折更有益。一来无须担心竞争对手可能采用的过激应对，二来又能给住客带来实实在在的刺激体验，提高顾客满意度与忠诚度，从而奠定了消费者口碑营销多次传播的基础。

3）研判总结

（1）我们所进行的酒店营销推广，目的是要增加知名度，提高入住率，应该切合消费者的心理找到一种持续关注的营销推广方式。

（2）Art Series酒店选择立竿见影的营销方法，很符合酒店的艺术特色。

（3）本道德研判对我们有很好的启示：提高入住率不等于打折销售；创意的持续关注是成功的关键所在。

⊐范例-3➡

□ 实训题

××饭店管理方法知识综合应用

【实训目的】

引导学生参加"××饭店管理方法知识综合运用"的实践训练。在了解和把握本实训相关技能点"规范与标准"的基础上，通过系列技能操作的实施，培养"饭店管理方法知识综合运用"的专业能力和相关选项的职业核心能力（高级），强化相关选项的职业道德（高级）教育，促进健全职业人格的塑造。

【实训内容】

专业能力训练：其领域、技能点、内容及其参照规范与标准见表范-1。

表范-1　　　　　**专业能力训练领域、技能点、内容及其参照规范与标准**

训练领域	技能点	内容	参照规范与标准
饭店管理方法知识综合应用	技能1	服务质量管理方法知识应用技能	（1）能正确运用酒店服务质量控制的相关知识，分析饭店现行服务质量的优劣并找出存在的问题 （2）能结合饭店服务质量方针和质量目标，寻找服务质量问题 （3）按照服务质量管理体系，建立以市场开发、服务设计、服务提供、评估改进为主的服务质量环境 （4）完善现有服务质量标准
	技能2	饭店计划的分析与编制知识应用技能	（1）能正确运用计划管理的相关知识，分析饭店现行计划的优劣并找出存在的问题 （2）能正确运用计划的分类理论，设计各种计划使用的基本思路和框架 （3）能正确运用优秀计划理论进行计划的编制
	技能3	饭店市场营销策略知识应用技能	（1）能够正确运用饭店市场细分理论，进行饭店市场细分 （2）能够正确运用饭店目标市场理论，进行饭店目标市场选择 （3）能够正确运用饭店市场定位理论，进行饭店市场定位
	技能4	撰写《实训报告》技能	（1）能合理设计实训报告，其结构、层次较分明 （2）能依照商务应用文稿写作的规范要求撰写实训报告 （3）本教材网络教学资源包中的《学生考核手册》考核表3-2所列各项"考核指标"和"考核标准"

职业核心能力和职业道德训练：其内容、种类、等级与选项见表综-2；各选项的操作"规范与标准"见本教材附录三的附表3和附录四的附表4。

表综-2　　　　　　　　　　职业核心能力与职业道德训练内容、种类、等级与选项表

内容	职业核心能力							职业道德						
种类	自我学习	信息处理	数字应用	与人交流	与人合作	解决问题	革新创新	职业观念	职业情感	职业理想	职业态度	职业良心	职业作风	职业守则
等级	高级	高级	高级	高级	高级	高级	高级	内化级	内化级	内化级	内化级	内化级	内化级	内化级
选项	√	√	√	√	√	√	√	√	√	√	√	√	√	√

【组织形式】

将班级学生分成三个实训小组，根据实训内容和项目需要进行任务划分。

【情境设计】

根据案例所提供的内容，主要是在服务质量和营销战略方面取得了成就，这些成就的取得来自于产品有特色、服务标准化以及各个饭店之间的统一管理和协调，也就是采取了极好的酒店管理方法，创造了越来越多的销售额和利润。可近来发生了一件令人很不愉快的事：美国一家有名的商业杂志公布了今年几家大饭店集团服务质量的调查结果，××饭店集团的服务质量和在满足顾客需求方面几乎居于末位。

【指导准备】

知识准备：

（1）饭店服务质量控制、饭店计划分析与编制、饭店营销策略等理论与实务知识。

（2）表范-1"能力与素质领域"相关技能点的"规范与标准"知识。

（3）本教材附录二附表2中"职业核心能力"强化训练各选项的"参照规范与标准"和附录三附表3中"职业道德"相关训练各选项的"规范与标准"知识。

操作指导：

（1）教师向学生阐明"实训目的"、"能力与素质领域"和"知识准备"。

（2）教师就本实训"知识准备"各项内容对学生进行培训。

（3）教师指导学生就操练的项目情境资料进行分析。

（4）教师指导学生制订实训方案。

（5）教师指导学生实施实训方案，系统体验各项技能操作。

（6）教师指导学生完成各组的情况分析报告。

（7）老师指导学生做好实训总结，完成总体实训报告。

【实训时间】

周末和其他课余时间。

【操作步骤】

1）由负责人或指导教师将参与实训的学生进行分工，确定小组成员与每个人的任务。

2）分成三个实训小组，即服务质量分析小组、计划分析与编制小组、营销策略分析小组；综合应用饭店管理方法知识，对调研的酒店的服务质量、计划编制、营销策略等情况予以了解与掌握。各组针对自己所承担的任务进行资料准备，进行小组内的问题

讨论。

3）将问题讨论的结果以及所调研的情况予以整理与分析，以表综-1和表综-2中的相关"规范与标准"为操作规则，形成《××饭店服务质量管理方法知识应用情况分析报告》《××饭店计划管理方法知识应用情况分析报告》《××饭店营销策略方法知识应用情况分析报告》。

4）各实训小组在实施上述训练的过程中，尽可能按照"实训要求"，依照表综-2中列入的"职业核心能力"和"职责道德"选项的"参照规范与标准"，融入相关等级训练。

5）三个小组分别就本次实训中的成功经验与不足情况予以分析与总结，在全班开展总结交流。

6）在班级讨论与交流各实训小组的情况分析报告，并相互点评。

7）各组根据其他组提出的问题和点评，修订其情况分析报告。

8）在此基础上，由三个小组负责人负责完成《××饭店管理方法综合应用实训报告》。

【成果形式】

实训课业：《××饭店管理方法知识综合应用实训报告》

"××饭店管理方法知识综合应用"实训报告

本次实训地点为××饭店，该饭店集餐饮、客房、娱乐、健身于一体。三个小组通过对其服务质量管理、计划管理、市场营销管理方法综合运用情况的现状进行调查，基本上完成了这一实训操练任务，并独立完成了实训报告。

一、小组划分与分工

以班级三个自然小组组建成实训小组：第一自然小组为服务质量分析小组；第二自然小组为计划分析与编制小组，第三自然组为营销策略分析小组。各组组长分别由自然小组组长兼任，小组成员各10人。

二、实训过程

根据情境设计进行任务分工，系统体验了酒店管理方法准备知识应用、企业调研技能、材料整理与分析技能、沟通与交流技能、文章撰写技能等项操作。其具体过程如下：

（一）服务质量管理方法的运用情况

针对××饭店近年来的经营状况，饭店销售部研究的一个重要问题是如何保证商务客人在该城市旅行时都能下榻于本饭店，并能让他们享受到统一标准的优质服务。为此，第一小组在实训过程中重点体验的是饭店服务质量管理方法的运用情况。

饭店的服务工作是在服务提供者与服务接受者互动的过程中完成的，也只有在这个互动过程中才能发现服务质量的隐患和产品的缺失，这种随机性与不稳定性特征也就加大了服务失败的风险，因此，该饭店首先建立了服务质量保证体系，对员工操作规范都做出了明确的规定。

1.制定饭店质量方针和质量目标

该集团连锁饭店制定的质量方针是：顾客至上、质量第一、规范管理、持续改进、顾客满意。确立的质量目标是：顾客满意度96%；顾客投诉处理率100%；安全、消防工作做到万无一失，杜绝一切重大事故发生。

2.制定管理职责

该饭店为了满足客人需求，采取的方法保证了服务质量，如指定专人负责服务质量的管理工作，提供人员和物质资源，在接待客人的活动中使其发挥作用。

3.制定和完善各项规章制度及操作程序标准

这是该饭店进行服务质量检查、控制、评估的标准和依据，其目的是使质量管理合理化、规范化，避免职责不清、相互脱节、相互推诿等现象。

4.建立以市场开发、服务设计、服务提供、评估改进为主的服务质量环境

各部门首先要掌握该体系的市场开发过程、设计过程、服务提供过程、服务业绩分析改进等内容，然后把这个体系投入到接待客人的运作中，使饭店对服务质量的管理走上了标准化、规范化、制度化和国际化的轨道。

在具体服务过程中，要求员工按照以下标准提供服务，以满足客人需求：

（1）服务活动标准化。为确保饭店服务质量的基本水准和客人的基本满意度，该饭店按照星级饭店标准和ISO9001质量认证标准，保证设施设备、实物商品、劳务质量和管理等方面的质量，以顾客需求为中心制定各项服务质量标准，保证质量标准的可操作性，使定性和定量相结合，各项指标既要相配套，又要自成体系。

（2）服务方式规范化。饭店规范化的服务方式应让客人感到舒适、安全、方便、受到尊重。因此，饭店为客人提供的服务方式要具有科学性、统一性、潮流性。

（3）服务过程程序化。饭店的服务工作贯穿于客人到店前的准备工作、客人到店时的接待工作和客人离店时的结束工作三个基本环节，服务过程的程序化应包括服务前、服务中、服务后三个阶段。它注重操作的规范和程序，以保证整个服务过程的行动如流水般地流畅、顺利，给人以赏心悦目的感受。

因为该饭店有一套完善的服务质量保证体系，在提供标准化服务的基础上，又能针对不同客人的具体需要，提供个性化服务，所以该饭店深受商务客人的欢迎，为集团创造了越来越多的销售额和利润。

（二）饭店计划管理方法的运用情况

第二小组成员分别在具体部门进行实习，各部门工作都有序进行，遇到特殊情况也能给予及时、妥善处理。针对饭店计划制订问题，小组成员专门向所在部门经理进行请教，部门经理介绍：饭店高层制订了5年的战略计划，还制订了第一年度具体的工作计划，并召开了由副总经理参加的办公会议，把每年要完成利润指标所需花费的各种成本进行了核算，把利润指标任务分配到了各部门，并要求各部门根据接到的指标任务，事先安排实现经济指标的工作步骤，并形成文字材料上报总经理。

各部门根据上级布置的工作任务，分别制订了本部门的工作计划，具体做法是：各部门经理制订了1年内的部门工作计划；各主管根据部门年度计划制订了各季度的计划；各领班又根据各季度的计划制订了班组各月的工作计划；而每个员工都制订了1周内的工作计划。整个饭店都是围绕饭店的总目标和总任务分解后的要求，结合自己的具体工作情况，制订出切实可行的工作计划。正是在这样一组计划系统的指导下，整个饭店的内部管理显得有条不紊，饭店的经济社会效益一直在当地同业中处于领先地位。

（三）饭店市场营销管理方法的运用情况

在营销部门实习期间，第三小组重点了解了该酒店对市场的细分以及定位情况。该

酒店以商务客人为主要目标市场，为此，酒店进行了以下工作：

（1）提高客房舒适度，给予合理的空间。因为人们选择酒店时，看中的不仅是酒店的品牌，同时也会关注客房的面积。所以，空间的大小是很重要的。

（2）浴室布置装修成为客房新亮点。如浴室面积扩大了；除装有电话分机外，还增加了小电视，方便客人随时收看经济行情、重要新闻和球赛；增设美发设备和称重装置；增加紧急呼人按钮，预防客人出现意外；地面及墙面向大理石装饰过渡，为克服冰凉感，地面满铺尼龙地毯；采用管井集中排风等，极为方便、实用。

（3）商务客房尽展豪华与服务的极致。酒店以豪华装修、完善的设备和细致周到的服务赢得了国内外宾客的青睐，有着良好的发展前景。

在此基础上，该酒店做出了如下的定位：

（1）客源定位：通过前期的市场调研对酒店所在区域的客源市场进行细分，锁定酒店目标市场。与竞争对手客源进行对比，预测市场容量及供给量，分析竞争优劣势。同时对客源需求进行分析，尤其是一类客源的多层次需求。例如，定位政务客源，除了正式的政务接待需求外，一些非正式接待需求，家庭、朋友聚会需求，特别要考虑目前竞争对手所不能满足的潜在需求或更高层次需求，是酒店非常好的市场机会。

（2）产品定位：产品定位是围绕目标客源的消费特点、需求确定的。商务客人在客房配置、商务便捷、早餐等方面要求较高，政务客人则更关注客房的功能性，餐饮、会务的配置。例如，"商务客房尽展豪华与服务的极致"就是把商务客人作为目标客源后，设立了商务楼层、各客源国楼层，把服务进行细化。

（3）服务定位：客人在不同区域对服务的要求是不同的，对于宴会厅的服务，应该是高雅、规范、个性化的，而对于自助餐厅、零点厅的服务则是快捷、热情、灵活的。

（四）××饭店管理方法综合运用中存在的问题

1.服务质量管理方法的运用需要进一步完善

近来，该饭店集团发生了一件令人很不愉快的事：美国一家有名的商业杂志公布了今年几家大饭店集团服务质量的调查结果，该饭店集团的服务质量以及在满足顾客需求方面几乎居于末位。

其原因在于该饭店集团所属的特许权转让饭店在经营管理中由于特许双方不存在产权关系，受让者在产权和财务上保持独立，不受特许方控制，所以其经营过程中特许方失去对成员饭店的日常工作的监控，导致成员饭店对服务质量、卫生等失去控制。

2.计划管理方法运用存在的问题

虽然该饭店的工作计划种类齐全，内容比较详尽，也比较切实可行，但最终有的计划还是没能完成。

（1）客房设备建设和维修计划没有完成。客房最好的出租率并不是100%，而应在85%左右，原因就是为了延长客房设施设备的寿命，使其始终处在完好的状态中，由于饭店经营状况非常好，总是以最大限度进行接待服务，致使客房设施设备失去最佳保养期，如空调制冷或制热状况不是很好，出现客人打电话问询或投诉等情况。

（2）员工培训计划没能实现。同样因为酒店经营状况太好，各部门忙于接待工作，使培训计划的时间与服务接待工作发生冲突，饭店因全力以赴做好对客服务工作，而置培训计划于不顾，致使员工培训计划没能实现，使这份计划失去了意义。

3.饭店营销管理方法运用存在的问题

我们实习的酒店在目标市场的选择方面应该是准确的,但市场细分不够缜密:

(1) 缺少钟点客房的业务。该酒店还没有设置钟点客房的房型,也就无法满足这一市场需求。事实上钟点客房能以低价赢取高使用率,同时钟点客房有利于树立企业与社会的"亲和"形象,拉近企业与普通阶层的距离,为今后争取回头客打下基础。

(2) 缺少"流动包房"的业务。目前市场上拥有一批要经常更换工作地点的人,他们希望在一次性支付一笔费用后,可以在集团下属位于不同城市的酒店住宿,无须重复登记、付款;住宿总天数固定,但在各地的时间由客人自己掌握。在市场细分中,酒店集团是否应考虑这一市场需求状况?这样做的好处在于酒店集团可以用一致的服务给客人一个流动的、熟悉的家,如酒店可以根据客人的要求布置客房,发展下去,酒店集团还可以让客人成为集团会员,支付会费,就可以流动住宿,甚至还会有终身会员出现,一辈子都可以在城市之间的酒店游走。

(3) 忽视特殊客房设置。饭店的少数客人因先天缺陷、后天意外残疾或年龄差别,在心理与生理方面的要求不同于常人,行为能力受到客观约束,他们有些要求在常人眼里可能是多余的,但在特殊人眼里是最基本的和必需的,如老年人、女性商务客人、残障宾客等近几年呈扩大之势。该酒店还没有考虑到这一市场需求情况。

实习期间我们特别注意其产品定位状况,但感觉价格定位不够灵活。

饭店的市场定位、客源定位、产品定位、服务定位决定了价格定位,定价的方式很多。

作为五星级商务酒店,产品已同质化了,所以市场竞争极为惨烈,如果上述定位极为准确,而价格定位不能随着市场波动情况灵活变价,会造成原有顾客的"变节",给竞争对手带来优势,而自己将处于劣势,从而缺少竞争力。

(五) 关于改善××饭店管理方法综合运用的建议

1.服务质量管理方面

(1) 该酒店集团要加强管理人员真正树立起"服务至上,顾客第一"的现代市场营销观念的管理及培训工作,否则饭店服务质量仍会不断下降。

(2) 酒店集团要定期并具体督导特许转让饭店的服务质量管理问题,使集团与特许权转让饭店的服务质量和标准有机统一,不可分割,更不可出现失控状况。

2.计划管理方面

(1) 客房设备建设和维修计划管理。

①核定需要量。各业务部门要根据经营状况和自身的特点提出计划,由饭店设备用品主管部门进行综合平衡后确定。客房设备用品管理,首先必须科学合理地核定其需要量。

②设备的分类、编号及登记。为了避免各类设备之间互相混淆,便于统一管理,客房部要对每一件设备进行分类、编号和登记。

③分级归口管理。根据饭店内部管理体制,实行设备主管部门、使用部门、班组三级管理。每一级都有专人负责设备管理,都要建立设备账卡。

④建立和完善岗位责任制。要明确各部门、班组、个人使用设备用品的权利,更要明确用好、管理好各种设备用品的责任。

（2）员工培训计划管理。

该饭店应特别注意处理好经营与培训之间的关系，平衡培训与突击培训的关系。当经营与培训冲突时，饭店通常会以经营为重，但如果长期让培训为经营让道，就会严重影响饭店的服务质量。当然饭店在制订培训计划时，要从实际出发，尽量利用经营压力较小的时段，可以将培训内容分散并穿插在经营间隙中。

3.营销管理方面

（1）做好饭店营销活动。饭店营销活动就是发现市场空缺，结合自己的长处，选准市场上的空缺，恰当地进行产品的定位，做到以特取胜。

（2）开发多种产品项目，凭借"商务客人"目标市场营销优势，继续开发"钟点客房项目""流动包房"项目及特殊客房设置项目，广泛吸引不同类型的客人，让酒店占据更多的市场份额，在竞争中始终立于不败之地。

（六）实施"融入性训练"

三个实训小组在实施上述训练的过程中，按照"实训要求"，依照表范-2中列入的"职业核心能力"和"职业道德"选项，进行了相关等级的融入性训练。

三、实训总结

（一）关于酒店管理方法综合运用的专业能力训练

（1）三个小组在企业调研之前做了充分的调研准备，如关于饭店服务质量、酒店计划管理、酒店市场营销管理方面的理论与实务知识的温习与拓展，调研方式的选择，从而获得了所期望的信息资料。

（2）对所调研的材料能围绕着主题予以筛选与整理，再予以分析，形成一份情况分析报告。

（3）能与所在的调研部门进行有效的沟通，得到各部门经理的大力支持。这一点可以从各小组所获得的信息资料予以证明。

（4）各组问题分析能力也较强，每个小组根据自己所承担的任务，提出了"关于改善饭店××管理方法运用的建议"。

（5）三个实训小组在实施上述训练的过程中，按照"实训要求"，依照表范-2中列入的"职业核心能力"和"职业道德"全选项，进行了相关等级的融入性训练。

（6）学生在语言运用方面表现出语言不丰富、词汇量贫乏，有时不能用准确的语言表达自己的观点的缺陷。

（7）个别学生缺乏与人沟通的锻炼，调研中表现出说话声音小或胆怯的心理；也有个别学生参与实训积极性不够高，做的工作比较少。

（8）有的小组情况分析报告对企业的成绩有点人为拔高。

（二）关于"职业核心能力"与"职业道德"选项的融入性操练

实训前，各小组对于列入"实训题"【指导准备】中列入"职业核心能力"的"知识准备参照范围"的有关知识进行了自主预习，重温了"职业核心能力"和"职业道德"全选项的"规范与标准"，这对我们实施"融入性训练"是十分必要的，有助于克服实训过程中相关操作的盲目性。

在实训中，我们做了大量准备工作，包括分工与知识的准备、调研方法的研究和调研提纲的编写，实训过程中，注意加强团队的分工与合作，有意识地融入了"自我学习"、"与人合作"、"与人交流"、"数字应用"、"解决问题"和"革新创新"等"职业核心能力"强化训练和"职业理想"、"职业观念"、"职业良心"、"职业情感"、"职业态度"、"职业作风"和"职业守则"等"职业道德"的相关训练，培养和提高了我们"可持续发展能力"和"职业道德素质"。对于本课程中"职业胜任力"的收官性建构来说，所有这些训练都是必不可少的。

■ 范例-4 ■>

自主学习-范

学习目标加"自主学习-范"训练。在实施《自主学习计划》的基础上，通过阶段性学习和应用"附录一"附表1"自主学习"（高级）"'知识准备'参照范围"所列知识，尽可能搜集、整理与综合"现代饭店的现状与发展趋势"前沿知识，讨论、撰写和交流《"现代饭店的现状与发展趋势"最新文献综述》，撰写《"自主学习-范"训练报告》等活动，体验"现代饭店管理概述"中的"自主学习"（高级）及其迁移。

【训练目的】

见本章"学习目标"中"创新型学习"的"自主学习"目标。

【教学方法】

采用"学导教学法"和"研究教学法"。

【训练要求】

1） 以班级小组为单位组建学生训练团队，各团队依照本教材"附录三"附表3"自我学习"（高级）的"基本要求"和各技能点的"参照规范与标准"，制订《团队自主学习计划》。

2）各团队实施《自主学习计划》，自主学习本教材"附录一"附表1"自我学习"（高级）各技能点的"'知识准备'参照规范"所列知识。

3）各团队以自主学习获得的"学习原理"、"学习策略"与"学习方法"知识为指导，通过校图书馆、院资料室和互联网，查阅和整理近两年以"现代饭店的现状与发展趋势"为主题的国内外学术文献资料。

4）各团队以整理后的文献资料为基础，依照相关规范要求，讨论、撰写和交流《"现代饭店的现状与发展趋势"最新文献综述》。

5）撰写作为"成果形式"的训练课业，总结自主学习和应用"学习原理"、"学习策略"与"学习方法"知识（高级），依照相关规范，准备、讨论、撰写和交流《"现代饭店的现状与发展趋势"最新文献综述》的体验过程。

【成果形式】

训练课业：《"自主学习-范"训练报告》

课业要求：

1）内容包括：训练团队成员与分工；训练过程；训练总结（包括对各项操作的成功与不足的简要分析说明）；附件。

2）将《团队自主学习计划》和《"现代饭店的现状与发展趋势"最新文献综述》作为《"自主学习-范"训练报告》的"附件"。

3）《"现代饭店的现状与发展趋势"最新文献综述》应符合"文献综述"规范要

求，做到事实清晰，论据充分，逻辑清晰。

4）在校园网的本课程平台上展示班级优秀训练课业，并将其纳入本课程的教学资源库。

《"自主学习-范"训练报告》

一、团队成员与分工

1.团队构成

本小组设小组长1人，小组成员5人，共计6人。

2.任务分工

小组长×××同学负责训练阶段及时间进度安排，定期组织并主持小组讨论，阶段成果汇总，文献综述成果统合、整理及汇报；××同学负责"国内现代饭店的现状与发展趋势分析"相关学术文献的搜集整理及汇报工作；×××同学负责"国外现代饭店的现状与发展趋势分析"相关学术文献的搜集整理及汇报工作；××同学负责分析"国内外现代饭店的现状与发展趋势分析"相关学术文献的分布（国内外分布、时间分布和期刊分布）及汇报工作；××同学负责分析"国内外现代饭店的现状与发展趋势分析"相关文献的研究取向及汇报工作；×××同学负责分析"国内外现代饭店的现状与发展趋势分析"相关文献的研究方法及汇报工作。

二、训练过程

1.时间及进度安排

本训练为期三周。第一周完成"训练要求"中第"1）"和"2）"项要求规定的任务；第二周完成"训练要求"中第"3）"和"4）"项要求规定的任务；第三周完成"训练要求"中第"5）"项要求规定的任务。

2.训练实施

（1）训练第一周

在教师指导下，由组长组织团队成员自主学习本教材"附录一"附表1"自主学习"（高级）各技能点"'知识准备'参照规范"所列知识和"文献综述"相关规范知识，对此制定了《长期学习目标》和《长期学习计划》，完成了"训练要求"中第"1）"和"2）"项要求规定的任务。

（2）训练第二周

在教师指导下，团队成员实施《长期学习计划》，应用本教材"附录一"附表1"自主学习"（高级）各技能点"'知识准备'参照规范"所列知识和"文献综述"相关规范知识，完成"训练要求"中第"3）"和"4）"项要求规定的任务。

首先，我们对近3年（2016—2018年）的"现代饭店的现状与发展趋势分析"文献进行搜索。其中，针对国外文献，以Science Direct、Sage、Taylor & Francis数据库为基础（英文刊物主要限于SSCI刊物，但考虑到Journal of China Tourism Research是一本专门致力于中国旅游研究的英文刊物，也纳入文献检索范围内），分别以"cross-cultural"和"cross-cultural comparison"为"摘要、篇名和关键词"（Abstract，Title，Keywords），搜集相关文献；针对国内文献，以中国知网（CNKI）数据库为基础，将"现代饭店的现状与发展趋势"拆分成"现代饭店""现状""发展趋势""分析"，并分别作为"关键词"、"篇名"和"主题"，搜索相关文献（中文刊物限CSSCI刊物）。通过总结发现，"现代饭店的现状与发展趋势分析"研究总体上呈现出以下态势：2016—2018年（截至5月），国外现代饭店的现状与发展趋势分析研究发表在 Journal of Travel Research 和 Journal of Hospitality and Tourism Research 等学术期刊上；在国内 CSSCI 刊物上，2016—2018年（截至5月），"现代饭店的现状与发展趋势分析"研究就其现状涵盖饭店产业化规模、投入资金市场转入买方、微利时代、市场竞争激烈、集团化经营、面临新的挑战等主要方面，就其发展趋势涵盖人性化管理、工作人员的职业化、发展的可持续化、市场竞争的品牌化等四个方面内容。

其次，各团队成员根据各自分工的现代饭店的现状与发展趋势分析研究内容进行文献梳理和综述撰写工作。由团队总结得出：国外"现代饭店的现状与发展趋势分析"研究更多采用定量分析方法；国内着重于形势分析、数据比较等。尤其是迈点网定期对国内外饭店业发展状况给予准确的数据分析。经过小组讨论，形成对各部分研究综述的修改和完善意见。

最后，团队成员修改完善相关研究内容的综述撰写工作。针对"现代饭店的现状与发展趋势分析"的研究取向、覆盖领域、研究方法等进行补充性、滚雪球式的文献搜索，并讨论各自负责方面的工作。组长就修改后的各部分综述进行统合，形成《"现代饭店的现状与发展趋势分析"最新文献综述》。本周末组长组织团队讨论，就最终综述成果进行汇报，各成员就本次训练进行经验交流和问题总结。

（3）训练第三周

组长组织团队成员，总结对落实"训练要求"中第"1）"、"2）"、"3）"和"4）"各项要求的体验，撰写作为最终成果形式的《"自主学习-范"训练报告》。

三、训练总结

1. 关于文献搜集

团队成员能够在较短时间内掌握运用校内网络平台查找国内外学术文献的方法，在国内外学术期刊上成功搜集到现代饭店的现状与发展趋势分析相关学术文献。但是，由于国外文献（英文文献）缺少统一的数据库和平台，且由于语言的限制，小组成员在国外学术文献查找方面存在错查漏查、主题混淆的现象，需进一步加强针对国外学术文献的阅读能力和查找能力。

2. 关于文献分类整理

团队成员能够按发表年份、期刊、研究内容、研究取向、研究方法等对海量文献进行分类整理，并从中总结相关研究的发展特征和趋势。但是，在学术期刊的等级、类别、质量的判断方面存在混淆，需进一步提升对国内外学术期刊背景信息的了解程度，能够辨识在饭店业学术研究中具有较大影响力的国内外学术期刊。

3. 关于文献综述撰写

团队成员能够在文献搜集和整理的基础上，就自己所负责研究内容的相关研究成果进行综述撰写，并予以评述，但在对具体研究内容的归纳以及有代表性、影响力的学术成果的甄别方面存在不足，需进一步培养学术语言表达能力、归纳能力，培养对核心研究文献的甄别能力。

4. 关于"自主学习"融入性训练

《"现代饭店的现状与发展趋势分析"最新文献综述》从资料搜集、讨论、撰写到交流和修订，始终是在融入"自主学习"这一"通能"之"强化训练"的过程中进行的；不仅如此，本次训练还将其等级由本课程先前阶段的"初级"和"中级"提升到"高级"，从而进一步提高了我们的"自主学习"能力。

团队全体成员都认识到：在学科知识更新周期大大缩短的今日，相当多在校学习的知识毕业后已经过时。只有在"授之以鱼"的同时"授之以渔"，即通过"学会学习"，导入关于"学习理论"、"学习方法"与"学习策略"的"自主学习"机制，才能赋予自身以应对"从学校到生涯"的"知识流变"之无限潜力。

四、附件

附件"范4-1"

团队长期学习目标

掌握搜集和运用信息的方法，能够熟练运用国内外的学术网络平台搜集"现代饭店的现状与发展趋势分析"的学术信息（学术论文）。

掌握学习的认知策略、元认知策略和资源管理策略，能够对国内外"现代饭店的现状与发展趋势分析"的文献进行有效的整理和分类。

掌握有效资源利用的策略以及项目论证和测评的方法，能够对"现代饭店的现状与发展趋势分析"这一学术领域的研究成果进行评述和综合，并清晰表达自己的学术观点。

掌握编写计划和检查调控计划执行的方法，对"现代饭店的现状与发展趋势分析"的自主学习进度、关键时间节点、各阶段任务有清晰的界定和严格的执行。

掌握团队合作的策略和方法，在组长的组织协调下，通过前期的分工及中后期的合作，通过团队的努力一起完成"现代饭店的现状与发展趋势分析"的自主学习任务。

附件"范4-2"

《团队长期学习计划》

一、学习时间

××年××月××日—××年××月××日，为期三周。

二、学习小组成员

××同学、×××同学、×××同学、×××同学、××同学、××同学（组长），共计6人。

三、学习阶段

共分三个阶段，每阶段为期一周。第一阶段完成"训练要求"中第"1）"和"2）"项要求规定的任务；第二阶段完成"训练要求"中第"3）"和"4）"项要求规定的任务；第三阶段完成"训练要求"中第"5）"项要求规定的任务。

四、学习困难和变化预估

在学习过程中可能在如何对国外学术论文进行快速、有效的阅读，如何对国内外学术期刊的背景信息（刊物级别、论文质量）进行准确把握，如何对某一学术问题的研究成果进行清晰归纳，如何运用规范的学术语言对学术成果进行综述撰写等方面存在困难；在小组讨论会的时间确定上可能因小组成员的不同需要予以适时调整。

五、学习计划实施

①三个阶段学习。第一阶段完成"训练要求"中第"1）"和"2）"项要求规定的任务；第二周完成"训练要求"中第"3）"和"4）"项要求规定的任务，即完成应用

"知识准备"所列知识，进行相关文献搜集及分类整理和"文献综述"撰写与修改工作；第三周完成《"自主学习-范"训练报告》的撰写工作。

②四次小组讨论。第一次小组会：组长组织小组讨论，明确训练目标、计划及任务分工；第二次小组讨论：组长于第一周末组织小组讨论，各成员进行成果汇报，组长统合、整理各成员成果；第三次小组讨论：组长于第二周末组织小组讨论，各成员就撰写内容进行汇报，由小组讨论后组长提出修改及完善意见；第四次小组讨论：组长在第三周末组织小组成员讨论，汇报最终综述成果，各组员就本次训练进行经验交流和问题总结。

六、学习进度检查

通过每阶段末的小组会，适时检查各小组成员学习进度。通过第一阶段末的小组会，检查"训练要求"中第"1）"和"2）"项要求的落实情况；通过第二阶段末的小组会，检查"训练要求"中第"3）"和"4）"项要求的落实情况，即各成员"知识准备"所列知识的应用、文献搜集与整理和《文献综述》初稿撰写情况；通过第三阶段末的小组会，检查"训练要求"中第"5）"项要求的落实情况，即本次训练的问题交流和经验总结情况。

附件"范4-3"

《"现代饭店的现状与发展趋势分析"最新文献综述》

（项目组组长：　　　　项目组成员：　　　　）

一、文献搜集与整理

在Science Direct、Sage、Taylor & Francis数据库中（英文刊物主要限于SSCI刊物，但考虑到Journal of China Tourism Research是一本专门致力于中国旅游研究的英文刊物，也纳入文献检索范围内），分别以"cross-cultural"和"cross-cultural comparison"为"摘要、篇名和关键词"（Abstract，Title，Keywords），搜集相关文献；针对国内文献，以中国知网（CNKI）数据库为基础，将"现代饭店的现状与发展趋势分析"拆分成""现代饭店""现状""发展趋势""分析"，并分别作为"关键词"、"篇名"和"主题"，搜索相关文献（对中文刊物限定为CSSCI刊物）。在搜索时间的跨度上，设定为2016年1月1日至2018年5月10日。

二、文献资料分布

1.国内外分布

经过检索和筛选，纳入综述的英文SSCI刊物论文共计6篇（另有1篇为汇总分析，不纳入），没有中文论文入选。英文SSCI刊物论文的具体信息如表范-3所示。从表中可以看出，在现代饭店的现状与发展趋势分析研究中，代理使用（国籍、地区）是主导的研究取向。在研究主题方面，旅游与酒店管理、酒店市场营销、酒店大系统、中国连锁酒店、酒店现状、酒店发展趋势分析等是讨论较多的话题。

2.时间分布

从时间分布上看，2016年共有2篇，2017年共有3篇，2018年有1篇英文论文发表。

3.期刊分布

从刊物分布上看，6篇论文分别发表于：International Journal of Contemporary Hospitality Management（2篇）；Worldwide Hospitality and Tourism Themes（2篇）；

Miscellanea Geographica（1篇）；Journal of Tourism Futures（1篇）。

表范-3　　　　2016—2018 年 期刊上现代饭店的现状与发展趋势分析研究进展

作者	题目	期刊	研究取向	主题
Sarah Tanford, Stowe Shoemaker, Alexandra Dinca（2016）	Back to the future：progress and trends in hotel loyalty marketing	International Journal of Contemporary Hospitality Management	代理使用（国籍）	旅游与酒店；旅游与酒店管理/市场营销；旅游品牌形象；目的地管理/营销；餐饮管理；酒店管理
Wouter Hensens（2015）	The future of hotel rating	Worldwide Hospitality and Tourism Themes	代理使用（国籍）	旅游与接待；国际旅游与接待
Andrzej Kowalczyk（2015）	The world's biggest hotel companies：old trends and new tendencies	Miscellanea Geographica	代理使用（国籍）	酒店；酒店大系统；中国连锁酒店
Doris Chenguang Wu，Haiyan Song，Shujie Shen（2017）	New developments in tourism and hotel demand modeling and forecasting	International Journal of Contemporary Hospitality Management	代理使用（国籍）	旅游与酒店；旅游与酒店管理/市场营销；旅游品牌形象；目的地管理/营销；餐饮管理；酒店管理
Helen Francis, Tom Baum（2018）	HR transformation within the hotel industry：building capacity for change	Worldwide Hospitality and Tourism Themes	代理使用（国籍）	旅游与好客；国际旅游与接待；旅游与接待趋势；旅游开发与规划；酒店业；旅游业；生态旅游与可持续发展；可持续旅游
Brendan Richard（2017）	Hotel chains：survival strategies for a dynamic future	Journal of Tourism Futures	代理使用（国籍）	旅游与接待；国际旅游与接待

三、文献成果综述

在最近 3 年发表的 6 篇现代饭店的现状与发展趋势分析的相关论文中，6 篇都使用国籍作为文化代理。

具体而言，Sarah Tanford，Stowe Shoemaker，Alexandra Dinca 旨在评估未来 15 年内酒店忠诚度和奖励计划的研究和实践的状态，以确定提出的原则是否已经发生效用。忠诚度循环提供了一个概念框架，用于评估酒店忠诚度营销的进展和趋势。

研究使用三种方式：酒店忠诚度和奖励计划文献的综合回顾（2000—2015 年），对主要酒店公司的项目效益进行分类和分析，对行业专家进行深入访谈。

文章展示了从注重过程的研究到对品牌关系重视的改变。与其他忠诚度的组成部分相比，忽略了沟通。奖励计划仍主要取决于经济效益，但增加了灵活性和奖励定制。

研究的局限性与意义：文献搜索仅限于酒店，并没有考虑其他接待环节。面试的样本覆盖面很小，并不能代表所有忠诚度专业人士的意见。这一发现对于开发更有效的忠诚度计划具有实际意义，对于扩大研究视野具有理论指导意义。

休梅克和刘易斯对于酒店忠诚度的多样性研究做出了具有里程碑式意义的贡献。在此期间，忠诚度计划在行业中不断发展和渗透。本文应用忠诚度循环为酒店忠诚度营销的研究和实践提供评价框架。这是本文的独创性和应用价值。

Wouter Hensens 的研究旨在预测酒店评级的未来。它回顾了社会媒体的影响和能够为消费者与酒店提供数据集成的技术，以及评级机构针对酒店的选择和审查环境改变的回应方式。

通过回顾当前的趋势、实践和技术可能性，在线评论对传统酒店评级系统的影响深远。

从不同的顾客评论平台，预测了传统评级系统将与顾客在线评论完整融合，从而为消费者提供更大的透明度，为创新型酒店提供更好的定位机会。本文进一步预测，那些不寻求整合并且依旧运用传统评级系统的酒店将会逐步丧失竞争力直至停止经营并退出市场。

一般来说，较少有学者研究在线客人评论和传统酒店评级系统之间的关系，而本文则提出了新的见解，关于当前和未来的趋势如何影响消费者选择酒店的方式，以及如何影响酒店的评级方式。这是本文的独创性和应用价值。

Andrzej Kowalczyk 研究了世界上最大的酒店公司的旧趋势与新趋势，认为：许多酒店都拥有几十家所谓的连锁酒店或酒店系统。大酒店公司的快速发展可以被视为酒店系统进入全球化阶段的证明。自2006年以来，许多中国公司已经进入世界顶级酒店系统。今年可被视为最大酒店系统历史上具有标志性新开始的一年。本文展示了两个主要趋势：一方面，从20世纪90年代开始，不难发现主要的国际酒店系统市场仍然可以辨识（例如，所谓的酒店大系统的位置）；另一方面，新的趋势已经在最近几年中脱颖而出，尤其是中国的酒店体系出现在世界最大的酒店系统之中。

Doris Chenguang Wu，Haiyan Song，Shujie Shen 回顾了2007—2015年关于旅游和酒店需求建模和预测的最新研究成果，以确定研究的新课题和方法，并指出未来的研究方向。对《科学引文索引》和《社会科学引文索引》发表的《旅游与酒店需求建模与预测》进行识别和分析。

研究发现，以酒店需求为对象的研究相对少于以旅游需求为对象的研究。研究还发现，越来越多的研究已经偏离了总的旅游需求分析，而非集合体市场和小生境产品吸引了越来越多的关注。一些研究已经超越了新古典经济学理论，以寻求额外针对旅游和酒店需求动态的解释，如环境因素、游客在线行为和消费者信心指标等。该领域还引入了非线性平滑过渡回归、混合频率建模技术和非参数奇异谱分析等较为复杂的技术。

该论文研究的局限和意义：研究的主要局限性在于其包含的文章仅限于英文文献。未来此类研究应包括其他语言发表的文章。该研究为热衷于旅游与酒店需求建模与预测的学者提供了有益的指导。

该论文为提高旅游和酒店管理实践的效率提供了重要的建议。该研究的价值在于它识别了旅游和酒店需求建模和预测研究的当前趋势，并指出了其未来研究方向。

Helen Francis, Tom Baum 的研究旨在明确酒店人力资源功能战略性重新定位的近期趋势，并探讨了当人力资源专业人员为适应人力资源功能不确定性而参与决策以提高组织能力时所面临的挑战。

该研究提供了一个基于定性研究设计的案例研究。同关键合作者进行非正式讨论，同人力资源专业人员进行圆桌会谈，利用丰富的战略改变提议数据。

这项研究展示了人力资源职能的战略性重新定位的矛盾性质，以及电子人力资源系统在塑造其功能中所展现出的角色作用。它指出了"高阶"人力资源专员参与决策以提高组织能力的重要性。这一研究表明，人力资源职能的重心从"操作性"人才管理转向"战略性"人才管理是矛盾的。研究说明了在更广泛的组织发展范围内部署人才管理实践将减少重构企业和人力资源功能成本以追求更高效和有效的人员管理。

Brendan Richard 的论文通过探索客人不断变化的期望、潜在的创新、新兴的机会和可能的未来情景，更好地了解酒店连锁的未来。

使用文献包括当前事件、行业报告以及最近的趋势，用以上方式来总结和分类酒店连锁面临的挑战和机遇。

酒店连锁业的未来将由竞争日益激烈的行业现状驱动：不断变化的、寻求个性化体验的客户。为了在未来生存下去，连锁酒店必须倾听并向客人学习，结合大数据，提供个性化服务，不断开发品牌，利用合作和开放创新来保持技术水准和服务水平，通过总收入管理产生辅助收入并最大限度地增加客人消费。

本文为酒店连锁提供了一套全面的建议，突出机会包括：合作、融资、创收以及个性化。这是其独创性及具有的价值。

以上研究从不同角度对"现代饭店的现状与发展趋势分析"相关问题做了系统科学的分析，都具有独到见解。

参考文献

[1] Wouter Hensens. The future of hotel rating [J]. Journal of Tourism Futures, 2015 (1).

[2] Andrzej Kowalczyk. The world's biggest hotel companies: old trends and new tendencies [J]. Miscellanea Geographica, 2015, 19 (4).

[3] Helen Francis, Tom Baum. HR transformation within the hotel industry: building capacity for change [J]. Worldwide Hospitality and Tourism Themes, 2018, 10 (1).

[4] Sarah Tanford, Stowe Shoemaker, Alexandra Dinca. Back to the future: progress and trends in hotel loyalty marketing [J]. International Journal of Contemporary Hospitality Management, 2016, 28 (9).

[5] Panagiota Digkoglou, Athanasios Dragoslis, Jason Papathanasiou, Vassilis Kostoglou. Using AHP and VIKOR to evaluate the hotel industry of eight European countries [J]. Balkan Region Conference on Engineering and Business Education, 2017, 3 (1).

[6] Brendan Richard. Hotel chains: survival strategies for a dynamic future [J]. Journal of Tourism Futures, 2017, 3 (1).

主要参考文献

［1］贺学良.饭店营销高效管理［M］.北京：旅游教育出版社，2008.

［2］李权，许诗康.饭店管理工作技术精要［M］.北京：海洋出版社，2010.

［3］李贤政.餐饮服务与管理［M］.北京：高等教育出版社，2008.

［4］刘纯.饭店督导管理［M］.北京：清华大学出版社，2008.

［5］刘筱筱.现代饭店安全管理要点及案例评析［M］.北京：化学工业出版社，2008.

［6］马健伟，袁爱华.餐饮服务与管理［M］.成都：西南财经大学出版社，2007.

［7］孟庆杰，唐飞.前厅客房服务管理［M］.大连：东北财经大学出版社，2007.

［8］邱萍，李三山.饭店质量管理［M］.北京：旅游教育出版社，2009.

［9］孙晨阳.饭店质量管理［M］.北京：旅游教育出版社，2008.

［10］王琥.饭店人力资源管理［M］.广州：广东经济出版社，2007.

［11］王孟津，谢敏.饭店企业管理［M］.上海：华东师范大学出版社，2007.

［12］邹益民.现代饭店管理原理与实务［M］.北京：高等教育出版社，2010.

［13］郑向敏.饭店质量控制与管理［M］.北京：科学出版社，2008.

［14］林壁属.现代饭店管理概论［M］.大连：东北财经大学出版社，2016.

［15］陈文生.酒店管理经典案例［M］.2版.福州：福建人民出版社，2017.

［16］薛兵旺，周耀进.酒店督导管理［M］.武汉：华中科技大学出版社，2017.

附 录

附录一 职业核心能力训练"知识准备"参照范围

附表1 　　　　　　　　　　职业核心能力训练"知识准备"参照表

领域	等级	技能点	"知识准备"参照范围
自我学习	初级	确定短期学习目标	激发学习动力的方法；学习的基本原理；确定目标的原则和方法；编写学习计划的基本规则；取得他人帮助和支持的方法与技巧
		实施短期学习计划	学习的基本原理；学习的方法和技巧；计划落实、控制和调整的方法和技巧；节约时间的诀窍
		检查学习进度	学习方法与学习效果的关系；检查目标进度的方法和技巧（总结、归纳、测量）；成功学的基本要求
	中级	确定中期学习目标	学习的基本原理；确定目标的原则和方法；编写学习计划的基本规则；取得他人帮助和支持的方法或技巧
		实施中期学习计划	学习的基本原理；学习的方法和技巧；计划落实、控制和调整的方法和技巧；关于方法的知识；时间管理的诀窍
		检查学习进度	成功学的基本要点；项目目标检查、总结、归纳的方法；学习迁移的原理与应用知识；学习的观察、认知记忆及提高效率的规律；养成良好学习习惯的方法
	高级	确定长期学习目标	搜集和运用信息的方法；有效资源利用的策略；项目论证和测评的方法；编写计划和检查调控计划执行的方法；团队合作的策略和方法
		实施长期学习计划	学习的方法和技巧；有关学习与实践关系的原理；计划落实、控制和调整的方法和技巧；关于思维方法的知识；目标管理的诀窍
		检查学习进度	成功学的基本要点；项目目标检查、总结、归纳的方法；学习迁移的原理与应用知识；学习的观察、认知记忆及提高效率的规律；养成良好学习习惯的方法
信息处理	初级	获取信息	信息的含义、特征与种类；信息搜集的原则、渠道和方式；文献和网络索引法；一般阅读法；计算机和网络相关知识
		整理信息	信息的分类方法与原则；信息筛选方法与要求；信息资料手工存储方法；计算机信息存储方法；计算机其他相关知识
		传递信息	信息传递的种类与形式；口语和文字符号的信息传递技巧；现代办公自动化技术；计算机和网络相关技术
	中级	获取信息	信息的特征与种类；信息搜集的范围、渠道与原则；信息搜集方法（观察法、询访法）；计算机相关知识；网络相关知识
		开发信息	信息筛选、存储的方法与原则；信息资料的分析、加工的方法；新信息生成或信息预测的方法
		展示信息	口语和文字符号信息展示的技巧；多媒体制作与使用技术；计算机相关应用技术

续表

领域	等级	技能点	"知识准备"参照范围
信息处理	高级	获取信息	调查研究的方法和原理；信息搜集的范围、方法（问卷法、检索法、购买法、交换法）和原则；信息搜集方案选择；计算机和网络相关技术
		开发信息	信息资料鉴别方法；信息资料核校方法；信息资料分析方法；信息资料编写方法（主题提炼、标题选择、结构安排、语言组织）；信息资料加工方法；计算机信息生成知识
		展示信息	口语和文字符号的信息表达技巧；多媒体制作技术；科学决策知识；信息反馈方式与要求；网页设计与网络使用知识；知识产权知识
数字应用	初级	采集、解读数据信息	获取数据的方法（测量法、调查法、读取法）；数的意义（整数、小数、分数及百分数）；常用测量器具的功能与使用方法，常用单位，单位的换算；近似的概念与精度；图表（数表扇形统计图、条形统计图、示意图）知识
		进行数字计算	计算方法（笔算、口算、珠算、计算器计算）；整数、分数四则运算；近似计算法；验算（逆算法、估算法、奇偶对应法）
		展示和使用数据信息	评价指标；最大值，最小值；平均值；精度
	中级	解读数据信息	获取数据信息的渠道与方法（测量法、调查法、读取法）；数的意义（整数、分数、正数、负数）；总量与分量，比例；误差，精度，估计；复合单位（如速度、速率等）；图表（数表、扇形统计图、条形统计图、折线图、示意图）知识
		进行数据计算	计算方法（笔算、计算器计算、查表、excel等软件）；整式、分式四则运算、乘方、开方；近似计算（误差估计）；验算（逆算法、估算法、奇偶对应法）
		展示和使用数据信息	评价指标；最大值，最小值；平均值，期值，方差；绝对误差，相对误差；图表的制作
	高级	解读数据信息	数据信息源的筛选原则（多样性、代表性、可靠性）；数据的采集方案；图表（数表、坐标、比例尺）；频率、频率稳定性；平均、加权平均；误差分析、估算
		进行数据计算	计算方法（笔算、计算器计算，查表，编程计算，excel等软件）；整式、分式四则计算，乘方、开方；函数（幂函数、指数函数、对数函数、三角函数、反三角函数、复合函数）近似计算（误差分析）；验算（逆算法、估算法）
		展示和使用数据信息	评价指标；最大值，最小值；平均值，期值，方差；绝对误差，相对误差；图表的制作
与人交流	初级	交谈讨论	与人交谈主题相关的信息和知识；正确使用规范语言的基本知识；口语交谈方式和技巧；身体语言运用技巧
		阅读和获取资料	资料查询和搜索的方法；一般阅读的方法；文件资料归类的方法；词典类工具书的功能和使用方法；各种图表的功能；网上阅读的方法
		书面表达	与工作任务相关的知识；实用文体的应用；图表的功能和应用；素材选用的基本方法；写作的基本技法；逻辑和修辞初步技法
	中级	交谈讨论	与交谈主题相关的知识和信息；正确使用规范语言的基本知识；口语交谈的技巧；身体语言运用技巧；掌握交谈心理的方法；交谈的辅助手段或多媒体演示技术；会谈和会议准备基本要点
		简短发言	与发言主题相关的知识和信息；当众讲话的技巧（包括运用身体语言的技巧）；简短发言的辅助手段或多媒体演示技术
		阅读和获取资料	资料查询和搜索方法；快速阅读的原理与方法；文件归类的方法；各种图表的功能
		书面表达	与工作任务相关的知识；实用文体的应用；图表的功能和应用；素材选用的基本方法；文稿排版和编辑的技法；写作的基本技法；逻辑和修辞常用技法

续表

领域	等级	技能点	"知识准备"参照范围
与人交流	高级	交谈讨论	与会谈主题相关的知识和信息；语言交流的艺术和技巧；交谈的辅助手段或多媒体演示技术；总结性话语运用的技巧；谈判的心理和技巧；会议准备的基本要点；主持会议的相关程序
		当众讲演	与发言主题相关的知识和信息；演讲的技巧和艺术；演讲辅助手段或多媒体演示技术
		阅读和获取资料	资料查询和搜索方法；快速阅读的技巧；各种图表的功能
		书面表达	与工作任务相关的知识；实用文体的应用；图表的功能和应用；素材选用的基本方法；文稿排版和编辑的技法；写作的基本技法；逻辑和修辞技法
与人合作	初级	理解合作目标	活动要素的群体性与分工合作的关系；职业团队的概念、特征与种类，组织的使命、目标、任务；自身的职业价值，个人在组织中的作用
		执行合作计划	服从的基本概念，指令、命令的含义；求助的意义，人的求助意识；职业生活的互助性，帮助他人的价值
		检查合作效果	工作进度的概念，影响工作进度的因素；工作进程的检查，调整工作程序；工作汇报的程序和要领
	中级	制订合作计划	聚合型团队、松散型团队和内耗型团队的特征；组织内部的冲突情况，剖析内耗型团队的心理根源；合作双方的利益需求和社会心理需求
		完成合作任务	民族、学历、地域、年龄等差异；人的工作和生活习惯、办事规律；宽容的心态，容忍的方法
		改善合作效果	使他人接受自己意见、改变态度的策略；在会议上提出意见和建议的规则；改变自己的态度，接受他人批评指责的心理准备
	高级	调整合作目标	领导科学与管理方法；组织文化的形成与发展；目标管理与时间管理
		控制合作进程	人际交往与沟通的知识和相关能力；有效激励的方法与技巧；批评的途径、方法和注意事项
		达到合作目标	信息的采集与整理，组织经济效益的统计学知识；员工绩效测评的基本方法和程序；合作过程的风险控制意识和防范
解决问题	初级	分析问题提出方案	分析问题的方法；归纳问题的方法；对比选择的方法；判断和决策的方法；关于相关问题本身的专业知识和发展规律的认识
		实施计划解决问题	撰写工作计划的相关知识；信息检索、文献查询的有关方法；逻辑判断、推理的相关知识；解决问题的技巧
		验证方案改进方式	分析和检查问题的方法；跟踪调查的方法；工作总结的规则和写作方法
	中级	分析问题提出方案	分析问题的方法；归纳问题的方法；对比选择的方法；判断和决策的方法；关于相关问题本身的专业知识和变化规律的认识
		实施计划解决问题	应用写作学中关于撰写工作计划的相关知识；信息检索、文献查询的有关方法；逻辑判断、推理的相关知识；解决问题的技巧；与他人合作的知识和方法
		验证方案改进计划	分析和检查问题的方法；跟踪调查的方法；工作总结的规则和写作方法

续表

领域	等级	技能点	"知识准备"参照范围
解决问题	高级	分析问题提出对策	决策科学的系统知识；形式逻辑、辩证逻辑思维的系统知识和方法；分析问题的系统知识和技巧；群体创新技法的系统知识；数学建模方法；关于相关问题本身的专业知识和变化规律的认识
		实施方案解决问题	关于撰写工作计划的系统知识；信息检索、文献查询的系统知识和方法；有关价值工程、现场分析和形态分析的知识；解决问题的技巧；有关进度评估的知识；与人合作的系统知识和方法
		验证方案改进计划	分析和检查问题的方法；跟踪调查的方法；工作总结的规则和写作方法；创新技法
革新创新	初级	揭示不足提出改进	关于思维和创造思维的一般知识；关于思维定势和突破思维障碍的知识；关于相关事物本身的专业知识和发展规律的认识
		做出创新方案	列举类技法和设问类技法的原理、特点、适用范围和具体操作的知识；有关分解类技法、组合类技法、分解组合类技法的原理、特点、适用范围和具体操作方法的知识；搜集信息、案例的知识和方法
		评估创新方案	有关创新成果价值评定的知识；可行性分析的知识；撰写可行性报告的知识
	中级	揭示不足提出改进	有关思维障碍形成的知识；横向、逆向、灵感思维的知识；换向、换位思维的知识；逻辑判断和推理知识；关于相关事物本身的专业知识和发展规律的认识
		做出并实施创新方案	有关类比类技法和移植类技法的知识；有关德尔斐法和综摄法的知识；有关还原法、换向思考类技法的知识
		评估创新方案	有关项目可行性测评的技术；有关最佳方案评估的知识；撰写评估报告的知识
	高级	揭示不足提出改进	创新能力构成和提升的知识；有关事物运动、变化和发展的知识；灵活运用各种思维形式的知识；关于相关事物本身的专业知识和发展规律的认识
		做出并实施创新方案	有关价值工程、现场分析和形态分析的知识；针对不同事物运用不同创新方法的知识；综合运用各种创新方法的知识
		评估创新方案	可持续创新的知识；有关创新原理的知识；有关知识产权的知识；技术预测和市场预测知识

资料来源　劳动和社会保障部职业技能鉴定中心.职业核心能力培训测评标准（试行）（共7册）[M].北京：人民出版社，2007.（本表参照"资料来源"所列文献相关内容提炼与编制）

附录二 案例分析训练考核参照指标

附表2 案例分析训练与考核指标和规范参照表

参照指标		训练/考核点	分项成绩
形成性考核 ∑ 50	个人准备 ∑ 20	案例概况；讨论主题；问题理解；揭示不足；创新意见；决策标准；可行性方案	
	小组讨论 ∑ 15	上课出席情况；讨论发言的参与度；言语表达能力；说服力大小；思维是否敏捷	
	班级交流 ∑ 15	团队协作；与人交流；课堂互动等方面的满意度；讨论参与的深度与广度	
课业考核 ∑ 50	分析依据 ∑ 8	分析依据的客观性与充分性	
	分析步骤 ∑ 8	分析步骤的恰当性与条理性	
	理论思考 ∑ 8	理论思考的正确性、深刻性与全面性	
	解决问题 ∑ 8	理解问题与解决问题能力的达标性	
	革新创新 ∑ 10	揭示不足与提出改进能力的达标性	
	文字表达 ∑ 8	文字表达能力的强弱性	
总成绩 ∑ 100			
教师评语			签名： 20 年 月 日
学生意见			签名： 20 年 月 日

附录三　职业核心能力训练考核参照规范与标准

附表3　　　　　　　　　　　职业核心能力训练考核规范与标准参照表

领域	等级	基本要求	技能点	参照规范与标准
自我学习	初级	具备学习的基本能力，在常规条件下能运用这些能力适应工作和学习要求	确定短期学习目标	能明确学习动机和目标，并计划时间、寻求指导
			实施短期学习计划	能按照行动要点开展工作、按时完成任务，使用不同方式、选择和运用不同的学习方法实现目标，并能对计划及时做出调整
			检查学习进度	能对学习情况提出看法、改进意见和提高学习能力的设想
	中级	主要用理解式接受法，对有兴趣的任务可以用发现法掌握知识信息；在更广泛的工作范围内灵活运用这些能力以适应工作岗位各方面需要	确定中期学习目标	能明确提出多个学习目标，列出实现各目标的行动要点，确定实现目标的计划，并运筹时间
			实施中期学习计划	能开展学习和活动，通过简单的课程和技能训练，提高工作能力
			检查学习进度	能证明取得的学习成果，并能将学到的东西用于新的工作任务
	高级	能较熟练灵活地运用各种学习法在最短时间内掌握急需知识信息；能广泛地搜集、整理、开发和运用信息，善于学习、接受新的事物，以适应复杂工作和终身发展的要求	确定长期学习目标	能根据各种信息和资源确定要实现的多个目标及途径，明确可能影响计划实现的因素，确认实现目标的时限，制订行动要点和时间表，预计困难和变化
			实施长期学习计划	能保证重点、调整落实、处理困难、选择方法，通过复杂的课程和技能训练提高工作能力
			检查学习进度	能汇总学习成果、成功经验和已实现的目标，证明新学到的东西能有效运用于新选择的职业或工作任务
信息处理	初级	具备进入工作岗位最基本的信息处理能力，在常规条件下能搜集、整理并传递适应既定工作需要的信息	获取信息	能通过阅读、计算机或网络获取信息
			整理信息	能使用不同方法、从多个资源中选择、搜集和综合信息，并通过计算机编辑、生成和保存信息
			传递信息	能通过口语、书面形式，用合适的版面编排、规范的方式展示、电子手段传输信息

续表

领域	等级	基本要求	技能点	参照规范与标准
信息处理	中级	在更广泛的工作范围内获取需要的信息，进行信息开发处理，并根据工作岗位各方面的需要展示组合信息	获取信息	能定义复杂信息任务，确定搜寻范围，列出资源优先顺序，通过询访法和观察法搜寻信息
			开发信息	能对信息进行分类、定量筛选、运算分析、加工整理，用计算机扩展信息
			展示信息	能通过演说传递信息，用文字图表、计算机排版展示组合信息，用多媒体辅助信息传达
	高级	广泛地搜集、深入地整理开发、多样地传递、灵活地运用信息，以适应复杂的工作需要；具备信息处理工作的设计与评估能力，并表现出较强的组织与管理能力	获取信息	能分析复杂信息任务，比较不同信息来源的优势和限制条件，选择适当技术、使用各种电子方法发现和搜寻信息
			开发信息	能辨别信息真伪，定性核校、分析综合、解读与验证资料，建立较大规模的数据库，用计算机生成新的信息
			展示信息	能用新闻方式发布、平面方式展示、网络技术传递，利用信息预测趋势、创新设计，搜集信息反馈，评估使用效果
数字应用	初级	具备进入工作岗位最基的数字应用能力，在常规条件下能运用这些能力适应既定工作的需要	采集、解读数据信息	能按要求测量并记录结果，准确统计数目，解读简单图表，读懂各种数字，并汇总数据
			进行数字计算	能进行简单计算并验算结果
			展示和使用数据信息	能正确使用单位，根据计算结果说明工作任务
	中级	在更广泛的工作范围内，灵活地运用数字应用能力以适应工作岗位各方面的需要	解读数据信息	能从不同信息源获取信息，读懂、归纳、汇总数据，编制图表
			进行数字计算	能从事多步骤、较复杂的计算，使用公式计算结果
			展示和使用数据信息	能使用适当方法展示数据信息和计算结果，设计并使用图表，根据结果准确说明工作任务
	高级	具备熟练把握数字和通过数字运算来解决实际工作中的问题的能力，适应更复杂的工作需要	解读数据信息	能组织大型数据采集活动，通过调查和实验获取、整理与加工数据
			进行数字计算	能从事多步骤的复杂计算，并统计与分析数据
			展示和使用数据信息	能选择合适的方法阐明和比较计算结果，检查并论证其合理性，设计并绘制图表，根据结果做出推论，说明和指导工作

领域	等级	基本要求	技能点	参照规范与标准
与人交流	初级	具备进入工作岗位最基本的与人交流能力，在常规条件下能运用这些能力适应既定工作的需要	交谈讨论	能围绕主题，把握讲话的时机、内容与长短，倾听他人讲话，多种形式回应；使用规范易懂的语言、恰当的语调和连贯的语句清楚地表达意思
			阅读和获取资料	能通过有效途径找到所需资料，识别有效信息，归纳内容要点，整理确认内容，会做简单笔记
			书面表达	能选择基本文体，利用图表、资料撰写简单文稿，并掌握基本写作技巧
	中级	在更广泛的工作范围内，灵活运用这些能力以适应工作岗位各方面的需要	交谈讨论	能始终围绕主题参与，主动把握讲话时机、方式和内容，理解对方谈话内容，推动讨论进行，全面准确传达一个信息或观点
			简短发言	能为发言作准备，当众讲话并把握讲话内容、方式，借助各种手段说明主题
			阅读和获取资料	能根据工作要求从多种资料筛选有用信息，看懂资料的观点、思路和要点，并整理汇总资料
			书面表达	能掌握应用文体，注意行文格式；组织利用材料，充实内容要点；掌握写作技巧，清楚表达主题；注意文章风格，提高说服力
	高级	在工作岗位上表现出更强的组织和管理能力，通过运用与人交流的能力适应更复杂的工作需要	交谈讨论	始终把握会议主题，听懂他人讲话内容并做出反应，主持会议或会谈，全面准确表述复杂事件或观点
			当众讲演	能为讲演作准备，把握讲演的内容、方式，借助各种手段强化主题
			阅读和获取资料	能为一个问题或课题找到相关资料，看懂资料的思路、要点、价值和问题，分析、筛选和利用资料表达主题
			书面表达	能熟悉专业文书，把握基本要求；有机利用素材，说明内容要点；掌握写作技巧，清楚恰当表达主题；采用适当风格，增强说服力
与人合作	初级	理解个人与他人、群体的合作目标，有效地接受上级指令；准确、顺利地执行合作计划；调整工作进度，改进工作方式；检查工作效果	理解合作目标	能确定合作的基础和利益共同点，掌握合作目标要点和本单位人事组织结构，明确个人在团队中的职责和任务
			执行合作计划	能接受上级指令，准确、顺利地执行合作计划
			检查合作效果	能通过检查工作进展情况，改进工作方式，促进合作目标实现

续表

领域	等级	基本要求	技能点	参照规范与标准
与人合作	中级	与本部门同事、内部横向部门、外部相关部门共同制订合作计划;协调合作过程中的矛盾关系,按照计划完成任务;在合作过程中遇到障碍时提出改进意见,推进合作进程	制订合作计划	能与本部门同事、组织内部横向部门、组织外部相关部门共同制订合作计划
			完成合作任务	能与他人协同工作,处理合作过程中的矛盾
			改善合作效果	能判断合作障碍,表达不同意见,接受批评建议,弥补双方失误
	高级	根据情况变化和合作各方的需要,调整合作目标;在变动的工作环境中,控制合作进程;预测和评价合作效果,达成合作目的	调整合作目标	能发现各方问题,协调利益关系,进行有效沟通,调整合作计划与工作顺序
			控制合作进程	能整合协调各方资源,妥善处理矛盾,排除消极因素,激发工作热情
			达到合作目标	能及时全面检查工作成效,不断改善合作方式
解决问题	初级	具备进入工作岗位最基本的解决问题能力,在常规条件下能根据工作的需要,解决一般简单和熟悉的问题	分析问题提出方案	能用几种常用的办法理解问题,确立目标,提出对策或方案
			实施计划解决问题	能准备、制订和实施被人认可并具有一定可行性的计划
			验证方案改进方式	能寻找方法,实施检查,鉴定结果,提出改进方式
	中级	在有限的资源条件下,根据工作岗位的需要,解决较复杂的问题	分析问题提出方案	能描述问题,确定目标,提出并选择较佳方案
			实施计划解决问题	能准备、制订和实施获得支持的较具体计划,并充分利用相关资源
			验证方案改进计划	能确定方法,实施检查,说明结果,利用经验解决新问题
	高级	在工作岗位上表现出更强的解决问题能力,在多种资源条件下,根据工作需要解决复杂和综合性问题	分析问题提出对策	在提出解决问题的对策时,能分析探讨问题的实质,提出解决问题的最优方案,并证明这种方案的合理性
			实施方案解决问题	在制订计划、实施解决办法时,能制订并实施获得认可的详细计划与方案、并能在实施中寻求信息反馈,评估进度
			验证方案改进计划	在检查问题、分析结果时,能优选方法,分析总结,提出解决同类问题的建议与方案

领域	等级	基本要求	技能点	参照规范与标准
革新创新	初级	在常规工作条件下，能根据工作需要，初步揭示事物的不足，运用创新思维和创新技法进行创新活动	揭示不足提出改进	能揭示事物不足，提出改进意见
			做出创新方案	能在采纳各方意见的基础上，确定创新方案的目标、方法、步骤、难点和对策，指出创新方案需要的资源和条件
			评估创新方案	能进行自我检查，正确地对待反馈信息和他人意见，对创新方案及实施做出客观评估，并根据实际条件加以调整
	中级	根据工作发展需要，在更广泛的工作范围内揭示事物的不足，较熟练地运用创新思维和创新技法进行创新活动，并对创新成果进行分析总结	揭示不足提出改进	能在新需求条件下揭示事物的不足，提出改进事物的创新点和具体方案
			做出并实施创新方案	能从多种选择中确认最佳方案，并利用外界信息、资源和条件实施创新活动
			评估创新方案	能按常规方式和专业要求，对创新改进方法和结果的价值进行评估，根据实际条件进行调整，并指导他人的创新活动
	高级	在工作岗位上表现出更强的创新能力，在复杂的工作领域，能根据工作需要揭示事物的不足，熟练运用创新思维和创新技法进行创新活动，对创新成果进行理论分析、论证、总结和评估，并指导他人的创新活动	揭示不足提出改进	能通过客观分析事物发展与需求之间的矛盾揭示事物的不足，提出首创性的改进意见和方法
			做出并实施创新方案	能根据实际需要，设计并实施创新工作方案，并在条件变化时坚持创新活动
			评估创新方案	能按常规方式和专业要求，对创新方法和结果进行检测和预测风险；针对问题调整工作方案，总结经验，指导他人，提出进一步创新改进的方法

资料来源　劳动和社会保障部职业技能鉴定中心.职业核心能力培训测评标准（试行）（共7册）及其训练手册（共6册）[M].北京：人民出版社，2007.（本表参照"资料来源"所列文献相关内容提炼与编制）

附录四　职业道德训练考核参照规范与标准

附表4　　　　　　　　　　　职业道德训练考核规范与标准参照表

领域	参照规范与标准
职业观念	对职业、职业选择、职业工作、营销人员职业道德和企业营销伦理等问题具有正确的看法
职业情感	对职业或职业模拟有愉快的主观体验、稳定的情绪表现、健康的心态、良好的心境，具有强烈的职业认同感、职业荣誉感和职业敬业感
职业理想	对将要从事的职业种类、职业方向与事业成就有积极的向往和执著的追求
职业态度	对职业选择或模拟选择有充分的认知和积极的倾向与行动
职业良心	在履行职业义务时具有强烈的道德责任感和较高的自我评价能力
职业作风	在职业模拟、职业实践或职业生活的自觉行动中，具有体现职业道德内涵的一贯表现
职业守则	爱国爱企，自尊自强；遵纪守法，敬业爱岗；公私分明，诚实善良；克勤克俭，宾客至上；热情大度，清洁端庄；一视同仁，不卑不亢；耐心细致，文明礼貌；团结服从，大局不忘；优质服务，好学向上

附录五　能力训练考核参照采分系数

附表5 　　　　　　　　　　**能力训练考核采分系数参照表**

参照系数	达标程度
（90~100）%	能依照全部考核要求，圆满、高质地完成此种能力所属各项技能操作，其效率与稳定性俱佳
（80~89）%	能依照多数考核要求，圆满、高质地完成此种能力所属各项技能操作，其效率与稳定性较佳
（70~79）%	能依照多数考核要求，较圆满、高质地完成此种能力所属各项技能操作，其效率与稳定性一般
（60~69）%	能依照多数考核要求，基本完成此种能力所属各项技能操作，其效率与稳定性一般
（60以下）%	只能依照少数考核要求，基本完成此种能力所属各项技能操作，其效率与稳定性较低